零基础过经济师
金融专业知识与实务（中级）

彭岚 主编

环球网校经济师考试研究院 组编

中国商业出版社

图书在版编目(CIP)数据

金融专业知识与实务:中级/彭岚主编;环球网校经济师考试研究院组编.—北京：中国商业出版社，2019.7
ISBN 978－7－5208－0833－0

Ⅰ.①金… Ⅱ.①彭… ②环… Ⅲ.①金融学－资格考试－自学参考资料 Ⅳ.①F830

中国版本图书馆 CIP 数据核字(2019)第 138901 号

责任编辑：朱丽丽

中国商业出版社出版发行
010－63180647　www.c-cbook.com
(100053　北京广安门内报国寺1号)
新华书店经销
三河市文阁印刷有限公司印刷

★

787 毫米×1092 毫米　16 开　18.5 印张　430 千字
2019 年 7 月第 1 版　2019 年 7 月第 1 次印刷
定价:72.00 元

★　★　★　★
(如有印装质量问题可更换)

作者寄语

从事经济师辅导工作十余年，一路陪伴了数以万计的考生通过了经济师考试。大家与我分享了过关的喜悦，也经历过失败的痛苦。在和学员接触的过程中，学员问我最多的问题就是："老师，金融到底难不难？我怎么学习才能通过？我能行吗？"这也是我多年来一直致力的教学方向："如何让学员在最短时间内掌握足够通过考试的金融知识。"

《金融专业知识与实务》（中级）是一本让非金融专业人士感到"专业"的教材，里面涉及大量金融专业术语、名词解释、计算公式。对于初学者，可能连概念理解都感到困难，更不用说是强化记忆了。再加上内容多、范围广、出题活、易混淆，确实是让广大学员头疼的一门学科。针对金融的这些特点，在本辅导书中我特意添加了"接地气"的注释，标明了考点的考试频率和出题方式，通过历年考题和模拟题，拓展眼界、展示出题思路，帮助大家"理解"学、"汇总"学、"比较"学！

所以，当你看到这里的时候，我们已经为这本书奋战了很多个日日夜夜。有备课中的反复推敲，有润色上的反复斟酌，有出题中的反复打磨。希望我们的这份付出，能够帮助大家顺利通过考试。

让我们一起开启学习的大门，让学习变得简单！相信自己，一定能够成功！

彭岚

本书亮点介绍

第 1 篇 历年命题规律总结及2019年备考指导

本篇旨在通过分析历年考试特点、命题规律来为考生指引备考经济师的方向。只有方向明确了，才能避免南辕北辙。

第 2 篇 考点精讲及同步练习

- ◆ **考点详尽，讲解透彻** 本书结合考试大纲对精华考点逐一讲解，并辅之以经典例题，方便考生明确考点，同时掌握考点的考查方式。

- ◆ **文字变色，重点突出** 本书对于正文中以文字叙述的非常关键的考点采用字体变蓝色的方式突出标记，方便考生在较长的文字中抓取关键词句，从而进行有针对性的记忆。

- ◆ **图表结合，便于记忆** 大量的文字内容不便于考生记忆，所以本辅导书尽量将笔墨较多的文字以图形或者表格的形式体现出来，内容上更加清晰，有助于分类记忆。

- ◆ **授之以鱼并授之以渔** 本辅导书除了告诉考生有哪些重要的考点外，还将很多考点通过【考点小贴士】的版块告知考生应如何巧妙记忆，考生可参考这种方式根据自身情况对所学知识点进行总结，以一定的方法来巧记、速记。

- ◆ **易错易混，辨析明确** 由于应试的考点较多，极易混淆，所以本书每章都提炼了【本章易错易混考点】，详细讲解，并配以相应的题目予以区分。

- ◆ **经典真题，回顾总结** 在《金融专业知识与实务》（中级）科目的考试中，历年真题所涉及的有关考点重复率较高，因此本书在每一章都配备了【历年经典真题回顾】，通过这些题目，考生可以明确历年考试中的出题点、命题规律。

- ◆ **同步练习，强化考点** 每一章考点掌握如何，还需要考生亲自做题来检验和强化，故本书也给考生配备了【本章同步练习】，对于这些题目需要"做会"，就是除了做对之外，还能够举一反三，争取能够以不变应万变。

第 3 篇 2019年模拟试卷及参考答案与解析

经过各章的学习后，考生还应进行综合训练，以应对考试。本书按照考试的题型、题量给考生配备了一套高质量的模拟试题，并给出详细的解析。希望通过这套试题来总结过去、预测未来，也就是检验考生整个科目考点的掌握情况，同时也对2019年的考试试题做出一定的预测。请考生尽最大努力掌握每道题目的考点及相关考点以应对变形题目。

目 录

第一篇　历年命题规律总结及2019年备考指导

一、中级经济师《金融专业知识与实务》科目考试详解/3

二、《金融专业知识与实务》(中级)教材介绍/5

三、《金融专业知识与实务》(中级)历年考试题型应试技巧及学习建议/6

第二篇　考点精讲及同步练习

第一章　金融市场与金融工具/11

　本章考情分析/11

　本章考点概览/11

　本章考点详解/11

　　第一节　金融市场与金融工具概述/11

　　第二节　货币市场及其工具/14

　　第三节　资本市场及其工具/18

　　第四节　金融衍生品市场及其工具/23

　　第五节　互联网金融/25

　本章易错易混考点/26

　历年经典真题回顾/27

　本章同步练习/29

　本章同步练习参考答案及解析/30

第二章　利率与金融资产定价/32

　本章考情分析/32

　本章考点概览/32

　本章考点详解/33

　　第一节　利率的计算/33

　　第二节　利率决定理论/35

　　第三节　收益率/38

　　第四节　金融资产定价/40

　　第五节　我国的利率市场化/45

　本章易错易混考点/47

　历年经典真题回顾/48

　本章同步练习/51

　本章同步练习参考答案及解析/54

第三章　金融机构与金融制度/56

　本章考情分析/56

　本章考点概览/56

　本章考点详解/56

　　第一节　金融机构/56

　　第二节　金融制度/59

　　第三节　我国的金融机构体系与金融制度/64

　本章易错易混考点/70

　历年经典真题回顾/71

　本章同步练习/73

　本章同步练习参考答案及解析/75

第四章　商业银行经营与管理/77

　本章考情分析/77

　本章考点概览/77

　本章考点详解/78

第一节　商业银行经营与管理概述/78

　　第二节　商业银行经营/79

　　第三节　商业银行管理/84

　　第四节　改善和加强我国商业银行的
　　　　　　经营与管理/94

本章易错易混考点/95

历年经典真题回顾/95

本章同步练习/99

本章同步练习参考答案及解析/102

第五章　投资银行与证券投资基金/104

本章考情分析/104

本章考点概览/104

本章考点详解/105

　　第一节　投资银行概述/105

　　第二节　投资银行的主要业务/107

　　第三节　证券投资基金概述/119

　　第四节　证券投资基金的基金管理人和
　　　　　　托管人/125

本章易错易混考点/127

历年经典真题回顾/128

本章同步练习/130

本章同步练习参考答案及解析/132

第六章　信托与租赁/134

本章考情分析/134

本章考点概览/134

本章考点详解/135

　　第一节　信托概述/135

　　第二节　信托公司的经营与管理/140

　　第三节　租赁概述/144

　　第四节　金融租赁公司的经营与管理/148

本章易错易混考点/152

历年经典真题回顾/153

本章同步练习/155

本章同步练习参考答案及解析/156

第七章　金融工程与金融风险/158

本章考情分析/158

本章考点概览/158

本章考点详解/158

　　第一节　金融工程/158

　　第二节　金融风险及其管理/171

本章易错易混考点/180

历年经典真题回顾/180

本章同步练习/184

本章同步练习参考答案及解析/187

第八章　货币供求及其均衡/190

本章考情分析/190

本章考点概览/190

本章考点详解/190

　　第一节　货币需求/190

　　第二节　货币供给/194

　　第三节　货币均衡/199

本章易错易混考点/205

历年经典真题回顾/205

本章同步练习/208

本章同步练习参考答案及解析/209

第九章　中央银行与金融监管/211

本章考情分析/211

本章考点概览/211

本章考点详解/211

　　第一节　中央银行概述/211

　　第二节　货币政策体系/214

　　第三节　金融监管概述/223

　　第四节　金融监管的框架和内容/224

本章易错易混考点/230

历年经典真题回顾/231

本章同步练习/234

本章同步练习参考答案及解析/237

第十章　国际金融及其管理/240

 本章考情分析/240

 本章考点概览/240

 本章考点详解/241

  第一节　汇率/241

  第二节　国际收支及其调节/244

  第三节　国际储备及其管理/248

  第四节　国际货币体系/250

  第五节　离岸金融市场/251

  第六节　外汇管理与外债管理/253

 本章易错易混考点/256

 历年经典真题回顾/256

 本章同步练习/260

 本章同步练习参考答案及解析/262

第三篇　2019年模拟试卷及参考答案与解析

2019年金融专业知识与实务(中级)模拟试卷/267

2019年金融专业知识与实务(中级)模拟试卷参考答案与解析/277

第一篇
历年命题规律总结及2019年备考指导

知己知彼方能百战百胜,我们来揭开中级金融的神秘面纱。

中级经济师考试是我国职称考试之一，考试每年举行一次，考试时间一般安排在每年的11月，实行全国统一考试制度。参加经济专业中级资格考试并成绩合格者，获得中级专业技术资格，由人事部统一发放合格证书。中级经济师考试科目包括《经济基础知识》和《专业知识与实务》，其中《专业知识与实务》科目又分为工商管理、农业经济、商业经济、财政税收、金融、保险、运输（水路）、运输（公路）、运输（铁路）、运输（民航）、人力资源管理、邮电经济、房地产经济、旅游经济和建筑经济共15个专业。《经济基础知识》科目是必考科目，《专业知识与实务》科目是在上述15个专业中任选其一并参加考试，考试成绩仅当年有效，考生需在一个考试年度内同时通过两个科目的考试。为了方便读者更清楚地了解考试，本辅导书在此特别对中级金融专业考试情况和内容进行详细介绍。

一、中级经济师《金融专业知识与实务》科目考试详解

（一）考试时间

2019年经济师考试时间为11月2、3日，具体时间安排以官方通知为准。

（二）考试题型介绍

中级金融考试科目的考查难度在中级经济师各专业中处于中等偏上。其考查内容覆盖面广，题目较为灵活，具体考试题型及分值如下表所示。

中级金融考试题型及分值表

题型	题量（个）	分值（分）
单项选择题	60	1×60
多项选择题	20	2×20
案例分析题（不定项选择题）	20	2×20
合计	100	140
合格分数线		84分

（三）历年出题规律分析

1. 各类考点考试频率分析

中级金融考试每年的试题难度波动不大，考试范围不会超出考试大纲的要求。试题主要涉及常规考点、非常规考点和新增考点的考查，各类考点所占比例如下表所示。

中级金融各类考点所占比例表

项目	常规考点		非常规考点或新增考点
	重要考点	次要考点	
占总分比例	35%—45%	25%—35%	30%左右

上表中，重要考点为每年必考知识点或近年出题频率极高的知识点，属于考试大纲中需要考生重点掌握的内容，其中部分考点涉及的题目较为灵活，也是案例分析题主要考查的对象；次要考点在近5年出题频率1—2次，考试难度较为简单，属于考试大纲中需要考生熟悉的内容；非常规考点或新增考点部分是针对往年从未出题的内容或新的一年教材中新增加的内容进行考查。

2. 各类知识点出题特点分析

中级金融考试出题的特点和模式有一定的规律可循，特别是涉及常规考点的出题重复度较高，在此介绍几种常见的出题方式。

(1) 历年原题重复考查或者相同知识点极其相似题目的考查。这类题目多为常规考点，具体包括文字类题目和计算类题目。

1) 文字类题目的题型涉及单项选择题、多项选择题和案例分析题，一般出题情况参考下列举例。

【考点举例】 货币市场的构成和特点是历年重要考点，往往以多项选择题形式合并考查。

[2016年真题·多选题] 在传统的金融市场中，交易的金融工具具有"准货币"特征的市场有（　　）。

A. 同业拆借市场　　　　　　B. 回购协议市场
C. 股票市场　　　　　　　　D. 债券市场
E. 银行承兑汇票市场

[答案] ABE

[分析] 2016年、2013年、2012年、2009年等年份均出过类似题目，仅表述方式略有不同。

2) 计算类题目的题型涉及单项选择题和案例分析题。涉及计算类题目的知识点在单项选择题和案例分析题中的考查难度是一致的，考生只需要在单项选择题题干中或案例分析题所给的资料中找准数据代入公式计算出结果即可，此类题目一般出题情况参考下列举例。

【考点举例】 我国的货币层次划分的计算。本知识点为历年重要考点，在近年每年必考，仅题目给出的数据每年不一样，考查的公式和出题方式均一致。

[2018年真题·单选题] 根据我国的货币供应量层次划分，假定货币供应量 M_2 余额为107.7万亿元，货币供应量 M_1 余额为31.5万亿元，流通中货币 M_0 余额为5.6万亿元，则单位活期存款为（　　）万亿元。

A. 25.9　　　　　　　　　　B. 70.6
C. 75.6　　　　　　　　　　D. 102.1

[答案] A

[分析] 2011—2018年均出过类似题目。

(2) 对系统性知识点中的具体内容进行轮流考查。该类知识点一般包含多项内容，历年会轮流挑选其中的内容进行考查，题目涉及的知识点也基本为常规考点，其题型涉及单项选择题、多项选择题和案例分析题，一般出题情况参考下列举例。

【考点举例】 货币政策工具的特点。该知识点包含三种主要工具，分别为存款准备金政策、再贴现政策、公开市场操作，每年轮流考查其中一种工具的概念和特点。

[2017年真题·单选题] 主动性在商业银行而不在中央银行的一般性货币政策工具是（　　）。

A. 存款准备金政策　　　　　B. 公开市场操作
C. 再贴现政策　　　　　　　D. 贷款限额

[答案] C

[分析] 2011—2017年均考核了三种工具的概念及特点，仅题目个别文字表述作了微调。

(3) 偏僻考点、新增知识点或极少数常规考点增加灵活性和难度。这种出题情况在单项选择题、多项选择题和案例分析题均有涉及，一般出题情况参考下列举例。

【考点举例】 国际储备。

[2017年真题·单选题] 截至2016年12月31日，我国的外汇储备规模为（　　）万亿美元。

A. 2.54　　　　　　　　　　B. 2.86
C. 3.01　　　　　　　　　　D. 3.99

[答案] C

[分析]我国最新外汇储备规模为2018年教材的新增知识点，在当年考试中第一次进行出题。一般新增知识点考试难度较低，题目既不灵活也不深入（该知识点2019年教材已更新至2018年年末数据）。

二、《金融专业知识与实务》(中级)教材介绍

想要达到事半功倍的效果，必须对中级金融教材的内容有一个初步的了解，再根据自身的能力制订针对性的复习计划，在此特别对中级金融专业教材结构、各章所占分值比例、案例分析题出题章节和每章学习特点进行详细的介绍。

(一) 教材结构及各章所占分值介绍

教材结构及各章所占分值如下表所示。

中级金融教材结构及各章所占分值表

2019年版教材	近3年平均分值	备注
第一章　金融市场与金融工具	10分	非案例章
第二章　利率与金融资产定价	18分	案例重点章
第三章　金融机构与金融制度	10分	非案例章
第四章　商业银行经营与管理	18分	案例重点章
第五章　投资银行与证券投资基金	18分	案例次重点章
第六章　信托与租赁	10~18分	案例次重点章
第七章　金融工程与金融风险	18分	案例重点章
第八章　货币供求及其均衡	10~18分	案例次重点章
第九章　中央银行与金融监管	10~18分	案例重点章
第十章　国际金融及其管理	10~18分	案例重点章

(二) 近年案例分析题在章节中考点分布概况

近年案例分析题在章节中考点分布概况如下表所示。

中级金融近年案例分析题在章节中考点分布概况表

年份 章	2018	2017	2016	2015	2014
第一章　金融市场与金融工具	近年未出案例分析题				
第二章　利率与金融资产定价	第3节	第1节	第1、第3、第4节	第1、3节	第4节
第三章　金融机构与金融制度	近年未出案例分析题				
第四章　商业银行经营与管理	未出题	第3节	第2节	第3节	第3节
第五章　投资银行与证券投资基金	第2节	未出题	未出题	第2节	第2节
第六章　信托与租赁	未出题	未出题	未出题	第4节	未出题
第七章　金融工程与金融风险	第1节	第1节	第1节	第2节	第2节
第八章　货币供求及其均衡	未出题	第2节	未出题	未出题	未出题
第九章　中央银行与金融监管	第4节	第2节	第4节	未出题	第2节
第十章　国际金融及其管理	第3节	第1节	第1、第6节	未出题	未出题

三、《金融专业知识与实务》(中级)历年考试题型应试技巧及学习建议

(一)各类题型应试技巧

1. 单项选择题

(1) 特点。

大部分题目难度不大,一个题目有4个备选选项,仅有一个正确答案。

(2) 应对技巧。

必须选择,不能为空,如能直接选出答案则直接选择,如不熟悉或遗忘该题知识点的情况下,可采用排除法、合理的逻辑分析、第一印象等方法进行选择。

[历年考题举例] 在我国,为证券交易提供清算、交收和过户服务的法人机构是( )。

A. 财务公司　　　　　　　　　B. 投资银行

C. 证券登记结算公司　　　　　D. 金融资产管理公司

[答案] C

[分析] 证券登记结算公司的具体职能是:对证券和资金进行清算、交收和过户,使买入者得到证券,卖出者得到资金。如对该知识点不熟悉,也可通过关键字"清算""结算"等用排除法进行选择。

2. 多项选择题

(1) 特点。

由于备选选项比单项选择题多,且答案不止一个选项,因此较单项选择题难度大,但题目本身难度一般不大,大多为比较明显的知识点,只有极少数题目涉及多个知识点的结合。多项选择题每题有5个备选选项,有2个或2个以上符合题意,至少有1个错项,多选、错选均不得分,少选,所选每个选项得0.5分。

(2) 应对技巧。

◆选择要谨慎,避免因多选、错选失分,保住能得分的选项。

例如,某多项选择题的正确答案为A、B、C三项,如做题时仅确定A、B两项是符合题意的,而其他选项不能确定是否正确,那么建议只选择A、B两项,每个选项可得0.5分,A、B两项则可得1分。一旦冒失地选择了答案中没有的D项或E项,则该题只能得0分。

◆如完全记不清该题涉及的知识点,有些题目除采用排除法、逻辑分析外,还可采用比较法进行筛选。

例如,该题目完全没有任何头绪,建议猜选1—2个选项成功的几率会比较高,选的选项越多错误的概率就越大,千万不要A、B、C、D、E五项全选,此情形必然为0分。

[历年考题举例] 根据中国银行业监督管理委员会发布的《商业银行理财产品销售管理办法》,我国商业银行在理财产品销售中的禁止性行为有( )。

A. 采取回扣的方式销售理财产品

B. 向客户出售保本型理财产品

C. 将存款单独作为理财产品销售

D. 销售人员代替客户签署文件

E. 通过买卖理财产品调节监管指标,进行监督套利

[答案] ACDE

[分析] 此题依据生活常识就很容易排除掉错项。像"回扣""代替签字""监督套利"等字眼都是明显的禁止性行为。

3. 案例分析题

(1) 特点。

难度最大，题目较为灵活，考试主要为知识点结合实务出题，大多出在教材中的计算类知识点或可结合实际出题的一些知识点。案例分析题为不定项选择，即需要考生自行判断该题目是单项选择题还是多项选择题。近年每个案例有4道小题，每个题目有4个备选选项，有1个或多个选项正确，多选、错选均不得分；少选，所选每个选项得0.5分。

(2) 做题技巧。

案例分析题其实是包装后的单项选择题或多项选择题，大部分知识点的考查难度与单项选择题、多项选择题无异，历年出现过相同知识点在案例分析题、单项选择题或多项选择题之间互换出题的情形，部分题目即使不看案例资料也可根据原知识点内容做出正确选择。

[历年考题举例] 2016年年底，A银行资产规模为600亿元，负债规模为700亿元，房地产贷款是该银行业务重要组成部分。资产平均到期日为300天，负债平均到期日为360天。

根据上述资料，回答下列问题。（仅摘选其中2题为例）

1. 银行进行资产负债管理的理论依据为（　　）。

A. 规模对称原理　　　　　　　　B. 汇率管理原理

C. 目标互补原理　　　　　　　　D. 利率管理原理

[答案] ACD

[分析] 根据题干信息可确定本题考点为资产负债管理的基本原理。题目难度与文字类的多项选择题没有区别。

2. 运用资产负债管理方法分析，A银行的资产运用情况属于（　　）。

A. 过度　　　　　　　　　　　　B. 不足

C. 合适　　　　　　　　　　　　D. 不确定

[答案] B

[分析] 根据题干信息可确定本题考点为资产负债管理基本原理中的速度对称原理的具体计算。这种原理提供了一个计算方法，即：平均流动率＝资产的平均到期日/负债的平均到期日，若平均流动率＞1，资产运用过度；平均流动率＜1，资产运用不足。从案例资料中找出所需的数据代入公式计算即可。

(二) 学习建议

1. 制订学习计划，并严格执行计划

历年很多考生并不是因为能力不够而不能通过考试，反而是因为没有做合理的时间安排或者是制订了计划，却不按照计划执行，导致学习不能完成。为了方便第一次参加考试的考生制订合理的学习计划，在此建议，参照下面几个阶段的时间安排制订适合自己的学习计划。

(1) 第1阶段：4月至7月（4个月左右）。

◆该阶段学习要点：此阶段主要是夯实基础，对两个科目的教材进行比较详细、系统地学习，以理解为主、记忆为辅熟悉内容，如学习能力较好、每天学习时间充足的学员，也可在2—3个月内完成。

【注意】该阶段的起始时间和结尾时间可以根据实际情况调整，但建议最迟不晚于8月结束该阶段的学习。

(2) 第2阶段：8月至9月中旬（1个半月左右）。

◆该阶段学习要点：强化记忆常规考点，必须结合大量题目的练习，特别是历年真题的训练是必不可少的，在该阶段必须从知识点的记忆过渡到实际做题。历年很多考生自我感觉能记住知识点，但考试分数仍然不理想，究其原因就是在该阶段做题太少，因此缺乏做题的经验和技巧，以及对考题规律、出题模式和文字陷阱不熟悉，从而导致不必要的失分！

【注意】 如遇特殊情况，建议最迟在10月前结束该阶段的学习。

（3）第3阶段：9月中旬至10月底（1个半月左右）。

◆该阶段复习要点：本阶段是大量汇总做题阶段。可将历年真题或者市面上质量较高的练习题反复做熟悉，不断完善自我的学习。除此之外，一定要模拟考场环境，闭卷成套地做近年的历年考题或模拟试题，适应考试氛围，做最后的提升。

【注意】 在此阶段，首先要保证吃透常规考点涉及的题目，如想获得更高的分数，可在完成了第3阶段学习的情况下，留1周左右时间详细地通读教材，查漏补缺。

2. 采用科学的学习方法，提升学习的效率

中级经济师考试涉及考点广，因此学习时切忌死记硬背！学员应在理解每个知识点原理的基础上结合一些记忆方法来学习，才记得快、记得牢。本辅导书根据历年考试规律，对各考点进行了总结并给出了相应的学习建议和记忆方法，帮助考生更有效地学习和记忆。同时，本辅导书还配有大量的历年真题和经典例题，并且给出了详细的题目解析和技巧性的做题思路，既能在记忆知识点之后通过做题进行再次巩固，又能锻炼做题的经验和技巧。

3. 树立牢固的心理防线，对消极思想进行及时消除

历年每位参加中级经济师考试的考生都需要历经几个月甚至是一年的漫长学习，在此期间，很多考生往往因为一些消极的思想和行为导致半途而废，比如每天抱怨没有时间、觉得自己年纪大、记忆力不好，等等。在此，特别提醒各位考生，你们认为的这些"特殊情况"并不特殊，每一位考生与你们面临的是相同的问题，但是每年仍然有不少考生一次性通过了考试。中级经济师考试的难度设置是与在职人员的能力相匹配的，国家考虑到在职人员需兼顾工作和家庭的情况，因此不会轻易提高考试难度，在职人员只要努力就可以保证顺利通过。成功的关键在于坚持，在面对困难时我们应该迎难而上，不断挑战自我才能成功！

第二篇
考点精讲及同步练习

学习没有捷径，相信自己，我们来打一场硬仗吧！

第一章 金融市场与金融工具

本章考情分析

年份	单项选择题	多项选择题	案例分析题	合计
2018 年	估算 5 题 5 分	2 题 4 分	—	9 分
2017 年	4 题 4 分	2 题 4 分	—	8 分
2016 年	6 题 6 分	3 题 6 分	1 题 2 分	14 分
2015 年	6 题 6 分	2 题 4 分	—	10 分
2014 年	5 题 5 分	2 题 4 分	—	9 分

本章考点概览

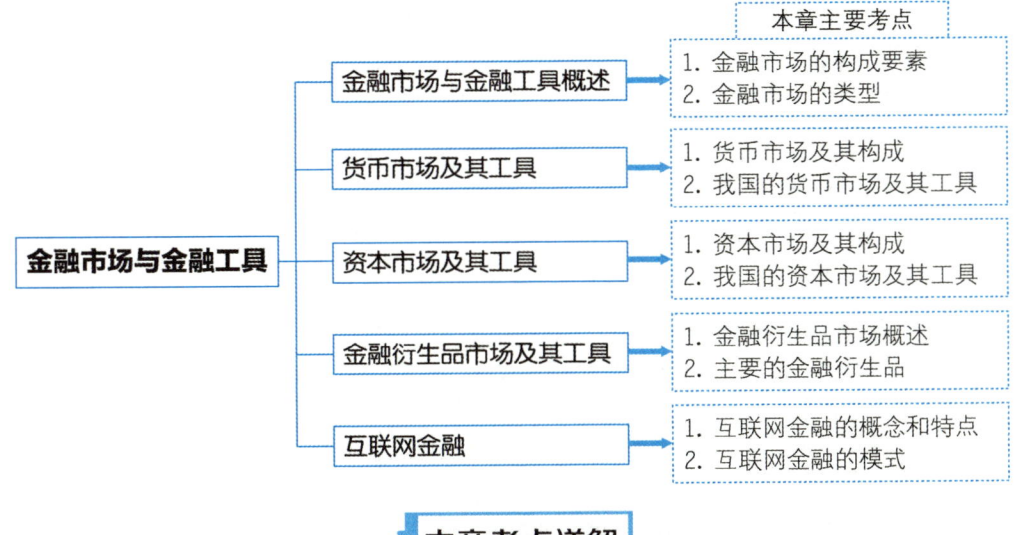

本章考点详解

第一节 金融市场与金融工具概述

【考点一】金融市场的构成要素

金融市场包含三个基本要素，分别是金融市场主体、金融市场客体和金融市场价格。

一、金融市场的主体

金融市场的主体即在金融市场上交易的参与者,在市场中具有决定性意义。

金融市场主体的具体身份如表 1-1-1 所示。

表 1-1-1 金融市场主体的具体身份

主体	具体身份
家庭	是主要的资金供应者,也会成为资金需求者
企业	是重要的资金需求者和供给者,又是金融衍生品市场上重要的套期保值主体
政府	是资金的需求者,也会成为暂时的资金供应者
金融机构	是金融市场上最活跃的交易者 首先,它是金融市场上最重要的中介机构,是储蓄转化为投资的重要渠道。其次,金融机构在金融市场上充当资金供给者、需求者和中介等多重角色。它既发行、创造金融工具,也在市场上购买各类金融工具;既是金融市场的中介人,也是金融市场的投资者、货币政策的传递者和承受者
金融调控及监管机构	中央银行在金融市场上处于一种特殊的地位,既是金融市场中重要的交易主体,又是金融调控及监管机构之一

二、金融市场的客体

金融市场的客体即金融工具,是指金融市场上的交易对象或交易标的物。

(一) 金融工具的分类

金融工具的分类如表 1-1-2 所示。

表 1-1-2 金融工具的分类

分类标准	类型	具体内容
按期限不同划分	货币市场工具	是指期限在一年以内的金融工具,包括商业票据、国库券、银行承兑汇票、大额可转让定期存单、同业拆借、回购协议等
	资本市场工具	是指期限在一年以上,代表债权或股权关系的金融工具,包括中长期国债、企业债券、股票等
按性质不同划分	债权凭证	是指发行人依法定程序发行并约定在一定期限内还本付息的有价证券(反映证券发行人与持有人之间的债权债务关系)
	所有权凭证	是股份有限公司发行的,用以证明投资者的股东身份和权益、并据以取得股息红利的有价证券(反映股票持有人对公司的所有权),主要是指股票
按与实际金融活动的关系划分	原生金融工具	是指商业票据、股票、债券、基金等基础金融工具
	金融衍生工具	是在原生金融工具的基础上派生出来的,包括期货合约、期权合约、互换合约等金融衍生工具

(二) 金融工具的性质

金融工具的性质包括期限性、流动性、收益性、风险性。

【提示】(1) 金融工具的期限性、收益性、风险性和流动性都成反比。

(2) 金融工具的风险源于信用风险和市场风险。

三、金融市场价格

金融市场主体和金融市场客体是构成金融市场最基本的要素,是金融市场形成的基础。金融市场价格则是伴随金融市场交易产生的,也是金融市场中不可或缺的构成要素。

【考点小贴士】需注意区分金融市场构成的要素(主体、客体和价格)和最基本的要素(主体和客体),考试时一字之差就容易落入陷阱。

> **经典例题**
>
> [例题·单选题] 在金融市场的各类主体中,主要以资金供应者身份参与金融市场的主体是(　　)。
> A. 企业　　　　　　　　　　B. 家庭
> C. 政府　　　　　　　　　　D. 金融机构
> [答案] B
> [解析] 金融市场的主体包括家庭、企业、政府、金融机构和金融调控及监管机构。其中家庭是主要的资金供应者,但有时也会成为资金需求者。

【考点二】金融市场的类型

一、根据交易标的物划分

根据市场中交易标的物的不同,金融市场可分为货币市场、债券市场、股票市场、外汇市场、衍生品市场、保险市场和黄金市场等。

二、根据交易中介划分

根据交易中介作用的不同,金融市场可分为直接金融市场和间接金融市场。

【提示】直接和间接的区别不在于是否有中介机构参与,而在于中介机构在交易中的地位与性质。

三、根据交易性质划分

根据金融交易的性质,金融市场可分为发行市场和流通市场。

(一) 发行市场

发行市场也称"一级市场"或"初级市场",是指新发行的证券或票据等金融工具最初从发行者手中出售到投资者手中的市场,包括筹资规划、创设证券及推销证券等一系列活动。在一级市场中,投资银行、经纪人和证券商等作为经营者,承担政府和公司企业新发行债券的承购和分销业务。发行市场体现的是一个从无到有的过程。

(二) 流通市场

流通市场也称"二级市场"或"次级市场",是指已经发行的证券或票据等金融工具进行转让交易的市场。

流通市场有两种形态:①有固定场所,即集中进行竞价交易的证券交易所(流通市场的核心);②分散的场外交易市场。

【考点小贴士】考试中对不同市场分类的辨析往往是通过实际案例考查。发行市场主抓"首次""成功上市"等关键词,是从无到有的过程;而流通市场主抓"已上市""转让"等关键词,是二次流通销售的过程。

四、根据有无固定场所划分

根据金融交易是否有固定场所,金融市场可分为场内市场和场外市场(也称柜台市场,简称OTC)。

五、根据交易期限划分

根据交易期限的不同,金融市场可分为货币市场(1年以内)和资本市场(1年以上)。

六、根据地域范围划分

根据地域范围的不同，金融市场可分为国内金融市场和国际金融市场。

七、根据成交与定价方式划分

根据成交与定价方式的不同，金融市场可分为公开市场和议价市场。

八、根据交割时间划分

根据金融交易的交割时间，金融市场可分为即期市场和远期市场。

【考点小贴士】本考点偏向考查对金融市场具体类型细分定义的理解。

经典例题

[2015年真题·单选题] 某投资者在上海证券交易所购买了一家股份有限公司首次公开出售的股票，该笔交易所在的市场属于（　　）。

A. 流通市场　　　　　　　　　　B. 发行市场
C. 期货市场　　　　　　　　　　D. 期权市场

[答案] B

[解析] 根据金融交易的性质，金融市场可划分为发行市场和流通市场。发行市场又称"一级市场"或"初级市场"，是金融工具首次出售给公众所形成的交易市场。该题干中出现了"首次公开出售"字样，从而可判断是发行市场。

第二节　货币市场及其工具

【考点一】货币市场及其构成

货币市场是指交易期限在1年以内，以短期金融工具为媒介进行资金融通和借贷的交易市场。

货币市场主要包括同业拆借市场、回购协议市场、商业票据市场、银行承兑汇票市场、短期政府债券市场和大额可转让定期存单市场等。

货币市场中交易的金融工具一般都具有期限短、流动性高、对利率敏感等特点，具有"准货币"特性。

一、同业拆借市场

（一）特点

(1) 期限短。同业拆借市场的期限最长不得超过1年。其中，以隔夜头寸拆借为主。

(2) 参与者广泛。商业银行、非银行金融机构和中介机构都是同业拆借市场的主要参与者。

(3) 交易对象特殊。在拆借市场交易的主要是金融机构存放在中央银行账户上的超额存款准备金。

(4) 信用拆借。

（二）功能

(1) 调剂金融机构间资金短缺，提高资金使用效率。

(2) 同业拆借市场是中央银行实施货币政策，进行金融宏观调控的重要载体。

(3) 同业拆借市场可及时反映资金供求变化，提高金融资产的盈利水平。

二、回购协议市场

（一）回购协议的概念

回购协议是指资金融入方在出售证券的同时和证券购买者签订的、在一定期限内按原定价格或约定价格购回所卖证券的协议。

（二）证券回购的特征

证券回购实质为短期资金融通，质押品为证券，购回价格与卖出价格差额为借款利息。

（三）回购协议的标的物

回购协议中的标的物主要是国库券等政府债券或其他有担保债券，也可以是商业票据、大额可转让定期存单等其他货币市场工具。

（四）证券回购的作用

（1）证券回购交易增加了证券的运用途径和闲置资金的灵活性。

（2）回购协议是中央银行进行公开市场操作的重要工具。

（3）回购协议交易有助于降低交易者的市场风险，降低经营成本，增强市场竞争能力和稳定性。

（4）发展回购协议市场有助于推动银行间同业拆借行为规范化，有助于扩大国债交易规模。

三、商业票据市场

（一）商业票据的概念

商业票据是公司为了筹措资金，以贴现的方式出售给投资者的一种短期无担保的信用凭证。

（二）商业票据的特点

（1）发行期限较短，面额较大，且绝大部分是在一级市场上直接进行交易。

（2）融资成本低、融资方式灵活。

（3）发行票据能提高公司的声誉。

四、银行承兑汇票市场

（一）汇票的概念

汇票是由出票人签发的委托付款人在见票后或票据到期时，对收款人无条件支付一定金额的信用凭证。由银行作为汇票的付款人，承诺在汇票到期日支付汇票金额的票据，称为银行承兑汇票，以此为交易对象的市场就是银行承兑汇票市场。

（二）银行承兑汇票市场的构成

银行承兑汇票市场主要由一级市场和二级市场构成：①一级市场即发行市场，主要涉及汇票的出票和承兑；②二级市场相当于流通市场，涉及汇票的贴现和再贴现过程。

（三）银行承兑汇票的特点

银行承兑汇票的特点是安全性高、流动性强、灵活性强。

五、短期政府债券市场

短期政府债券是指一国政府部门为满足短期资金需求而发行的一种期限在 1 年以内的债券凭证。

广义的短期政府债券不仅包括国家财政部门发行的债券，还包括地方政府及政府代理机构发行的债券。

狭义的短期政府债券则仅指国库券。一般所说的短期政府债券市场指的就是国库券市场。

六、大额可转让定期存单（CDs）市场

（一）大额可转让定期存单（CDs）的概念

大额可转让定期存单（CDs） 是银行发行的有固定面额、可转让流通的存款凭证。

（二）传统的定期存单与大额可转让定期存单的区别

传统的定期存单与大额可转让定期存单的区别如表1-2-1所示。

表1-2-1　传统的定期存单与大额可转让定期存单的区别

项目	传统的定期存单	大额可转让定期存单（CDs）
区别	记名且不可流通转让	不记名，且可流通转让
	金额不固定	面额固定且较大
	可提前支取，仅损失利息收入	不可提前支取，只能在二级市场流通转让
	依照期限长短有不同的固定利率	既有固定的利率，也有浮动的利率，一般高于同期限的定期存款利率

经典例题

[2013年真题·多选题] 在传统的金融市场中，交易的金融工具具有"准货币"特征的市场有（　　）。

A. 同业拆借市场　　　　　　　B. 回购协议市场
C. 股票市场　　　　　　　　　D. 债券市场
E. 银行承兑汇票市场

[答案] ABE

[解析] 货币市场属于准货币市场的范畴，A、B、E三项属于货币市场。C、D两项，股票市场和债券市场均属于资本市场。

【考点二】我国的货币市场及其工具

一、同业拆借市场（1996年1月正式成立）

我国同业拆借市场的参与机构包括中资大型银行、中资中小型银行、证券公司、基金公司、保险公司、外资金融机构以及其他金融机构（如城市信用社、农村信用社、财务公司、信托投资公司、金融租赁公司、资产管理公司、社保基金、投资公司、企业年金、其他投资产品等）。

2017年，同业拆借累计成交79万亿元，日均成交3 147亿元，同比下降17.7%。从期限结构来看，市场交易更趋集中于隔夜品种，隔夜品种的成交量占总量的86.1%。

二、回购协议市场

（一）交易主体

目前，具有债券交易资格的商业银行及其授权分支机构、农村信用联社、城市信用社等存款类金融机构，证券公司、保险公司、基金管理公司及其管理的基金、资产管理组合、保险产品、财务公司等非银行金融机构，以及经营人民币业务的外资金融机构，都可以进入市场进行交易。

（二）交易场所

回购协议的交易场所是银行间债券市场。

（三）协议种类

回购协议主要有**质押式回购（约定利率，期限为1—365天）** 和**买断式回购（约定价格，期限**

为 1—91 天）两种。质押式回购是指资金融入方（正回购方）在将债券出质给资金融出方（逆回购方）融入资金的同时，双方约定在未来某一日期由正回购方按约定回购利率计算的资金额向逆回购方返还资金，逆回购解除出质债券上质权的融资行为。买断式回购是指债券持有人（正回购方）将债券卖给债券购买方（逆回购方）的同时，交易双方约定在未来某一日期，正回购方再以约定价格从逆回购方买回相等数量同种债券的交易行为。

【提示】银行间回购利率已成为反映货币市场资金价格的市场化利率基准。2017 年，银行间市场债券回购累计成交 616.4 万亿元，日均成交 2.5 万亿元，同比增长 2.5%。从期限结构来看，市场交易更集中于隔夜品种，隔夜品种占总量的 80.5%。

三、商业票据市场

根据《中华人民共和国票据法》的规定，我国的票据包括汇票、本票和支票，具体内容如图 1-2-1 所示。

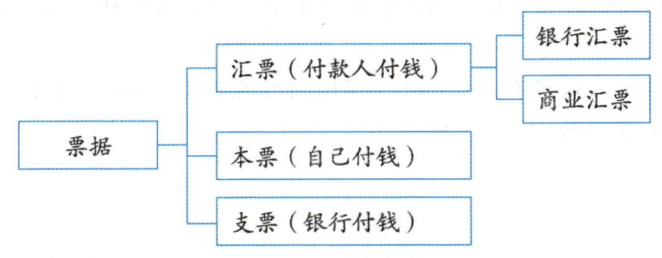

图 1-2-1　票据的分类

从 2014 年起，互联网票据受到市场热捧。互联网票据是指借助互联网、移动通信技术平台为融资企业和公众提供信息平台，以理财产品销售的方式募集社会公众投资资金为融资企业提供商业汇票融资服务的票据业务形式，开创了 P2B 新模式（互联网融资服务平台）。这类票据相比互联网货币基金理财产品收益率更高且相对稳定。

四、短期融资券市场

（一）短期融资券的概念

短期融资券是指中国境内具有法人资格的非金融企业，依照《短期融资券管理办法》（2005 年 5 月中国人民银行制定）规定的条件和程序，在银行间债券市场发行并约定在一定期限内还本付息的有价证券，最长期限不超过 365 天。

（二）短期融资券的特点

（1）短期融资券的发行主体是我国"非金融"企业法人。
（2）短期融资券具有债券性质，须还本付息。
（3）短期融资券限定在银行间债券市场发行和交易，对货币市场体系具有一定的结构调整作用。
（4）短期融资券的期限较短，本质上是一种融资性商业票据。

五、同业存单市场

（一）同业存单

1. 概念

同业存单是指由银行业存款类金融机构法人在全国银行间市场上发行的记账式定期存款凭证，是一种货币市场工具。

2017 年 9 月 1 日起，同业存单的期限明确为不超过 1 年，取消 2 年和 3 年期同业存单，此前已发行的 1 年期（不含）以上同业存单可继续存续至到期。

2. 特点

（1）投资和交易主体均为银行间市场成员。同业存单的发行主体为银行业存款类金融机构，投资和交易对象为银行间拆借市场成员、基金管理公司及基金类产品。

（2）市场化的定价原则。发行价格以市场化方式来确定，利率参考 Shibor（上海银行间同业拆放利率）或以 Shibor 为浮动利率计息基准确定。

（3）发行方式标准化、透明化。发行采取电子化的方式，在银行间市场上公开或定向发行。

（4）具有较好的二级市场流动性。

3. 优点

（1）同业存单的推出，有利于进一步拓宽银行业存款类金融机构的融资渠道，改善金融机构的流动性管理。

（2）同业存单的推出，有利于提高同业业务定价透明度，引导和规范同业业务发展，促进银行间市场平稳运行。

（3）同业存单的推出，有利于扩大 Shibor 运用的市场基础，支持和验证 Shibor 中长端利率的基准性，进一步健全金融市场基准利率体系。

（二）大额存单

1. 概念

大额存单是由银行业存款类金融机构面向非金融机构投资人发行的记账式大额存款凭证。

2. 需注意的规定

（1）2015 年 6 月 2 日，中国人民银行正式发布《大额存单管理暂行办法》，6 月 15 日，市场利率定价自律机制核心成员正式启动发行首期大额存单产品。

（2）2016 年 6 月 6 日，中国人民银行进一步将个人投资人认购大额存单的起点金额由 30 万元调整至 20 万元。同时，中国人民银行正在积极推进大额存单二级市场转让交易。

3. 优点

大额存单发行交易的有序推进，是利率市场化改革的重要举措，进一步扩大了金融机构负债产品市场化定价范围，有利于培养金融机构的自主定价能力，健全市场化利率形成和传导机制。

经典例题

[例题·单选题] 根据目前的统计数据，我国银行间同业拆借市场中交易量最大的品种是（　　）。

A. 隔夜拆借　　　　　　　　　　B. 7 天拆借

C. 14 天拆借　　　　　　　　　　D. 21 天拆借

[答案] A

[解析] 从期限结构来看，我国的同业拆借市场交易仍主要集中于隔夜品种。

第三节　资本市场及其工具

【考点一】资本市场及其构成

资本市场是指以期限在 1 年以上的金融资产为交易标的物的金融市场。

$$\text{资本市场}\begin{cases}\text{银行中长期存贷款市场}\\ \text{有价证券市场}\begin{cases}\text{债券市场}\\ \text{股票市场}\\ \text{证券投资基金市场}\end{cases}\end{cases}$$

一、债券市场

(一) 债券的分类和特征

1. 债券的分类

债券的分类如表 1-3-1 所示。

表 1-3-1 债券的分类

分类依据	类别
按发行主体的不同划分	政府债券、公司债券、金融债券
按偿还期限的不同划分	短期债券、中期债券、长期债券
按利率是否固定划分	固定利率债券、浮动利率债券
按利息支付方式的不同划分	付息债券、贴现债券、息票累积债券
按性质的不同划分	信用债券、抵押债券、担保债券
按募集方式的不同划分	公募债券、私募债券
按债券券面形态的不同划分	实物债券、凭证式债券、记账式债券
按是否可以转换划分	可转换债券、不可转换债券

2. 债券的特征

债券的特征包括偿还性、流动性、收益性和安全性。

(二) 债券市场的概念、分类及功能

1. 债券市场的概念

债券市场是发行和买卖债券的市场。

2. 债券市场的分类

(1) 根据债券的运行过程和市场的基本功能，债券市场可分为发行市场和流通市场。

债券发行市场也称一级市场，是发行单位初次出售新债券的市场。债券发行市场的作用是将政府、金融机构以及工商企业等为筹集资金向社会发行的债券，销售到投资者手中。

债券流通市场也称二级市场，是指已发行债券买卖转让的市场。根据市场组织形式，债券流通市场可进一步分为场内交易市场和场外交易市场。

(2) 根据债券发行地点的不同，债券市场可分为国内债券市场和国际债券市场。

3. 债券市场的功能

(1) 调剂闲散资金、为资金不足者筹集资金。

(2) 债券体现了收益性与流动性的统一，吸引投资者投资。

(3) 债券市场能较为准确地反映企业的经营实力和财务状况。此外，国债利率被视为无风险资产的利率，成为其他资产和衍生品的定价基础。

(4) 债券市场是中央银行实施货币政策的主要载体。

二、股票市场

(一) 股票

股票是一种所有权凭证，实质上代表了股东对股份公司净资产的所有权，股东依法享有资产收益、重大决策、选择管理者等权利，同时也承担相应的责任与风险。股票可分为普通股和优先

股。根据记名与否,股票可分为记名股票和不记名股票。根据是否在股票上标明金额,股票可分为有面额股票和无面额股票。

(二)股票市场的概念和分类

股票市场是股票发行和流通的市场,可分为一级市场和二级市场。

三、证券投资基金市场

(一)证券投资基金的分类

根据不同的分类标准,证券投资基金分为不同的类型,具体内容如表1-3-2所示。

表1-3-2 证券投资基金的分类

分类依据	类型	具体内容
从基金的运作方式来看,根据基金份额是否可增加或减少划分	开放式基金	开放式基金设立后,投资者可以随时申购或赎回基金份额,因此基金规模不固定
	封闭式基金	封闭式基金规模在发行前已确定,在发行完毕后的规定期限内,基金规模固定不变
根据组织形态的不同划分	公司型基金	公司型基金依据公司章程设立,基金投资者是公司的股东,按照其所持股份分享投资收益,承担有限责任
		公司型基金具有独立的"法人"地位,一般设有董事会,代表投资者的利益行使职权
		公司型基金虽在形式上类似一般的股份公司,但不设经营管理层,而委托投资顾问(基金管理公司)管理基金资产
	契约型基金	契约型基金依据投资者、基金管理人、托管人之间所签署的基金合同而设立,基金投资者的权利主要体现在基金合同的条款上
根据投资对象的不同划分	股票基金	股票基金是指主要以股票为投资对象的投资基金
	债券基金	债券基金是指主要以债券为投资对象的投资基金
	货币市场基金	货币市场基金是指以国库券、大额可转让定期存单、商业票据、公司债券等货币市场短期有价证券为投资对象的投资基金
	混合基金	混合基金是指同时投资股票、债券或者其他投资品种的基金
根据投资理念的不同划分	主动型基金	主动型基金是力图超过业绩比较基准的基金
	被动型基金	被动型基金不主动寻求超越市场的表现,一般选取特定的指数作为跟踪的对象,通过试图复制指数来跟踪市场的表现,因此通常被称为指数型基金
根据基金的资金来源和用途的不同划分	在岸基金	在岸基金是指在本国募集资金并投资于本国证券市场的基金
		在岸基金的投资者、基金管理人、基金托管人及其他当事人均在本国境内,因此监管比较容易
	离岸基金	离岸基金是指在一国发行基金,并将募集的资金投资于其他国家市场的基金
根据募集方式的不同划分	公募基金	公募基金是指面向社会公众公开发售的基金
	私募基金	私募基金是指以非公开方式向特定投资者募集资金设立的投资基金

分类依据	类型	具体内容
根据资产配置比例的不同划分	偏股型基金	偏股型基金指的是股票配置的比例比较高，债券的配置比例相对较低的基金。一般偏股型基金股票配置比例为50%—70%，债券配置比例为20%—40%
	偏债型基金	偏债型基金指的是债券的配置比例较高，股票的配置比例则相对较低的基金
	股债平衡型基金	股债平衡型基金指的是股票与债券的配置比例较为平衡的基金，通常为40%—60%
	灵活配置型基金	灵活配置型基金指的是股票、债券的配置比例会根据市场状况进行调整的基金

（二）证券投资基金的特征

证券投资基金体现了基金持有人与管理人之间的一种**信托关系**，是一种间接投资工具。

证券投资基金的特征包括：

（1）集合理财，专业管理。
（2）组合投资，分散风险。
（3）利益共享，风险共担。
（4）严格监管，信息透明。
（5）独立托管，保障安全。

经典例题

[例题·单选题] 证券投资基金体现了基金持有人与管理人之间的一种（　　）关系。
A．股权　　　　　　　　　　B．买卖
C．债权债务　　　　　　　　D．信托
[答案] D
[解析] 证券投资基金体现了基金持有人与管理人之间的一种信托关系，是一种间接投资工具。

【考点二】我国的资本市场及其工具

我国的资本市场主要包括**债券市场、股票市场和证券投资基金市场**。

一、债券市场

目前，我国债券市场形成了**银行间市场、交易所市场**和**商业银行柜台市场**三个子市场在内的统一分层的市场体系。

（一）银行间市场

银行间市场是批发市场，是债券市场的主体。其典型结算方式是逐笔结算。银行间债券市场的交易品种主要有现券交易、质押式回购、买断式回购、远期交易等。

（二）交易所市场

交易所市场是由各类社会投资者参与集中撮合交易的零售市场。其典型的结算方式是实行净额结算。上市商业银行可以在交易所债券市场进行交易。交易所债券市场的交易品种主要有现券交易、质押式回购和融资融券。

（三）商业银行柜台市场

商业银行柜台市场是指银行通过营业网点（含电子银行系统）与投资人进行债券买卖，并办理相关托管与结算等业务的市场。与交易所市场不同的是，承办银行日终需将余额变动数据传给中央国债登记结算有限公司，同时中央国债登记结算有限公司为柜台投资人提供余额查询服务，成为保护投资者权益的重要途径。商业银行柜台市场的交易品种是现券交易。

二、股票市场

（一）我国上市公司股票的分类

我国上市公司股票按发行范围可分为A股和B股。

（1）A股股票即人民币普通股，是由中国境内公司发行，供境内机构、组织或个人以人民币认购和交易的普通股股票。这种股票按规定只能由我国居民或法人购买。

（2）B股股票即境内上市外资股，是以人民币标明面值，以外币认购和买卖，在中国境内证券交易所上市交易的外资股。

（二）我国股票市场的构成

我国股票市场包括主板市场、中小企业板市场、创业板市场。代办股份转让市场（三板）也是我国有组织的股份转让市场。

（1）主板市场是我国股票市场最重要的组成部分，以沪、深两市为代表，即上海证券交易所（以下简称上交所）和深圳证券交易所（以下简称深交所）。

（2）2004年5月，中国证监会批准深圳证券交易所设立中小企业板市场，旨在服务于中小企业及民营企业的发展。目前中小企业板市场与主板市场除上市公司规模外，其他方面与主板市场差别不大。

（3）2009年10月，我国创业板在深圳证券交易所推出。创业板市场服务于高新技术或新兴经济企业。

（4）2010年3月31日，我国股票市场融资融券交易正式启动。

（5）2012年7月，沪、深交易所相继发布完善上市公司退市制度的方案。

（6）2013年1月16日，全国中小企业股份转让系统正式揭牌运营。

（7）2014年3月21日，中国证监会发布《优先股试点管理办法》，规定三类公司可以公开发行优先股。

（8）2014年11月17日，沪港通正式启动。

（9）2015年12月4日，上交所、深交所及中国金融期货交易所（中金所）正式发布指数熔断机制相关规定，并于2016年1月1日起正式实施。

经典例题

[2015年真题·单选题] 与货币市场工具相比，资本市场工具（　　　）。

A. 流动性高
B. 期限长
C. 安全性高
D. 利率敏感性高

[答案] B

[解析] 资本市场与货币市场最根本的区别就是期限不同。期限在1年以内的金融工具是货币市场工具，期限在1年以上的金融工具是资本市场工具。

第四节 金融衍生品市场及其工具

【考点一】金融衍生品市场概述

一、金融衍生品的概念与特征

（一）金融衍生品的概念

金融衍生品又称金融衍生工具，是指建立在基础产品或基础变量之上，其价格取决于基础金融产品价格（或数值）变动的派生金融产品。基础产品不仅包括现货金融产品（如股票、债券、存单、货币等），也包括金融衍生工具。金融衍生工具的基础变量种类繁多，主要有利率、汇率、通货膨胀率、价格指数、各类资产价格及信用等级等。金融衍生品在形式上表现为一系列的合约，合约中载明交易品种、价格、数量、交割时间及地点等。

（二）金融衍生品的特征

金融衍生品的特征包括跨期性、杠杆性、联动性、高风险性。

二、金融衍生品市场的交易主体

金融衍生品市场的交易主体如表 1-4-1 所示。

表 1-4-1 金融衍生品市场的交易主体

分类依据	交易主体类别	交易目的
根据交易目的不同划分	套期保值者（风险对冲者）	从事衍生品交易是为了减少未来的不确定性，降低甚至消除风险，不是为了挣钱
	投机者	获取利润的投资者，需承担投机风险，可能挣钱，也可能赔钱
	套利者	进行衍生品交易，获取无风险收益
	经纪人	交易中介，以促成交易、收取佣金为目的

【考点小贴士】金融衍生品市场的各交易主体的目的是历年考试的常考点，可结合上表的归纳进行重点掌握。

经典例题

[2018年真题·单选题] 作为交易的中介，以促成交易、收取佣金为目的的衍生品市场交易主体是（　　）。

A. 套期保值者　　　　　　　　B. 投机者
C. 套利者　　　　　　　　　　D. 经纪人

[答案] D

[解析] 根据交易目的的不同，金融衍生品市场上的交易主体分为四类：套期保值者、投机者、套利者和经纪人。经纪人作为交易的中介，以促成交易、收取佣金为目的。

【考点二】主要的金融衍生品

一、金融远期

金融远期合约是指交易双方约定在未来某一确定时间，按照事先商定的价格（如汇率、利率或股票价格等），以预先确定的方式买卖一定数量的某种金融资产的合约。

目前较常见的远期合约主要有远期利率协议、远期外汇合约、远期股票合约。

（一）远期利率协议

远期利率协议是指买卖双方同意在未来一定时间内，以商定的名义本金和期限为基础，由一方将协定利率与参照利率之间差额的贴现额度付给另一方的协议。

（二）远期外汇合约

远期外汇合约是指约定未来按照预先约定的汇率进行外汇交割的合约。

（三）远期股票合约

远期股票合约是指在将来某一特定日期按照特定价格交付一定数量单个股票或一篮子股票的协议。

二、金融期货

金融期货合约是指协议双方同意在未来某一约定日期，按约定的条件买入或卖出一定标准数量的金融工具的标准化协议。

主要的金融期货合约有货币期货、利率期货、股指期货等。

三、金融期权

（一）金融期权的概念

金融期权是指合约买方向卖方支付一定费用（称为期权费），在约定日期内享有按事先确定的价格向合约卖方买卖某种金融工具的权利的契约。

（二）金融期权的分类

（1）根据金融期权合约的标的物不同，金融期权合约可分为货币期权、利率期权和股指期权等。

（2）根据买方权利的不同，金融期权合约可分为看涨期权和看跌期权两种类型。

1）看涨期权的买方有权在某一确定的时间或确定的时间之内，以确定的价格购买相关资产。

2）看跌期权的买方有权在某一确定的时间或确定的时间之内，以确定的价格出售相关资产。

看涨期权与看跌期权买卖双方责任的区别如表1-4-2所示。

表1-4-2　看涨期权与看跌期权买卖双方责任的区别

时点	看涨期权买方	看跌期权买方
当市场价格高于合约的执行价格	行使期权	放弃合约
当市场价格低于合约的执行价格	放弃合约	行使期权

【注意】期权合约买方对应的是有限的损失（期权费）和无限的收益；期权合约卖方则是有限的收益（期权费）和无限的损失。

【考点小贴士】要掌握这个考点，需理解概念，抓住核心思想：只有期权的买方有选择权（可以选择买东西即看涨期权，也可以选择卖东西即看跌期权），而期权的卖方没有选择权，只能被动接受。在文字表述中：期权买方和根据期权行使购买权利，以及期权卖方和根据期权行使出售权利是两回事。

（三）购买金融期权与金融期货合约的区别

（1）购买期权时，除了支付标的产品价格外还需支付期权费。

（2）期权的持有者在到期日时可以选择放弃执行期权。看涨期权赋予持有者买入金融工具的权利，而期货的持有者必须在指定的日期买入金融工具。

四、金融互换

金融互换是两个或两个以上的交易者按事先商定的条件，在约定的时间内交换一系列现金流的交易形式。金融互换分为货币互换、利率互换和交叉互换三种类型。

（一）货币互换

货币互换是一种以约定的价格将一种货币定期兑换为另一种货币的协议，本质上代表一系列远期合约。

（二）利率互换

利率互换是交易双方同意交换利息支付的协议。

（三）交叉互换

交叉互换是利率互换和货币互换的结合，在一笔交易中既有不同货币支付的互换，又有不同种类利率的互换。

五、信用衍生品

信用衍生品是以贷款或债券的信用作为基础资产的金融衍生工具。其实质是一种双边金融合约安排。

信用违约互换（CDS）是最常用的一种信用衍生产品。它规定信用风险保护买方向信用风险保护卖方定期支付固定的费用或一次性支付保险费，当信用事件发生时，卖方向买方赔偿因信用事件所导致的基础资产面值的损失部分。

经典例题

[2014年真题·单选题] 某投资者买入一只股票的看跌期权，当股票的市场价格低于执行价格时，该投资者正确的选择是（ ）。

A. 行使期权，获得收益　　　　B. 行使期权，全额亏损期权费
C. 放弃合约，亏损期权费　　　D. 放弃合约，获得收益

[答案] A

[解析] 对于看跌期权的买方来说，当市场价格低于合约的执行价格时，他会行使期权，取得收益；当市场价格高于实行价格时，他会放弃合约，亏损金额即期权费。

第五节　互联网金融

【考点一】互联网金融的概念和特点

一、互联网金融的概念

互联网金融是传统金融机构与互联网企业（以下简称从业机构）利用互联网技术和信息通信技术实现资金融通、支付、投资和信息中介服务的新型金融业务模式。互联网"开放、平等、协作、分享"的精神渗透到传统金融业态，对原有的金融模式产生根本影响及衍生出来的创新金融服务方式，具备互联网理念和精神的金融业态及金融服务模式统称为互联网金融。

二、互联网金融的特点

（1）互联网金融是传统金融的数字化、网络化和信息化。互联网以大数据、云计算、社交网络和搜索引擎为基础，挖掘客户信息并管理信用风险。

（2）互联网金融是一种更普惠的大众化金融模式。
（3）互联网金融能够提高金融服务效率，降低金融服务成本。

【考点二】互联网金融的模式

互联网金融的模式及对应监管单位如表1-5-1所示。

表1-5-1 互联网金融的模式及对应监管单位

模式	监管单位
互联网支付	中国人民银行
网络借贷	中国银行保险监督管理委员会（简称中国银保监会）
股权众筹融资	中国证监会
互联网基金销售	中国证监会
互联网保险	中国银保监会
互联网信托和互联网消费金融	中国银保监会

经典例题

[2017年真题·单选题] 在我国，负责监管互联网信托业务的机构是（　　）。
A. 中国人民银行　　　　　　B. 中国银保监会
C. 中国证监会　　　　　　　D. 商务部
[答案] B
[解析] 互联网信托和互联网消费金融由中国银保监会负责监管。

本章易错易混考点

【易错易混考点一】金融市场主体不同身份的区分

金融市场的主体包括家庭、企业、政府、金融机构和金融调控及监管机构。其中政府与金融调控及监管机构往往容易混淆。

不管是中央政府还是地方政府，为了调节收支、建设公共工程、干预经济运行或弥补财政赤字，一般都需要通过发行公债来筹集资金，是资金的需求者。政府也会储蓄短期资金盈余，例如税款集中收却还尚未产生支出时。此时，政府部门成为暂时的资金供应者。

而作为金融调控及监管机构的主要代表中央银行在金融市场上处于一种特殊的地位，既是金融市场中重要的交易主体，又是金融调控及监管机构之一。

【考点小贴士】考生特别容易犯的错误就是简单记忆政府即是监管机构，注意在金融市场主体分类中这是完全不同的两个概念。

【易错易混考点二】主要的金融衍生品概念辨析（如表Ⅰ所示）

表Ⅰ 主要的金融衍生品概念辨析

金融衍生品	概念要点
金融远期	买卖双方商议，现在把未来的交易定下来
金融期货	在期货市场签订，是标准化的远期协议
金融期权	买卖双方权利义务不对等
金融互换	约定的时间内交换现金流
信用衍生品	信用违约互换，高度近似保险操作

【考点小贴士】由于考生日常接触金融衍生品的机会较少,所以这里是理解难点。需要打好基础,为后面学习第七章金融工程做好准备。

[2015年真题·单选题] 下列金融工具中,属于金融衍生工具的是(   )。
A. 开放式金融 B. 商业票据
C. 封闭式基金 D. 股指期货
[答案] D
[解析] 金融衍生工具是建立在基础产品或基础变量之上,其价格取决于基础金融产品价格(或数值)变动的派生金融产品。基础产品不仅包括现货金融产品(如股票、债券、存款、货币等),也包括金融衍生工具。金融衍生品主要包括金融远期、金融期货、金融期权、金融互换和信用衍生品等。股指期货属于金融期货。

历年经典真题回顾

一、单项选择题(每题1分,每题备选项中,只有1个最符合题意)

1. 由投资者买卖已发行的债券形成的市场是(   )。[2018年真题]
   A. 发行市场 B. 二级市场
   C. 初级市场 D. 一级市场
[答案] B
[解析] 按照金融交易的性质,金融市场可以划分为发行市场和流通市场。发行市场,又称"一级市场"或"初级市场",是金融工具首次出售给投资者所形成的交易市场。流通市场又称"二级市场"或"次级市场",是指对已经发行的证券或票据进行转让交易的市场。该题干中出现了"已发行"字样,从而可判断是流通市场,即二级市场。

2. 2017年9月1日起,同业存单的期限明确不超过(   )。[2018年真题]
   A. 1年 B. 2年
   C. 3年 D. 半年
[答案] A
[解析] 2017年9月1日起,同业存单的期限明确为不超过1年,取消2年和3年期同业存单,此前已发行的1年期(不含)以上同业存单可继续存续至到期。

3. 人民币普通股票账户又称为(   )。[2017年真题]
   A. 基金账户 B. A股账户
   C. B股账户 D. 人民币特种股票账户
[答案] B
[解析] A股,即人民币普通股,是由中国境内公司发行,供境内机构、组织或个人以人民币认购和交易的普通股股票。

4. 债券是资本市场重要的工具之一,其特征不包括(   )。[2017年真题]
   A. 流动性 B. 安全性
   C. 收益性 D. 永久性
[答案] D
[解析] 债券具有以下特征:①偿还性。即债务人必须按规定偿还期向债权人支付利息和偿还本金。②流动性。即债券市场越发达,债券发行人的信用程度越高,债券期限越短时,债券的流动性越强。③收益性。债券的收益包括定期利息收入以及二级市场买卖价差。④安全性。即债券发行人信誉高、利率固定且二级市场价格稳定、破产时债券持有者优先求偿。

5. 资金融入方出质债券融入资金,并约定在未来某一日期按约定利率将资金返还给资金融出方,

这种交易是（　　）。[2016年真题]

A. 买断式回购　　　　　　　B. 抵押式回购

C. 质押式回购　　　　　　　D. 反向式回购

[答案] C

[解析] 回购协议主要分为质押式回购和买断式回购两种。其中，质押式回购是交易双方进行的以债券为权利质押的一种短期资金融通业务，指资金融入方（正回购方）在将债券出质给资金融出方（逆回购方）融入资金的同时，双方约定在将来某一日期由正回购方按约定回购利率计算的资金额向逆回购方返还资金，逆回购解除出质债券上质权的融资行为。

6. 目前下列金融工具中，由银行发行的是（　　）。[2016年真题]

A. 大额存单　　　　　　　　B. 支票

C. 短期融资券　　　　　　　D. 余额宝

[答案] A

[解析] 大额可转让定期存单是银行发行的有固定面额、可转让流通的存款凭证。

二、多项选择题（每题2分，每题备选项中，有2个或2个以上符合题意，至少有1个错项。错选，本题不得分；少选，所选的每个选项得0.5分）

1. 下列属于金融市场构成要素的有（　　）。[2018年真题]

A. 金融市场主体　　　　　　B. 金融市场价格

C. 金融市场客体　　　　　　D. 金融市场中介

E. 金融市场类型

[答案] ABC

[解析] 金融市场包含三个基本的构成要素，即金融市场主体、金融市场客体和金融市场价格。

2. 关于金融衍生品的说法，正确的有（　　）。[2017年真题]

A. 金融衍生品的价格决定基础金融产品的价格

B. 金融衍生品的基础变量包括利率、汇率、价格指数等种类

C. 基础金融产品不能是金融衍生品

D. 金融衍生品具有高风险性

E. 金融衍生品合约中需载明交易品种、数量、交割地点等

[答案] BDE

[解析] 金融衍生品，又称金融衍生工具，是指建立在基础产品或基础变量之上，其价格取决于基础金融产品价格（或数值）变动的派生金融产品。作为一个相对的概念，基础产品不仅包括现货金融产品（如股票、债券、存单、货币等），也包括金融衍生工具。金融衍生工具的基础变量种类繁多，主要有利率、汇率、通货膨胀率、价格指数、各类资产价格及信用等级等。金融衍生品在形式上表现为一系列的合约，合约中载明交易品种、价格、数量、交割时间及地点等。金融衍生品具有跨期性、杠杆性、联运性和高风险性。

3. 货币市场主要包括（　　）。[2016年真题]

A. 商业票据市场　　　　　　B. 银行承兑汇票市场

C. 同业拆借市场　　　　　　D. 公司债券市场

E. 投资基金市场

[答案] ABC

[解析] 货币市场是指交易期限在1年以内，以短期金融工具为媒介进行资金融通和借贷的交易市场，主要包括同业拆借市场、回购协议市场、票据市场、银行承兑汇票市场、短期政府债

券市场和大额可转让定期存单市场等。D项和E项，债券和基金市场均属于资本市场。

4. 关于我国互联网金融监管的说法，正确的是（　　）。[2016年真题]
   A. 网络借贷业务由中国人民银行监管
   B. 互联网基金销售业务由中国银保监会监管
   C. 股权众筹融资业务由中国证监会监管
   D. 互联网支付业务由中国人民银行监管
   E. 互联网消费金融业务由中国银保监会监管

[答案] CDE

[解析] 网络借贷业务由中国银保监会负责监管，故A项错误。互联网基金销售业务由中国证监会负责监管，故B项错误。

本章同步练习

一、单项选择题（每题1分，每题备选项中，只有1个最符合题意）

1. 在金融市场上，既是重要的交易主体，又是监管机构之一的是（　　）。
   A. 中国证监会　　　　　　　B. 证券公司
   C. 商业银行　　　　　　　　D. 中央银行

2. 金融市场客体是（　　）。
   A. 金融价格　　　　　　　　B. 金融市场中介
   C. 金融机构　　　　　　　　D. 金融工具

3. 金融工具是投融资活动的书面凭证，属于所有权凭证的金融工具是（　　）。
   A. 商业汇票　　　　　　　　B. 金融债券
   C. 股票　　　　　　　　　　D. 可转让大额定期存款

4. 2015年8月1日，刘先生以95元价格在上海证券交易所购买了甲公司于2015年1月1日发行的公司债券。刘先生进行该笔交易所在的市场属于（　　）。
   A. 股票市场　　　　　　　　B. 初级市场
   C. 次级市场　　　　　　　　D. 期权市场

5. 同业拆借活动都是（　　）。
   A. 信用拆借　　　　　　　　B. 长期拆借
   C. 无息拆借　　　　　　　　D. 担保拆借

6. （　　）已成为反映货币市场资金价格的市场化利率基准。
   A. 买断式回购　　　　　　　B. 同业拆借利率
   C. 银行间回购利率　　　　　D. 质押式回购

7. 个人投资人认购大额存单的起点金额为（　　）万元。
   A. 10　　　　　　　　　　　B. 20
   C. 30　　　　　　　　　　　D. 40

8. （　　）不赎回卖出的基金份额。
   A. 开放式基金　　　　　　　B. 封闭式基金
   C. 交易所交易基金　　　　　D. 对冲基金

9. 我国建立了多层次的证券市场，其中设立的目的是服务于高新技术或新兴经济企业的证券市场的是（　　）。
   A. 中小企业板市场　　　　　B. 创业板市场

C. 主板市场   D. 代办股份转让市场

10. 两个或两个以上的交易者按事先商定的条件，在约定的时间内交换一系列现金流的交易形式称为（   ）。
    A. 金融期货   B. 金融远期
    C. 金融期权   D. 金融互换

二、多项选择题（每题2分，每题备选项中，有2个或2个以上符合题意，至少有1个错项。错选，本题不得分；少选，所选的每个选项得0.5分）

1. 在金融工具四个性质之间，存在反比关系的是（   ）。
    A. 期限性与收益性   B. 期限性与风险性
    C. 流动性与收益性   D. 期限性与流动性
    E. 风险性与收益性

2. 在回购协议市场中，可以作为回购证券标的物的有（   ）。
    A. 国库券   B. 商业票据
    C. 股指期权合约   D. 股指期货合约
    E. 大额可转让定期存单

3. 大额可转让定期存单具有以下特点中的（   ）。
    A. 不记名，且可在市场上流通并转让   B. 记名且不可流通转让
    C. 面额固定且较大   D. 不可提前支取
    E. 利率既有固定的，也有浮动的

4. 短期融资券是指中国境内具有法人资格的非金融企业，依照规定的条件和程序，在银行间债券市场发行并约定在一定期限内还本付息的有价证券。其特点是（   ）。
    A. 发行主体是我国"非金融"企业法人
    B. 具有债券性质
    C. 限定在银行间债券市场发行和交易
    D. 期限较短
    E. 本质上是民间借贷

5. 购买金融期权与金融期货的区别有（   ）。
    A. 购买期权还需支付期权费
    B. 期权的出售方在到期日时可用选择放弃执行期权
    C. 期货的持有者必须在指定的日期买入金融工具
    D. 期权的持有者在到期日时可用选择放弃执行期权
    E. 看涨期权赋予卖方卖出金融工具的权利

▶▶▶ 本章同步练习参考答案及解析 ◀◀◀

一、单项选择题

1. [答案] D
   [解析] 本题的考点为金融市场主体的不同身份。中央银行在金融市场上处于一种特殊的地位，它既是重要的交易主体，又是监管机构之一。

2. [答案] D
   [解析] 本题的考点为金融市场客体概念。金融市场客体即金融工具，是指金融市场上的交易对象或交易标的物。

3. [答案] C
   [解析] 本题的考点为金融工具不同分类概念。所有权凭证主要是指股票，是股份有限公司发行的、用以证明投资者的股东身

份和权益、并据以取得股息红利的有价证券。

4. [答案] C

[解析] 本题的考点为金融市场类型。流通市场又称"二级市场"或"次级市场"，是已发行的金融工具在投资者之间买卖流通的市场。通过两个时间的比较，即2015年8月11日和2015年1月1日，可以判断该债券已上市流通。

5. [答案] A

[解析] 本题的考点为同业拆借市场特点。同业拆借活动都是信用拆借。

6. [答案] C

[解析] 本题的考点为我国的回购协议市场。银行间回购利率已成为反映货币市场资金价格的市场化利率基准。

7. [答案] B

[解析] 本题的考点为我国的同业存单市场。2016年6月6日，中国人民银行进一步将个人投资人认购大额存单的起点金额由30万元调整至20万元。

8. [答案] B

[解析] 本题的考点为投资基金市场的分类。封闭式基金不赎回卖出的基金份额。投资者必须在证券交易所像卖出股票那样卖出基金份额，且基金份额数量一般是固定的。

9. [答案] B

[解析] 本题的考点为我国证券市场的相关知识。在运行中小企业板市场取得丰富经验后，国家开始着手设立服务于高新技术或新兴经济企业的创业板市场。

10. [答案] D

[解析] 本题的考点为金融互换的概念。金融互换是两个或两个以上的交易者按事先商定的条件，在约定的时间内交换一系列现金流的交易形式。金融互换分为货币互换、利率互换和交叉互换三种类型。

二、多项选择题

1. [答案] CD

[解析] 本题的考点为金融工具的性质。金融工具的性质之间存在反比关系的是期限性与流动性，以及流动性与收益性成反比。

2. [答案] ABE

[解析] 本题的考点为回购协议市场。回购协议中的标的物主要是：国库券等政府债券或其他有担保债券，也可以是商业票据、大额可转让定期存单等其他货币市场工具。

3. [答案] ACDE

[解析] 本题的考点为大额可转让定期存单的特点。大额可转让定期存单的特点是：①不记名，且可流通转让；②面额固定且较大；③不可提前支取，只能二级市场流通转让；④既有固定的，也有浮动的利率，一般高于同期限的定期存款利率。

4. [答案] ABCD

[解析] 本题的考点为短期融资券的特点。短期融资券的特点是：①发行主体是我国"非金融"企业法人；②具有债券性质，需还本付息；③限定在银行间债券市场发行和交易，对货币市场体系具有结构调整作用；④期限较短，本质上是一种融资性商业票据（E项错误）。

5. [答案] ACD

[解析] 本题的考点为金融期权。购买金融期权与金融期货合约的区别：①购买期权时，除了支付标的的产品价格外还需支付期权费；②期权的持有者在到期日时可以选择放弃执行期权。看涨期权赋予持有者买入金融工具的权利，而期货的持有者必须在指定的日期买入金融工具。

第二章 利率与金融资产定价

本章考情分析

年份	单项选择题	多项选择题	案例分析题	合计
2018 年	5 题 5 分	估算 1 题 2 分	4 题 8 分	15 分
2017 年	6 题 6 分	1 题 2 分	4 题 8 分	16 分
2016 年	5 题 5 分	—	3 题 6 分	11 分
2015 年	6 题 6 分	2 题 4 分	4 题 8 分	18 分
2014 年	5 题 5 分	2 题 4 分	4 题 8 分	17 分

本章考点概览

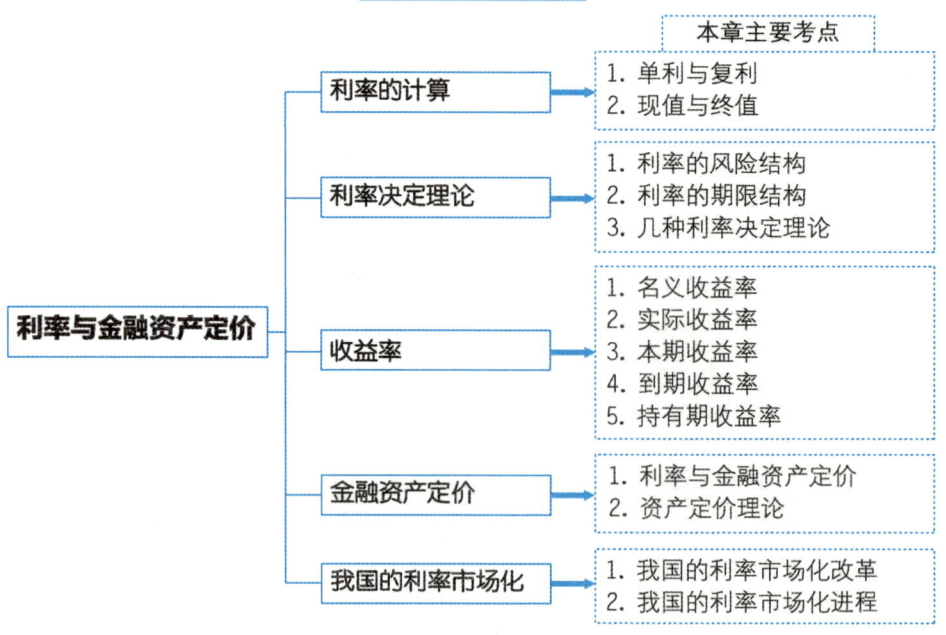

本章考点详解

第一节 利率的计算

【考点一】单利与复利

一、单利

单利就是仅按本金计算利息,上期本金所产生的利息不记入下期计算利息。

单利利息额公式为:

$$I = P \cdot r \cdot n$$

单利本息和公式为:

$$FV_n = P + I = P(1 + r \cdot n)$$

其中,FV 为本息和,I 为利息额,P 为本金(现值),r 为利率,n 为时间。

经典例题

[例题·单选题] 投资者用 100 万元进行为期 5 年的投资,年利率为 5%,一年计息一次,按单利计算,则第 5 年年末投资者可得到的本息和为( )万元。

A. 110　　　　　　　　　　　　B. 120
C. 125　　　　　　　　　　　　D. 135

[答案] C

[解析] 本题考查单利的计算公式。$FV = P + P \cdot r \cdot n = P \cdot (1 + r \cdot n) = 100 \times (1 + 5\% \times 5) = 125$(万元)。

【考点小贴士】审题时注意两个方面内容:一是看清题干要求,是求利息额还是本息和;二是注意利率与存款期限应匹配。

二、复利

复利也称利滚利,就是将每一期所产生的利息加入本金一并计算下一期的利息。

(一) 一年复利一次

一年复利一次本息和公式为:

$$FV = P(1 + r)^n$$

一年复利一次利息额公式为:

$$I = FV - P = P[(1 + r)^n - 1]$$

其中,FV 表示本息和,I 表示利息额,P 表示本金,r 表示利率,n 表示时间。

(二) 一年复利 m 次

一年复利 m 次本息和公式为:

$$FV_n = P\left(1 + \frac{r}{m}\right)^{nm}$$

其中,m 为每年的计息次数。

33

> **经典例题**
>
> [例题·单选题] 如果某投资者年初投入1 000元进行投资，年利率为8％，按复利每季度计息一次，则第1年年末该投资者的本息和为（　　）元。
> A. 1 026.93　　　　B. 1 080.00　　　　C. 1 082.43　　　　D. 1 360.49
> [答案] C
> [解析] 根据题干描述按复利每季度计息一次，即考查复利一年计息m次的计算公式。$FV_n = P\left(1+\dfrac{r}{m}\right)^{nm}$，每季度计息一次即一年计息4次，求本息和，将题目内容带入公式可得，$1\,000 \times \left(1+\dfrac{8\%}{4}\right)^{1 \times 4} \approx 1\,082.43$（元）。

【考点小贴士】公式"一年复利一次"和"一年复利m次"为本章核心公式，后面会多次变形运用。

三、连续复利（m趋于无限大∞）

连续复利本息和公式为：

$$FV_n = P \cdot e^{rn}$$

其中，e为自然对数的底，约等于2.718 28。

【结论】每年的计息次数越多，最终的本息和越大。随着计息间隔的缩短，本息和以递减的速度增加，最后等于连续复利的本息和。

【提示】计算时，应注意利率的期限单位是年、月还是日。年利率与月利率及日利率之间的换算公式为：年利率＝月利率×12＝日利率×360。

【考点二】现值与终值

现值(Present Value)，是指现在和未来（或过去）的一笔支付或支付流在今天的价值，又称在用价值。

终值(Future Value)，是指现在一定量的资金在未来某一时点上的价值。即现在的一笔钱未来值多少，又称将来值或本息和。

一、系列现金流的现值（一年复利一次的公式变形）

通过一年复利一次公式$FV = P(1+r)^n$，可推导出：

$$P = \dfrac{FV}{(1+r)^n}$$

则系列现金流的现值即可表示为：

$$PV = P_1 + P_2 + \cdots + P_n = \sum_{i=1}^{n} P_i$$

> **经典例题**
>
> [例题·单选题] ABC公司的某投资项目，预计在5年后可获得600万元，按复利每年计息一次，假定年利率为10％，问这笔收益相当于现在的（　　）万元。
> A. 372.98　　　　B. 372.55　　　　C. 410.32　　　　D. 410.73
> [答案] B
> [解析] 本题求算未来的一笔钱现在值多少，即求现值。代入现值公式$PV = \dfrac{600}{(1+10\%)^5} = 372.55$（万元）。

二、连续复利下的现值（一年复利 m 次的公式变形）

（1）通过一年复利 m 次公式 $FV = P\left(1+\dfrac{r}{m}\right)^{nm}$，可推导出连续复利下的现值计算公式为：

$$PV = \dfrac{FV}{\left(1+\dfrac{r}{m}\right)^{nm}}$$

（2）如果 m 趋向于∞，则 $PV = \dfrac{FV}{e^{rn}}$。

【结论】每年计息次数越多，现值越小。随计息间隔的缩短（计息次数的增加），现值以递减的速度减小，最后等于连续复利的现值。

第二节 利率决定理论

【考点一】利率的风险结构

利率的风险结构即指债权工具的到期期限相同但利率却不相同的现象。到期期限相同的债权工具利率不同的因素如表 2-2-1 所示。

表 2-2-1 到期期限相同的债权工具利率不同的因素

因素	定义	要点
违约风险	指债务人无法依约付息或偿还本金的风险。它影响着各类债权工具的利率水平	通常，债券违约风险越大，其利率越高
流动性	指资产能够以一个合理的价格顺利变现的能力。它反映的是投资的时间尺度和价格尺度之间的关系	流动性差的债权工具风险大，利率水平相对就高；流动性强的债券，利率低
所得税	—	同等条件下，免税的债券利率低

经典例题

[2010年真题·单选题] 一般来说，流动性差的债权工具的特点是（　　）。
A．风险相对较大、利率相对较高　　B．风险相对较大、利率相对较低
C．风险相对较小、利率相对较高　　D．风险相对较小、利率相对较低
[答案] A
[解析] 利率的风险结构即指债权工具的到期期限相同但利率却不相同的现象。到期期限相同的债权工具利率不同是由违约风险、流动性和所得税三个原因引起的。流动性差的债权工具风险大，利率水平相对就高；流动性强的债券，利率低。

【考点二】利率的期限结构

利率的期限结构是指具有不同到期期限的债券之间的利率联系。目前，主要有三种理论解释利率的期限结构，分别是预期理论、分割市场理论和流动性溢价理论。与流动性溢价理论密切相关的是期限优先理论，其采取了较为间接的方法来修正预期理论。利率期限结构的相关理论如表 2-2-2 所示。

表 2-2-2　利率期限结构的相关理论

理论名称	核心内容	可解释内容	不可解释内容
预期理论	(1) 长期利率是预期的短期利率的平均值 (2) 利率不同是因为短期利率的预期值是不同的 (3) 长期利率的波动小于短期利率的波动	(1) 不同到期期限的债券利率有同向运动的趋势 (2) 如果短期利率较低，收益率曲线倾向于向上倾斜（长期利率升高）；如果短期利率较高，收益率曲线倾向于向下倾斜（长期利率下降）	无法解释收益率曲线通常是向上倾斜的
分割市场理论	将不同到期期限的债券市场看作完全独立和相互分割的。不同到期期限债券的利率取决于该债券的供给与需求	为什么收益率曲线是向上倾斜的	(1) 不同到期期限的债券倾向于同向运动的原因 (2) 为什么短期利率较低时，收益率曲线倾向于向上倾斜，而短期利率较高时，收益率曲线倾向于向下倾斜
流动性溢价理论	长期债券的利率＝长期债券到期之前预期短期利率的平均值＋随债券供求状况变动而变动的流动性溢价（又称期限溢价）	(1) 随着时间的推移，不同到期期限的债券利率表现出同向运动的趋势 (2) 典型的收益率曲线总是向上倾斜的	—
期限优先理论	假定投资者更愿意投资某种期限的债券（期限优先），因此只有当预期回报率足够高时，他们才愿意购买其他到期期限的债券	(3) 如果短期利率较低，收益率曲线很可能是陡峭的向上倾斜的形状；如果短期利率较高，收益率曲线倾向于向下倾斜	—

经典例题

[2014年真题·单选题] 假定预期当年 1 年期债券的年利率是 9%，预期下一年 1 年期债券的年利率为 11%，根据预期理论，则当年 2 年期债券的年利率是（　　）。
A. 9%　　　　B. 10%　　　　C. 11%　　　　D. 20%
[答案] B
[解析] 预期理论认为，长期债券的利率等于在其有效期内人们所预期的短期利率的平均值，即当年 2 年期债券的年利率＝（9%＋11%）/2＝10%。

【考点三】几种利率决定理论

一、古典利率理论（"纯实物分析"框架）

(1) 古典学派认为，在充分就业的条件下，投资是利率的递减函数，储蓄是利率的递增函数。利率决定于储蓄与投资的相互作用。

(2) 该理论的隐含假定是，当实体经济部门的储蓄等于投资时，整个国民经济达到均衡状态。

(3) 在古典利率学派看来，货币政策是无效的。

二、流动性偏好理论（"纯货币分析"框架）

流动性偏好理论代表人物为凯恩斯。他认为利率由货币的供给和货币需求决定。

(1) 凯恩斯认为，货币供给（M_s）是外生变量，由中央银行直接控制。因此，货币供给独立于利率的变动。

(2) 货币需求（M_d）取决于公众的流动性偏好，公众的流动性偏好的动机包括<u>交易动机、预防动机和投机动机</u>。用 M_{d1} 表示第一种货币需求，即交易动机和预防动机形成的货币需求，用 M_{d2} 表示第二种货币需求，即投机动机形成的货币需求，则 M_{d1}（Y）为收入 Y 的递增函数，M_{d2}（i）为利率 i 的递减函数。货币总需求可表述为：

$$M_d = M_{d1}（Y）+ M_{d2}（i）$$

(3) 当利率下降至某一水平时，市场就会产生未来利率会上升的预期，这样货币投机需求就会达到无穷大，这时无论中央银行供应多少货币，都会被相应的投机需求所吸收，从而使利率不能继续下降而"锁定"在这一水平。这就是所谓的<u>"流动性陷阱"</u>问题。

如图 2-2-1 所示，货币供给 M_s 为一条直线，均衡利率 i 取决于货币需求线 M_d 与货币供给线 M_s 的交点 E。当货币供求达到均衡时，利率便达到均衡水平。"流动性陷阱"发生后，货币需求曲线的形状是一条平行于横轴的直线。

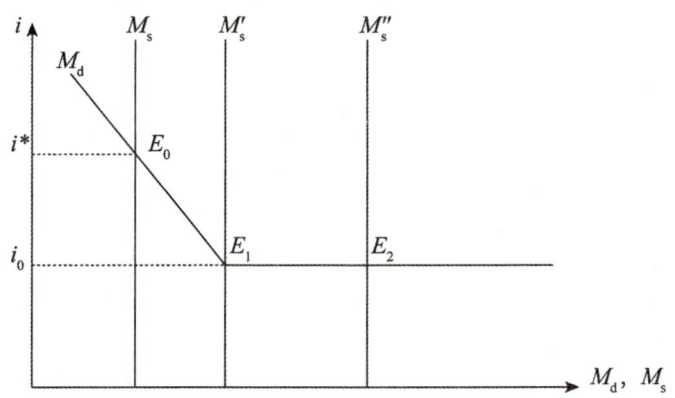

图 2-2-1　凯恩斯的货币供求均衡与均衡利率的决定

三、可贷资金理论

可贷资金利率理论是新古典学派的利率理论，可看成古典利率理论与凯恩斯流动性偏好理论的一种综合。

该理论认为，<u>利率是由可贷资金的供求关系决定的，利率的决定取决于商品市场和货币市场的共同均衡</u>。

> **经典例题**

[2015 年真题·单选题] 流动性偏好理论认为，当流动性陷阱发生后，货币需求曲线是一条（　　）的直线。

A. 平行于横坐标轴

B. 垂直于横坐标轴

C. 向左上方倾斜

D. 向右上方倾斜

[答案] A

[解析] 当利率下降到某一水平时，市场就会产生未来利率上升的预期，这样，货币的投机需求就会达到无穷大，这时，无论中央银行供应多少货币，都会被相应的投机需求所吸收，从而使利率不能继续下降而"锁定"在这一水平，这就是所谓的"流动性陷阱"问题。"流动性陷阱"相当于货币需求线中的水平线部分，即平行于横坐标轴。

经典例题

[例题·单选题] 认为货币供给是外生变量，由中央银行直接控制，货币供给独立于利率的变动，该观点源自（　　）。

A. 货币数量论　　　　　　　　B. 古典利率理论

C. 可贷资金理论　　　　　　　D. 流动性偏好理论

[答案] D

[解析] 本题考查流动性偏好理论的主要内容。凯恩斯的流动性偏好理论认为，货币供给是外生变量，由中央银行直接控制。因此，货币供给独立于利率的变动。

第三节　收益率

【考点一】名义收益率

名义收益率，也称票面收益率，是债券票面上的固定利率，即债券票面收益与债券面值之比。

$$名义收益率（r）=\frac{债券票面收益（年利息 C）}{债券面值（F）}$$

【考点二】实际收益率

实际收益率是剔除通货膨胀因素后的收益率，可以用名义收益率（名义货币收入表示的收益率）扣除通货膨胀率得到实际收益率。

$$实际收益率＝名义收益率－通货膨胀率$$

【考点三】本期收益率

本期收益率，也称当前收益率，即本期获得债券利息（股利）额对债券（股票）本期市场价格的比率。

$$本期收益率（r）=\frac{本期获得的债券利息（年利息 C）}{债券本期市场价格（P）}$$

经典例题

[例题·单选题] 假定某金融资产的名义收益为 5.0%，通货膨胀率为 2.0%，则该金融资产的实际收益率为（　　）。

A. 2.0%　　　　B. 2.5%　　　　C. 3.0%　　　　D. 7.0%

[答案] C

[解析] 名义收益率是用名义货币收入表示的收益率，实际收益率是剔除通货膨胀因素后的收益率，可以用名义收益率（名义货币收入表示的收益率）扣除通货膨胀率得到实际收益率。即实际收益率＝名义收益率－通货膨胀率＝5.0%－2.0%＝3.0%。

【考点四】到期收益率

到期收益率，也称最终收益率，是使从债券工具上获得的未来现金流的现值等于债券当前市场价格的贴现率。

一、零息债券的到期收益率

(一) 零息债券的概念

零息债券即不支付利息，折价出售，到期按面值兑现。

（二）零息债券到期收益率的计算

（1）通过**一年复利一次**的计算公式 $P=\dfrac{F}{(1+r)^n}$，可推导出零息债券到期收益率的计算公式为：

$$r=\left[\dfrac{F}{P}\right]^{\frac{1}{n}}-1$$

其中，P 为债券市场价格，F 为债券票面价值，r 为到期收益率，n 为债券期限。

> **经典例题**
>
> [2014年真题·单选题] 假定某2年期零息债券的面值为100元，发行价格为85元，某投资者买入后持有至到期，则其到期收益率是（　　）。
> A. 7.5%　　　　　　　　　　B. 8.5%
> C. 17.6%　　　　　　　　　D. 19.2%
> [答案] B
> [解题思路] 第一步判断题目让求算什么，根据题干可知，求算到期收益率。第二步判断是零息债券公式还是付息债券的公式，根据题干可知考查零息债券的到期收益率的计算。$r=\left[\dfrac{F}{P}\right]^{\frac{1}{n}}-1=\left[\dfrac{100}{85}\right]^{\frac{1}{2}}-1=0.084\,65\approx 8.5\%$。

（2）通过**每半年复利一次**的计算公式 $F=P\left(1+\dfrac{r}{m}\right)^{nm}$，可推导出零息债券到期收益率的计算公式为：

$$P=\dfrac{F}{\left(1+\dfrac{r}{2}\right)^{2n}}$$

二、附息债券的到期收益率

（一）按年复利

如果按一年复利一次计算，附息债券到期收益率的公式为：

$$P=\sum_{t=1}^{n}\dfrac{C}{(1+r)^t}+\dfrac{F}{(1+r)^n}$$

其中，P 为债券市场价格，C 为债券票面收益（年利息），F 为债券面值，r 为到期收益率，n 为债券期限。

（二）按半年复利

如果按每半年复利一次计算，附息债券到期收益率的公式为：

$$P=\sum_{t=1}^{2n}\dfrac{\dfrac{C}{2}}{\left(1+\dfrac{r}{2}\right)^t}+\dfrac{F}{\left(1+\dfrac{r}{2}\right)^{2n}}$$

（三）结论

（1）**债券的市场价格与到期收益率呈反向变化。**
（2）**债券的价格随市场利率的上升而下降。**

> **经典例题**

[2015年真题·案例分析题节选] AIB公司为扩大业务范围，在上海证券交易所通过发行债券的方式筹集资金，共发行面值为100元、票据利率为5%，到期期限为3年的债券10亿元，每年11月20日支付利息，到期还本付息，假定未来3年市场利率一直保持为5%。该债券的投资者以100元的发行价格买入该债券，持有至到期的收益为（　　）。

A. 4.70%　　　　B. 4.55%　　　　C. 5.00%　　　　D. 5.23%

[答案] C

[解题思路] 第一步判断题目让求算什么，根据题干可知求算持有至到期的收益，即到期收益率。第二步判断是零息债券公式还是付息债券的公式。从题干得知票据利率为5%，则该债券是付息的，所以考查的是付息债券的到期收益率。如果按年复利计算，附息债券到期收益率的公式为：$P = \sum_{t=1}^{n} \frac{C}{(1+r)^t} + \frac{F}{(1+r)^n}$，将题干数据代入公式：$100 = \frac{5}{(1+r)^1} + \frac{5}{(1+r)^2} + \frac{5}{(1+r)^3} + \frac{100}{(1+r)^3}$，解得 $r \approx 5\%$。

【考点小贴士】很多考生可以记住附息债券到期收益率的公式，但是到期收益率r值的计算往往比较复杂，不会公式变形。建议在考试中，考生可以将答案代入公式，套算得出正确答案。

【考点五】持有期收益率

持有期收益率是指投资者从购入到卖出这段持有期限里所能得到的收益率。

持有时间较短（不超过1年）的债券，直接按债券持有期间的收益额除以买入价计算持有期收益率。持有期收益率的公式为：

$$r = \frac{\frac{P_n - P_0}{T} + C}{P_0}$$

其中，r为持有期收益率，C为债券票面收益（年利息），P_n为债券的卖出价，P_0为债券的买入价格，T为买入债券到债券卖出的时间（以年计算）。

> **经典例题**

[2018年真题·单选题] 债券购买价格90元，面值100元，票面利率为5%，期限3年，持有一年后以92元卖出。则持有期收益率为（　　）。

A. 7.8%　　　　B. 2.2%　　　　C. 5.5%　　　　D. 5%

[答案] A

[解析] 本题考查持有期收益率的计算。则持有期收益率 $r = \frac{\frac{P_n - P_0}{T} + C}{P_0} = \frac{\frac{92-90}{1} + 100 \times 5\%}{90} \times 100\% \approx 7.8\%$。

第四节　金融资产定价

【考点一】利率与金融资产定价

有价证券的价格实际上是以一定市场利率和预期收益率为基础计算得出的**现值**。

一、债券定价

债券价格分为债券发行价格和流通转让价格。

债券的发行价格通常根据票面金额决定（平价发行），也可采取折价或溢价的方式发行。

债券的流通转让价格由债券的票面金额、票面利率和实际持有期限三个因素决定。

（1）到期一次还本付息的债券定价（现值公式的应用）：

$$P_0 = \frac{F}{(1+r)^n}$$

其中，P_0 为债券交易价格，F 为到期日本息和，r 为市场利率或贴现率，n 为偿还期限。

（2）分期付息到期归还本金的债券定价：

$$P_0 = \sum_{t=1}^{n} \frac{C_t}{(1+r)^t} + \frac{F}{(1+r)^n}$$

其中，F 为债券面额，即到期归还的本金；C_t 为第 t 期到期债券收益或息票利率，通常为债券年收益率；r 为市场利率或债券预期收益率；n 为偿还期限。

（3）结论。

1）市场利率＞债券收益率（票面利率），市场价格＜债券面值，折价发行。

2）市场利率＜债券票面利率，市场价格＞债券面值，溢价发行。

3）市场利率＝债券票面利率，市场价格＝债券面值，平价发行。

（4）全价与净价。

净价或者干净价格即扣除应计利息的债券报价。

全价或者肮脏价格即包含应计利息的价格。投资者实际收付的价格为全价。

净价的计算公式为：

$$净价 = 全价 - 应计利息$$

二、股票定价

（一）股票的理论价格

由预期股息收入和当时的市场利率计算股票价格，公式为：

$$P_0 = \frac{Y}{r}$$

其中，P_0 为股票的理论价格，Y 为预期股息收入，r 为市场利率。

经典例题

[例题·单选题] 某股票年末每股税后利润为 0.4 元，市场利率为 5%，则该股票理论价格为（　　）元。

A. 6　　　　B. 7　　　　C. 8　　　　D. 9

[答案] C

[解析] 本题考查股票定价的计算。$P_0 = \frac{Y}{r} = \frac{0.4}{5\%} = 8$（元）。

（二）结论

（1）当该股票市价＜P_0 时，投资者应该买进或继续持有该股票。

（2）当该股票市价＞P_0 时，投资者应该卖出该股票。

（3）当该股票市价＝P_0 时，投资者应该继续持有或卖出该股票。

（三）市盈率

由市盈率（最常用来评估股价水平是否合理的指标之一）可计算股票价格。

即

$$市盈率＝普通股每股市场价格/普通股每年每股盈利$$

推导出：

$$股票发行价格＝预计每股税后盈利×市场所在地平均市盈率$$

【考点二】资产定价理论

一、资本资产定价理论

（一）马科维茨的现代资产组合理论

马科维茨理论方法是在给定投资者的风险收益偏好和各种证券组合的预期收益和风险之后，确定最优的投资组合。

（二）夏普比率

夏普比率是基金经理衡量基金业绩最重要的指标之一。

$$SR = \frac{E(r_p) - r_f}{\delta}$$

其中，$E(r_p)$ 为资产组合的预期收益率，r_f 为无风险收益率，δ 为资产组合的标准差。

夏普比率越高，意味着所选资产组合表现越好。

（三）资本资产定价模型（CAPM）

1. 资本市场线——有效投资组合收益与风险的均衡关系

（1）资本市场线的构造。

资本市场线（CML）表明有效组合的期望收益率和标准差（风险）之间是一种简单的线性关系，是一条射线，如图2-4-1所示。所谓市场组合是指所有证券构成的组合，在这个组合中，每一种证券的构成比例等于该证券的相对市值。在均衡状态，资本市场线表示对所有投资者而言是最好的风险收益组合，任何不利用全市场组合，或者不进行无风险借贷的其他投资组合都位于资本市场线的下方。

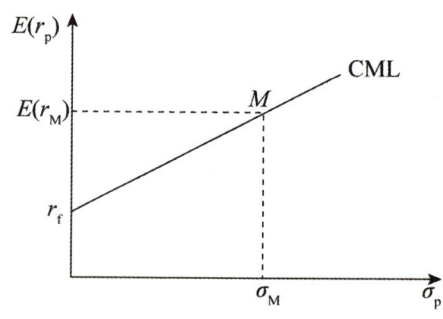

图 2-4-1 资本市场线

（2）资本市场线（CML）公式。

资本市场线（CML）的公式为：

$$E(r_p) = r_f + \frac{E(r_M) - r_f}{\sigma_M}\sigma_p$$

可推导出风险溢价的决定公式：

$$E(r_p) - r_f = \frac{E(r_M) - r_f}{\sigma_M} \sigma_p$$

其中，$E(r_p)$ 和 σ_p 分别表示任一有效投资组合的预期收益率和标准差；r_f 表示无风险收益率；$E(r_M)$ 和 σ_M 分别表示市场投资组合的预期收益和标准差；$E(r_M) - r_f$ 表示市场组合的风险报酬；$\frac{E(r_M) - r_f}{\sigma_M}$ 是对单位风险的补偿，即单位风险的报酬或风险的价格。

通过资本市场线公式可得，预期收益与风险<u>正相关</u>，即要谋求高收益，只能通过承担更大风险来实现。

例如，假定市场组合的预期收益率为 9%，市场组合的标准差是 20%，投资组合的标准差是 22%，无风险收益率为 3%，则市场组合的风险报酬是 6%（9%－3%），另外，可计算出投资市场组合的预期收益率是 9.6%，投资组合的风险溢价是 6.6%。具体计算过程如下：

$$E(r_p) = r_f + \frac{E(r_M) - r_f}{\sigma_M} \sigma_p$$

$$E(r_p) = 3\% + \frac{9\% - 3\%}{20\%} \times 22\%$$

$$= 3\% + 6.6\%$$

$$= 9.6\%$$

2. 证券市场线——单个风险资产收益与风险的均衡关系（案例重点）

（1）证券市场线（SML）揭示了单个证券与市场组合的协方差（风险）和其预期收益率之间的均衡关系。

（2）均衡状态下，证券市场线（SML）公式为：

单个证券的预期收益率＝无风险收益率＋风险溢价

用字母表示为：

$$E(r_i) = r_f + [E(r_M) - r_f] \beta_i$$

其中，<u>风险溢价 $[E(r_i) - r_f]$ ＝（市场投资组合收益率－无风险收益率）$\times \beta$ 系数</u>。

1）β 系数是一种评估证券系统性风险的工具。测度风险工具是单项资产或资产组合对于整个市场组合方差的贡献程度，即 β 系数。它告诉我们相对于市场组合而言，特定资产的系统风险是多少。

2）投资组合的市场风险（组合的 β 系数）是个别股票的 β 系数的加权平均数。其权数等于各种证券在投资组合中的比例，即<u>组合 β 系数＝各种股票 β 系数与权重的乘积之和</u>。

3. 系统风险和非系统风险

（1）<u>系统风险</u>是由影响整个市场的风险因素所引起的，包括宏观经济形势的变动、国家经济政策的变化、税制改革、政治因素等。它是在市场上永远存在的，<u>不可以通过资产组合来消除的风险</u>。

（2）<u>非系统风险</u>指包括公司财务风险、经营风险等在内的特有风险（公司自身原因），是<u>可以通过资产组合予以降低或消除，属于可分散风险</u>。

（3）资产定价模型中提供了测度系统风险的指标，即风险系数 β。β 还可以衡量证券实际收益率对市场投资组合的实际收益率的敏感程度。

如果 $\beta > 1$，说明其收益率变动大于市场组合收益率变动，属于"<u>激进型</u>"证券；如果 $\beta < 1$，说明其收益率变动小于市场组合收益率变动，属于"<u>防卫型</u>"证券；如果 $\beta = 1$，说明其收益率变动等于市场组合收益率变动，属于"<u>平均型</u>"证券，被称为具有"平均风险"；如果 $\beta = 0$，说明证券的价格波动与市场价格波动无关，但并不一定代表证券无风险；如果<u>证券无风险，则 β 一定为 0</u>。

经典例题

[2014年真题·案例分析题] 某公司拟计划股票投资,购买 A、B、C 三种股票,并设计了甲、乙两种投资组合,A、B、C 三种股票的 β 系数分别为 1.5、1.0、0.5。甲种投资组合中,A、B、C 三种股票的投资比重分别为 20%、30% 和 50%。同期市场上所有股票的平均收益率为 8%,无风险收益率为 4%。

1. 甲种投资组合的 β 系数是( )。

A. 0.75 B. 0.85
C. 1.00 D. 1.50

[答案] B

[解析] 投资组合 β 系数=各种股票 β 系数与权重的乘积之和=1.5×20%+1.0×30%+0.5×50%=0.85。

2. B 股票的预期收益率是( )。

A. 4.6% B. 8.0%
C. 8.6% D. 12.0%

[答案] B

[解析] 本题考查单个风险资产投资收益率的计算。根据题干已知 β_B 为 1.0,代入公式可得 $E(r_i)=r_f+[E(r_M)-r_f]\beta_i=4\%+(8\%-4\%)\times1.0=8\%$。

3. 假定该公司拟通过改变投资组合来降低投资风险,则下列风险中,不能通过此举消除的风险是( )。

A. 宏观经济形势变动风险   B. 国家经济政策变动风险
C. 财务风险   D. 经营风险

[答案] AB

[解析] 系统风险是由影响整个市场的风险因素所引起的,包括宏观经济形势的变动、国家经济政策的变化、税制改革、政治因素等。它是在市场上永远存在的,不可以通过资产组合来消除的风险,故选 A、B 两项。

二、期权定价理论

期权价值的决定因素主要有执行价格、期权期限、标的资产的风险度及无风险市场利率等。1973 年,布莱克和斯科尔斯推导出了无现金股利的欧式看涨期权定价公式。

(一)布莱克—斯科尔斯模型的基本假定

(1) 无风险利率 r 为常数。
(2) 没有交易成本、税收和卖空限制,不存在无风险套利机会。
(3) 标的资产在期权到期前不支付股息和红利。
(4) 市场交易是连续的,不存在跳跃式或间断式变化。
(5) 标的资产价格波动率为常数。
(6) 标的资产价格变化遵从几何布朗运动。

(二)布莱克—斯科尔斯模型公式的要点

(1) 模型公式有两点需要说明:①模型中无风险利率 r 必须是连续复利形式。简单的或不连续的无风险利率须转化为连续复利才能够带入公式中计算。②期权期限 T 须用相对数表示,即期权有效天数与一年 365 天的比值。

（2）股票欧式期权的价值由五个因素决定，即：标的资产的初始价格、期权执行价格、期权距离到期的时间、无风险利率以及标的资产的波动率，注意与投资者的预期收益率无关。

第五节　我国的利率市场化

【考点一】我国的利率市场化改革

利率市场化是指将利率的决策权交给市场，由供求双方根据自身的资金状况和对金融市场动向的判断来自主调节利率水平，最终形成以中央银行基准利率为基础、以货币市场利率为中介、由市场供求决定各种利率水平的市场利率体系和市场利率管理体系。

利率市场化改革的基本思路是：先放开货币市场利率和债券市场利率，再逐步推进存、贷款利率的市场化。其中，存、贷款利率市场化按照先外币、后本币，先贷款、后存款，先长期、大额，后短期、小额的顺序进行。（先易后难的思路）

【考点二】我国的利率市场化进程

我国的利率市场化改革包括逐步放松利率管制以及培育市场化的利率形成和调控机制两部分。截至目前，我国的利率管制已基本取消，健全利率的市场化形成、传导和调控机制是当前和未来的努力方向。

一、逐步放松利率管制

2015年10月，对商业银行和农村合作金融机构等不再设置存款利率浮动上限，我国的利率管制时代宣告终结。

二、培育市场化的利率形成、传导和调控机制

（1）培育金融市场基准利率体系。

着力培育以上海银行间同业拆放利率（Shibor）、国债收益率曲线和贷款基础利率（LPR）等为代表的金融市场基准利率体系，为金融产品定价提供重要参考。

1）2007年1月，Shibor正式运行，尝试为金融市场提供1年以内产品的定价基准。Shibor是由信用等级较高的银行组成报价团，按照自主报出的人民币同业拆出利率计算确定的算术平均利率，是单利、无担保、批发性利率。

2）Shibor与实体经济联系日趋紧密，越来越多地发挥了传导货币政策和优化资源配置的作用。中国人民银行将继续做好以下几个方面工作：①加强Shibor报价行在市场自律方面的表率作用，引导报价行继续加强财务硬约束，根据实际交易、资金成本以及市场供求等因素合理定价。②进一步完善报价和考核机制，使报价利率与交易利率更为紧密结合。③继续开展Shibor产品创新，有序扩大其应用范围，加强市场建设，稳步提升Shibor代表性。④进一步发挥好Shibor的货币市场基准利率作用，为货币政策传导和推动利率市场化改革创造有利条件。

3）2016年6月，中国人民银行通过官方网站发布中国国债收益率曲线，推动市场主体提高对国债收益率曲线的关注和使用程度，进一步夯实国债收益率曲线的基准性。

4）贷款基础利率（LPR）是商业银行对其最优质客户执行的贷款利率，其他贷款利率可在此基础上加减产生。

（2）不断健全市场利率定价自律机制。

（3）有序推进金融产品创新。

（4）完善中央银行利率调控机制，使货币政策的预见性、针对性和灵活性不断提高。

> **经典例题**
>
> [2015 年真题·多选题] 上海银行间同业拆放利率是中国人民银行培育的一种基准利率。该利率属于（   ）。
> A. 单利 B. 复利
> C. 算术平均利率 D. 零售性利率
> E. 批发性利率
> [答案] ACE
> [解析] 本题考查上海银行间同业拆放利率的知识。Shibor 是由信用等级较高的银行组成报价团，按照自主报出的人民币同业拆出利率计算确定的算术平均利率，是单利、无担保、批发性利率。

【提示】本章公式汇总如表 2-5-1 所示。

表 2-5-1 本章公式汇总

名称		公式
单利		$I = P \cdot r \cdot n$
复利	一年复利一次	$FV = P(1+r)^n$
	一年复利 m 次	$FV_n = P\left(1+\dfrac{r}{m}\right)^{nm}$
	连续复利	$FV_n = P \cdot e^{rn}$
名义收益率		$r = \dfrac{C}{F}$
实际收益率		实际收益率＝名义收益率－通货膨胀率
本期收益率		$r = \dfrac{C}{P}$
零息债券到期收益率每年复利一次		$r = \left[\dfrac{F}{P}\right]^{\frac{1}{n}} - 1$
零息债券到期收益率每半年复利一次		$P = \dfrac{F}{\left(1+\dfrac{r}{2}\right)^{2n}}$
附息债券的到期收益率每年复利一次		$P = \sum\limits_{t=1}^{n} \dfrac{C}{(1+r)^t} + \dfrac{F}{(1+r)^n}$
附息债券的到期收益率每半年复利一次		$P = \sum\limits_{t=1}^{2n} \dfrac{\dfrac{C}{2}}{\left(1+\dfrac{r}{2}\right)^t} + \dfrac{F}{\left(1+\dfrac{r}{2}\right)^{2n}}$
持有期收益率		$r = \dfrac{\dfrac{P_n - P_0}{T} + C}{P_0}$
到期一次还本付息债券定价（一年复利一次）		$P_0 = \dfrac{F}{(1+r)^n}$
分期付息到期归还本金债券定价		$P_0 = \sum\limits_{t=1}^{n} \dfrac{C_t}{(1+r)^t} + \dfrac{F}{(1+r)^n}$

续表

名称	公式
股票理论定价	$P_0 = \dfrac{Y}{r}$
市盈率	市盈率＝普通股每股市场价格/普通股每年每股盈利
资本资产定价模型（CAPM）	$E(r_i) = r_f + [E(r_M) - r_f]\beta_i$

本章易错易混考点

【易错易混考点一】核心公式一

$$FV = P(1+r)^n$$

一年复利一次公式中三个变量 FV、P、r，当已知其中两个变量，即可求出剩余一个变量。

(1) 已知 P 和 r，求 FV 即求本息和或者终值。

(2) 已知 FV 和 r，求 P 即求本金或者现值，实际应用中还可以是到期一次还本付息的债券定价。

(3) 已知 FV 和 P，求 r 即求零息债券到期收益率每年复利一次。

【考点小贴士】考生审题时，看到关键字"复利"后，第一步判断是一年复利一次还是一年复利 m 次，第二步判断求算三个变量中的哪一个。考生要学会灵活运用，掌握一个公式，解决多种问题。

[2012年真题·单选题] 某机构投资者计划进行为期2年的投资，预计第2年收回的现金流为121万元，如果按复利每年计息一次，年利率10%，则第2年收回的现金流现值为（　　）万元。

A. 100   B. 105
C. 200   D. 210

[答案] A

[解题思路] 第一步，判断是单利还是复利。第二步，判断是一年复利几次。第三步，判断是求算本金还是本息和。根据题目描述按复利每年计息一次，即考查复利每年计息一次的计算公式：$FV = P(1+r)^n$。另题目要求第2年收回的现金流现值，即求算本金额 P，由上式可推导出：$P = \dfrac{FV}{(1+r)^n} = \dfrac{121}{(1+10\%)^2} = 100$（万元）。

【易错易混考点二】核心公式二

$$FV_n = P\left(1 + \dfrac{r}{m}\right)^{nm}$$

(1) 已知 P 和 r，求 FV 即求本息和或者终值。

(2) 已知 F 和 P，$m=2$ 时，求 r 即求零息债券到期收益率每半年复利一次。

【易错易混考点三】核心公式三

$$P = \sum_{t=1}^{n} \dfrac{C}{(1+r)^t} + \dfrac{F}{(1+r)^n}$$

(1) 已知 P、F、C、n，求 r 即求附息债券的到期收益率每年复利一次。

(2) 已知 F、C、r、n，求 P 即求分期付息到期归还本金的债券定价。

【考点小贴士】考生要注意区分 C（债券利息）和 r（市场利率或称到期收益率）。当求分期付息到期归还本金的债券定价时，r 应取题干中的市场利率。

历年经典真题回顾

一、单项选择题（每题1分，每题备选项中，只有1个最符合题意）

1. 如果某证券是无风险的，则其风险系数为（　　）。[2018年真题]

   A. －1　　　　　　　　　　　　B. 10
   C. 0　　　　　　　　　　　　　D. 1

   [答案] C

   [解析] 如果$\beta=0$，有可能证券的价格波动与市场价格波动无关，但并不一定代表证券无风险。但可以确定的是，如果证券无风险，风险系数β一定等于零。

2. 假设未来2年中，1年期债券的利率分别是3%和4%，1年期和2年期债券的流动性溢价分别为0和0.25%。按照流动性溢价理论，在此情况下，2年期债券的利率应当是（　　）。[2018年真题]

   A. 4.00%　　　　　　　　　　　B. 3.50%
   C. 3.25%　　　　　　　　　　　D. 3.75%

   [答案] D

   [解析] 流动性溢价理论认为，长期债券的利率应当等于两项之和，第一项是长期债券到期之前预期短期利率的平均值；第二项是随债券供求状况变动而变动的流动性溢价。根据题意，流动性溢价理论下，2年期债券的利率＝（3%＋4%）/2＋0.25%＝3.75%。

3. 假定年贴现率为6%，2年后一笔10 000元的资金的现值为（　　）元。[2017年真题]

   A. 8 900　　　　　　　　　　　B. 8 929
   C. 9 100　　　　　　　　　　　D. 9 750

   [答案] A

   [解析] 求现值，代入公式可解。$P=\dfrac{F}{(1+r)^n}=\dfrac{10\,000}{(1+6\%)^2}\approx 8\,900$（元）。

4. 通常情况下，当市场利率（债券预期收益率）低于债券收益率（息票利率）时，发债企业多采用（　　）。[2017年真题]

   A. 折价发行　　　　　　　　　　B. 溢价发行
   C. 等价发行　　　　　　　　　　D. 止损价发行

   [答案] B

   [解析] 当市场利率（或债券预期收益率）＞债券收益率（票面利率）时，折价发行。当市场利率（或债券预期收益率）＜债券票面利率时，溢价发行。当市场利率＝债券票面利率时，平价发行。

5. 小王于2016年1月1日购买一款期限为1年、到期一次性支付本息的银行理财产品，初始投资2万元，该产品按复利每一季度计息一次，年利率为8%，则到期后小王一共能获得的本息和为（　　）元。[2016年真题]

   A. 20 400.00　　　　　　　　　B. 21 600.00
   C. 21 648.64　　　　　　　　　D. 27 209.78

   [答案] C

   [解析] 复利，就是将每一期所产生的利息加入本金一并计算下一期的利息。依据题意，本题考查复利公式。每季度计息一次即一年计息四次，代入一年复利四次（$m=4$）公式。$FV_n=P\left(1+\dfrac{r}{m}\right)^{nm}$，则该产品到期后小王能获得的本息和为：$FV_n=20\,000\times\left(1+\dfrac{8\%}{4}\right)^{1\times 4}\approx 21\,648.64$（元）。

6. 甲公司股票当前的理论价格为 10 元/股，假设月末每股股息收入增值 10％。市场利率从当前的 8％下降为 5％，则甲公司股票的理论价格调整为（　　）元/股。[2016 年真题]

A. 16.8　　　　　　　　　　B. 17.6
C. 18.9　　　　　　　　　　D. 19.6

[答案] B

[解析] 根据股票的理论价格＝预期股息收入/市场利率，可得当前的股息收入为：10×8％＝0.8（元），月末每股股息收入增值 10％后，其股息收入为：0.8×（1＋10％），又利率下降为 5％，则甲公司股票的理论价格应调整为：0.8×（1＋10％）/5％＝17.6（元/股）。

二、多项选择题（每题 2 分，每题备选项中，有 2 个或 2 个以上符合题意，至少有 1 个错项。错选，本题不得分；少选，所选的每个选项得 0.5 分）

1. 下列假设条件中，属于布莱克—斯科尔斯期权定价模型假定的有（　　）。[2017 年真题]

A. 无风险利率为常数
B. 没有交易成本、税收和卖空限制，不存在无风险套利机会
C. 标的资产在期权到期之前可以支付股息和红利
D. 市场交易是连续的
E. 标的资产价格波动率为常数

[答案] ABDE

[解析] 布莱克—斯科尔斯模型的基本假定包括：①无风险利率 r 为常数；②没有交易成本、税收和卖空限制，不存在无风险套利机会；③标的资产在期权到期前不支付股息和红利；④市场交易是连续的；⑤标的资产价格波动率为常数；⑥标的资产价格变化遵从几何布朗运动。

2. 根据利率的风险结构理论，到期期限相同的债券工具，其利率水平不同的原因在于（　　）不同。[2015 年真题]

A. 违约风险　　　　　　　　B. 流动性
C. 所得税　　　　　　　　　D. 期限结构
E. 收益率曲线

[答案] ABC

[解析] 到期期限相同的债权工具利率不同是由三个原因引起的：违约风险、流动性和所得税。

3. 关于期限结构理论中预期理论的说法，正确的有（　　）。[2014 年真题]

A. 短期利率的预期值是相同的
B. 长期利率的波动小于短期利率的波动
C. 不同期限的利率波动幅度相同
D. 短期债券的利率一定高于长期利率
E. 长期债券的利率等于预期的短期利率的平均值

[答案] BE

[解析] 预期理论认为到期期限不同的债券之所以具有不同的利率，在于在未来不同的时间段内，短期利率的预期值是不同的，故 A 项、C 项错误。预期理论表明，长期利率的波动小于短期利率的波动，故 B 项正确。预期理论可以解释：①随着时间的推移，不同到期期限的债券利率有同向运动的趋势。②如果短期利率较低，收益率曲线倾向于向上倾斜；如果短期利率较高，收益率曲线倾向于向下倾斜。故 D 项错误。预期理论认为，长期债券的利率等于在其有效期内人们所预期的短期利率的平均值，故 E 项正确。

三、案例分析题（每题 2 分。由单选和多选组成。错选，本题不得分；少选，所选的每个正确选项得 0.5 分）

（一）

某贴现债券的发行价格为 80 元，面值为 100 元，期限为 2 年，到期后按照票面金额偿付。[2018 年真题]

1. 一年付息一次，则该债券的到期收益率等于（　　）。

   A. 9.8%　　　　　　　　　　　　B. 10.8%

   C. 11.8%　　　　　　　　　　　 D. 12.8%

   [答案] C

   [解析] 从题干中可得知，该债券是零息债券，不支付利息，折价出售，到期按债券面值兑现，一年付息一次。通过零息债券每年复利一次的计算公式：$P = \dfrac{F}{(1+r)^n}$，可推导出：$r = \left[\dfrac{F}{P}\right]^{\frac{1}{n}} - 1$，则该债券的到期收益率为：$r = \left[\dfrac{F}{P}\right]^{\frac{1}{n}} - 1 = \left[\dfrac{100}{80}\right]^{\frac{1}{2}} - 1 \approx 11.8\%$。

2. 一年付息 2 次，则该债券的到期收益率等于（　　）。

   A. 9.45%　　　　　　　　　　　　B. 12.39%

   C. 11.47%　　　　　　　　　　　 D. 15.23%

   [答案] C

   [解析] 通过零息债券每半年复利一次的计算公式：$F = P\left(1+\dfrac{r}{m}\right)^{nm}$，可推导出：$P = \dfrac{F}{\left(1+\dfrac{r}{2}\right)^{2n}}$，将题干中数据代入可得，$80 = \dfrac{100}{\left(1+\dfrac{r}{2}\right)^{2\times 2}}$，解得 $r \approx 11.47\%$。

3. 连续复利，则该债券的到期收益率等于（　　）。

   A. 10.37%　　　　　　　　　　　B. 8.39%

   C. 11.16%　　　　　　　　　　　D. 10.26%

   [答案] C

   [解析] 连续复利，则该债券的到期收益率计算公式为：$P = \dfrac{F}{e^{rn}}$，将题干中数据代入可得，$80 = \dfrac{100}{e^{2r}}$，$e^{2r} = 1.25$，解得 $r = 11.16\%$。

4. 在收益固定的情况下，按照背景资料进行计算，结论正确的是（　　）。

   A. 随着计算间隔的缩短，年利率呈上升趋势

   B. 如果追求高利率，投资者会选择按年复利计息

   C. 随着计算间隔的缩短，年利率呈下降趋势

   D. 如果追求高利率，投资者会选择按连续复利计息

   [答案] BC

   [解析] 每年的计息次数越多，最终的本息和越大。随着计息间隔的缩短，本息和以递减的速度增加，最后等于连续复利的本息和。随着计算间隔的缩短，年利率呈下降趋势，故 A 项错误。如果是相同的收益，那么单利的利率要高于年复利，而年复利要高于连续复利。根据题干在收益固定的前提下，追求高利率，投资者会选择按年复利计息，故 D 项错误。

(二)

张先生需要借款10 000元,借款期限为2年,当前市场年利率为6%。他向银行进行咨询,A银行给予张先生单利计算的借款条件;B银行给予张先生按年复利的借款条件;C银行给予张先生按半年计算复利的借款条件。[2017年真题]

1. 如果张先生从A银行借款,到期应付利息为(　　)元。
    A. 1 000　　　　　　　　　　　B. 1 200
    C. 1 400　　　　　　　　　　　D. 1 500

[答案] B

[解析] 单利就是仅按本金计算利息,上期本金所产生的利息不记入下期计算利息。其利息额是:$I = P \cdot r \cdot n = 10\,000 \times 6\% \times 2 = 1\,200$(元)。

2. 如果张先生从B银行借款,到期时的本息和为(　　)元。
    A. 11 210　　　　　　　　　　　B. 11 216
    C. 11 236　　　　　　　　　　　D. 11 240

[答案] C

[解析] 本题考查一年复息一次(一年复利一次)公式。其本息和是:$FV = P(1+r)^n = 10\,000 \times (1+6\%)^2 = 11\,236$(元)。

3. 如果张先生从C银行借款,到期时本息和为(　　)元。
    A. 11 245　　　　　　　　　　　B. 11 246
    C. 11 252　　　　　　　　　　　D. 11 255

[答案] D

[解析] 本题考查一年复息多次(一年复利m次)公式。其本息和是:$FV_n = P\left(1+\dfrac{r}{m}\right)^{nm} = 10\,000 \times \left(1+\dfrac{6\%}{2}\right)^{2 \times 2} = 11\,255$(元)。

4. 通过咨询,张先生发现,在银行借款,如果按复利计算,则(　　)。
    A. 每年的计息次数越多,最终的本息和越大
    B. 随着计息间隔的缩短,本息和以递减的速度增加
    C. 每年的计息次数越多,最终的本息和越小
    D. 随着计息间隔的缩短,本息和以递增的速度增加

[答案] AB

[解析] 每年的计息次数越多,最终的本息和越大,故A项正确。随着计息间隔的缩短,本息和以递减的速度增加,最后等于连续复利的本息和,故B项正确。

本章同步练习

一、单项选择题(每题1分,每题备选项中,只有1个最符合题意)

1. 投资者用100万元进行为期5年的投资,年利率为5%,一年计息一次,按单利计算,则第5年年末投资者可得到的利息为(　　)万元。
    A. 10　　　　B. 20　　　　C. 25　　　　D. 35

2. 投资者用10万元进行为期2年的投资,年利率为10%,按复利每年计息一次,则第2年年末投资者可获得的本息和为(　　)万元。
    A. 11.0　　　　　　　　　　　　B. 11.5

C. 12.0　　　　　　　　　　　　D. 12.1

3. 债权工具的到期期限相同但利率却不相同的现象称为（　　）。
   A. 利率的风险结构　　　　　　B. 利率的期限结构
   C. 流动性偏好理论　　　　　　D. 可贷资金利率理论

4. （　　）将不同到期期限的债券市场看作完全独立和相互分割的。
   A. 预期理论　　　　　　　　　B. 分割市场理论
   C. 流动性溢价理论　　　　　　D. 利率决定理论

5. 无论中央银行供应多少货币，都会被相应的投机需求所吸收，从而使利率不能下降，这是（　　）。
   A. 可贷资金理论　　　　　　　B. 古典利率理论
   C. 流动性陷阱　　　　　　　　D. 流动性偏好理论

6. 名义收益率的公式是（　　）。
   A. $r=C/F$　　　　　　　　　　B. $r=C/P$
   C. $r=P/F$　　　　　　　　　　D. $r=F/P$

7. 债券的市场价格与到期收益率成（　　）变化关系。
   A. 正向　　　　　　　　　　　B. 反向
   C. 同比例　　　　　　　　　　D. 无关

8. 国债的发行价格低于面值，称为（　　）。
   A. 折价　　　　　　　　　　　B. 平价
   C. 溢价　　　　　　　　　　　D. 竞价

9. 假若金额为100元的一张债券，不支付利息，贴现出售，期限1年，收益率为3%，到期一次归还。则该张债券的交易价格为（　　）元。
   A. 97　　　　　　　　　　　　B. 106
   C. 103　　　　　　　　　　　　D. 97.09

10. 在均衡状态下，任何不利用全市场组合，或者不进行无风险借贷的投资组合均位于资本市场线的（　　）。
    A. 上方　　　　　　　　　　　B. 线上
    C. 下方　　　　　　　　　　　D. 不确定位置

二、多项选择题（每题2分，每题备选项中，有2个或2个以上符合题意，至少有1个错项。错选，本题不得分；少选，所选的每个选项得0.5分）

1. 流动性偏好的动机包括（　　）。
   A. 稳定动机　　　　　　　　　B. 交易动机
   C. 流动性动机　　　　　　　　D. 预防动机
   E. 投机动机

2. 决定债券到期收益率的因素有（　　）。
   A. 债券的市场价格　　　　　　B. 面值
   C. 票面利率　　　　　　　　　D. 期限
   E. 到期收益

3. 期权价值的决定因素主要有（　　）。
   A. 执行价格　　　　　　　　　B. 期权期限
   C. 标的资产的风险度　　　　　D. 无风险市场利率
   E. 期权费

4. 资本资产定价理论认为,可以通过不同资产组合来降低或消除的风险有(   )。
   A. 市场风险   B. 特有风险
   C. 非系统性风险   D. 宏观经济运行引致的风险
   E. 市场结构引致的风险
5. 当期我国推进利率市场化工作的任务主要有(   )。
   A. 直接打开利率市场
   B. 不断健全市场利率定价自律机制
   C. 有序推进同业存单发行与交易
   D. 着力培育上海银行间同业拆放利率、国债收益率曲线和贷款基础利率为代表的金融市场基准利率体系
   E. 完善中央银行的利率调控体系

三、案例分析题 (每题2分。由单选和多选组成。错选,本题不得分;少选,所选的每个正确选项得0.5分)

(一)

我国某企业计划于年初发行面额为200元、期限为3年的债券200亿元。该债券票面利息为每年10元,于每年年末支付,到期还本。该债券发行采用网上向社会公众投资者定价发行的方式进行。

1. 该债券的名义收益率是(   )。
   A. 4%   B. 5%
   C. 10%   D. 12%
2. 假定该债券的名义收益率为6%,当年通货膨胀率为4%,则其实际收益率是(   )。
   A. 1%   B. 2%
   C. 3%   D. 5%
3. 如果该债券的市场价格是210元,则该债券的本期收益率是(   )。
   A. 2%   B. 3%
   C. 4.8%   D. 5%
4. 根据发行价格与票面面额的关系,债券公开发行可以分为(   )发行。
   A. 折价   B. 溢价
   C. 平价   D. 竞价

(二)

某公司拟进行股票投资,计划购买A、B、C三种股票,并设计了甲、乙两种投资组合,A、B、C三种股票的β系数分别是1.6、1.0、0.5。甲种投资组合中,A、B、C三种股票的投资比重分别为50%、20%和30%。同期市场上所有股票的平均收益率为8%,当前国债的利率(无风险收益率)是3%。

1. A股票的预期收益率是(   )。
   A. 9%   B. 10%
   C. 10.5%   D. 11%
2. 甲种投资组合的β系数是(   )。
   A. 90%   B. 1
   C. 105%   D. 115%
3. 资本市场线反映有效投资组合(   )的均衡关系,而证券市场线反映了单个风险资产(   )

之间的关系。
A. 预期收益率和标准差，收益与风险
B. 预期收益率和标准差，收益与标准差
C. 预期收益率和风险，收益与标准差
D. 收益和标准差，收益与风险

4. 关于投资组合风险的说法，正确的是（　　）。
A. 可以消除系统风险
B. 可以消除非系统风险
C. 公司财务风险是可分散风险
D. 市场风险是不可分散风险

本章同步练习参考答案及解析

一、单项选择题

1. [答案] C
   [解析] 本题的考点为单利计算公式。$I = P \cdot r \cdot n = 100 \times 5\% \times 5 = 25$（万元）。

2. [答案] D
   [解析] 本题的考点为一年复利一次的计算。$FV = P(1+r)^n = 10 \times (1+10\%)^2 = 12.1$（万元）。

3. [答案] A
   [解析] 本题的考点为利率的风险结构。债权工具的到期期限相同但利率却不相同的现象称为利率的风险结构。

4. [答案] B
   [解析] 本题的考点为分割市场理论相关内容。分割市场理论将不同到期期限的债券市场看作完全独立和相互分割的。

5. [答案] C
   [解析] 本题的考点为流动性偏好理论的相关内容。当利率非常低时，市场就会产生未来利率会上升的预期，这样货币投机需求就会达到无穷大，这时无论中央银行供应多少货币，都会被相应的投机需求所吸收，从而使利率不能继续下降而"锁定"在这一水平，这就是所谓的"流动性陷阱"。

6. [答案] A
   [解析] 本题的考点为名义收益率的公式。名义收益率又称票面收益率，是债券票面上的固定利率，即债券票面收益与债券面值之比，即 $r = C/F$。

7. [答案] B
   [解析] 本题的考点为到期收益率的相关内容。根据到期收益率公式不难看出，债券的市场价格与到期收益率反向变化。债券的价格随市场利率的上升而下降。

8. [答案] A
   [解析] 本题的考点为债券定价。如果市场利率（或债券预期收益率）高于债券收益率（息票利率）时，债券的市场价格（购买价）<债券面值，即债券为折价发行。

9. [答案] D
   [解析] 本题的考点为到期一次还本付息债券定价公式。$P_0 = 100 \div (1 + 3\%) = 97.09$（元）。

10. [答案] C
    [解析] 本题的考点为资本市场线相关内容。在均衡状态下，资本市场线表示对所有投资者而言是最好的风险收益组合，任何不利用全市场组合，或者不进行无风险借贷的其他投资组合都位于资本市场线的下方。

二、多项选择题

1. [答案] BDE
   [解析] 本题的考点为流动性偏好理论相关内容。流动性偏好的动机包括交易动机、预防动机和投机动机。

2. [答案] ABCD
   [解析] 本题的考点为付息债券到期收益率的相关知识。根据公式可推导出，如果已知债券的市场价格、面值、票面利率和期限，便可以求出它的到期收益率；反之，已知债券的到期收益率，就可以求出债券的

价格。

3. [答案] ABCD
[解析] 本题的考点为期权定价理论的相关知识。期权价值的决定因素主要有执行价格、期权期限、标的资产的风险度及无风险市场利率等。

4. [答案] BC
[解析] 本题的考点为资本资产定价理论相关知识。资产风险一般有系统风险和非系统风险两类。系统风险在市场上永远存在，不可能通过资产组合来消除，属于不可分散风险。非系统风险是指包括公司财务风险、经营风险等在内的特有风险。它可由不同的资产组合予以降低或消除，属于可分散风险。

5. [答案] BCDE
[解析] 本题的考点为我国培育市场化的利率形成和调控机制主要内容。我国推进利率市场化工作主要有：①着力培育以上海银行间同业拆放利率（Shibor）、国债收益率曲线和贷款基础利率（LPR）等为代表的金融市场基准利率体系，为金融产品定价提供重要参考。②不断健全市场利率定价自律机制。③有序推进金融产品创新。④完善中央银行利率调控体系，货币政策的预见性、针对性和灵活性不断提高。

三、案例分析题

（一）

1. [答案] B
[解析] 本题的考点为名义收益率的计算。名义收益率（r）＝债券票面收益（C）÷债券面额（F）×100％＝10÷200×100％＝5％。

2. [答案] B
[解析] 本题的考点为实际收益率的计算。实际收益率＝名义收益率－通货膨胀率＝6％－4％＝2％。

3. [答案] C
[解析] 本题的考点为本期收益率的计算。本期收益率（r）＝支付的年利息总额（C）÷本期市场价格（P）＝10÷210×100％≈4.8％。

4. [答案] ABC
[解析] 本题的考点为债券定价。发行价格大于票面面额为溢价发行；发行价格等于票面面额为平价发行；发行价格小于票面面额为折价发行。

（二）

1. [答案] D
[解析] 本题的考点为单个风险资产（股票或者债券）预期收益率的计算。$E(r_i)=r_f+[E(r_M)-r_f]\beta_i=3\%+(8\%-3\%)\times 1.6=11\%$。

2. [答案] D
[解析] 本题的考点为投资组合市场风险β系数的计算。β系数＝$1.6\times 50\%+1.0\times 20\%+0.5\times 30\%=115\%$。

3. [答案] A
[解析] 本题的考点为资本资产定价理论相关知识。资本市场线反映有效投资组合预期收益率和标准差的均衡关系，而证券市场线反映了单个风险资产收益与风险之间的关系。

4. [答案] BCD
[解析] 本题的考点为系统风险和非系统风险相关知识。系统风险是由影响整个市场的风险因素所引起的，包括宏观经济形势的变动、国家经济政策的变化、税制改革、政治因素等。它是在市场上永远存在的，不可以通过资产组合来消除的风险。故A项错误。非系统风险指包括公司财务风险、经营风险等在内的特有风险（公司自身原因），可以通过资产组合予以降低或消除，属于可分散风险。

第三章　金融机构与金融制度

本章考情分析

年份	单项选择题	多项选择题	案例分析题	合计
2018 年	6 题 6 分	2 题 4 分	—	10 分
2017 年	5 题 5 分	2 题 4 分	—	9 分
2016 年	5 题 5 分	2 题 4 分	—	9 分
2015 年	6 题 6 分	1 题 2 分	—	8 分
2014 年	5 题 5 分	1 题 2 分	—	7 分

本章考点概览

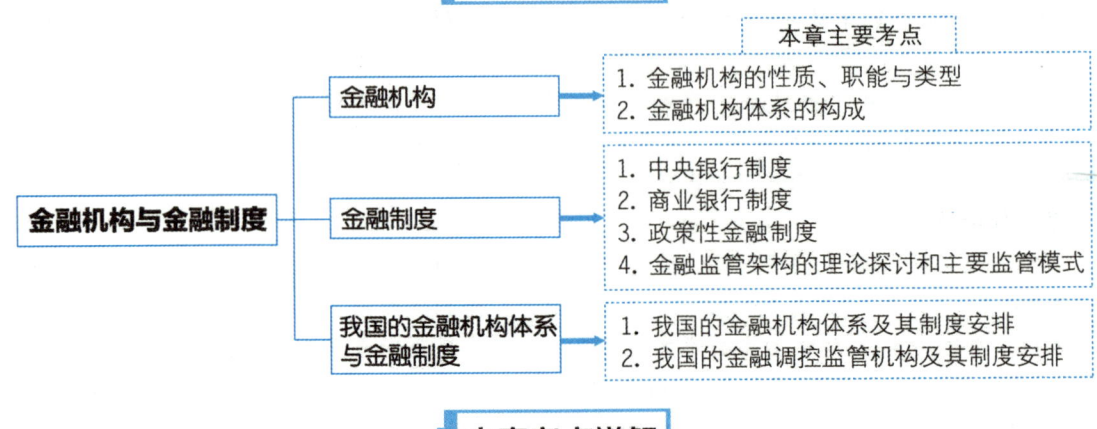

本章考点详解

第一节　金融机构

【考点一】金融机构的性质、职能与类型

一、金融机构的性质

金融机构的性质如表 3-1-1 所示。

表 3-1-1　金融机构的性质

项目	性质
广义含义	所有从事金融活动的机构，包括直接融资领域中的金融机构、间接融资领域中的金融机构和各种提供金融服务的机构
狭义含义	金融活动的中介机构，即在间接融资领域中作为资金余缺双方交易的媒介，专门从事货币、信贷活动的机构，主要指银行和其他从事存、贷款业务的金融机构。主要是中央银行和商业银行等金融机构

二、金融机构的职能

（1）促进资金融通。

1）间接金融机构借助于信用，一方面通过负债业务，动员和集中社会闲散货币资金；另一方面通过资产业务把这些资金投向有关经济部门，实现资金盈余方和资金短缺方的资金融通。

2）直接金融机构的职能体现在为投融资提供各种服务。

（2）便利支付结算。

金融机构通过一定的技术手段和设计流程，为客户之间完成货币收付或清偿因交易引起的债权债务关系提供服务，实现货币资金转移。

金融机构在为客户开立存款账户吸收存款的基础上，通过办理存款在账户上的资金转移、代理客户支付，以及在存款的基础上为客户兑付现款等。

（3）降低交易成本和风险。

金融机构由于具有规模化经营的特点，可以通过专业化、规模化、集中化的优势，因而能够有效地降低交易成本。同时，也可以通过各种业务、技术来管理、分散、转移、控制、减轻各种风险。

（4）减少信息成本。

金融机构有专门的信息处理能力，具有信息搜寻和核实优势，可以有效解决信息生产中的可信度，可以节约道德风险中的监督成本，从而减少投资者和筹资者之间由于信息不对称而导致的逆向选择和道德风险，降低信息成本。

（5）反映和调节经济活动。

金融机构可以通过信贷、结算、出纳以及有价证券的买卖等业务活动反映国民经济各部门的情况，使人们掌握社会经济态势。另外，银行金融机构也为政府、企业和个人开立账户，办理货币收付、工资发放等信用业务，成为社会的总账房。金融机构可以通过信贷、利率、汇率和结算等经济杠杆来调节经济。

三、金融机构的类型

金融机构的类型如表 3-1-2 所示。

表 3-1-2　金融机构的类型

分类依据	类型	代表
按照融资方式的不同划分	直接金融机构	投资银行、证券公司
	间接金融机构	商业银行
按照金融机构业务的特征划分	银行金融机构	商业银行、储蓄银行、信用社等
	非银行金融机构	保险、证券、信托、租赁和投资等机构

续表

分类依据	类型	代表
按照是否承担政策性业务划分	政策性金融机构	—
	商业性金融机构	—
按照金融机构所经营金融业务的基本特征及其发展趋势划分	存款性金融机构	—
	投资性金融机构	—
	契约性金融机构	—

经典例题

[2016年真题·单选题] 下列金融机构中，不属于银行业金融机构的是（   ）。
A. 农村商业银行　　B. 农村信用社　　C. 村镇银行　　D. 小额贷款公司
[答案] D
[解析] 非银行金融机构一般泛指除银行以外的其他各种金融机构，包括保险、证券、信托、租赁和投资等机构。

【考点二】金融机构体系的构成

金融机构体系的构成如表3-1-3所示。

表3-1-3　金融机构体系的构成

体系分类	金融机构	具体内容
存款性金融机构	商业银行	商业银行是以吸收存款、发放贷款、办理结算金融服务为主要业务，以盈利为经营目标的金融企业。吸收活期存款、创造信用货币是商业银行最明显的特征
	储蓄银行	储蓄银行是专门吸收居民储蓄存款，将资金主要投资于政府债券和公司股票、债券等金融工具，并为居民提供其他金融服务的金融机构
	信用合作社	信用合作社是城乡居民集资合股而组成的合作金融组织
投资性金融机构（经营业务核心是证券投资活动）	投资银行	投资银行资金来源主要依靠发行自己的股票和债券筹资，有的国家投资银行也被允许接受定期存款
	证券投资基金	证券投资基金的优势是：投资组合、分散风险、专家理财、规模经济
契约性金融机构	保险公司	这类机构的特点是资金来源可靠稳定，资金运用主要是投资，资金的流动性较弱
	养老基金和退休基金	
政策性金融机构	经济开发政策性金融机构	开发银行分为： (1) 国际性开发银行，是以联合国下属的世界银行集团为代表，世界银行集团由国际复兴开发银行（简称世界银行）、国际开发协会和国际金融公司组成 (2) 区域性开发银行，如亚洲开发银行、非洲开发银行、泛美开发银行等 (3) 本国性开发银行，如我国的国家开发银行、德国的复兴信贷银行等
	农业政策性金融机构	—
	进出口政策性金融机构	—
	住房政策性金融机构	—

> **经典例题**
>
> [2014年真题·单选题] 存款性金融机构是吸收个人或机构存款,并发放贷款的金融机构。下列金融机构中,属于存款性金融机构的是( )。
> A. 养老基金 B. 投资银行
> C. 保险公司 D. 信用合作社
> [答案] D
> [解析] 存款性金融机构包括商业银行、储蓄银行和信用合作社。A项和C项属于契约性金融机构,B项属于投资性金融机构。

第二节 金融制度

【考点一】中央银行制度

中央银行是国家赋予其制定和执行货币政策,监督管理金融业务和规范金融秩序,防范金融风险和维护金融稳定,为商业银行等普通金融机构和政府提供金融服务,调控金融和经济运行的宏观管理机构。

中央银行制度的内涵主要包括组织形式、资本构成、组织结构和职能构成等方面。

一、中央银行的组织形式

中央银行的组织形式如表3-2-1所示。

表3-2-1 中央银行的组织形式

类型	概念	特点	代表国家
一元式中央银行制度	即一个国家只设立一家统一的中央银行执行中央银行职能的制度。这类中央银行的机构设置一般采取总分行制,逐级垂直隶属	组织完善、机构健全、权力集中、职能齐全	世界大多数国家采用(包括我国)
二元式中央银行制度	又称二元复合式的中央银行制度,是一国建立中央与地方两级相对独立的中央银行机构,分别行使金融调控和管理职能,不同等级的中央银行共同组成一个复合式统一的中央银行体系	权力与职能相对分散、分支机构较少	美国、德国(联邦制国家)采用
跨国的中央银行制度	由若干国家联合组建一家中央银行,由这家中央银行在其成员国范围内行使全部或部分中央银行职能的制度	跨国的中央银行不属于任何一个国家所独有,而是成员国共同的中央银行,对所有成员国发行共同的货币,制定和执行统一的货币政策,开展金融宏观调控	欧元区的欧洲中央银行是典型的跨国的中央银行
准中央银行制度	在一个国家或地区不设置真正专业化、具备完全职能的中央银行,而是设立若干类似中央银行的金融管理机构执行部分中央银行的职能,并授权若干商业银行也执行部分中央银行职能	权力分散、职能分解	新加坡、中国香港等采用

二、中央银行的资本构成

中央银行的资本金一般由**实收资本、在经营活动中的留存利润、财政拨款**等构成。

中央银行资本金构成的结构形式如表3-2-2所示。

表3-2-2 中央银行资本金构成的结构形式

结构形式	具体内容
全部资本为国家所有的资本结构	采用这种中央银行资本结构的国家包括英国、法国、德国、加拿大、中国、印度、俄罗斯等
国家和民间股份混合所有的资本结构	国家拥有中央银行的经营管理和决策权,私人没有。私人只有分红的权利,并且股权转让也须经中央银行同意
	采用这种中央银行资本结构的国家包括日本、墨西哥、巴基斯坦、比利时、卡塔尔等
全部资本非国家所有的资本结构	采用这种中央银行资本结构的国家包括美国、意大利、瑞士等少数国家
无资本金的资本结构	韩国中央银行采用的为这种资本结构
资本为多国共有的资本结构	在跨国中央银行制度下,由货币联盟成员国共同出资构成中央银行资本金

> **经典例题**
>
> [2011年真题·单选题] 1998年6月成立的欧洲中央银行的组织形式属于( )。
> A. 一元式中央银行   B. 二元式中央银行
> C. 跨国的中央银行   D. 准中央银行
> [答案] C
> [解析] 欧洲中央银行是一个典型的跨国的中央银行。

【考点二】商业银行制度

一、商业银行的组织制度

(一) 单一银行制度

1. 概念

单一银行制度,也称单元银行制或独家银行制,就是银行业务完全由各自独立的商业银行经营,不设或不允许设分支机构。这一银行制度美国曾经比较典型。

2. 优缺点

(1) **防止银行的集中和垄断**,但限制了每家银行的竞争力。

(2) **降低营业成本**,但限制了业务创新和发展。

(3) **强化地方服务**,但限制了规模效益。

(4) **独立性、自主性强**,但抵御风险的能力差。

(二) 分支银行制度

1. 概念

分支银行制度,也称总分行制,是指法律上允许在总行(总管理处)之下,在国内外设立分支机构。它是**各国普遍使用的银行组织形式**(包括我国)。

2. 分类

根据总机构设置的形式与职能不同,分为两种形式。

(1) 总行制（总行开展经营活动）。
(2) 总管理处制（总行不开展经营活动）。

3. 优点
(1) 规模效益高。
(2) 竞争力强。
(3) 易于监管。

4. 缺点
(1) 加速银行的垄断和集中。
(2) 管理难度大。

（三）持股公司制度

持股公司制度，也称集团银行制度，即由某一集团成立持股公司，由该公司控制或收购两家以上的若干银行的组织制度。

（四）连锁银行制度

连锁银行制度，也称联合银行制度，指两家或更多的银行由某一个人或某一集团通过购买多数股票的形式，形成联合经营的组织制度。连锁银行制度没有持股公司的存在。

二、商业银行的业务经营制度

（一）分业经营银行制度

分业经营银行制度是指商业银行业务与证券、保险等业务分离，**商业银行只能从事存贷款及结算业务，不得经营证券、保险等其他金融业务的制度安排**。

该模式的优点主要有：
(1) 保护存款人的利益，有利于商业银行稳健经营与经济的稳定发展。
(2) 有利于金融监管达到预期的效果。

该模式的缺陷主要有：
(1) 不利于加强金融业的竞争。
(2) 不利于通过各类金融业务的互补性分散经营风险。
(3) 不利于银行通过持有彼此的股票而结成利益共同体。

（二）综合性银行制度

综合性银行制度，又称为全能银行制度或混业经营银行制度，是指商业银行能够向客户提供存款、贷款、证券投资、结算，甚至信托、租赁、保险等全面金融业务的银行制度。

综合性银行制度的优势主要体现在以下几个方面：
(1) 加强金融业的竞争力。
(2) 有利于实现规模效益。
(3) 有利于整合资源，形成信息共享，损益互补机制。
(4) 分散经营风险。
(5) 使客户得到综合性服务。

综合性银行制度的缺点主要包括以下几个方面：
(1) 商业银行信贷资金进入高风险领域，容易引发金融危机。
(2) 行业垄断。
(3) 监管难度加大，带来金融业系统性风险。

【考点小贴士】考点一、二考查比较分散，定义、特点以及举例均有可能出题，注意细节。

经典例题

[2015 年真题·单选题] 下列商业银行组织机构制度中，最有利于防止银行集中和垄断的是（　　）。
A. 持股公司　　　B. 单一银行　　　C. 连锁银行　　　D. 分支银行
[答案] B
[解析] 单一银行制度作为商业银行的一种组织形式，既有优点，也有缺点，主要表现在：①防止银行的集中和垄断，但限制了竞争；②降低营业成本，但限制了业务创新和发展；③强化地方服务，但限制了规模效益；④独立性、自主性强，但抵御风险的能力差。

【考点三】政策性金融制度

政策性金融是一种具有政策性与金融性双重特征的特殊金融活动。

一、政策性金融机构的职能

（1）倡导性职能。也称诱导性职能，引导资金流向符合经济政策意图的投资领域。

（2）选择性职能。政策性金融机构对融资领域或部门的选择是以政府的政策意图为导向。

（3）补充性职能。对于一些商业性金融机构不愿或无力选择的领域等，政策性金融机构进行倡导性投资，以直接投资或提供担保等方式引导资金流向，进行融资补充。

（4）服务性职能。政策性金融机构为企业和政府提供服务。

二、政策性金融机构的经营原则

（1）政策性原则。

（2）安全性原则。

（3）保本微利原则。

经典例题

[2009 年真题·多选题] 政策性金融机构的经营原则是（　　）。
A. 政策性原则　　B. 财政性原则　　C. 盈利性原则　　D. 保本微利原则
E. 安全性原则
[答案] ADE
[解析] 政策性金融机构的经营原则是政策性原则、安全性原则、保本微利原则。

【考点四】金融监管架构的理论探讨和主要监管模式

一、三种不同的监管思路

按照监管思路的不同，世界各国现有金融监管机制可以分为三类，即机构监管、功能监管和目标监管。

金融监管机制的类型如表 3-2-3 所示。

表 3-2-3　金融监管机制的类型

项目	机构监管	功能监管	目标监管
概念	不同类型的金融机构（通常指商业银行、证券公司和基金公司、保险公司）的所有业务由不同的监管机构按照不同的标准和体系进行监管	各类金融机构的同一类型业务统一由一个监管机构监管，不同类型业务由不同监管机构分别监管	按照金融监管的不同目标（审慎监管和市场行为监管）分别设立监管部门，对各种类型金融机构统一监管

续表

项目	机构监管	功能监管	目标监管
潜在问题	(1) 不同监管机构对于不同金融机构相类似的金融业务可能采取不同的监管体制和标准，造成监管重叠或监管缺位现象，并导致监管套利的出现 (2) 混业经营日益普遍，金融监管与金融市场发展脱节，不利于金融市场的稳定发展	混业经营的金融机构的不同类型的业务受到不同监管机构的监管，但公司作为一个整体，还缺少必要的监管。不同牵头部门对混业经营的金融机构可能采取的监管思路、监管侧重各不相同，造成不同的监管成本	一个金融机构需要同时接受几个监管部门的监管，容易造成监管成本的上升和监管效率的下降

【考点小贴士】建议考生理解掌握，进行概念区分。

（1）机构监管。我国即是典型的机构监管模式。商业银行、证券公司、保险公司等分别由银保监会、证监会等不同的监管机构进行监管。

（2）功能监管。比如国外实行混业经营的金融机构，既可以从事存贷款业务，也可以同时卖保险或者证券。则其不同业务归不同监管机构分别监管。

（3）目标监管。按照审慎监管和市场行为监管的不同监管目标，分别设立监管部门，对各种类型金融机构统一监管。

经典例题

[2018年真题·多选题] 目前，在我国金融监管中存在的问题主要有（　　）。
A. 监管严苛　　　　　　　　B. 监管重叠
C. 监管缺位　　　　　　　　D. 监管套利
E. 监管脱节
[答案] BCDE
[解析] 我国是典型的机构监管。机构监管是不同类型的金融机构（通常指商业银行、证券公司和基金公司、保险公司）的所有业务由不同的监管机构按照不同的标准和体系进行监管。机构监管的主要潜在问题是不同监管机构对于不同金融机构相类似的金融业务可能采取不同的监管体制和标准，造成监管重叠或监管缺位现象的产生，并导致监管套利出现。混业经营日益普遍，金融监管与金融市场发展脱节，不利于金融市场的稳定发展。

二、主要监管模式

（一）分业监管

分业监管即对不同金融机构按照所属行业进行划分，由不同的监管部门分别监管。早期的金融市场多采用这一监管模式。

（二）统一监管

统一监管是指按照监管目标的不同，将一项或几项监管目标赋予统一监管机构进行监管。典型案例为澳大利亚双峰式监管模式。

（三）超级监管

超级监管即对不同金融机构的所有监管（包括审慎监管和市场行为监管）均交给一个监管机构统一负责。目前，实行这种监管模式的国家有英国、新加坡、韩国等。

> **经典例题**
>
> [2017年真题·单选题] 下列国家中,采用超级金融监管模式的是(   )。
> A. 英国　　　　　　　　　　B. 美国
> C. 中国　　　　　　　　　　D. 澳大利亚
> [答案] A
> [解析] 超级监管模式是统一监管模式的一种极端方式,即对不同金融机构的所有监管(包括审慎监管和市场行为监管)均交给一个监管机构统一负责。目前,英国、新加坡、韩国等国家和地区采取这一模式,其主要特点是金融市场和金融机构相对集中,有利于超级监管模式的建立和运行。

第三节　我国的金融机构体系与金融制度

【考点一】我国的金融机构体系及其制度安排

我国的金融机构体系主要包括商业银行、政策性银行、证券机构、保险公司、金融资产管理公司、农村信用合作社、信托公司、财务公司、金融租赁公司和小额贷款公司等。

一、商业银行

在我国的金融机构体系中,商业银行是主体,以银行信贷为主的间接融资在社会总融资中占主导地位。

我国商业银行体系的具体内容如表3-3-1所示。

表3-3-1　我国商业银行体系

我国商业银行体系	具体内容
国家控股的四大商业银行	包括中国工商银行、中国农业银行、中国银行、中国建设银行(均为国家控股的大型商业银行)
股份制商业银行	包括交通银行(中国成立以来第一家股份制商业银行)、深圳发展银行、中信银行、中国光大银行、华夏银行、招商银行、广东发展银行、兴业银行、上海浦东发展银行、中国民生银行、恒丰银行、浙商银行和渤海银行
城市商业银行	前身是城市合作银行。其服务领域是,依照商业银行经营原则为地方经济发展服务,为中小企业发展服务
农村银行机构	主要包括农村商业银行、农村合作银行和村镇银行三种形式 (1) 农村商业银行的主要任务是为当地农民、农业和农村经济发展提供金融服务,促进城乡经济协调发展 (2) 农村合作银行的主要任务与农村商业银行相同 (3) 村镇银行主要任务为支农支小,发起人或出资人中应至少有一家符合监管条件、管理规范、经营效益好的商业银行为主要发起银行
中国邮政储蓄银行	是在原邮政储蓄机构的基础上改革建立的
外资商业银行	目前,在我国境内的外资银行有以下类型:①一家外国银行单独出资或者一家外国银行与其他金融机构共同出资设立的外商独资银行。②外国金融机构与中国的公司、企业共同出资设立的中外合资银行。③外国银行分行。④外国银行代表处。外商独资银行、中外合资银行、外国银行分行统称外资银行营业性机构。外国银行代表处是指受银行业监管机构监管的银行类代表处

续表

我国商业银行体系	具体内容
外资商业银行	1979年,日本输出入银行在北京设立了第一家外资银行代表处。截至2018年6月末,外资银行在华设立41家外资法人银行、115家外国银行分行和156家代表处,营业性经营机构总数1 005家,在华外资银行资产总额同比增长7.56%,总体发展较为平稳,机构数量稳步增长,资产规模稳步增长,资产质量较好
民营银行	(1) 2014年,5家民营银行获准筹建,分别是深圳前海微众银行、温州民商银行、天津金城银行、上海华瑞银行和浙江网商银行 (2) 截至2018年年初,包括5家试点银行在内,17家民营银行被批准筹建,民营银行发展步入改革发展机遇期

二、政策性银行

(1) 政策性银行是由政府出资创立、参股或保证的,以配合、贯彻政府社会经济政策或意图为目的,在特定的业务领域内,规定有特殊的融资原则,不以营利为目的的金融机构。

(2) 2017年11月,中国银行业监督管理委员会发布了《国家开发银行监督管理办法》《中国进出口银行监督管理办法》《中国农业发展银行监督管理办法》三个办法,在资本约束机制、内控机制,以及完善公司治理方面都有明确的规定,目的是要建立健全以资本充足率为核心的资本约束机制,提升自身的风险抵御能力,更好地支持和服务我国国民经济的重点领域和薄弱环节。

(3) 我国政策性银行包括中国进出口银行、中国农业发展银行和国家开发银行。

经典例题

[2016年真题·单选题] 下列金融机构不以营利为目的的是(　　)。
A. 中国工商银行　　　　　　　　B. 招商银行
C. 银河证券　　　　　　　　　　D. 中国农业发展银行
[答案] D
[解析] 政策性银行是由政府出资创立、参股或保证的,以配合、贯彻政府社会经济政策或意图为目的,在特定的业务领域内,规定有特殊的融资原则,不以营利为目的的金融机构。主要包括中国进出口银行、中国农业发展银行和国家开发银行。

三、证券机构

(一) 证券公司

(1) 证券公司主要职能为推销政府债券、企业债券和股票,代理买卖和自营买卖已上市流通的各类有价证券,参与企业收购、兼并,充当企业财务顾问等。

(2) 对证券公司实行分类管理:①综合类证券公司,从事证券承销、经纪、自营三种业务;②经纪类证券公司,只能从事证券经纪类业务,充当证券交易的中介。

(二) 证券交易所

证券交易所是依法设立的、不以营利为目的,为证券的集中和有组织的交易提供场所、设施,并履行相关职责,实行自律性管理的会员制事业法人。

(三) 证券登记结算公司

证券登记结算公司的具体职能是:负责每个交易日结束后对证券和资金的清算、交收、过户,使买入者得到证券,卖出者得到资金。目前,沪、深两市均实行"T+1"的交割方式完成清算交易。

经典例题

[2014年真题·单选题] 在我国，为证券交易提供清算、交收和过户服务的法人机构是（ ）。

A. 财务公司
B. 投资银行
C. 证券登记结算公司
D. 金融资产管理公司

[答案] C

[解析] 证券登记结算公司的具体职能是：负责每个交易日结束后对证券和资金的清算、交收、过户，使买入者得到证券，卖出者得到资金。

四、其他金融机构

其他金融机构的具体内容如表3-3-2所示。

表3-3-2　其他金融机构

其他金融机构	具体内容
金融资产管理公司	是在特定时期，政府为解决银行业不良资产，由政府出资专门收购和集中处置银行业不良资产的机构
农村信用合作社	是经中国人民银行批准设立，由社员入股组成，实行自主经营、独立核算、自负盈亏，主要为社员提供金融服务的农村合作金融机构。农村信用合作社是独立的企业法人，以其全部资产对农村信用合作社债务承担责任
信托公司	本质是"受人之托，代人理财"，代人理财时是以受托人的名义进行
财务公司	为企业集团成员单位提供财务管理服务的非银行金融机构 1987年，我国第一家企业集团财务公司——东风汽车工业财务公司经监督管理机关批准设立
金融租赁公司	是专门承办融资租赁业务的非银行金融机构
汽车金融公司	是经中国银行业监督管理机构批准设立的，为中国境内的汽车购买者及销售者提供金融服务的非银行金融机构
小额贷款公司	(1) 小额贷款公司由自然人、企业法人与其他社会组织投资设立，不吸收公众存款，经营小额贷款业务的金融机构 (2) 小额贷款公司的主要资金来源为股东缴纳的资本金、捐赠资金，以及来自不超过两个银行业金融机构的融入资金（不得超过其资本净额的50%） (3) 小额贷款公司不能对外投资，不能设立分支机构，不能跨业经营
消费金融公司	是经中国银行业监督管理机构批准，在中国境内设立的，不吸收公众存款，以小额、分散为原则，为中国境内居民个人提供以消费为目的的贷款的非银行金融机构

经典例题

[2015年真题·单选题] 在我国，经营小额贷款业务但不吸收公众存款的金融机构是（ ）。

A. 小额贷款公司
B. 金融租赁公司
C. 汽车金融公司
D. 财务公司

[答案] A

[解析] 小额贷款公司是由自然人、企业法人与其他社会组织投资设立，不吸收公众存款，经营小额贷款业务的金融机构。

【考点二】我国的金融调控监管机构及其制度安排

我国的金融监管体系为分业监管模式。我国的金融调控监管机构主要有：中国人民银行、中国银保监会、中国证监会、国家外汇管理局以及金融机构行业自律组织。

一、国务院金融稳定发展委员会

2017年11月，经党中央、国务院批准国务院金融稳定发展委员会成立，作为国务院统筹协调金融稳定和改革发展重大问题的议事协调机构。

国务院金融稳定发展委员会的职责如下：

(1) 落实党中央、国务院关于金融工作的决策部署。

(2) 审议金融业改革发展重大规划。

(3) 统筹金融改革发展与监管，协调货币政策与金融监管相关事项，统筹协调金融监管重大事项，协调金融政策与相关财政政策、产业政策等。

(4) 分析研判国际国内金融形势，做好国际金融风险应对，研究系统性金融风险防范处置和维护金融稳定重大政策。

(5) 指导地方金融改革发展与监管，对金融管理部门和地方政府进行业务监督和履职问责等。

二、中国人民银行

(一) 中国人民银行的性质和地位

1. 性质

(1) 中国人民银行是中国的中央银行。

(2) 享有人民币发行的垄断权，管理人民币流通，是发行的银行。

(3) 代表政府进行金融宏观调控，维护国家金融稳定与安全，经理国库，是政府的银行。

(4) 负责全国支付、清算系统的正常运行，承担最后贷款人的责任，是银行的银行。

2. 地位

在国务院领导下，中国人民银行具有相对独立性：财政不得向中国人民银行透支；中国人民银行不得直接认购、包销国债和其他政府债券；不得向地方政府、各级政府部门提供贷款。

(二) 中国人民银行的职责

中国人民银行的职责总结起来有以下几个方面：

(1) 发行的银行：发行人民币、管理人民币流通、制定执行相关政策（货币政策、人民币汇率政策等）。

(2) 银行的银行：监督管理银行间债券市场、货币市场、票据市场、外汇市场、黄金市场及相关场外衍生品，制定规范金融控股公司的规则并执行，承担最终贷款人的责任（对银行业务的监管转由银保监会执行）。

(3) 政府的银行：经理国库、代表国家参与有关国际金融活动、党中央和国务院交办的其他事项。

(4) 监督管理的银行：拟订金融业改革、开放、发展规划和重大法律法规（草案）；金融基础设施规划；统筹互联网金融；对金融机构进行检查、恢复和处置计划；支付结算规则；金融统计制度；金融信息化；反洗钱；社会信用体系（征信）建立；国家外汇管理局；职能转变等。

经典例题

[2013年真题改编·多选题] 根据《中国人民银行法》，中国人民银行的主要职责有（　　）。

A. 承担最后贷款人的职责　　　　B. 依法制定和执行货币政策
C. 负责制定和实施人民币汇率政策　D. 负责国有重点银行金融机构监事会的日常管理工作
E. 发行人民币，管理人民币流通

[答案] ABCE

[解析] D项属于中国银行保险监督管理委员会的职责。

三、中国银行保险监督管理委员会

2018年3月13日,根据国务院公布的机构改革方案,将中国银行业监督管理委员会(以下简称中国银监会)和中国保险监督管理委员会(以下简称中国保监会)的职责整合,组建中国银行保险监督管理委员会(以下简称中国银保监会),不再保留中国银监会、中国保监会。合并后的中国银保监会承担对中国银行业、保险业的监管职责,但不再履行"拟订银行业、保险业重要法律法规草案和审慎监管基本制度"的职责,该职责划入中国人民银行。2018年4月8日,中国银行保险监督管理委员会正式挂牌运行。

中国银行保险监督管理委员会的主要职责:

(1)依法依规对全国银行业和保险业实行统一监督管理,维护银行业和保险业合法、稳健运行,对派出机构实行垂直领导。

(2)依据审慎监管和金融消费者保护基本制度,制定银行业和保险业审慎监管与行为监管规则。制定小额贷款公司、融资性担保公司、典当行、融资租赁公司、商业保理公司、地方资产管理公司等其他类型机构的经营规则和监管规则。制定网络借贷信息中介机构业务活动的监管制度。

(3)对银行业和保险业改革开放和监管有效性开展系统性研究。参与拟订金融业改革发展战略规划,参与起草银行业和保险业重要法律法规草案以及审慎监管和金融消费者保护基本制度。起草银行业和保险业其他法律法规草案,提出制定和修改建议。

(4)依法依规对银行业和保险业机构及其业务范围实行准入管理,审查高级管理人员任职资格。制定银行业和保险业从业人员行为管理规范。

(5)对银行业和保险业机构的公司治理、风险管理、内部控制、资本充足状况、偿付能力、经营行为和信息披露等实施监管。

(6)负责统一编制全国银行业和保险业监管数据报表,按照国家有关规定予以发布,履行金融业综合统计相关工作职责。

(7)对银行业和保险业机构实行现场检查与非现场监管,开展风险与合规评估,保护金融消费者合法权益,依法查处违法违规行为。

(8)建立银行业和保险业风险监控、评价和预警体系,跟踪分析、监测、预测银行业和保险业运行状况。

(9)依法依规打击非法金融活动,负责非法集资的认定、查处和取缔以及相关组织协调工作。

(10)会同有关部门提出存款类金融机构和保险业机构紧急风险处置的意见和建议并组织实施。

(11)参加银行业和保险业国际组织与国际监管规则制定,开展银行业和保险业的对外交流与国际合作事务。

(12)根据职责分工,负责指导和监督地方金融监管部门相关业务工作。

(13)负责国有重点银行业金融机构监事会的日常管理工作。

(14)完成党中央、国务院交办的其他任务。

(15)职能转变。

四、中国证券监督管理委员会

中国证券监督管理委员会(以下简称中国证监会)的主要职责有如下几项:

(1)市场准入监管(机构和产品准入)。

境内公司境内外股票、可转债、期货合约发行上市、交易、清算的监管。

(2)对机构及其业务的监管。

监管上市公司及相关股东的证券市场行为;管理证券期货交易所,归口管理证券业、期货业协会；监管证券期货经营机构、证券投资基金管理公司、证券登记结算公司、期货结算机构、证券期货投资咨询机构、证券资信评级机构；审批基金托管机构的资格。

（3）对从业人员管理。

对相关机构的高管，证券业、期货业从业人员资格管理，会计师事务所、资产评估机构所从事证券业务的人员管理。

（4）其他职责。

证券期货行业的对外交往、国际事务合作，国务院交办的其他事项。

【考点小贴士】中国证监会主要职责突出记忆关键词"证券""期货"即可。

经典例题

[2017年真题·单选题] 在我国，负责对期货市场进行监管的机构是（　　）。

A. 中国人民银行　　　　　　　　B. 中国银行业协会
C. 中国证券监督管理委员会　　　D. 中国银行业监督管理委员会

[答案] C

[解析] 负责对期货市场进行监管的机构是中国证券监督管理委员会。

五、国家外汇管理局

国家外汇管理局的基本职能主要有如下几项：

（1）研究提出外汇管理体制改革和防范国际收支风险、促进国际收支平衡的政策建议；研究逐步推进人民币资本项目可兑换、培育和发展外汇市场的政策措施，向中国人民银行提供制定人民币汇率政策的建议和依据。

（2）参与起草外汇管理有关法律法规和部门规章草案，发布与履行职责有关的规范性文件。

（3）国际收支、对外债权债务的统计和监测，按规定发布相关信息，承担跨境资金流动监测的有关工作。

（4）负责全国外汇市场的监督管理工作；承担结售汇业务监督管理的责任；培育和发展外汇市场。

（5）依法监督检查经常项目外汇收支的真实性、合法性；负责依法实施资本项目外汇管理，并根据人民币资本项目可兑换进程不断完善管理工作；规范境内外外汇账户管理。

（6）负责依法实施外汇监督检查，对违反外汇管理的行为进行处罚。

（7）承担国家外汇储备、黄金储备和其他外汇资产经营管理的责任。

（8）拟订外汇管理信息化发展规划和标准、规范并组织实施，依法与相关管理部门实施监管信息共享。

（9）参与有关国际金融活动。

（10）承办国务院及中国人民银行交办的其他事宜。

2016年国务院开始对《外汇管理条例》进行修订，目前，修改稿仍在征求意见中。

【考点小贴士】考生不需要将此部分内容死记硬背，抓关键词"外汇"即可。只要是和外汇有关的具体管理事务均属于国家外汇管理局的职能。

六、金融机构行业自律组织

金融行业自律，是指金融机构设立行业自律组织，通过制定同业公约、提供行业服务加强相互监督等方式，实现金融行业的自我约束、自我管理，以规范、协调同业经营行为，保护行业的共同利益，促进各家会员企业按照国家经济、金融政策的要求，努力提高管理水平，优化业务品种、完善金融服务。我国的金融机构行业自律组织包括行业协会和交易所等。

金融机构行业自律组织及其监管单位如表3-3-3所示。

表 3-3-3　金融机构行业自律组织及其监管单位

自律组织	监管单位
中国银行业协会	中国银保监会及其派出机构
中国证券业协会	中国证监会、国家民政部
中国保险行业协会	中国银保监会
中国证券投资基金业协会	中国证监会、国家民政部
中国期货业协会	中国证监会、国家社会团体登记管理机关
中国银行间市场交易商协会	中国人民银行
中国支付清算协会	中国人民银行
证券交易所	中国证监会
中国财务公司协会	中国银保监会、国家民政部
中国信托业协会	中国银保监会、社会登记管理机关民政部
中国互联网金融协会	中国人民银行、中国银保监会、中国证券监督管理委员会
中国融资租赁企业协会	商务部

【提示】中国互联网金融协会是我国行业协会脱钩改革后第一个承担特殊职能的全国性行业协会，为建立全国性行业协会商会登记体制做了有益的探索。

经典例题

[2017年真题·单选题] 中国银行间市场交易商协会的业务主管部门是（　　）。
A. 中国人民银行　　　　　　　B. 中国银行协会
C. 中国银行业监督管理委员会　　D. 中国证券监督管理委员会
[答案] A
[解析] 中国银行间市场交易商协会成立于2007年9月3日，是由市场参与者自愿组成的，包括银行间债券市场、同业拆借市场、外汇市场、票据市场和黄金市场在内的银行间市场的自律组织，是经国务院、民政部批准成立的全国性的非营利性社会团体法人。其业务主管部门为中国人民银行。

本章易错易混考点

【易错易混考点一】持股公司制度和连锁银行制度的区分

（1）**持股公司制度**，也称集团银行制度，即由某一集团成立持股公司，由该公司控制或收购两家以上的若干银行的组织制度。这些被收购或被控制的银行在法律上仍然是独立的，但他们的经营策略和业务受持股公司的控制。

（2）**连锁银行制度**，也称联合银行制度，指两家或更多的银行由某一个人或某一集团通过购买多数股票的形式，形成联合经营的组织制度。连锁银行制度没有持股公司的存在，而是由某一控股方直接控制若干银行，确定银行的发展策略和业务模式。

无论是持股公司制度还是连锁银行制度都可以弥补单一银行制度的不足，回避对设立分支行的限制。

【考点小贴士】考生特别容易混淆以上两个概念。考试时往往是原文考查，辨析概念，建议通过关键词帮助区分记忆。持股公司制度必须**成立持股公司**，由该公司**控制或收购**两家以上的若干银行。连锁银行制度是通过**购买多数股票**的形式，形成**联合经营**的组织制度。其**没有持股公司的**

存在，而是由某一控股方直接控制若干银行。

[2018年真题·单选题]（　　）是指两家或更多的银行由某一集团通过购买多数股票的形式，形成联合经营的组织制度。

A. 单一银行制度　　　　　　　　B. 连锁银行制度
C. 持股公司制度　　　　　　　　D. 分支银行制度

[答案] B

[解析] 连锁银行制度又称联合银行制度，指两家或更多的银行由某一个人或某一集团通过购买多数股票的形式，形成联合经营的组织制度。

[2014年真题·单选题] 由某一集团公司控制或收购若干家银行，但是，被控制或收购的银行仍然具有独立法人地位，这种商业银行组织制度属于（　　）制度。

A. 持股公司　　　　　　　　　　B. 单一银行
C. 连锁银行　　　　　　　　　　D. 分支银行

[答案] A

[解析] 持股公司制度是由某一集团成立持股公司，由该公司控制或收购两家以上的若干银行的组织制度，被控制或收购的银行仍然独立。

【易错易混考点二】中国人民银行和中国银保监会的职责区分

（1）中国人民银行主要负责抓总工作，是负责领导的。它的工作职责专注于宏观、综合调控管理。

（2）中国银保监会是干具体管理工作的。所有相关细节工作都是由中国银保监会落实执行。

【考点小贴士】建议考生记忆时应先将两个机构的管控地位、监管思路梳理清楚。

【易错易混考点三】中国人民银行和国家外汇管理局的职责区分

（1）中国人民银行的职责之一是监督管理银行间外汇市场，实施外汇管理，同样是负责抓总工作。

（2）国家外汇管理局的职责主要是关于外汇的具体管理工作。

---------- 历年经典真题回顾 ----------

一、单项选择题（每题1分，每题备选项中，只有1个最符合题意）

1. 中央银行自身无资本金的国家是（　　）。[2018年真题]

    A. 美国　　　　　　　　　　　B. 英国
    C. 中国　　　　　　　　　　　D. 韩国

[答案] D

[解析] 无资本金的资本结构是指中央银行自身无资本金，中央银行的运行是由政府授权，依照国家法律履行中央银行各项职责。韩国中央银行是目前唯一没有资本金的中央银行。

2. 下列实行联邦制的国家是（　　）。[2018年真题]

    A. 中国　　　　　　　　　　　B. 英国
    C. 法国　　　　　　　　　　　D. 德国

[答案] D

[解析] 二元式中央银行制度具有权利与职能相对分散、分支机构较少等特点，一般是实行联邦制的国家所采用，如美国、德国等。

3. 中国支付清算协会的主管单位为（　　）。[2018年真题]

    A. 中国证监会　　　　　　　　B. 中国银保监会

C. 中国人民银行 D. 中国银行业协会

[答案] C

[解析] 中国支付清算协会的主管单位为中国人民银行。

4. 目前，各国商业银行普遍采用的组织形式是（　　）。[2017年真题]

A. 单一银行制度 B. 分支银行制度
C. 控股公司制度 D. 连续银行制度

[答案] B

[解析] 分支银行制度又称为总分行制，是指法律上允许在总行（或总管理处）之下，在国内外各地普遍设立分支机构，形成以总机构为中心庞大的银行网络系统。它是各国商业银行普遍采用的组织形式。

5. 我国小额贷款公司的主要资金来源是股东缴纳的资本金，捐赠资金以及（　　）。[2017年真题]

A. 公众存款 B. 政府出资
C. 发行债券 D. 不超过两个银行业金融机构的融入资金

[答案] D

[解析] 小额贷款公司的主要资金来源为股东缴纳的资本金、捐赠资金，以及来自不超过两个银行业金融机构的融入资金（不得超过其资本净额的50%）。小额贷款公司不能对外投资，不能设立分支机构，不能跨业经营。

6. 各类金融机构的同一类型业务统一由一个监管机构监管，不同类型业务由不同监管机构分别监管，这种模式为（　　）。[2016年真题]

A. 机构监管 B. 功能监管
C. 混业监管 D. 目标监管

[答案] B

[解析] 按照监管思路的不同，世界各国现有金融监管机制可以分为三类，即机构监管、功能监管和目标监管。其中，功能监管是指各类金融机构的同一类型业务统一由一个监管机构监管，不同类型业务由不同监管机构分别监管。

二、多项选择题（每题2分，每题备选项中，有2个或2个以上符合题意，至少有1个错项。错选，本题不得分；少选，所选的每个选项得0.5分）

1. 金融机构的职能有（　　）。[2018年真题]

A. 制定金融政策 B. 促进资金融通
C. 便利支付结算 D. 降低交易成本
E. 减少信息成本

[答案] BCDE

[解析] 金融机构的职能包括促进资金融通、便利支付结算、降低交易成本和风险、减少信息成本、反映和调节经济活动。

2. 单一银行制度作为商业银行的一种组织形式，其优点有（　　）。[2018年真题]

A. 防止银行的集中和垄断 B. 加强了银行的竞争
C. 降低了银行的营业成本 D. 鼓励了银行的业务创新
E. 实现了银行的规模效益

[答案] AC

[解析] 单一银行制度的优缺点包括：①防止银行的集中和垄断，但限制了每家银行的竞争力；

②降低营业成本,但限制了业务创新;③强化地方服务,但限制了规模效益;④独立性、自主性强,但抵御风险的能力差。

3. 在金融行业发展过程中,我国金融行业自律组织起到的积极作用主要有（　　）。[2017年真题]

   A. 实现金融行业的自我约束和自我管理
   B. 保护行业共同利益
   C. 提高政府的监管水平
   D. 提高金融行业的管理水平
   E. 优化金融行业的业务品种

   [答案] ABDE

   [解析] 金融行业自律,是指金融机构设立行业自律组织,通过制定同业公约、提供行业服务、加强相互监督等方式,实现金融行业的自我约束、自我管理,以规范、协调同业经营行为,保护行业的共同利益,促进各家会员企业按照国家经济、金融政策的要求,努力提高管理水平,优化业务品种,完善金融服务。

4. 下列资金来源中,不能作为中央银行资本金的有（　　）。[2016年真题]

   A. 实收资本　　　　　　　B. 法定存款准备金
   C. 财政拨款　　　　　　　D. 在经营活动中的留存利润
   E. 财政存款

   [答案] BE

   [解析] 中央银行的资本金一般由实收资本、在经营活动中的留存利润、财政拨款等构成。

▶▶▶ 本章同步练习 ◀◀◀

一、单项选择题（每题1分,每题备选项中,只有1个最符合题意）

1. 金融机构通过一定的技术手段和设计流程,为客户之间完成货币收付或清偿因交易引起的债权债务关系提供服务,实现货币资金转移体现的是（　　）的职能。

   A. 促进资金融通　　　　　B. 便利支付结算
   C. 降低交易成本　　　　　D. 节约交易时间

2. 下列金融机构中,属于间接金融机构的是（　　）。

   A. 投资银行　　　　　　　B. 信托公司
   C. 商业银行　　　　　　　D. 证券公司

3. 与其他金融机构相比,商业银行最明显的特征是（　　）。

   A. 吸收活期存款,创造信用货币　　B. 以盈利为目的
   C. 经营对象是货币资金　　　　　　D. 制定国家金融政策

4. 中国香港特别行政区,中央银行的职能由香港金融管理局和若干商业银行共同执行,属于（　　）。

   A. 一元式中央银行制度
   B. 二元式中央银行制度
   C. 跨国的中央银行制度
   D. 准中央银行制度

5. 采用二元式中央银行制度的典型国家是（　　）。

   A. 新加坡　　　　　　　　B. 瑞士

C. 韩国 D. 美国

6. 我国的中央银行资本金构成的结构形式是（　　）。
   A. 国家和民间股份混合所有的资本结构
   B. 全部资本为国家所有的资本结构
   C. 全部资本非国家所有的资本结构
   D. 无资本金的资本结构

7. 经纪类证券公司可从事（　　）业务。
   A. 承销　　　B. 经纪　　　C. 自营　　　D. 代理

8. 我国为企业集团成员单位提供财务管理服务的非银行金融机构是（　　）。
   A. 信托投资公司　　　　　　B. 财务公司
   C. 小额贷款公司　　　　　　D. 金融租赁公司

9. 根据《银行业监督管理法》规定，下列属于中国银保监会监管职责的是（　　）。
   A. 监督管理银行间同业拆借市场
   B. 制定银行业金融机构的审慎经营规则
   C. 制定和组织实施金融业综合统计制度
   D. 实施外汇管理

二、多项选择题（每题2分，每题备选项中，有2个或2个以上符合题意，至少有1个错项。错选，本题不得分；少选，所选的每个选项得0.5分）

1. 存款性金融机构是吸收个人或机构存款，并发放贷款的金融机构。下列金融机构中，属于存款性金融机构的有（　　）。
   A. 养老基金　　　　　　　B. 投资银行
   C. 保险公司　　　　　　　D. 信用合作社
   E. 储蓄银行

2. 关于商业银行总分行制度的说法，正确的有（　　）。
   A. 是所有商业银行都实行的制度　　B. 加速银行的垄断与集中
   C. 易于实现规模效益　　　　　　　D. 抵御风险能力较差
   E. 内部层级多，管理难度大

3. 分业经营银行制度下，商业银行可以从事（　　）业务。
   A. 存款业务　　　　　　　B. 贷款业务
   C. 证券业务　　　　　　　D. 保险业务
   E. 结算业务

4. 政策性金融机构的职能包括（　　）。
   A. 收益性职能　　　　　　B. 倡导性职能
   C. 选择性职能　　　　　　D. 补充性职能
   E. 服务性职能

5. 目前，在我国境内的外资银行有（　　）类型。
   A. 外国银行单独出资或者一家外国银行与其他金融机构设立的外商独资银行
   B. 外国银行分行
   C. 中外合资银行
   D. 外国银行代表处
   E. 外国银行事务所

本章同步练习参考答案及解析

一、单项选择题

1. [答案] B
   [解析] 本题的考点为金融机构的职能。金融机构的便利支付结算的职能是指金融机构通过一定的技术手段和设计流程，为客户之间完成货币收付或清偿因交易引起的债权债务关系提供服务，实现货币资金转移。

2. [答案] C
   [解析] 本题的考点为金融机构的类型。间接金融机构是指它一方面以债务人的身份从资金盈余者的手中筹集资金，另一方面又以债权人的身份向资金短缺者提供资金，以间接融资为特征的金融机构。商业银行是最典型的间接金融机构。

3. [答案] A
   [解析] 本题的考点为存款性金融机构中的商业银行。与其他金融机构相比，吸收活期存款，创造信用货币是商业银行最明显的特征。

4. [答案] D
   [解析] 本题的考点为中央银行的组织形式。准中央银行制度是指在一个国家或地区不设置真正专业化、具备完全职能的中央银行，而是设立若干类似央行的金融管理机构执行部分中央银行的职能，并授权若干商业银行也执行部分中央银行职能。实行准中央银行制度的国家和地区主要有新加坡、中国香港特别行政区以及利比里亚、莱索托、斯威士兰等发展中国家。

5. [答案] D
   [解析] 本题的考点为中央银行的组织形式。一般实行联邦制的国家采用二元式中央银行制度，如美国、德国等。

6. [答案] B
   [解析] 本题的考点为中央银行的资本构成。全部资本为国家所有的资本结构是指中央银行的资本是由政府拨款形成，或是政府通过收购股份的方式将私营商业银行改组成中央银行，因而中央银行的资本金全部属于国家所有，是国有化性质的中央银行。目前，大多数国家的资本结构都是国有形式，如英国、法国、德国、加拿大、中国、印度、俄罗斯等。

7. [答案] B
   [解析] 本题的考点为我国证券机构。经纪类证券公司只能从事证券经纪类业务，充当证券交易的中介，不得从事证券的承销和自营买卖业务。

8. [答案] B
   [解析] 本题的考点为财务公司概念。我国财务公司亦称为企业集团财务公司，是以加强企业集团资金集中管理和提高企业集团资金使用效率为目的，为企业集团成员单位提供财务管理服务的非银行金融机构。

9. [答案] B
   [解析] 本题的考点为中国银保监会的主要职责。其他选项均属于中国人民银行的职责。特别注意C项，中国银行业监督管理委员会负责统一编制全国银行业金融机构的统计数据、报表，而不是金融业。

二、多项选择题

1. [答案] DE
   [解析] 本题的考点为存款性金融机构。存款性金融机构包括商业银行、储蓄银行和信用合作社。

2. [答案] BCE
   [解析] 本题的考点为商业银行的组织制度。总分行制是各国商业银行普遍采用的组织形式，但不是所有商业银行都实行的制度。故A项错误。D项属于单一银行制度的特点，所以错误。

3. [答案] ABE
   [解析] 本题的考点为商业银行的业务经营制度。分业经营银行制度又称专业化银行制度或分离银行制度，指商业银行业务与证券、保险等业务分离，商业银行只能从事存贷及结算业务，不得经营证券、保险

等其他金融业务的制度安排。

4. [答案] BCDE

[解析] 本题的考点为政策性金融机构的职能。政策性金融机构的职能包括：①倡导性职能，又称诱导性职能；②选择性职能；③补充性职能；④服务性职能。

5. [答案] ABCD

[解析] 本题的考点为我国的金融机构体系中的外资商业银行。目前，在我国境内的外资银行有以下类型：①一家外国银行单独出资或者一家外国银行与其他金融机构共同出资设立的外商独资银行。②外国金融机构与中国的公司、企业共同出资设立的中外合资银行。③外国银行分行。④外国银行代表处。外国银行代表处是指受银保监会监管的银行类代表处。

第四章 商业银行经营与管理

本章考情分析

年份	单项选择题	多项选择题	案例分析题	合计
2018 年	估算 6 题 6 分	2 题 4 分	—	10 分
2017 年	8 题 8 分	2 题 4 分	4 题 8 分	20 分
2016 年	9 题 9 分	1 题 2 分	4 题 8 分	19 分
2015 年	4 题 4 分	2 题 4 分	4 题 8 分	16 分
2014 年	4 题 4 分	2 题 4 分	4 题 8 分	16 分

本章考点概览

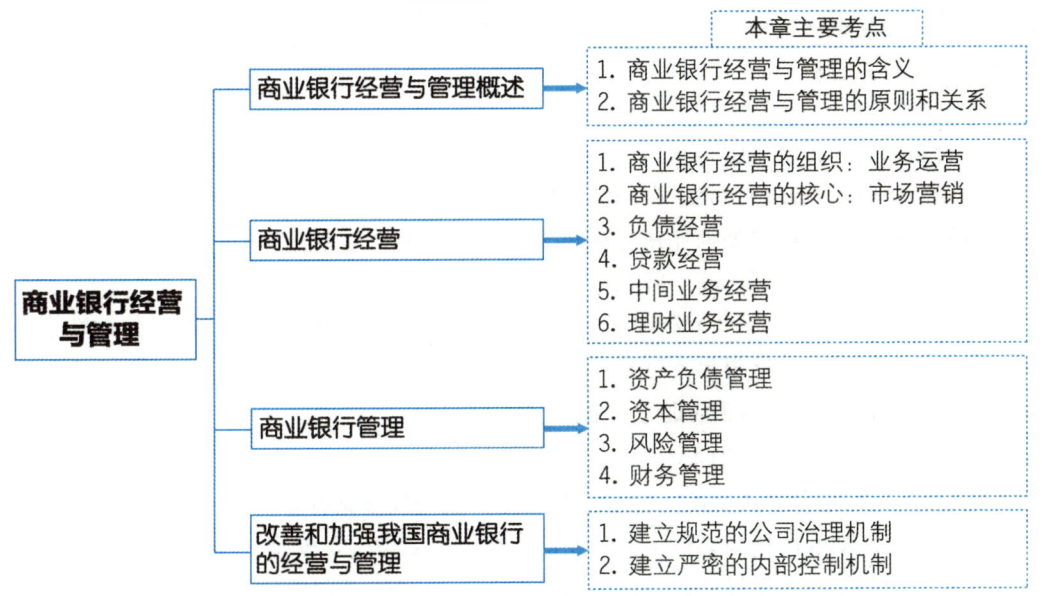

本章考点详解

第一节 商业银行经营与管理概述

【考点一】商业银行经营与管理的含义

商业银行是以货币和信用为经营对象的金融中介机构。

商业银行的经营是指商业银行对所开展的各种业务活动的组织与营销。

商业银行的管理是商业银行对所开展的各种业务活动的控制与监督。

【考点二】商业银行经营与管理的原则和关系

一、商业银行经营与管理的原则

（1）安全性原则。

1）安全性原则要求银行在经营活动中必须保持足够的清偿能力，经得起重大风险和损失，能够随时应付客户提存，使客户对银行保持坚定的信心。

2）为实现安全性目标，商业银行应该做到以下几点：①筹措足够的自有资本，提高自有资本在全部资产中的比重；②合理安排资产规模和结构，提高资产质量；③遵纪守法，合法经营。

（2）流动性原则。

1）资产的流动性：银行资产在不受损失的条件下迅速变现的能力。

2）负债的流动性：银行能够及时以较低的成本获得所需资金的能力。

3）为满足流动性要求，商业银行要做到以下几点：①调整资产结构，维持流动性较好资产的适度比例；②加强负债管理，注重从负债方面来满足银行经营的流动性要求；③加强流动性管理，实现流动性管理目标。

（3）效益性原则。

1）追求利润最大化的优点包括：①最大化的利润既为商业银行扩大规模、开拓业务提供了资金支持，又给予股东较高的回报，带动商业银行市价相应上升，从而有利于商业银行资金的筹集；②较高的盈利水平还能够使商业银行提高声誉，增加公众对商业银行的信任，从而有利于保持商业银行同社会各界的良好关系，降低运营成本。

2）商业银行追求效益的提高要做到以下几点：①减少非盈利性资产，提高盈利性资产的比重；②以尽可能低的成本，取得更多资金；③减少贷款和投资损失。

二、商业银行经营与管理原则之间的关系

安全性、流动性和效益性之间的关系既有联系又有矛盾。

（1）"三性"原则是对立统一的。安全性是前提，流动性是条件，效益性是目的。

（2）安全性和流动性的提高必然削弱效益性；要提高效益性，安全性和流动性就会受到影响。

（3）商业银行领导者的指导思想是设法在这些互有冲突的经营原则之间寻求平衡，在保证资金的安全和流动的前提下，追求尽可能多的效益。

三、我国商业银行的经营与管理原则

根据 2003 年 12 月 17 日发布的《关于修改〈中华人民共和国商业银行法〉的决定》，商业银行以安全性、流动性、效益性为经营原则，实行自主经营，自担风险，自负盈亏，自我约束。

四、我国商业银行的审慎经营规则

审慎经营规则，也称审慎性经营规则，包括风险管理、内部控制、资本充足率、资产质量、损失准备金、风险集中、关联交易、资产流动性等内容。所谓审慎性，源于会计处理上，是指企业的会计核算应当尽可能建立在稳妥可靠的基础上，尽可能减少经营者的风险负担，办法是尽可能低估企业的资产与收益，对可能发生的损失和费用则给予充分估计。

商业银行审慎经营，是指以审慎会计原则为基础，真实、客观、全面地反映金融机构的资产价值和资产风险，负债价值和负债成本，财务盈亏和资产净值以及资本充足率等情况，真实、客观、全面地判断和评估金融机构的实际风险，及时监测、预警和控制金融机构的风险，从而有效地防范和化解金融风险，维护金融系统安全、稳定的经营模式。

经典例题

[2013年真题·单选题] 作为金融中介机构，商业银行的经营对象是（　　）。
A. 内控和风险　　　　　　　　B. 信贷和风险
C. 货币和信用　　　　　　　　D. 资产和负债
[答案] C
[解析] 商业银行是以货币和信用为经营对象的金融中介机构。

第二节　商业银行经营

【考点一】商业银行经营的组织：业务运营

传统的业务运营模式与新型的业务运营模式的比较如表4-2-1所示。

表4-2-1　传统的业务运营模式与新型的业务运营模式的比较

项目	传统的业务运营模式	新型的业务运营模式
核心	以业务前后台一体为核心	以前后台分离为核心
网点类型	会计核算型	服务营销型
优缺点	前后台紧密结合，业务处理快捷；但单人业务量不饱满，人工成本高	(1) 前台营业网点业务操作规范化、工序化 (2) 实现业务集约化处理 (3) 实现运营效率提升 (4) 可以降低成本

商业银行业务运营模式的最新发展是电子银行。
(1) 电子银行渠道包括网上银行、电话银行、手机银行、自助终端。
(2) 其主要优势体现在：①促进商业银行实现经营模式变革与创新；②有效降低经营成本，提高经营效率；③促进商业银行提供更多优质服务。

经典例题

[例题·单选题] 区别于传统业务运营模式，商业银行的新型业务运营模式的核心是（　　）。
A. 集中核算　　　　　　　　B. 业务外包
C. 前后台分离　　　　　　　D. 综合经营
[答案] C
[解析] 新型的业务运营模式的核心就是前后台分离。

【考点二】商业银行经营的核心：市场营销

一、商业银行的市场营销

商业银行的市场营销更多地表现为一种服务营销。因此，商业银行市场营销的中心是客户。

二、市场营销策略

（1）20 世纪 70 年代之前。

以金融产品为导向的"4P"营销组合策略，是从供给方出发研究市场需求及变化。

（2）20 世纪 70 年代之后。

"4C"营销组合策略是以客户需求为导向、以追求顾客满意为目标。

（3）进入 21 世纪之后：关系营销。

关系营销是指将商业银行与客户关系的建立、培养、发展作为营销的对象，不断发现和满足顾客的需求，帮助顾客实现和扩大其价值，并建成一种长期的良好的关系基础。在这种情况下，商业银行采取了以竞争为导向的"4R"营销组合策略。

这种营销策略最大的特点是以竞争为导向，不仅积极地适应顾客的需求，而且主动地创造需求。

上述三种市场营销策略的比较如表 4-2-2 所示。

表 4-2-2　市场营销策略的比较

简称	导向	营销策略
4P	以金融产品为导向	产品、价格、渠道和促销
4C	以客户需求为导向	消费者、成本、便利和沟通
4R	以竞争为导向	关联、反应、关系和回报

经典例题

[2015 年真题·单选题]"4R"组合策略是当前商业银行市场营销的重要手段，这种营销策略体现的是（　　）导向。

A. 市场需求　　　　　　　　B. 价格促销
C. 竞争　　　　　　　　　　D. 客户满意度

[答案] C

[解析]"4R"营销策略最大的特点是以竞争为导向，根据市场不断成熟和竞争日趋激烈的形势，着眼于银行与顾客互动与双赢，不仅积极地适应顾客的需求，而且主动地创造需求，通过关联、关系、反应等形式与客户形成独特的关系，把企业与客户联系在一起，形成竞争优势。

【考点三】负债经营

商业银行的负债包括存款和借款，其中最主要的是存款。

一、存款经营的基本内容

商业银行存款经营就是如何充分组织银行的人力、物力来创造吸引存款的金融产品并将其销售出去的过程。其最重要的方面是必须不断创新金融产品，不断开拓为客户服务的领域。

二、存款经营的影响因素

（1）支付机制的创新。

支付机制的创新，如信用卡、各类储蓄卡发行量的巨大增长，网上银行、电子银行的兴起等。

(2) 存款创造的调控。

1) 商业银行通过贷款而进行存款的创造，即以倍数扩张的方式来创造活期存款，对其存款经营具有重要意义。

2) 中央银行用来调节商业银行创造派生存款的主要政策工具对于商业银行获得存款资金的影响很大。

(3) 政府的监管措施。

政府的监管措施主要包括央行对利率的规定、电子资金转账和信用卡业务所产生的法制责任规定等。

三、存款经营的衍生服务：现金管理

现金管理服务是商业银行向存款人提供包括告知其账户中的可用资金情况，建议他们的投资选择、整合存款人的各个账户余额以实现其利息收入的最大化等方面的服务。

【考点四】贷款经营

一、选择贷款客户

（一）贷款客户的选择

贷款客户的选择主要从两个方面着手：

(1) 客户所在的行业（行业发展前景）。

(2) 客户自身情况及贷款用途方面。

1) 客户的资信状况（最重要）。

2) 客户的财务状况。

3) 客户所要投资的项目、项目的优劣、市场前景如何等。

（二）对贷款人的了解

银行的信贷人员要完成对客户及项目的了解，通常要完成下列步骤：

(1) 贷款面谈。

(2) 信用调查。

信用的"5C"标准：品格（Character）、偿还能力（Capacity）、资本（Capital）、经营环境（Condition）和担保品（Collateral）。

(3) 财务分析。

二、培养贷款客户的战略

从贷款经营角度看，大型商业银行在客户选择上应有战略安排。比如，要求层级较低的机构要具有战略眼光，在选择客户上注意发展和培养潜在的有发展前景的优质客户。

三、创造新的贷款品种和进行合理的贷款结构安排

从营销的角度看，贷款需要不断有新产品，但贷款产品的品种是相对稳定的。进行合适的贷款结构安排的重要性并不亚于创造贷款的新品种，这对于贷款客户能够按期偿还贷款是十分必要的。

四、在贷款经营中推销银行的其他产品

可推销的银行其他产品主要有两类：

(1) 由贷款发放本身所引起的——对原有客户的深度发展。

(2) 通过贷款谈判了解到新的要求和另外的客户——扩展新的客户。

> **经典例题**
>
> [2017年真题·单选题] 下列因素中，属于商业银行贷款经营"5C"标准的是（　　）。
> A. 客户（Consumer）　　　　　　B. 成本（Cost）
> C. 资本（Capital）　　　　　　　D. 便利（Convenience）
> [答案] C
> [解析] 信用的"5C"标准包括品格（Character）、偿还能力（Capacity）、资本（Capital）、经营环境（Condition）和担保品（Collateral）。

【考点五】中间业务经营

一、中间业务的概念

中间业务是指不构成银行表内资产、表内负债，形成银行非利息收入的业务，包括收取服务费或代客买卖差价的理财业务、咨询顾问、基金和债券的代理买卖、代客买卖资金产品、代理收费、托管、支付结算等业务（各种中介费）。

二、中间业务的特点

（1）不运用或不直接运用银行的自有资金。
（2）不承担或不直接承担市场风险。
（3）以接受客户委托为前提，为客户办理业务。
（4）以收取服务费（手续费、管理费等）、赚取价差的方式获得收益。
（5）种类多、范围广，在商业银行营业收入中所占的比重日益上升。

> **经典例题**
>
> [2017年真题·单选题] 下列经营活动中，属于商业银行中间业务特点的是（　　）。
> A. 运用银行自有资金
> B. 以收取服务费的方式获得收益
> C. 赚取利差收入
> D. 留存管理现金
> [答案] B
> [解析] 中间业务具有以下特点：①不运用或不直接运用银行的自有资金；②不承担或不直接承担市场风险；③以接受客户委托为前提，为客户办理业务；④以收取服务费（手续费、管理费等）、赚取价差的方式获得收益；⑤种类多、范围广，在商业银行营业收入中所占的比重日益上升。

【考点六】理财业务经营

一、商业银行理财业务概述

（一）理财业务的概念

理财业务是指商业银行接受投资者委托，按照与投资者事先约定的投资策略、风险承担和收益分配方式，对受托的投资者财产进行投资和管理的金融服务。

（二）银行理财业务的优点

（1）丰富金融产品供给。
（2）满足投资者资金配置需求。
（3）推动利率市场化。

(三) 商业银行理财业务开展应遵守的基本原则

坚持科学合理的经营原则是规范理财业务运行、保护投资者合法权益和促进理财业务健康发展的保证。商业银行开展理财业务，应当遵守诚实守信、勤勉尽职地履行受人之托、代人理财职责，投资者自担投资风险并获得收益。遵守成本可算、风险可控、信息充分披露的原则，严格遵守投资者适当性管理要求，保护投资者合法权益。

二、商业银行理财产品的分类与管理

(一) 理财产品的分类

根据不同的分类标准，商业银行理财产品分为不同的类型，具体内容如表 4-2-3 所示。

表 4-2-3　商业银行理财产品的分类

分类依据	类型	具体内容
根据募集方式不同划分	公募理财产品	是指商业银行面向不特定社会公众公开发行的理财产品
	私募理财产品	是指商业银行面向合格投资者非公开发行的理财产品
根据投资性质不同划分	固定收益类理财产品	投资于存款、债券等债权类资产的比例不低于 80%
	权益类理财产品	投资于权益类资产的比例不低于 80%
	商品及金融衍生品类理财产品	投资于商品及金融衍生品的比例不低于 80%
	混合类理财产品	投资于债权类资产、权益类资产、商品及金融衍生品类资产且任一资产的投资比例未达到前三类理财产品标准
根据运作方式不同划分	封闭式理财产品	是指有确定到期日，且自产品成立日至终止日期间，投资者不得进行认购或者赎回的理财产品
	开放式理财产品	是指自产品成立日至终止日期间，理财产品份额总额不固定，投资者可以按照协议约定，在开放日和相应场所进行认购或者赎回的理财产品

【提示】合格投资者是指具备相应风险识别能力和风险承受能力，投资于单只理财产品不低于一定金额且符合下列条件的自然人、法人或者依法成立的其他组织：①具有 2 年以上投资经历，且满足家庭金融净资产不低于 300 万元人民币，或者家庭金融资产不低于 500 万元人民币，或者近 3 年本人年均收入不低于 40 万元人民币；②最近 1 年末净资产不低于 1 000 万元人民币的法人或者依法成立的其他组织；③国务院银行业监督管理机构规定的其他情形。

(二) 理财产品的管理

1. 管理体系与管理制度

商业银行总行应在全国银行业理财信息登记系统对理财产品进行集中登记。商业银行应确保本行理财产品登记信息的准确性、真实性、完整性和及时性。

商业银行应通过具有独立法人地位的子公司开展理财业务。暂不具备条件的，商业银行总行应设立理财业务专营部门，对理财业务实行集中统一经营管理。商业银行开展理财业务，应当确保理财业务与其他业务相分离，理财产品与其代销的金融产品相分离，理财产品之间相分离，理财业务操作与其他业务操作相分离。

商业银行开展理财业务，应做到每只理财产品单独管理、单独建账和单独核算，不得开展或者参与具有滚动发行、集合运作、分离定价特征的资金池理财业务；遵守市场交易和公平交易原则，不得在理财产品之间、理财产品投资者之间或者理财产品投资者与其他市场主体之间进行利益输送。

2. 销售管理

商业银行理财产品销售是指商业银行将本行发行的理财产品向投资者进行宣传推介和办理认购、赎回等业务活动。商业银行销售理财产品，应当加强投资者适当性管理，向投资者充分披露信息和揭示风险，不得宣传或承诺保本保收益，不得误导投资者购买与其风险承受能力不相匹配的理财产品。商业银行理财产品宣传销售文本所使用的语言表述必须真实、准确和清晰。

商业银行发行理财产品，不得宣传理财产品预期收益率，在理财产品宣传销售文本中只能登载该理财产品或者本行同类理财产品的过往平均业绩和最好、最差业绩，并以醒目文字提醒投资者理财产品过往业绩不代表其未来表现，要谨慎投资。

商业银行发行公募理财产品的，单一投资者销售起点金额<u>不得低于1万元人民币</u>；商业银行发行私募理财产品的，合格投资者投资于单只固定收益类理财产品的金额不得低于30万元人民币，投资于单只混合类理财产品的金额不得低于40万元人民币，投资于单只权益类理财产品、单只商品及金融衍生品类理财产品的金额不得低于100万元人民币。

商业银行只能通过本行渠道（含营业网点和电子渠道）销售理财产品，或者通过其他商业银行、农村合作银行、村镇银行农村信用合作社等吸收公众存款的银行业金融机构代理销售理财产品。

3. 投资运作管理

商业银行理财产品可以投资于国债、地方政府债券、中央银行票据、政府机构债券、金融债券、银行存款、大额存单、同业存单、公司信用类债券、在银行间市场和证券交易所市场发行的资产支持证券、公募证券投资基金、其他债权类资产、权益类资产以及国务院银行业监督管理机构认可的其他资产。

理财产品销售文件应当载明产品类型、投资范围、投资资产种类及其投资比例，并确保在理财产品成立后至到期日前，投资比例按照销售文件约定合理浮动，不得擅自改变理财产品类型。

【提示】（1）商业银行理财产品不得直接投资于信贷资产，不得直接或间接投资于本行信贷资产，不得直接或间接投资于本行或其他银行业金融机构发行的理财产品，不得直接或间接投资于本行发行的次级档信贷资产支持证券。

（2）商业银行面向非机构投资者发行的理财产品不得直接或间接投资于不良资产、不良资产支持证券。

（3）商业银行不得发行分级理财产品。

4. 信息披露

商业银行应当在本行营业网点或官方网站建立理财产品信息查询平台，收录全部在售及存续期内公募理财产品的基本信息；应当及时、准确、完整地向理财产品投资者披露理财产品的募集信息、资金投向、杠杆水平、收益分配、托管安排、投资账户信息和主要投资风险等内容。

5. 过渡期安排

《商业银行理财业务监督管理办法》过渡期为施行之日起至2020年年底。过渡期内，商业银行新发行的理财产品应当符合该规定；对于存量理财产品，商业银行可以发行老产品对接存量理财产品所投资的未到期资产，但应当严格控制在存量产品的整体规模内，并有序压缩递减。

第三节 商业银行管理

【考点一】资产负债管理

一、商业银行资产负债管理理论

（1）资产管理理论（20世纪60年代以前）。

资产管理理论是以商业银行资产的安全性和流动性为重点。其核心是认为商业银行的利润主要来源于资产业务,而商业银行只能被动地接受负债。商业银行经营管理的重点是资产业务。

(2) 负债管理理论(20世纪60年代至70年代初)。

负债管理理论是以负债为经营重点来保证流动性的经营管理理论。

根据负债管理理论,银行不用储存大量的流动性资金,这样银行就能把更多的资金投放在效益更好的贷款或其他方面。

(3) 资产负债管理理论(20世纪70年代后半期)。

资产负债管理理论认为商业银行的经营管理中,不能偏重资产和负债的某一方,高效的银行应该是资产与负债管理双方并重。

这一理论的基本要求是,通过资产、负债结构的共同调整,协调资产、负债项目在利率、期限、风险和流动性方面的合理配置,以实现安全性、流动性、效益性的最佳组合。

资产负债管理理论是目前现代商业银行最为流行的经营管理理论。

二、商业银行资产负债管理的基本原理与内容

(一) 资产负债管理的基本原理

1. 规模对称原理

规模对称原理是指商业银行资产运用规模应与负债来源的规模相对称、相平衡。

2. 结构对称原理

结构对称原理是动态资产结构与负债结构的相互对称和统一平衡。

3. 速度对称原理

速度对称原理即偿还期对称原理,是指银行资产分配根据资金来源的流转速度决定,银行资产与负债偿还期应保持一定的对称。

这种原理提供了一个计算方法:

$$平均流动率 = 资产的平均到期日 / 负债的平均到期日$$

若平均流动率>1,资产运用过度;平均流动率<1,资产运用不足。

4. 目标互补原理

目标互补原理是指银行经营目标中的安全性、流动性和效益性三个方面之间可以互补。

5. 利率管理原理

(1) 差额管理。

(2) 利率灵敏性资产与负债管理。

6. 比例管理原理

比例管理是通过各类比例指标体系(比例指标一般分为三类:安全性指标、流动性指标、效益性指标)约束资金运营。

【考点小贴士】特别注意速度对称原理中的平均流动率的计算。考试中往往以实际应用的方式,让考生判断资产运用情况。

经典例题

[2016年真题·单选题] 某商业银行资产的平均到期日为360天,负债的平均到期日为300天。从速度对称的原理看,该商业银行的资产运用(   )。

A. 过度 B. 不足
C. 合适 D. 违法

[答案] A

[解析] 速度对称原理的计算方法是用资产的平均到期日和负债的平均到期日相比,得出平均流动率,如果平均流动率大于1,表示资产运用过度;反之则表示资产运用不足。根据题意,该商业银行的平均流动率为360/300=1.2,大于1,表示资产运用过度。

(二) 资产负债管理的内容

资产负债管理的内容如表4-3-1所示。

表4-3-1 资产负债管理的内容

项目	组成	要点
资产管理	贷款管理	贷款是商业银行最主要的资产和最主要的资金运用。其主要内容有:贷款风险管理、贷款利率管理、贷款期限结构管理、信用贷款和抵押贷款比例管理、对内部人员和关系户的贷款予以限制等
	债券投资管理	债券投资是商业银行平衡银行流动性和效益性的重要工具
	现金资产管理	(1) 库存现金 (2) 存放中央银行款项,即存款准备金(包括法定存款准备金和超额准备金) (3) 存放同业及其他金融机构款项
负债管理	存款管理	存款是银行最主要的资金来源。其主要内容有三个方面:对吸收存款方式的管理、存款利率管理和存款保险管理
	借入款管理	(1) 短期借款(1年或1年以下)包括同业拆借、证券回购和向中央银行借款等 (2) 长期借款(1年以上)包括普通金融债券、次级金融债券、混合资本债券和可转换债券等

【考点小贴士】资产负债管理内容考查非常灵活,可以出文字类的选择题,也可以出计算类的案例分析题。考生需熟练掌握具体内容。

(三) 我国商业银行的资产负债管理

1. 监管理念

2003年,中国银行业监督管理委员会提出"管风险、管法人、管内控、提高透明度"的监管新理念,强调坚持以风险为核心的监管内容。

2. 风险监管指标体系

2005年,中国银行业监督管理委员会发布《商业银行风险监管核心指标(试行)》,废止了《商业银行资产负债比例管理监控、监测指标和考核办法》,建立了风险水平、风险迁徙和风险抵补三个方面的指标体系。其中,反映资产负债管理方面的指标主要体现在风险水平这一层次上。

风险水平类指标的构成如表4-3-2所示。

表4-3-2 风险水平指标的构成

构成	具体内容
流动性风险指标	包括流动性比例、核心负债比例、流动性缺口率
信用风险指标	包括不良资产率、单一集团客户授信集中度、全部关联度
市场风险指标	包括累计外汇敞口头寸比例、利率风险敏感度
操作风险指标	如操作风险损失率

3. 资产负债管理的方法和工具

三种基础管理方法包括缺口分析、久期分析、外汇敞口与敏感性分析。

两种前瞻性动态管理方法包括情景模拟、流动性压力测试。

(1) 缺口分析。

缺口分析是商业银行衡量资产与负债之间重定价期限和现金流量到期期限匹配情况的一种方法。

1) 利率敏感性缺口是衡量一定时期内到期或需重新定价的资产与负债之间的差额。

2) 流动性期限缺口是用于定期计算和监测同期限内到期的资产与负债差额。

3) 如果某一时期内到期或需重新定价的资产大于负债,则为正缺口,反之则为负缺口。

◆利率上升→正缺口会增加利差→对商业银行有利。

◆利率下降→正缺口会减少利差→对商业银行不利。

负缺口的情形正好与此相反。

不同情况下,利差走势如表4-3-3所示。

表 4-3-3 利差走势

缺口	利率	资产	负债	利差
正缺口	↗	↗	↗	↗
	↘	↘	↘	↘
负缺口	↗	↗	↗	↘
	↘	↘	↘	↗

(2) 久期分析。

久期分析是商业银行衡量利率变动对全行经济价值影响的一种方法。商业银行通过改变资产、负债的久期,实现资产负债组合的利率免疫,提高全行的市场价值和收益水平。

(3) 外汇敞口分析和敏感性分析。

外汇敞口分析和敏感性分析是商业银行衡量汇率变动对全行财务状况影响的一种方法。商业银行采用敞口限额管理和资产负债币种结构管理等方式控制外汇敞口产生的汇率风险。

(4) 情景模拟。

情景模拟是商业银行结合设定的各种可能情景的发生概率,研究多种因素同时作用可能产生的影响。

(5) 流动性压力测试。

流动性压力测试是一种以定量分析为主的流动性风险分析方法,商业银行通过流动性压力测试测算全行在遇到小概率事件等极端不利情况下可能发生的损失,从而对银行流动性管理体系的脆弱性做出评估和判断,进而采取必要措施。

【考点小贴士】资产负债管理的方法和工具是高频考点,既可以考概念、分类,也可以考应用,出题灵活多变。

经典例题

[2017年真题·单选题] 2005年中国银行业监督管理委员会发布了《商业银行风险监管核心指标(试行)》,其中属于信用风险监管指标的是(　　)。

A. 核心负债比率　　　　　　　　B. 流动性比率

C. 不良资产率　　　　　　　　　D. 利率风险敏感度

[答案] C

[解析] 信用风险监管指标包括不良资产率、单一集团客户授信集中度、全部关联度指标。

[2016年真题·单选题] 根据缺口分析法，若某商业银行在未来一段时间内需要重新定价的资产大于负债，则在利率下降的情况下，该银行的利差收益会（　　）。
A. 不变　　　　B. 扩大　　　　C. 减小　　　　D. 不确定
[答案] C
[解析] 如果某一时期内到期或需重新定价的资产大于负债，则为正缺口，反之则为负缺口。在利率上升的环境中，保持正缺口对商业银行是有利的，因为资产收益的增长要快于资金成本的增加，利差自然就会增大；而在利率下降的环境中，正缺口会减少利差，对商业银行是不利的。

【考点二】资本管理

一、商业银行资本的含义与类型

商业银行资本的核心功能是**吸收损失**。

（一）会计资本

会计资本是根据会计准则反映在银行资产负债表上的资本。由于会计资本是银行全部资产减全部负债以后的余额，它代表银行所有者享有的剩余权益，因此又被称为所有者权益或股东权益。会计资本由实收资本、资本公积、盈余公积、未分配利润、一般准备、直接计入所有者权益的利得和损失、少数股东权益七部分组成。

（二）监管资本

监管资本是银行监管当局为了满足监管要求，促进银行审慎经营，维持金融体系稳定而规定的商业银行必须持有的资本。《商业银行资本管理办法（试行）》规定，**商业银行总资本包括核心一级资本、其他一级资本和二级资本**。

（三）经济资本

经济资本是指商业银行在一定的置信水平下，为了应对未来一定期限内**非预期损失**而应该持有的资本金。经济资本是一种"虚拟"资本。

二、"巴塞尔协议"的演进与资本管理要求

（一）"巴塞尔协议"及其资本管理要求

1988年，巴塞尔协议由国际清算银行成员方（英国、美国、法国、德国、意大利、日本、荷兰、比利时、瑞典、瑞士10国集团和卢森堡、加拿大12国的中央银行）在瑞士巴塞尔达成。在该协议中，银行资本分为**核心资本**和**附属资本**。**核心资本**主要包括**实收股本**和**公开储备**；附属资本包括一定比例的普通准备金和长期次级债务等，其规模不得超过核心资本的100%。协议规定，银行的核心资本充足率和总资本充足率分别不能低于**4%**和**8%**。

（二）"巴塞尔新资本协议"及其资本管理要求

2004年，"巴塞尔协议Ⅱ"（也称"巴塞尔新资本协议"）被推出，其在统一银行业的资本及其计量标准方面做出了改进，全面覆盖对**信用风险、市场风险和操作风险**的资本要求，并提出了有效资本监管的"**三个支柱**"，即**最低资本充足率要求、监管当局的监督检查、市场约束**。

（三）"巴塞尔协议Ⅲ"及其资本管理要求

2010年年底，巴塞尔委员会推出"巴塞尔协议Ⅲ"，进一步**强化了银行资本充足率监管要求、加大风险覆盖范围、引入了杠杆率要求、建立了流动性标准**。"巴塞尔协议Ⅲ"对商业银行的一级资本充足率下限要求上调至6%，核心一级资本充足率提高至4.5%；对系统重要性银行的附加资

本要求为 1%；要求商业银行设立"资本防护缓冲资金"，总额不得低于银行风险资产的 2.5%；各国可根据情况要求银行提取 0~2.5% 的逆周期缓冲资本，以便银行可以对抗过度放贷所带来的风险。此外，还提出了 3% 的最低杠杆比率以及 100% 的流动杠杆比率和净稳定资金来源比率要求。

> **经典例题**
>
> [2017年真题·单选题]"巴塞尔协议Ⅲ"要求商业银行设立"资本防护缓冲资金"，其总额不得低于银行风险资产的（　　）。
> A. 1.5%　　　　　　　　　　　　　B. 2.0%
> C. 2.5%　　　　　　　　　　　　　D. 3.0%
> [答案] C
> [解析]"巴塞尔协议Ⅲ"对商业银行的一级资本充足率下限要求上调至 6%，核心一级资本充足率提高至 4.5%；对系统重要性银行的附加资本要求为 1%；要求商业银行设立"资本防护缓冲资金"，总额不得低于银行风险资产的 2.5%；各国可根据情况要求银行提取 0~2.5% 的逆周期缓冲资本，以便银行可以对抗过度放贷所带来的风险。此外，还提出了 3% 的最低杠杆比率以及 100% 的流动杠杆比率和净稳定资金来源比率要求。

三、我国的监管资本要求与管理

（一）我国实施"巴塞尔协议Ⅲ"新监管标准的安排

2012年6月中国银行业监督管理委员会发布的《商业银行资本管理办法（试行）》，建立了与"巴塞尔协议Ⅲ"接轨，且符合我国银行业实际的资本监管制度。2013年起开始实施，并要求商业银行于2018年年底前达到规定的资本充足率要求。

（二）我国的监管资本与资本充足率要求

1. 监管资本的构成

监管资本的构成如表 4-3-4 所示。

表 4-3-4　监管资本的构成

监管资本构成		具体包括
一级资本	核心一级资本	实收资本/普通股、资本公积、盈余公积、一般风险准备、未分配利润、少数股东资本可计入部分
	其他一级资本	其他一级资本工具及其溢价（如优先股及其溢价）、少数股东资本可计入部分
二级资本		二级资本工具及其溢价、超额贷款损失准备、少数股东资本可计入部分

此外，商业银行在计算资本充足率时，应当从核心一级资本中全额扣除一些项目，包括商誉、其他无形资产（土地使用权除外）、由经营亏损引起的净递延税资产、贷款损失准备缺口、资产证券化销售利得、确定受益类的养老金资产净额、直接或间接持有本银行的股票、对资产负债表中未按公允价值计量的项目进行套期形成的现金流储备和商业银行自身信用风险变化导致其负债公允价值变化带来的未实现损益。

2. 资本充足率的计算及监管要求

商业银行资本充足率监管的四个层次如表 4-3-5 所示。

表 4-3-5　商业银行资本充足率监管的四个层次

层次	要求	公式	比率要求
第一层次	最低资本要求	核心一级资本充足率＝$\dfrac{核心一级资本－对应资本扣减项}{风险加权资产}\times100\%$	5%
		一级资本充足率＝$\dfrac{一级资本－对应资本扣减项}{风险加权资产}\times100\%$	6%
		资本充足率＝$\dfrac{总资本－对应资本扣减项}{风险加权资产}\times100\%$	8%
		(1) 总资本＝核心一级资本＋其他一级资本＋二级资本 (2) 风险加权资产＝信用风险加权资产＋市场风险加权资产＋操作风险加权资产	
第二层次	储备资本要求	—	风险加权资产的 2.5%
	逆周期资本要求	—	风险加权资产的 0~2.5%
第三层次	系统重要性银行附加资本要求	—	风险加权资产的 1%
第四层次	第二支柱资本要求	—	根据单家银行风险状况确定

【考点小贴士】我国的监管资本与资本充足率要求在教材中第四章和第九章一共出现两次，可见其重要性。公式、比率、要求都是需要注意并且掌握的，是必考内容。

四、经济资本管理

（一）经济资本的功能

经济资本是银行为了承担风险而真正需要的资本，其最主要的功能是防范风险和创造价值。

（二）经济资本的优点

(1) 保证一定的资本水平以避免灾难并满足监管要求。
(2) 保证风险已被适当地加以管理，同时保证风险管理政策和风险监控手段的有效性。
(3) 保证资本得以最有效地运用以获得最佳收益，同时可以用于评价银行战略并支持决策。

（三）经济资本管理的内容

商业银行经济资本管理主要包括三项内容：经济资本的计量、经济资本的分配（分支机构、业务部门、产品）、经济资本的评价。

经典例题

[2013 年真题·单选题] 在商业银行的资本管理中，能够切实反映银行因承担风险而真正需要的资本是（　　）。
A. 账面资本　　B. 经济资本　　C. 监管资本　　D. 会计资本
[答案] B
[解析] 经济资本是银行为了承担风险而真正需要的资本，最主要的功能是防范风险和创造价值。

[例题·单选题] 某商业银行业务基本数据是：资产总额 1 240 亿元，负债总额 1 170 亿元，普通股 40 亿元，优先股 15 亿元，盈余公积 5 亿元，资本公积 15 亿元，未分配利润 8 亿元，一般风险准备 10 亿元，加权风险总资产 1 450 亿元。该行年末核心一级资本为（　　）亿元。
A. 78　　B. 70　　C. 68　　D. 93
[答案] A

[解析] 核心一级资本包括实收资本/普通股、资本公积、盈余公积、一般风险准备、未分配利润、少数股东资本可计入部分，根据题意代入数据可得核心资本：40＋5＋15＋8＋10＝78（亿元）。

【考点三】风险管理

一、商业银行风险的特征与类型

（一）商业银行风险的特征

（1）杠杆性。

（2）传递性、连锁性。

（3）负外部效应。

（二）商业银行风险的类型

（1）按风险发生的范围，可将风险分为系统性风险和非系统性风险。

（2）按风险的来源，可将风险分为外部风险和内部风险。

（3）巴塞尔委员会按业务特征及诱发风险的原因，将风险分为信用风险、市场风险、操作风险、流动性风险、国家风险、声誉风险、法律风险以及战略风险八大类。此为最常用的风险分类。

二、我国商业银行的风险管理流程

（1）风险识别。

风险识别是商业银行根据外部形势变化和自身发展战略及经营状况，识别出可能影响其战略实施或经营活动目标的潜在风险，并分析引起风险事件原因的过程。

风险识别包括识别风险和分析风险两个环节。

（2）风险计量。

风险计量是指在风险识别的基础上，对各种风险进行定量分析，计算损失发生的概率和损失的大小，是全面风险管理、资本监管和经济资本配置得以有效实施的基础和关键环节。

我国商业银行逐步采用资本计量高级方法。

（3）风险监测。

风险监测是指商业银行通过各种监控技术，动态捕捉风险指标的异常变动，判断其是否已达到引起关注的水平或已超过阈值。

（4）风险控制。

风险控制是对经过识别和计量的风险采取分散、对冲、转移、规避、控制等策略和措施，进行有效管理和控制的过程，可分为事前控制和事后控制。

三、商业银行风险管理的主要策略

（1）风险预防。

风险预防是指商业银行针对面临的风险，事先设置多层预防措施，防患于未然。措施包括：①充足的自有资本金；②适当的准备金。

（2）风险分散（不把鸡蛋放在一个篮子里）。

根据这一策略，商业银行的信贷业务应是全面的、分散的，对单一客户的授信额度要控制在一定范围之内，将单项资产在总资产中的份额限制在极小的比例之内。

（3）风险转移。

风险转移是指商业银行通过购买某种金融产品或采取其他合法的经济措施将风险转移给其他经济主体的一种策略选择。风险转移分为保险转移（出口信贷保险是典型的金融风险保险转移策略）和非保险转移（银行办理信贷业务时要求用信人提供保证担保，就属于典型的非保险转移策略)。

(4) 风险对冲。

风险对冲是指商业银行通过投资或购买与标的资产收益波动负相关的某种资产或衍生品,来冲销标的资产潜在损失的一种风险管理策略。

(5) 风险抑制。

风险抑制是指商业银行在承担风险之后,通过加强对风险的监测,及时发现问题,并采取相应措施,以便在风险事件实际发生之前阻止情况恶化,或者在风险事件发生之后尽可能减少风险造成的损失。

(6) 风险补偿。

风险补偿是指商业银行采取各种措施对风险可能造成的损失加以弥补。

银行常用的风险补偿方法有:合同补偿(风险溢价)、保险补偿(存款保险制度)、法律补偿。

> **经典例题**
>
> [2015年真题·单选题] 2015年3月,国务院正式发布了《存款保险条例》,并于5月1日正式实施。从风险管理的角度看,商业银行参加存款保险属于( )型管理策略。
> A. 风险抑制　　　　　　　　　B. 风险对冲
> C. 风险分散　　　　　　　　　D. 风险补偿
> [答案] D
> [解析] 风险补偿是指商业银行采取各种措施对风险可能造成的损失加以弥补。银行常用的风险补偿方法有:①合同补偿,即在订立合同时将风险因素考虑在内,如将风险可能造成的损失计入价格之中。②保险补偿,即通过存款保险制度来减少银行风险。③法律补偿,即利用法律手段对造成银行风险损失的法律责任者提起财产清理诉讼,尽可能地挽回损失。

【考点四】财务管理

一、财务管理概述

(1) 财务管理的核心:基于价值的管理。

(2) 财务管理的目标:银行价值最大化。

(3) 财务管理的层次:传统的会计、财务和公司财务。

(4) 财务管理的原则:科学、统一、审慎、规范的管理原则。

> **经典例题**
>
> [2011年真题·单选题] 现代商业银行财务管理的核心是基于( )的管理。
> A. 利润最大化　　　　　　　　B. 效率最大化
> C. 价值　　　　　　　　　　　D. 核心资本增值
> [答案] C
> [解析] 财务管理的核心是基于价值的管理。

二、财务管理的内容

财务管理包括成本管理、利润管理、财产管理、财务报告与分析、绩效评价等方面。

(一) 成本管理(商业银行财务管理的核心内容)

1. 成本的概念

商业银行成本是商业银行在从事业务经营活动中所发生的各项支出,包括运营成本(筹集资金、运用资金、回收资金及其他经营活动中所发生的耗费)、资金成本、风险成本、资本成本。

2. 成本的构成

成本的构成如表 4-3-6 所示。

表 4-3-6　成本构成

成本构成	具体包括
利息支出	—
经营管理费用	员工工资、电子设备运转费、保险费等
税费支出	手续费支出、业务招待费、业务宣传费及相关税费等
补偿性支出	固定资产折旧、无形资产摊销、递延资产摊销等
营业外支出	与业务经营活动没有直接关系，但要从商业银行实现的利润总额中扣除的支出

(二) 利润管理

1. 利润总额的构成

(1) 营业利润。即营业收入减去营业支出后的净额。

(2) 营业外收支净额。营业外收支净额＝营业外收入－营业外支出。

1) 营业外收入包括：固定资产盘盈、固定资产出售净收益、抵债资产处置超过抵债金额部分、罚没收入、出纳长款收入、证券交易差错收入、教育费附加返还款以及因债权人的特殊原因确实无法支付的应付款项等。

2) 营业外支出包括：固定资产盘亏和毁损报损的净损失、抵债资产处置发生的损失额及处置费用、出纳短款、赔偿金、违约金、证券交易差错损失、非常损失、公益救济性捐赠等。

2. 利润分配顺序

在依法缴纳所得税后，利润按下列顺序进行分配：

(1) 抵补已缴纳的、在成本和营业外收支中无法列支的有关惩罚性或赞助性支出。

(2) 弥补以前年度亏损。

(3) 按照税后净利润的 10％ 提取法定盈余公积金。法定盈余公积金可弥补亏损和转增资本金，弥补亏损和转增资本金后的剩余部分不得低于注册资本的 25％。

(4) 提取公益金。公益金是指商业银行用于集体福利事业的资金，主要用于职工集体福利设施的支出。

(5) 向投资者分配利润。

【考点小贴士】财务管理是本章案例分析出题的高频部分。内容烦琐，需要清晰记忆。

经典例题

[2014 年真题·单选题] 在商业银行成本管理中，员工工资属于 (　　)。

A. 税费支出

B. 经营管理费用

C. 补偿性支出

D. 营业外支出

[答案] B

[解析] 本题考查商业银行成本包含的内容。经营管理费用包括员工工资、电子设备运转费、保险费等。

第四节 改善和加强我国商业银行的经营与管理

【考点一】建立规范的公司治理机制

一、商业银行公司治理的含义

商业银行公司治理是指股东大会、董事会、监事会、高级管理层、股东及其他利益相关者之间的相互关系，包括组织架构、职责边界、履职要求等治理制衡机制，以及决策、执行、监督、激励约束等治理运行机制。

《商业银行公司治理指引》要求良好的银行公司治理应至少包括以下内容：健全的组织架构，清晰的职责边界，科学的发展战略、价值准则与良好的社会责任，有效的风险管理与内部控制，合理的激励约束机制，完善的信息披露制度。

> **经典例题**
>
> [例题·单选题] 根据《商业银行公司治理指引》，良好的商业银行公司治理内容不包括（ ）。
> A. 健全的组织架构　　　　　　　B. 集权的公司管理
> C. 科学的发展战略　　　　　　　D. 有效的风险管理
> [答案] B
> [解析] 良好的银行公司治理应至少包括以下内容：健全的组织架构，清晰的职责边界，科学的发展战略、价值准则与良好的社会责任，有效的风险管理与内部控制，合理的激励约束机制，完善的信息披露制度。

二、我国商业银行公司治理存在的问题

各地分支机构的客户服务、风险内控和战略执行的实际水平参差不齐，制度和决策的执行随意性较大，制衡机制不能同等落实。

三、进一步完善我国国有商业银行治理结构的路径

（1）进一步提高各银行董事会的战略把握力和决策水平，加大监事会的监督职能，强化高管层对全行经营工作的领导、协调和管理职能。

（2）各银行上下（各分支结构）要进一步增强统一法人意识。

（3）强化各行业务线管理力度。

（4）继续完善激励约束机制。

【考点二】建立严密的内部控制机制

一、内部控制机制的含义

内部控制是商业银行董事会、监事会、高级管理层和全体员工参与的，通过制定和实施系统化的制度、流程和方法，实现控制目标的动态过程和机制。

二、内部控制机制的基本特征和原则

（一）成功的银行内部控制的共同特征

（1）审慎经营的理念和内部控制的文化氛围。

（2）职责分离、相互制约的部门和岗位设置。

(3) 纵向的授权与审批制度。
(4) 系统内部控制和业务活动融为一体的控制活动。
(5) 完善的信息系统。

(二) 商业银行内部控制的基本原则

(1) 全覆盖原则。

商业银行内部控制应当贯穿决策、执行和监督全过程，覆盖各项业务流程和管理活动，覆盖所有的部门、岗位和人员。

(2) 制衡性原则。

商业银行内部控制应当在治理结构、机构设置及权责分配、业务流程等方面形成相互制约、相互监督的机制。

(3) 审慎性原则。

商业银行内部控制应当坚持风险为本、审慎经营的理念，设立机构或开办业务均应坚持内控优先。

(4) 相匹配原则。

商业银行内部控制应当与管理模式、业务规模、产品复杂程度、风险状况等相适应，并根据情况变化及时进行调整。

三、建立与完善我国商业银行内部控制机制的路径

(1) 建立合理的组织结构。
(2) 建立完善的内部控制体制。
(3) 完善内部稽核制度。
(4) 建立健全各项内部管理机制。

本章易错易混考点

【易错易混考点】利率敏感性缺口分析的解题思路

第一步，判断缺口。

资产＞负债，即正缺口；资产＜负债，即负缺口。

第二步，判断不同利率走势下，银行利差变化。

在利率上升的环境中，保持正缺口对商业银行是有利的，因为资产利息收益的增长要快于负债利息成本的增加，利差自然就会增大；而在利率下降的环境中，正缺口会减少利差，对商业银行是不利的。负缺口正好与此相反。

【举例】假设资产有100个单位，负债有50个单位。在利率上升10%的环境下，资产利息收入增加10个单位（100×10%），负债支出的利息成本增加5个单位（50×10%），则10－5＝5（个单位），利差增大，对银行有利。反之，在利率下降10%的环境下，资产利息收入减少10个单位，负债支出利息成本也减少5个单位，则－10－（－5）＝－5，利差减少，对银行不利。

【考点小贴士】缺口分析既是本章的重要考点也是难点，考试时往往以灵活运用的方式考查。所以考生不要死记硬背原文，建议理解缺口概念，理解银行利息差额走势。

历年经典真题回顾

一、单项选择题（每题1分，每题备选项中，只有1个最符合题意）

1. 商业银行在计算资本充足率时，应当从核心一级资本中全额扣除的是（　　）。[2018年真题改编]
   A. 贷款损失准备缺口　　　　　　B. 超额贷款损失准备
   C. 一般风险准备　　　　　　　　D. 实收资本

[答案] A

[解析] 商业银行在计算资本充足率时，应当从核心一级资本中全额扣除一些项目，包括商誉、其他无形资产（土地使用权除外）、由经营亏损引起的净递延税资产、贷款损失准备缺口、资产证券化销售利得、确定受益类的养老金资产净额、直接或间接持有本银行的股票、对资产负债表中未按公允价值计量的项目进行套期形成的现金流储备和商业银行自身信用风险变化导致其负债公允价值变化带来的未实现损益。

2. 公益金可以用于（   ）。[2018年真题]
   A. 弥补以前年度亏损   B. 职工集体福利设施
   C. 转增资本   D. 发放现金股利或利润

   [答案] B

   [解析] 商业银行利润分配需提取公益金。公益金是指商业银行用于集体福利事业的资金，主要用于职工集体福利设施的支出。

3. 随着经济全球化和金融自由化的深入，商业银行的营销越来越注意（   ）。[2017年真题]
   A. 产品营销   B. 关系营销
   C. "4P"营销组合策略   D. "4C"营销组合策略

   [答案] B

   [解析] 进入21世纪之后，随着经济全球化和金融自由化的深入，银行业的竞争更加激烈，如何与客户建立长期合作、积极互动、共同发展的稳定关系，成为银行应对竞争的重要手段。在这一时期，关系营销成为商业银行营销中备受重视的一种新的观念和做法。

4. 在资产负债管理中，商业银行衡量利率变动影响全行经济价值的分析方法是（   ）。[2017年真题]
   A. 久期分析   B. 缺口分析
   C. 外汇敞口分析   D. 情景模拟

   [答案] A

   [解析] 久期分析是商业银行衡量利率变动对全行经济价值影响的一种方法，故A项正确。缺口分析是商业银行衡量资产与负债之间重定价期限和现金流量到期期限匹配情况的一种方法，故B项错误。外汇敞口分析和敏感性分析是商业银行衡量汇率变动对全行财务状况影响的一种方法，故C项错误。情景模拟是商业银行结合设定的各种可能情景的发生概率，研究多种因素同时作用可能产生的影响，故D项错误。

5. 在商业银行成本管理中，能够计入经营管理费用的是（   ）。[2017年真题]
   A. 利息支出   B. 研究开发费
   C. 固定资产折旧   D. 保险费

   [答案] D

   [解析] 经营管理费用，是指商业银行为组织和管理业务经营活动而发生的各种费用，包括员工工资、电子设备运转费和保险费等。

二、多项选择题（每题2分，每题备选项中，有2个或2个以上符合题意，至少有1个错项。错选，本题不得分；少选，所选的每个选项得0.5分）

1. 商业银行新型业务运营模式的优点有（   ）。[2018年真题]
   A. 业务处理的集约化   B. 运营效率有效提升
   C. 风险防范能力降低   D. 成本大幅度降低
   E. 前台营业网点业务操作规范化、工序化

[答案] ABDE

[解析] 与传统的业务运营模式相比，商业银行新型业务运营模式的优点包括：①前台营业网点业务操作规范化、工序化；②实现业务集约化处理；③实现运营效率提升；④提高风险防范能力；⑤可以降低成本。

2. 商业银行开展理财业务应遵循（　　）原则。[2018年真题]

   A. 诚实守信　　　　　　　　B. 成本可算
   C. 风险可控　　　　　　　　D. 信息充分披露
   E. 公平、公开、公正

   [答案] ABCD

   [解析] 商业银行开展理财业务，应当遵守诚实守信、勤勉尽职的履行受人之托、代人理财职责，投资者自担投资风险并获得收益。遵守成本可算、风险可控、信息充分披露的原则，严格遵守投资者适当性管理要求，保护投资者合法权益。

3. 与"巴塞尔协议"相比，"巴塞尔协议Ⅱ"做出的改进有（　　）。[2017年真题]

   A. 加强市场约束　　　　　　B. 增加逆周期缓冲资本
   C. 提出最低资本充足率要求　D. 加上监管当局的监督检查
   E. 引入杠杆率监管标准

   [答案] ACD

   [解析] 与"巴塞尔协议"相比，"巴塞尔协议Ⅱ"在统一银行业的资本及其计量标准方面做出了改进，全面覆盖对信用风险、市场风险和操作风险的资本要求，并提出了有效资本监管的"三个支柱"，即最低资本充足率要求、监管当局的监督检查和市场约束。B、E两项均属于"巴塞尔协议Ⅲ"的内容。

4. 下列金融活动中，属于商业银行资产管理范畴的有（　　）。[2015年真题]

   A. 发行债券　　　　　　　　B. 交纳法定存款准备金
   C. 证券回购　　　　　　　　D. 债券投资
   E. 优化贷款期限结构

   [答案] BDE

   [解析] 商业银行资产管理主要包括贷款管理、债券投资管理、现金资产管理三部分。B项属于现金资产管理内容。E项属于贷款管理内容。A、C两项，均属于商业银行负债管理范畴。

三、案例分析题（每题2分。由单选和多选组成。错选，本题不得分；少选，所选的每个正确选项得0.5分）

（一）

2016年年底，A银行资产规模为600亿元，负债规模为700亿元，房地产贷款是该银行业务重要组成部分。资产平均到期日为300天，负债平均到期日为360天。[2017年真题]

1. 银行进行资产负债管理的理论依据为（　　）。

   A. 规模对称原理
   B. 汇率管理原理
   C. 目标互补原理
   D. 利率管理原理

   [答案] ACD

   [解析] 资产负债管理的基本原理包括：①规模对称原理；②结构对称原理；③速度对称原理；④目标互补原理；⑤利率管理原理；⑥比例管理原理。

2. 运用资产负债管理方法分析，A银行的资产运用情况属于（　　）。

A. 过度　　　　　　　　　B. 不足

C. 合适　　　　　　　　　D. 不确定

[答案] B

[解析] 资产负债管理的基本原理之一——速度对称原理，也称偿还期对称原理，是指资产分配应根据资金来源的流转速度决定，银行资产与负债偿还期应保持一定的对称。作为对称原理的具体运用，这种原理提供了一个计算方法：先计算平均流动率，平均流动率＝资产的平均到期日/负债的平均到期日。然后判断平均流动率的数值，如果平均流动率＞1，资产运用过度；如果平均流动率＜1，则资产运用不足。依据题意可得平均流动率＝300/360＜1，故A银行资产运用不足。

3. 分析2016年A银行的资产负债状况，在市场利率下降的环境中，该银行的利差（　　）。

A. 减少　　　　　　　　　B. 先减后增

C. 增加　　　　　　　　　D. 先增后减

[答案] C

[解析] 第一步，该银行负债大于资产，可判断属于负缺口。第二步，市场利率下降环境中，资产收入利息减少（利润降低），同时负债支付利息也减少（相当于成本降低）。因为负债大于资产（负缺口），故负债支付出去的利息减少（成本降低）将大于资产收入利息的减少（利润降低），即增加利差，对银行是有利的。

4. 2017年，房地产市场调控措施不断出台，A银行开始测算，如果房价大幅下跌，银行是否可以承受房价下跌造成的损失。这一测算方法是指（　　）。

A. 缺口分析　　　　　　　B. 久期分析

C. 敏感性分析　　　　　　D. 流动性压力测试

[答案] D

[解析] 流动性压力测试是一种以定量分析为主的流动性风险分析方法，商业银行通过流动性压力测试测算全行在遇到小概率事件等极端不利情况下可能发生的损失，从而对银行流动性管理体系的脆弱性作出评估和判断，进而采取必要措施。依据题意，房价大幅下跌属于极端不利情况，故测算方法为流动性压力测试。

（二）

下表是我国某商业银行2014年年末的资产负债简况。（单位：亿元）[2015年真题]

序号	项目	年末收益
1	各项存款	25 000
2	各项贷款	15 000
3	债券投资	6 250
4	现金及存放中央银行款项	5 500
5	存放同业款项	1 125
6	发行普通金融债券	1 500
7	发行次级金融债券	150
8	向中央银行借贷	250

1. 2014年年末，该商业银行的资产余额为（　　）亿元。

    A. 28 375
    B. 27 250
    C. 21 675
    D. 27 875

    [答案] D

    [解析] 商业银行的资产管理主要由三部分组成：贷款管理、债券投资管理和现金资产管理。该商业银行的资产余额＝各项贷款＋债券投资＋现金及存放中央银行款项＋存放同业款项＝15 000＋6 250＋5 500＋1 125＝27 875（亿元）。

2. 2014年年末，该商业银行的现金资产余额为（　　）亿元。

    A. 6 625
    B. 6 875
    C. 5 500
    D. 7 125

    [答案] A

    [解析] 我国商业银行的现金资产主要包括：①库存现金；②存放中央银行款项，即存款准备金（包括法定存款准备金和超额准备金）；③存放同业及其他金融机构款项。该商业银行的现金资产余额＝5 500＋1 125＝6 625（亿元）。

3. 2014年年末，该商业银行的短期借贷余额为（　　）亿元。

    A. 150
    B. 250
    C. 400
    D. 1 375

    [答案] B

    [解析] 短期借贷是指期限在一年或一年以下的借款，主要包括同业拆借、证券回购和向中央银行借款等。故该商业银行的短期借贷余额为向中央银行借款250亿元。

4. 关于该商业银行资产负债管理的说法，正确的有（　　）。

    A. 债券投资是主要的资金运用
    B. 现金资产的流动性高于贷款，但盈利性低于债券
    C. 借入款的偿还期限和金额需要集中，以便集中偿付
    D. 借入款规模应适当控制，并以增加短期债券为主，以提高流动性

    [答案] BD

    [解析] 贷款是商业银行最主要的资产和最主要的资金运用，故A项错误；借入款管理内容中，应分散借入款的偿还期和偿还金额，以减轻流动性过于集中的压力，故C项错误。

本章同步练习

一、单项选择题（每题1分，每题备选项中，只有1个最符合题意）

1. 商业银行的经营是其对所开展的各种业务活动的（　　）。

    A. 控制与监督
    B. 调整和监督
    C. 组织和控制
    D. 组织和营销

2. 商业银行经营与管理原则之一安全性原则就是（　　）。

    A. 保证资金安全
    B. 确保存款人的安全
    C. 尽可能地减少风险
    D. 保证股东的安全

3. 电子银行渠道不包括（　　）。

    A. 网上银行
    B. 柜台业务
    C. 电话银行
    D. 自助终端

4. "4R"营销策略的最大特点是以（　　）为导向，根据市场不断成熟和竞争日趋激烈的形式，

不断适应顾客的需求，主动创造需求，把企业和客户联系在一起。
  A. 顾客   B. 竞争
  C. 需求   D. 关系

5. 资产管理理论是以银行资产的（ ）为重点的经营管理理论。
  A. 盈利性和流动性   B. 流动性
  C. 安全性和流动性   D. 盈利性和安全性

6. 根据中国银行业监督管理委员会 2005 年发布的《商业银行风险监管核心指标》，"风险监管核心指标"分为风险水平、风险迁徙和（ ）三个层次。
  A. 风险控制   B. 风险抵补
  C. 风险识别   D. 风险测度

7. 经济资本是商业银行为了应对未来一定时期内的非预期损失而应该持有的资本金，其管理内容不包括（ ）。
  A. 经济资本的计量   B. 经济资本的并表
  C. 经济资本的评价   D. 经济资本的分配

8. 商业银行资本的核心功能是（ ）。
  A. 扩大业务范围   B. 提高银行的市场竞争力
  C. 吸收损失   D. 满足监管要求

9. 根据我国现行规定，商业银行法定盈余公积弥补亏损和转增资本后的剩余部分不得低于注册资本的（ ）。
  A. 25%   B. 50%
  C. 75%   D. 100%

二、多项选择题（每题 2 分，每题备选项中，有 2 个或 2 个以上符合题意，至少有 1 个错项。错选，本题不得分；少选，所选的每个选项得 0.5 分）

1. "4C"营销组合策略即（ ）。
  A. 消费者   B. 成本
  C. 便利   D. 价格
  E. 沟通

2. 选择贷款客户主要从（ ）入手。
  A. 客户所在的行业   B. 客户资本
  C. 客户自身情况   D. 客户贷款用途
  E. 经济形势

3. 商业银行利润总额包括（ ）。
  A. 税前利润   B. 税后利润
  C. 营业利润   D. 投资收益
  E. 营业外收支净额

4. 按风险的来源不同，可将商业银行面临的风险划分为（ ）。
  A. 市场风险   B. 外部风险
  C. 内部风险   D. 系统性风险
  E. 战略风险

5. 商业银行内部控制机制的基本特征有（ ）。
  A. 职责分离、相互制约的部门和岗位设置

B. 纵向的授权与审批制度

C. 监事会有效的工作制度

D. 完善的信息系统

E. 审慎经营的理念和内部控制的文化氛围

三、案例分析题（每题 2 分。由单选和多选组成。错选，本题不得分；少选，所选的每个正确选项得 0.5 分）

（一）

我国某银行 2014 年业务基本情况如下：普通股 15 亿元，优先股 12 亿元，盈余公积 3 亿元，资本公积 7 亿元，一般风险准备 8 亿元，未分配利润 3 亿元，风险加权资产总额为 100 亿元。

1. 该行 2014 年年末核心一级资本为（　　）亿元。
   A. 48
   B. 28
   C. 33
   D. 36

2. 该商业银行 2014 年年末一级资本充足率为（　　）。
   A. 28%
   B. 33%
   C. 48%
   D. 36%

3. 根据《商业银行资本管理办法（试行）》，核心一级资本充足率最低要求是（　　）。
   A. 5%
   B. 6%
   C. 8%
   D. 4%

4. 根据《商业银行资本管理办法（试行）》，该商业银行最迟应于（　　）年底前全面达到资本充足率监管要求。
   A. 2015 年
   B. 2016 年
   C. 2017 年
   D. 2018 年

（二）

假设某商业银行的业务如下：①各项存款 2 200 万元；②各项贷款 1 400 万元；③库存现金 100 万元；④向央行借款 100 万元；⑤开办信托投资业务 150 万元；⑥发行金融债券 300 万元；⑦在央行存款 200 万元；⑧承诺向水电厂贷款 80 万元。

1. 该银行的负债业务总金额为（　　）万元。
   A. 2 500
   B. 2 600
   C. 2 800
   D. 3 000

2. 商业银行最主要的资产和最主要的资金运用是（　　）。
   A. 贷款
   B. 转贴现
   C. 债券投资
   D. 现金资产

3. 除了库存现金，商业银行的现金资产还包括（　　）。
   A. 在中央银行的存款
   B. 票据贴现
   C. 存放同业存款
   D. 贷款

4. 按法定存款准备金率为 8% 计算，该商业银行可自由动用在中央银行的存款金额为（　　）万元。
   A. 24
   B. 88
   C. 100
   D. 200

本章同步练习参考答案及解析

一、单项选择题

1. [答案] D
   [解析] 本题的考点为商业银行经营的概念。商业银行的经营是指商业银行对所开展的各种业务活动的组织和营销。

2. [答案] C
   [解析] 本题的考点为商业银行经营与管理的原则。安全性是指银行的资产、收入、信誉，以及所有经营、生存、发展条件免遭损失的可靠性程度。安全性的要求就是尽可能地减少风险，被视为三大原则的首要原则。

3. [答案] B
   [解析] 本题的考点为商业银行业务运营模式的最新发展：电子银行。电子银行渠道主要包括网上银行（利用计算机和互联网）、电话银行（利用电话等声讯设备和电信网络）、手机银行（利用移动电话和移动通信网络）、自助终端（多媒体自助终端和自助上网机等）。

4. [答案] B
   [解析] 本题的考点为商业银行的市场营销策略。以竞争为导向的"4R"营销组合策略最大特点是以竞争为导向，不仅积极地适应顾客的需求，而且主动地创造需求。

5. [答案] C
   [解析] 本题的考点为资产管理理论的概念。资产管理理论是以银行资产的安全性和流动性为重点的经营管理理论。

6. [答案] B
   [解析] 本题的考点为我国商业银行的资产负债管理。根据中国银行业监督管理委员会2005年发布的《商业银行风险监管核心指标》，"风险监管核心指标"分为风险水平、风险迁徙和风险抵补三个层次。

7. [答案] B
   [解析] 本题的考点为经济资本管理的内容。经济资本管理主要包括三项内容：①经济资本的计量；②经济资本的分配（分支机构、业务部门、产品）；③经济资本的评价。

8. [答案] C
   [解析] 本题的考点为银行资本的含义。从保护存款人的利益和提高银行体系安全性的角度看，商业银行资本的核心功能是吸收损失。

9. [答案] A
   [解析] 本题的考点为利润分配顺序。法定盈余公积金除可用弥补亏损外，还可用于转增资本金，但法定盈余公积金弥补亏损和转增资本金后的剩余部分不得低于注册资本的25%。

二、多项选择题

1. [答案] ABCE
   [解析] 本题的考点为商业银行的市场营销策略。以客户需求为导向、以追求顾客满意为目标的"4C"营销组合策略包括消费者（Consumer）、成本（Cost）、便利（Convenience）和沟通（Communication）。

2. [答案] ACD
   [解析] 本题的考点为贷款经营。选择贷款客户时需考虑两个方面：①客户所在的行业（行业发展前景）。②客户自身情况及贷款用途。

3. [答案] CE
   [解析] 本题的考点为商业银行利润的概念。利润总额的构成包括：①营业利润。即为营业收入减去营业支出后的净额。②营业外收支净额。其等于营业外收入减去营业外支出。

4. [答案] BC
   [解析] 本题的考点为商业银行风险的类型。按风险的来源不同，可将商业银行面临的风险划分为外部风险和内部风险。

5. [答案] ABDE
   [解析] 本题的考点为内部控制机制的基本特征。成功的银行在内部控制上一般具有以下共同的特征：①审慎经营的理念和内

部控制的文化氛围；②职责分离、相互制约的部门和岗位设置；③纵向的授权与审批制度；④系统内部控制和业务活动融为一体的控制活动；⑤完善的信息系统。

三、案例分析题

（一）

1. [答案] D

    [解析] 本题的考点为我国的监管资本与资本充足率要求。核心一级资本包括实收资本/普通股、资本公积、盈余公积、一般风险准备、未分配利润、少数股东资本可计入部分，即 $15+3+7+8+3=36$（亿元）。

2. [答案] C

    [解析] 本题的考点为我国的监管资本与资本充足率要求。一级资本充足率＝（一级资本－对应资本扣减项）/风险加权资产$\times100\%$＝$(36+12)/100\times100\%=48\%$。

3. [答案] A

    [解析] 本题的考点为我国的监管资本与资本充足率要求。核心一级资本充足率、一级资本充足率和资本充足率的最低要求分别为 5%、6% 和 8%。

4. [答案] D

    [解析] 本题的考点为我国的监管资本与资本充足率要求。中国银行业监督管理委员会发布的《商业银行资本管理办法（试行）》于 2013 年起开始实施，并要求商业银行在 2018 年年底前达到规定的资本充足率要求。

（二）

1. [答案] B

    [解析] 本题的考点为商业银行资产负债管理的内容。负债管理包括存款管理和借入款管理。其中：①存款管理是商业银行最主要的资金来源；②借入款管理可进一步分为两类。短期借款包括同业拆借、证券回购和向中央银行借款等。长期借款包括发行金融债券，包括发行普通金融债券、次级金融债券、混合资本债券和可转换债券等。故该银行的负债业务总金额＝存款＋向央行借款＋发行金融债券＝$2\,200+100+300=2\,600$（万元）。

2. [答案] A

    [解析] 本题的考点为商业银行资产负债管理的内容。商业银行资产管理包括贷款管理、债券投资管理、现金资产管理。贷款是最主要的资产和最主要的资金运用。

3. [答案] AC

    [解析] 本题的考点为商业银行资产负债管理的内容。现金资产是指金融企业持有的库存现金以及与现金等同的可随时用于支付的资产。我国商业银行的现金资产主要包括：①库存现金；②存放中央银行款项，即存款准备金（包括法定存款准备金和超额准备金）；③存放同业及其他金融机构款项。

4. [答案] A

    [解析] 本题的考点为商业银行资产负债管理的内容。法定存款准备金＝存款金额$\times$法定存款准备金率＝$2\,200\times8\%=176$（万元），则该商业银行可自由动用的存款＝$200-176=24$（万元）。

第五章 投资银行与证券投资基金

本章考情分析

年份	单项选择题	多项选择题	案例分析题	合计
2018年	7题7分	4题8分	4题8分	23分
2017年	5题5分	2题4分	—	9分
2016年	6题6分	3题6分	—	12分
2015年	6题6分	2题4分	4题8分	18分
2014年	5题5分	2题4分	4题8分	17分

本章考点概览

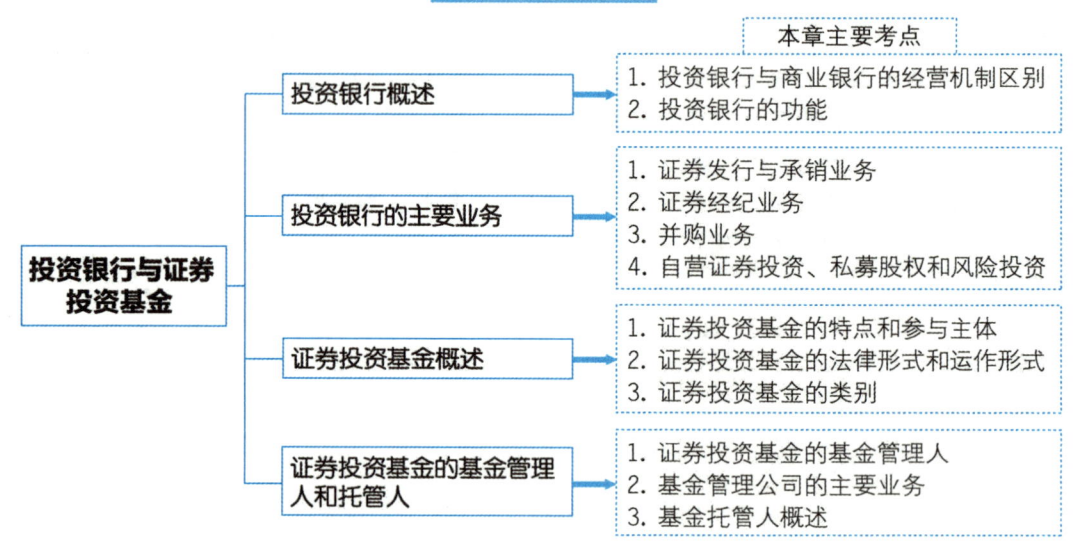

> 本章考点详解

第一节 投资银行概述

【考点一】投资银行与商业银行的经营机制区别

直接金融机构代表的投资银行与间接金融机构代表的商业银行存在经营机制的根本区别。

一、投资银行的经营机制

投资银行并不介入投资者和筹资者之间的权利和义务之中，只是收取佣金、服务费，投资者与筹资者直接拥有相应的权利和承担相应的义务。

社会最终资金盈余者和赤字者间通过一次金融合约（或者股权关系或者债务关系）完成投融资过程。

投资银行以提供交易机制和价格信号机制等金融服务解决跨时资源配置矛盾。

投资银行的经营机制如图 5-1-1 所示。

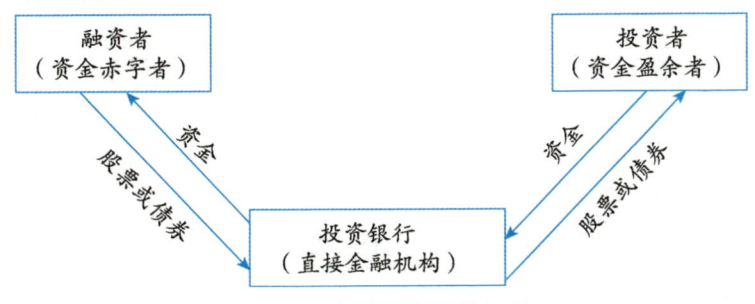

图 5-1-1 投资银行经营机制

二、商业银行的经营机制

商业银行分别与最终资金盈余者和赤字者间有债务借贷关系，资金存款人与借款人之间并不直接发生权利与义务，而是通过商业银行间接发生关系，双方不存在直接的金融合同约束。

社会最终资金盈余者和赤字者间通过两次金融合约完成资金融通过程。

商业银行用资产转移机制将社会上所有资金盈余者资产转化为自己的资产来解决跨时资源配置矛盾。

商业银行的经营机制如图 5-1-2 所示。

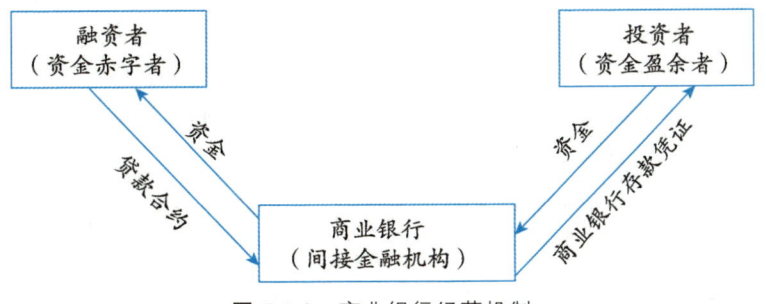

图 5-1-2 商业银行经营机制

【考点二】投资银行的功能

投资银行有四大基本功能资金供求媒介、构造证券市场、优化资源配置和促进产业集中。

一、资金供求的媒介

投资银行通过四个中介作用发挥其资金供求媒介的功能。其具体内容如表 5-1-1 所示。

表 5-1-1　资金供求媒介功能的四个中介作用

中介作用	具体内容
期限中介	投资银行通过对其接触的各种不同期限资金进行期限转换,实现短期和长期资金之间的期限中介作用
风险中介	投资银行为投资者和融资者提供了资金融通的渠道,而且为双方降低了投资和融资的风险
信息中介	投资银行是各种金融信息交汇的场所,因此,它有能力为资金供需双方提供信息中介服务
流动性中介	投资银行为客户提供各种票据、证券以及现金之间的互换机制
	当持有股票的客户需要现金,充当做市商的投资银行可以购进客户持有的股票
	在保证金交易中,投资银行可以以客户的证券作为抵押,贷款给客户购进股票

二、证券市场的构造者

证券市场是证券发行、流通、交易的市场,也是资金供求的中心。证券市场的构成可以分为证券发行市场和证券交易市场。

(一)证券发行市场(一级、初级市场)

在发行市场中,投资银行以**承销商身份**,通过咨询、信息披露、定价和证券销售等帮助构建证券发行市场。

(二)证券交易市场(二级、次级市场)

在交易市场中,投资银行**扮演证券经纪商、证券做市商和证券自营商**三重角色:

(1)投资银行以证券**经纪商**的身份受顾客委托买卖证券,提高交易效率,保证交易秩序。

(2)证券发行上市后,投资银行通常以**做市商**的身份买卖证券,维持证券上市后的价格稳定和流动性。

(3)投资银行以证券**自营商**和**做市商**的身份活跃于交易市场,有助于证券价格的发现,活跃并稳定了市场。

三、资源配置的优化者

(1)投资银行在一级市场中承销证券,将企业向广大投资者宣传介绍,同时设计了较为合理的证券发行价格。证券发行以后,通过二级市场的流动形成了投资者认可的交易价格。社会经济资源依照这种价格信号的导向作用进行配置,促进效益高的部门获得更快的发展。

(2)投资银行的兼并收购业务使社会资本存量资源重新优化配置。

(3)投资银行为企业向社会公开筹资,加速了企业所有权和经营权的分离,有利于股权人和债权人对企业的监督,从而强化企业的经营管理,使原有的企业资源效率进一步提高。

四、产业集中的促进者

投资银行通过募集资本的投向和并购方案的设计,引导资金流向效率较高的企业,从而促进了产业的集中。

【考点小贴士】投资银行的功能一般在单项选择题或多项选择题中进行考查,需特别注意资金供求媒介四个中介作用的细节内容。

> **经典例题**
>
> [2014年真题·多选题] 下列中介功能中,属于投资银行资金供求媒介的有(　　)。
> A. 风险中介　　　　　　　B. 期限中介
> C. 流动性中介　　　　　　D. 监管中介
> E. 信息中介
> [答案] ABCE
> [解析] 投资银行资金供求媒介功能的四个中介作用包括期限中介、风险中介、信息中介和流动性中介。

第二节　投资银行的主要业务

【考点一】证券发行与承销业务

一、证券发行与承销概述

(一) 证券发行与承销的概念

证券发行与承销是投资银行最本源、最基础的业务活动,又称证券一级市场业务。

(1) 证券发行是指商业组织或政府组织为筹集资金按照法律规定的条件和程序,向社会投资人出售有价证券的行为。

(2) 证券承销是指在证券发行过程中,投资银行按照协议帮助发行人对所发行的证券进行定价和销售的活动。

(二) 证券承销的方式

证券承销有包销、代销(尽力推销)和余额包销三种形式。我国证券公司承销证券,应当依照《中华人民共和国证券法》的规定采用包销或者代销方式。

证券承销的方式如表 5-2-1 所示。

表 5-2-1　证券承销的方式

方式	概念	要点
包销	即投资银行按议定价格直接从发行者手中购进将要发行的全部证券,然后再出售给投资者	承销商承担证券销售和价格的全部风险
代销(尽力推销)	即承销商只作为发行公司的证券销售代理人,按照规定的发行条件尽力推销证券,发行结束后未售出的证券退还给发行人	(1) 承销商不承担发行风险 (2) 投资银行与发行人之间是代理关系,投资银行只收取手续费
余额包销	即需要在融资的上市公司增发新股前,向现有股东按其目前所持有股份的比例提供优先认股权,在股东按优先认股权认购股份后若还有余额,承销商有义务全部买进这部分剩余股票,然后再转售给投资公众	通常发生在股东行使其优先认股权时

(三) 首次公开发行与股权再融资

(1) 首次公开发行(简称IPO)是指股票发行者第一次将其股票在公开市场发行销售。

(2) 股权再融资(简称SEO)是指上市公司通过配股、增发股票等方式在证券市场上进行的直接融资。

【考点小贴士】该部分考查比较频繁，考生需明确掌握两个概念的区别。

> **经典例题**
>
> [例题·单选题] 承销商只作为发行公司的证券销售代理人，按规定的发行条件尽力推销证券，发行结束后未售出的证券退还给发行人，这种证券承销方式是（　　）。
> A. 代销
> B. 余额包销
> C. 股权再融资
> D. 包销
> [答案] A
> [解析] 代销，也称尽力推销，即承销商只作为发行公司的证券销售代理人，按照规定的发行条件尽力推销证券，发行结束后未售出的证券退还给发行人，承销商不承担发行风险。采用这种方式时，投资银行与发行人之间纯粹是代理关系，投资银行为推销证券而收取代理手续费。

二、首次公开发行股票的估值和定价

（一）首次公开发行股票的估值

估值的方法主要有相对估值法和绝对估值法。

相对估值法和绝对估值法的对比如表 5-2-2 所示。

表 5-2-2　相对估值法和绝对估值法的对比

项目	相对估值法	绝对估值法
概念	也称可类比上市公司估值法，即将拟首次公开发行股票的公司与具有相同行业和财务特征的上市公司比较进行估值的方法	是着眼于企业未来的经营业绩，通过估算企业未来的预期收益并以适当的折现率折算成现值，借以进行企业估值的方法
内容	(1) 采用比率指标进行比较，其结果一般都是倍数 (2) 主要有 P/E（市盈率）倍数估值法、P/B（市净率）倍数估值法、市盈率/净利润增长率倍数估值法、企业价值倍数估值法 (3) 其中常用的是市盈率倍数估值法和市净率倍数估值法，计算公式为： 　　市盈率＝股票市场价格/每股收益（每股净利润） 　　市净率＝股票市场价格/每股净资产	(1) 结果一般都是模型 (2) 主要有 DDM 模型（股利折现模型）和 DCF 模型（折现现金流模型）。其中，DCF 模型又分为 FCFE 模型（股权自由现金流模型）和 FCFF 模型（公司自由现金流模型）

【考点小贴士】不同估值法的具体内容有记忆技巧，相对估值法结果是倍数，绝对估值法结果是模型，抓住关键词即可，不需要所有内容全面记住。

（二）首次公开发行股票的定价方式

根据股票供求双方在价格决定中的作用，新股发行方式可分为簿记方式、竞价方式、固定价格方式和混合方式四种。

1. 簿记方式

(1) 概念。

簿记方式，也称累计订单定价方式，是指主承销商通过对拟首次公开发行股票企业的全面、深入研究，在发行公司估值的基础上，先确定新股发行价格区间，通过召开路演推介会，征集需求量和需求价格信息建立簿记，绘出需求曲线，然后承销商和发行人据此一起确定最终新股发行价格，同时承销商有自由配售股份给机构投资者的权利。

(2) 特点。

在这种定价方式下，承销商有较大的定价和分配销售新股的主动权。

2. 竞价方式

(1) 概念。

竞价方式，也称拍卖方式，是指所有投资者申报价格和数量，主承销商对所有有效申购按价格从高到低进行累计，累计申购量达到新股发行量的价位为有效价位。

(2) 发行价格的确定。

1) 在统一价格拍卖中，有效价位即新股的发行价格。

2) 在差别价格拍卖中，有效价位为最低价格，各中标者的购买价格就是自己的出价。

(3) 特征。

竞价方式的显著特征是投资方有较大的定价新股和购买新股股份数的主动权。

3. 固定价格方式

固定价格方式是指承销商事先确定发行价格，投资者根据这一价格申购，如果出现超额申购，承销商或有较大分配权力，或采取按比例配发的方式。

4. 混合方式

混合方式是指多种招股方式同时混合使用，如我国香港地区采用的模式是将簿记方式与固定价格公开认购相结合，我国台湾地区模式则是簿记方式、竞价方式与固定价格公开申购三者的结合。

经典例题

[例题·单选题] 如果某次 IPO 定价采用差别价格拍卖方式，竞价中最高价位为 a，有效价位为 b，则该新股发行价格是（   ）。

A. 有效价位 b
B. 有效价位 a 和最高价位 b 的算术平均值
C. 有效价位 a
D. 各中标者自己的出价

[答案] D

[解析] 在差别价格拍卖中，有效价位为最低价格，各中标者的购买价格就是自己的出价。

(三) 我国的首次公开发行股票的询价制（案例分析题考查的重点部分）

按照询价制的方式，我国首次股票公开发行的新股定价和配售的主要规定如表 5-2-3 所示。

表 5-2-3　我国首次股票公开发行的新股定价和配售的主要规定

项目	具体内容
首次公开发行股票确定价格	可以通过向网下投资者询价的方式，也可以通过发行人与主承销商自主协商直接定价。公开发行股票数量在 2 000 万股（含）以下且无老股转让计划的，应当通过直接定价的方式确定发行价格
	无论采用何种定价方式，发行人和主承销商应当提前声明告知
	首次公开发行股票，网下投资者须具备丰富的投资经验和良好的定价能力，遵守中国证券业协会的自律规则。网下投资者参与报价时，应当持有一定金额的非限售股份或存托凭证

续表

项目	具体内容
采用询价方式的	网下投资者报价后，发行人和主承销商应当剔除拟申购总量中报价最高的部分，剔除部分不得低于所有网下投资者拟申购总量的10%，然后根据剩余报价及拟申购数量协商确定发行价格 (1) 公开发行股票数量，在4亿股（含）以下的，有效报价投资者的数量不少于10家 (2) 公开发行股票数量在4亿股以上的，有效报价投资者的数量不少于20家 (3) 剔除最高报价部分后有效报价投资者数量不足的，应当中止发行 公开发行股票后总股本4亿股（含）以下的，网下初始发行比例不低于本次公开发行股票数量的60%；发行后总股本超过4亿股的，网下初始发行比例不低于本次公开发行股票数量的70%，其中： (1) 应安排不低于本次网下发行股票数量的40%优先向通过公开募集方式设立的证券投资基金、全国社会保障基金和基本养老保险基金配售 (2) 安排一定比例的股票向根据《企业年金基金管理办法》设立的企业年金和符合《保险资金运用管理暂行办法》等相关规定的保险资金配售 (3) 公募基金、社保基金、养老金、企业年金基金和保险资金有效申购不足安排数量的，发行人和主承销商可以向其他符合条件的网下投资者配售剩余部分
采用直接定价方式的	全部向网上投资者发行，不进行网下询价和配售
首次公开发行股票数量在4亿股以上的	可以向战略投资者配售股票。战略投资者不参与网下询价，且应当承诺获得本次配售的股票持有期限不少于12个月
	发行人及其承销商可以在发行方案中采用超额配售选择权
回拨机制	首次公开发行股票网下投资者申购数量低于网下初始发行量的，发行人和主承销商不得将网下发行部分向网上回拨，应当中止发行 (1) 网上投资者有效申购倍数超过50倍，低于100倍（含）的，应当从网下向网上回拨，回拨比例为本次公开发行股票数量的20% (2) 网上投资者有效申购倍数超过100倍的，回拨比例为本次公开发行股票数量的40% (3) 网上投资者有效申购倍数超过150倍的，回拨后网下发行比例不超过本次公开发行股票数量的10%
其他规定	首次公开发行股票的网下发行应和网上发行同时进行，网下和网上投资者在申购时无须交付申购资金。投资者应自行选择参与网下或网上发行，不得同时参与 (1) 发行人股东拟进行老股转让的，发行人和主承销商应当于网下（网上）申购前协商确定发行价格、发行数量和老股转让数量 (2) 采用询价方式且无老股转让计划的，发行人和主承销商可以通过网下询价确定发行价格或发行价格区间。网上投资者申购时仅公告发行价格区间、未确定发行价格的，主承销商应当安排投资者按价格区间上限申购 持有一定数量非限售股份或存托凭证的投资者才能参与网上申购。网上投资者应当自主表达申购意向，不得全权委托证券公司进行新股申购。采用其他方式进行网上申购和配售的，应当符合中国证监会的有关规定 网下和网上投资者申购新股、可转换公司债券、可交换公司债券获得配售后，应当按时足额缴付认购资金。网上投资者连续12个月内累计出现3次中签后未足额缴款的情形时，6个月内不得参与新股、可转换公司债券、可交换公司债券申购 网下和网上投资者缴款认购的股份数量合计不足本次公开发行数量的70%时，可以中止发行

【提示】我国股票首次公开发行渠道分为网上和网下。向社会公众投资者公开发行销售股票称

网上发行。网上发行,是指利用证券交易所的交易系统,将发行的新股按照已确定的价格在证券交易所内公开挂牌销售,投资者通过证券交易系统进行新股申购的发行方式。相对应,证券承销商对询价对象和战略配售对象销售股票的方式就是网下发行。

(四) 股票发行监管制度

1. 股票发行监管核准制度的一般形式

(1) 审批制。

审批制带有强烈计划经济和行政干预的色彩。

(2) 注册制。

注册制,也称备案制或存档制,是一种市场化的新股发行监管核准制度。

(3) 核准制。

核准制介于审批制和注册制之间,遵循强制性信息披露和合规性管理相结合的原则。

2. 我国的股票首次公开发行监管核准制度

(1) 第一阶段:行政审批制阶段(1990—2000 年)。

(2) 第二阶段:核准制阶段(2001 年至今)。

1)"通道制"阶段(2001 年 3 月—2005 年年底)。

2)"保荐制"阶段(2006 年 1 月至今)。

保荐机构和保荐代表人承担发行上市过程中的 连带责任 的制度内容,这是该制度设计的初衷和核心内容。

目前保荐制下首次公开发行股票的审核工作流程分为受理、反馈会、见面会、初审会、发审会、封卷、核准发行等主要环节。

(3) 第三阶段: 注册制。

2015 年 12 月 27 日,全国人大常委会表决通过《全国人民代表大会常务委员会关于授权国务院在实施股票注册制改革中调整适用〈中华人民共和国证券法〉有关规定的决定》,具体实施方案由国务院作出规定,报全国人民代表大会常务委员会备案。2018 年 2 月 24 日全国人民代表大会常务委员会通过《全国人民代表大会关于延长授权国务院在实施股票发行注册制改革中调整适用〈中华人民共和国证券法〉有关规定期限的决定》,国务院应当于延长期满前,提出修改法规相关规定的意见。

【考点小贴士】由于我国目前处于金融改革当中,股票发行相关规定频繁变动,是高频考点。通常以案例分析形式考查考生对现行规定的熟悉程度。该部分内容相当烦琐,又由于是制度类文字,无法进一步缩减或用关键字替代,建议考生反复记忆掌握。

经典例题

[2015 年真题·案例分析题节选] 2014 年 4 月,中国证券监督管理委员会发布了《关于修改证券发行与承销管理办法的决定》。2015 年 6 月,KH 股份有限公司在主板市场首发新股,由 ZY 国际证券有限责任公司担任保荐人。本次公开发行新股 4 560 万股,回拨机制启动前,网下初始发行数量为 3 192 万股,占本次发行总数的 70%,网上初始发行数量为 1 368 万股,占本次发行总股数的 30%。本次公开发行采用网下向符合条件的投资者询价配售和网上按市值申购定价发行相结合的方式。发行人和保荐人根据网下投资者的报价情况,对所有报价按照申报价格由高到低的顺序进行排序,并且根据修订后的《证券发行与承销管理办法》对网下的特定投资者进行优先配售。最终本次发行价格为 13.62 元,对应市盈利率为 22.98 倍。

1. 在本次发行中,保荐人 ZY 国际证券有限责任公司的重要身份是( )。

A. 证券经纪商　　B. 证券做市商　　C. 证券交易商　　D. 证券承销商

[答案] D

[解析] 证券承销是指在证券发行过程中，投资银行按照协议帮助发行人对所发行的证券进行定价和销售的活动。依据题意，保荐人 ZY 参与了股票定价并帮助 KH 公司发行成功，故保荐人 ZY 国际证券有限责任公司的重要身份是证券承销商。

2. 在本次新股发行的定价方式下，当网下投资者报价后，所有报价应按照申报价格由高到低的顺序进行排序，为了保证新股定价的合理性，应从拟申购总量中至少（　　）。

A. 剔除 10％最低报价的部分　　　　B. 分别剔除 10％报价最高和最低的部分
C. 剔除 10％报价最高的部分　　　　D. 分别剔除 5％报价最高和最低的部分

[答案] C

[解析] 首次公开发行股票采用询价方式的，网下投资者报价后，发行人和主承销商应当剔除拟申购总量中报价最高的部分，剔除部分不得低于所有网下投资者拟申购总量的 10％，然后根据剩余报价及拟申购数量协商确定发行价格。

三、债券发行

（1）国债发行方式。

凭证式国债发行完全采用承购包销的方式；记账式国债完全采用公开招标方式。

（2）地方政府债券发行方式。

2015 年 1 月 1 日新的《中华人民共和国预算法》实施后，财政部批准地方政府以"自发自还"方式，发行类似市政债的一般债券和专项债券。其中，一般债券由地方政府按照市场化原则自发自还，采用记账式固定利率付息形式。2015 年，我国主要是采用承销、招标方式发行地方政府债券。

（3）金融债券发行方式。

目前我国发行金融债的机构包括政策性银行、商业银行、企业集团财务公司及其他金融机构，在银行间债券市场以协议承销、招标承销方式发行。

（4）信用类债券发行方式。

信用类债券是指政府之外的主体发行的、约定了确定的本息偿付现金流的债券，主要包括企业债、公司债、短期融资券、中期票据等品种。2016 年，国家发改委发布《市场化银行债券转股权专项债券发行指引》，债转股专项债券主要用于银行债权转股权项目（以下简称债转股项目）。债转股专项债券发行规模不超过债转股项目合同约定的股权金额的 70％。发行人可利用不超过发债规模 40％的债券资金补充营运资金。债券资金既可以用于单个债转股项目，也可以用于多个债转股项目。允许以公开或非公开方式发行债转股专项债券。非公开发行时认购的机构投资者不超过 200 人，单笔认购不少于 500 万元人民币，且不得采用广告、公开劝诱和变相公开方式。同年，发改委又发布《绿色债券发行指引》，债券募集资金占项目总投资比例放宽至 80％；发行绿色债券的企业不受发债指标限制；鼓励上市公司及其子公司发行绿色债券；支持符合条件的股权投资企业、绿色投资基金发行绿色债券，专项用于投资绿色项目建设。允许绿色债券面向机构投资者非公开发行。

经典例题

[2018 年真题·单选题] 根据我国《市场化银行债券转股权专项债券发行指引》，发行人可利用（　　）补充运营资金。

A. 不超过发债规模的 70％　　　　B. 等于发债规模的 50％
C. 等于发债规模的 60％　　　　　D. 不超过发债规模的 40％

[答案] D

[解析] 2016年，国家发改委发布《市场化银行债券转股权专项债券发行指引》，债转股专项债券主要用于银行债权转股权项目。债转股专项债券发行规模不超过债转股项目合同约定的股权金额的70%。发行人可利用不超过发债规模40%的债券资金补充营运资金。

四、证券私募发行

(一) 证券私募发行的概念

证券私募发行，也称内部发行或不公开发行，是面向少数特定的投资者的发行方式。私募发行的对象通常是仅以与证券发行者具有某种密切关系者为认购对象。

(二) 证券私募发行的优点

(1) 简化了发行手续。
(2) 避免公司商业机密泄露。
(3) 节省发行费用。
(4) 缩短发行时间。
(5) 发行条款灵活，较少受到法律规范的约束，可以制定更符合发行人要求的条款。
(6) 比公开发行更有成功的把握。

(三) 证券私募发行的缺点

(1) 证券流动性差。
(2) 发行价格和交易价格可能会比较低，不利于筹资者。
(3) 可能被投资者操纵。
(4) 不利于企业提高知名度。

(四) 证券私募发行的方式

(1) 股票私募发行分为股东分摊（股东配股）和第三者分摊（私人配股）两类。
(2) 债券私募发行对象一般有两类：①个人投资者；②机构投资者。

经典例题

[2018年真题·多选题] 下列说法中，属于证券私募发行优点的有（   ）。

A. 市场流动性强　　　　　　　B. 节省发行费用
C. 发行条款灵活　　　　　　　D. 缩短发行时间
E. 受法律法规的约束少

[答案] BCDE

[解析] 私募发行的优点包括：①简化了发行手续；②避免公司商业机密泄露；③节省发行费用；④缩短发行时间；⑤发行条款灵活，较少受到法律规范的约束，可以制定更符合发行人要求的条款；⑥比公开发行更有成功的把握。

【考点二】证券经纪业务

一、证券经纪业务概述

(一) 证券经纪业务的含义

证券经纪业务是指具备证券经纪商资格的投资银行通过证券营业部接受客户委托，按照客户要求，并代理客户买卖证券的业务。在此过程中投资银行收取一定的佣金作为收入。证券经纪业务可分为柜台代理买卖（场外交易）和证券交易所代理买卖（场内交易）两种。目前我国证券经纪业务主要是指投资银行通过其设立的证券营业部，按照客户的委托，代理其在证券交易所（场内）买卖证券的业务，柜台代理买卖较少。

（二）证券经纪业务的基本要素

证券经纪业务的基本要素包括委托人、证券经纪商、证券交易场所和证券交易的标的物等。

1. 委托人

委托人是指可以进行证券买卖的自然人或法人。

2. 证券经纪商（受托人）

证券经纪商是指在证券交易中接受客户委托、代理买卖证券并收取佣金的投资银行。

证券经纪商以代理人的身份从事证券交易，与客户是委托代理关系，证券经纪商并不承担交易中的价格风险。

3. 证券交易场所

（1）证券交易所（场内交易市场）。

证券交易所是挂牌上市证券进行交易的场所，是指在一定场所、一定时间、按一定的规则集中买卖已发行证券而形成的市场。

证券交易所的组织形式有公司制和会员制两种，我国采用会员制。

（2）其他交易场所（场外交易市场）。

其他交易场所指证券交易所以外的证券交易市场，无固定场所也没有正式的组织，是一种通过电信系统直接在交易所外面进行证券买卖的交易网络。具体来说有柜台市场、第三市场、第四市场等不同形式。

1）柜台交易市场是在证券交易所以外的各种证券交易机构柜台上进行的股票交易市场（无形的市场），简称OTC。在柜台市场内，每个证券商行大都同时具有经纪人和自营商双重身份。

2）第三市场又称"店外市场"，它是靠交易所会员直接从事大宗上市股票交易而形成的市场。第三市场交易成本低、成交迅速，其主要客户是机构投资者。

3）第四市场是指投资者完全绕过证券商，自己相互间直接进行证券交易而形成的市场。第四市场交易成本低、成交快、保密性好、具有很大潜力。利用第四市场进行交易的一般都是大企业和大公司。

二、证券经纪业务的特点

（1）业务对象的广泛性和价格波动性。

（2）证券经纪商的中介性。

（3）客户指令的权威性。

（4）客户资料的保密性。

三、证券经纪业务的流程

开立证券账户→开立资金账户→交易委托→委托成交→股权登记、证券存管、清算与交割交收。

（一）开立证券账户

2016年10月14日，中国债券登记结算有限责任公司发布的修订后的《证券账户业务指南》（2018年10月31日又有修订）规定，一个投资者只能申请开立一个一码通账户；一个投资者在同一市场最多可以申请开立3个A股账户、封闭式基金账户，只能申请开立1个信用账户、B股账户。对于2016年10月15日前自然人及普通机构投资者已开立的3户以上（不含3户，下同）同类证券账户，符合实名制开立及使用管理要求，且确有实际使用需求的，投资者本人可以继续使用。对于长期不使用的 3 户以上多开账户，将依规纳入休眠账户管理。

【提示】外国人申请开立证券账户的具体办法，由证券登记结算机构制定，报中国证监会批准。

（二）开立资金账户

资金账户的开立意味着客户与投资银行建立了经纪关系。在多数国家，客户可选择开设现金账户和保证金账户。

1. 现金账户

现金账户不能透支，最为普通。

2. 保证金账户

（1）保证金交易。

保证金交易，也称虚盘交易、按金交易，即允许客户使用经纪人或银行的贷款购买证券。客户可以用少量的资金进行大量的证券交易，其余的资金由经纪商垫付，作为给投资者的贷款，所有的信用交易和期权交易均在保证金账户进行。

保证金交易的实质是投资者用自己的资金作为担保，从银行或经纪商处获得的贷款（融资）来放大交易规模。

（2）信用经纪业务。

1）投资银行通过保证金账户从事信用经纪业务。信用经纪业务是指投资银行作为经纪商，在代理客户证券交易时，以客户提供部分现金以及有价证券担保为前提，为其代垫所需的资金或有价证券的差额，从而帮助客户完成证券交易的行为。

信用经纪业务是投资银行的融资功能与经纪业务相结合产生的，是其传统经纪业务的延伸，是经纪业务的一种形式。

投资银行在信用经纪业务中扮演着债权人和抵押权人的角色。

2）信用经纪业务主要有两种类型：融资（买空）和融券（卖空）。融资是指客户委托买入证券时，投资银行以自有或外部融入的资金为客户垫付部分资金以完成交易，以后由客户归还并支付相应的利息。融券是指客户卖出证券时，投资银行以自有、客户抵押或借入的证券，为客户代垫部分或者全部证券以完成交易，以后由客户归还。

3）信用经纪业务的对象必须是委托投资银行代理证券交易的客户。投资银行提供信用的目的主要是吸引客户以获得更多的佣金和手续费收入。

【考点小贴士】融资可理解为"追涨"，融券则为"杀跌"。"追涨"好理解，考生往往对融券无法理解。融券是证券价格在高位时，客户借证券出售（做空），到期返还相同种类和数量的证券并支付利息。投资银行赚取反方向交易佣金。该部分内容往往直接考查概念。

（三）进行交易委托

交易委托的分类如表 5-2-4 所示。

表 5-2-4 交易委托的分类

分类标准	类型	具体内容
按照数量不同划分	整数委托	整数委托是指委托买卖证券的数量为一个交易单位或者交易单位的整数倍，一个交易单位俗称"一手"。通常 100 股为一标准手。若是债券，则以 1 000 元为一手
	零数委托	零数委托是指投资者委托证券经纪商买卖证券时，买进或卖出的证券不足证券交易所规定的一个交易单位，目前我国只在卖出证券时才有零数委托

续表

分类标准	类型	具体内容
按照委托价格不同划分	市价委托	市价委托仅指明交易的数量，而不指明交易的具体价格，要求投资银行按照即时市价买卖
		市价委托的优点是将执行风险最小化，保证及时成交；缺点是成交价格可能是市场上最不利的价格，投资者须承担不确定带来的投资风险
	限价委托	限价委托是指投资者在委托经纪商进行买卖的时候，限定证券买进或卖出的价格，经纪商只能在投资者事先规定的合适价格内进行交易
		限价委托的优点是指令的价格风险是可以测量和可控制的；缺点是执行风险相对较大

(四) 委托成交

1. 成交原则

证券交易所撮合主机按照"价格优先、时间优先"的原则，自动撮合以确定成交价格。

2. 竞价原则

(1) 集合竞价是指所有的交易订单，不是收到后立刻撮合，而是由交易中心将不同时点收到的订单进行积累，在一定的时刻按照一定的原则进行高低排队，最终得到最大的成交量时的价格为竞价结果。我国开盘价是集合竞价的结果，集合竞价时间为 9：15—9：25，其余时间均为连续竞价。

(2) 连续竞价发生在交易日的各个时点上，投资者在作出买卖决定后，向经纪商发出买卖委托，经纪商将买卖订单输入交易系统，交易系统根据市场上已有的订单进行撮合，仍然根据竞价规则，如果发现与之匹配的订单，即刻可成交。

连续竞价的成交价格决定原则是：最高买进申报与最低卖出申报相同。

(五) 股权登记、证券存管、清算与交割交收

股权登记、证券存管、清算与交割交收的具体内容如表 5-2-5 所示。

表 5-2-5 股权登记、证券存管、清算与交割交收

项目	具体内容
股权登记	发行公司委托专门的登记机构建立其所有股东的名册，并在每一次股权转让行为发生后进行变更登记
证券存管	指在交易过户、非交易过户、分红派息、账户挂失等变更中实施的财产保管制度
清算与交割交收（统称为证券结算）	(1) 净额结算（差额结算），即在一个结算期内，对每个经纪商价款的结算只计其各笔应收、应付款项相抵之后的净额，对证券的结算只计每一种证券应收、应付相抵后的净额 (2) 逐笔结算，即对每一笔成交的证券及相应价款进行逐笔结算，可防止在证券风险特别大的情况下净额结算风险积累情况的发生

经典例题

[2013 年真题·单选题] 证券经纪商接受客户委托，按照客户委托指令，尽可能以最有利的价格代理客户买卖股票，证券经纪商（　　）。
A. 承担交易中的价格风险　　B. 不承担交易中的价格风险
C. 承担交易中的利率风险　　D. 不承担交易中的利率风险
[答案] B

[解析] 证券经纪商，是指在证券交易中接受客户委托、代理买卖证券并收取佣金的投资银行。证券经纪商以代理人的身份从事证券交易，与客户是委托代理关系，证券经纪商并不承担交易中的价格风险。

【考点三】并购业务

一、并购的含义

（一）狭义的并购

企业并购通常被称为兼并与收购。

兼并是一家企业对另一家企业的合并或吸收行为，至少一家企业法人资格消失。

收购是企业控制权的转移，二者之间只形成控制与被控制关系，两者仍然是各自独立的企业法人。

兼并与收购的区别如表 5-2-6 所示。

表 5-2-6　兼并与收购的区别

项目	兼并	收购
法人实体	被合并企业作为法人实体不复存在	仍以法人实体存在
资产、债权、债务是否一同转换	兼并企业成为被兼并企业新的所有者和债权债务的承担者，是资产、债权、债务的一同转换	收购企业是被收购企业的新股东，以收购出资的股本为限承担被收购企业的风险
企业状态	多发生在被兼并企业财务状况不佳、生产经营停滞时	一般发生在企业正常生产经营状态，产权流动比较平和

（二）广义的并购

广义的并购是指通过资本市场对企业进行一切有关的资本经营和资产重组。

1. 扩张

扩张包括兼并与收购。

2. 售出

售出包括分立、子股换母股、完全析产分股、资产剥离和股权切离。

3. 公司控制

公司控制包括溢价购回、停滞协议、反接管条款和代表权争夺。

4. 所有权结构变更

所有权结构变更包括交换发盘、股票回购、转为非上市公司、杠杆收购和管理层收购。

二、并购的基本类型

并购的基本类型如表 5-2-7 所示。

表 5-2-7　并购的基本类型

分类依据	类型
按并购前企业间的市场关系划分	横向并购是指并购双方/多方原属同一产业、生产或经营同类产品，并购的结果是资本在同一市场或部门集中
	纵向并购是指并购双方/多方之间有原料生产、供应、加工、销售的关系，分处于生产和流通过程的不同阶段，是大企业全面控制原料生产、销售各个环节，建立垂直控制体系的基本手段
	混合并购是指同时发生横向并购和纵向并购，或混合并购双方或多方属于无关联产业的企业，目的在于进入高利润行业，实现企业多元化战略

续表

分类依据	类型
按并购的出资方式划分	用现金购买资产
	用现金购买股票
	用股票购买资产是指并购公司向目标公司发行并购公司自己的股票，以交换目标公司的资产，并购公司在有选择的情况下，承担目标公司的全部或部分责任
	用股票交换股票（交换发盘），也称"换股"，是指并购公司采取直接向目标公司的股东增加发行本公司的股票，以新发行的股票交换目标公司的股票，这也是最常用的并购方式
按收购的动机划分	善意收购，也称"白衣骑士"，是指收购公司通常事先与目标公司经营者接触，愿意给目标公司提出比较公道的价格，提供较好的条件，双方在相互认可的基础上通过谈判达成收购条件的一致意见，协商制订收购计划而完成收购活动的并购方式
	恶意收购，也称"黑衣骑士"，是指收购公司首先通过秘密收集被收购的目标公司分散在外的股票等非公开手段对之进行隐蔽而有效的控制，然后在事先未与目标公司协商的情况下突然提出收购要约，使目标公司最终不得不接受苛刻的条件把公司出售。收购公司通常要以高于目标公司股票市场价格来收购目标公司的股票（一般要高20%—50%）
按持股对象针对性划分	要约收购是指收购人为了取得上市公司的控股权，向所有的股票持有人发出购买该上市公司股份的收购要约，收购该上市公司的股份。恶意收购多采取要约收购
	协议收购是指由收购人和上市公司特定的股票持有人就收购该公司股票的条件、价格、期限等有关事项达成协议，由公司股票的持有人向收购者协议转让股票，收购人则按照协议条件支付资金，达到收购的目的。协议收购一般属于善意收购
按收购融资渠道划分	杠杆收购（LBO）是指由一家或几家公司在金融信贷支持下进行的并购（以目标公司的资产及其收益作为融资的保证）
	管理层收购（MBO）是杠杆收购的一种，是指公司管理层利用借贷资本收购本公司股权的行为，是管理层的杠杆收购

【考点小贴士】分类依据和具体分类类别都需掌握。注意分别记忆中文和英文缩写，曾有年份考题选项不显示中文名称，用英文缩写替代。

———经典例题———

[2018年真题·单选题] FL房地产公司并购了W房地产公司旗下的77家酒店，属于（　　）。
A. 横向并购
B. 纵向并购
C. 混合并购
D. 杠杆并购
[答案] A
[解析] 横向并购是指并购双方/多方原属同一产业、生产或经营同类产品，并购的结果是资本在同一市场或部门集中。纵向并购是指并购双方/多方之间有原料生产、供应、加工、销售的关系，分处于生产和流通过程的不同阶段，是大企业全面控制原料生产、销售各个环节，建立垂直控制体系的基本手段。本题中FL房地产公司并购了W房地产公司旗下的77家酒店，是资本在同一市场或部门集中，可以扩大市场规模或消灭竞争对手，确立或巩固企业在行业内的优势地位，因此属于横向并购。

三、投资银行在企业并购中的作用

(1) 良好的产业分析能力。
(2) 强大的金融产品配销能力。
(3) 敏锐的经济、社会与政治动向的研判能力。
(4) 丰富的金融知识和应变能力。
(5) 正确的设计及执行投资机会的能力。
(6) 专业的会计、税务与法律方面的知识能力。

【考点四】自营证券投资、私募股权和风险投资

一、自营证券投资

投资银行从事证券自营业务是以自有资金和合法筹集的资金，用自己名义开设的证券账户，限于买卖依法公开发行的或者证券监督管理机构认可的证券，以赚取证券买卖差价为公司自身获利的证券交易行为。

我国证券公司从事证券自营业务的范围是：

(1) 已经和依法可以在境内证券交易所上市交易和转让的证券。
(2) 已经在全国中小企业股份转让系统挂牌转让的证券。
(3) 已经和依法可以在符合规定的区域性股权交易市场挂牌转让的私募债券，已经在符合规定的区域性股权交易市场挂牌转让的股票。
(4) 已经和依法可以在境内银行间市场交易的证券。
(5) 经国家金融监管部门或者其授权机构依法批准或备案发行并在境内金融机构柜台交易的证券。

二、私募股权和风险投资

私募股权投资是指通过非公开形式募集资金，主要对非上市企业但不限于非上市企业的股权投资，涵盖企业首次公开发行前各阶段的权益投资，以及上市后的私募投资等。

风险投资与私募股权投资机制相同，只是它特指对企业初创期或者企业类型主要是高技术开发领域的蕴藏着较大风险的股权投资。

第三节　证券投资基金概述

【考点一】证券投资基金的特点和参与主体

一、证券投资基金的特点

(1) 集合理财，专业管理。
(2) 组合投资，分散风险。
(3) 利益共享，风险共担。
(4) 严格监管，信息透明。
(5) 独立托管，保障安全。

【考点小贴士】第一章第三节也介绍了证券投资基金的特点，并且与本节内容有出入。核心内容并不矛盾，仅是表述不同。请按字面记忆，考试时不会出现内容重叠的情况。

> **经典例题**
>
> [2016年真题·单选题] 关于证券投资基金的特点的说法中，错误的是（   ）。
> A. 无须托管，方便灵活
> B. 集合理财，专业管理
> C. 组合投资，分散风险
> D. 利益共享，风险共担
> [答案] A
> [解析] 证券投资基金的特点包括：①集合理财，专业管理；②组合投资，分散风险；③利益共享，风险共担；④严格监管，信息透明；⑤独立托管，保障安全。

二、证券投资基金的参与主体

基金市场的参与主体分为基金当事人、基金市场服务机构、基金监管机构和自律组织三大类。其具体内容如表 5-3-1 所示。

表 5-3-1　基金市场的参与主体

参与主体	包含内容
基金当事人	(1) 基金份额持有人（基金投资者） (2) 基金管理人（基金产品的募集者和管理者）。其最主要的职责就是按照基金合同的约定，负责基金资产的投资运作，在有效控制风险的基础上为基金投资者争取最大的投资收益。在我国，基金管理人只能由依法设立的基金管理公司担任 (3) 基金托管人
基金市场服务机构	基金管理人、基金托管人既是基金的当事人，又是基金的主要服务机构。除此之外，其他服务机构还有： (1) 基金销售机构，包括商业银行、证券公司、证券投资咨询机构和独立基金销售机构 (2) 基金注册登记机构 (3) 律师事务所和会计师事务所 (4) 基金投资咨询机构与基金评级机构
基金监管机构和自律组织	(1) 基金监管机构 (2) 基金自律组织。证券交易所是基金的自律管理机构之一

【考点二】证券投资基金的法律形式和运作形式

一、证券投资基金的法律形式

根据法律形式的不同，基金可分为契约型基金与公司型基金。

(一) 契约型基金与公司型基金的概念

1. 契约型基金

契约型基金是依据基金合同设立的基金。我国基金均为契约型基金。

2. 公司型基金

公司型基金在法律上是具有独立法人地位的股份投资公司。公司型基金设有董事会代表投资者的利益行使职权。与一般股份公司的不同之处是，它委托基金管理公司作为专业的财务顾问来经营与管理基金资产。美国的投资公司均为公司型基金。

(二) 契约型基金与公司型基金的区别

契约型基金与公司型基金的区别如表 5-3-2 所示。

表 5-3-2　契约型基金与公司型基金的区别

区别	契约型基金	公司型基金
法律主体资格不同	不具有法人资格	具有法人资格
投资者的地位不同	契约型基金持有人大会赋予基金持有者的权利相对较小	公司型基金的股东大会赋予基金持有人的权利较大
基金营运依据不同	依据基金合同营运基金	依据基金公司章程营运基金

二、证券投资基金的运作方式

根据运作方式的不同，基金可分为封闭式基金与开放式基金。

（一）封闭式基金与开放式基金的概念

1. 封闭式基金

封闭式基金是指基金份额总额在基金合同期限内固定不变，基金份额可以在依法设立的证券交易场所交易，但基金份额持有人不得申请赎回的基金。

2. 开放式基金

开放式基金是指基金份额不固定，基金份额可以在基金合同约定的时间和场所申购或者赎回的基金。这里所指的开放式基金特指传统的开放，不包括交易型开放式指数基金和上市开放式基金等新型开放式基金。

（二）封闭式基金与开放式基金的区别

封闭式基金与开放式基金的区别如表 5-3-3 所示。

表 5-3-3　封闭式基金与开放式基金的区别

区别	封闭式基金	开放式基金
期限不同	固定存续期（应在 5 年以上，我国的大多在 15 年）	无固定期限
份额限制不同	份额固定，期限内不能增减	份额不固定，可随时申购或赎回
交易场所不同	如需购买，只能委托证券公司在证券交易所按市价买卖，交易在投资者之间完成	交易在投资者与基金管理人之间完成
价格形成方式不同	受二级市场供求关系的影响	以基金份额净值为基础，不受市场供求关系的影响
激励约束机制与投资策略不同	因份额固定，基金表现好坏对规模没有影响，基金经理通常不会在经营与流动性管理上面临直接压力	业绩表现好坏，直接影响基金管理人的收入和面临的赎回压力，故开放式基金向基金管理人提供更好的激励约束机制

【考点小贴士】证券投资基金的法律形式和运作形式的不同分类和区别属于高频考点，特别是不同基金的区别需全面掌握。

经典例题

［2015 年真题·多选题］按照法律形式划分，证券投资基金的类型有（　　）。
A. 契约型基金　　　　　　　　B. 公司型基金
C. 合伙型基金　　　　　　　　D. 公募型基金
E. 私募型基金
［答案］AB
［解析］根据法律形式的不同，基金可分为契约型基金与公司型基金。

【考点三】证券投资基金的类别

一、证券投资基金的分类概述

证券投资基金的分类如表5-3-4所示。

表5-3-4 证券投资基金的分类

分类依据	类型	
根据运作方式的不同划分	封闭式基金、开放式基金	
根据法律形式的不同划分	契约型基金、公司型基金	
根据投资对象的不同划分	股票基金、债券基金、货币市场基金、混合基金等	
根据投资目标的不同划分	增长型基金	以追求资本增值为基本目标,较少考虑当期收入的基金,主要以具有良好增长潜力的股票为投资对象
	收入型基金	以追求稳定的经常性收入为基本目标的基金,主要以大盘蓝筹股、公司债、政府债券等稳定收益证券为投资对象
	平衡型基金	既注重资本增值又注重当期收入的一类基金
根据募集方式的不同划分	公募基金、私募基金	

二、股票基金

(一)股票基金的概念

股票基金是以股票为主要投资对象的基金。股票基金在各类基金中历史最悠久。根据中国证监会对基金类别的分类标准,基金资产60%以上投资于股票的为股票基金。股票基金以追求长期资本增值为目标,比较适合长期投资。

(二)股票基金与股票的区别

股票基金与股票的区别如表5-3-5所示。

表5-3-5 股票基金与股票的区别

区别	股票基金	股票
价格表现不同	每一交易日股票基金只有一个价格	价格在每一交易日内始终处于变动之中
价格影响因素不同	股票基金份额净值不会由于买卖数量或申购、赎回数量的多少而受到影响	价格会由于投资者买卖股票数量的多少和强弱的对比而受到影响
投资判断不同	对基金份额净值高低进行合理与否的投资判断是没有意义的	投资股票时,人们会根据上市公司的基本情况对股票价格高低的合理性作出判断
风险不同	股票基金由于分散投资,投资风险低于单一股票的风险。但从风险来源看,股票基金增加了基金经理投资的委托代理风险	单一股票的投资风险较为集中,投资风险较大

(三)股票基金的投资风险

股票基金所面临的投资风险包括系统性风险、非系统性风险以及管理运作风险。

股票基金可降低非系统性风险,却不能回避系统性投资风险,而管理运作风险则因基金而异。

(四)股票基金的分析

股票基金的分析指标如表5-3-6所示。

表 5-3-6 股票基金的分析指标

指标	具体内容
反映基金经营业绩的指标	包括基金分红、已实现收益、净值增长率等指标 净值增长率是最主要的分析指标，计算公式为： 　　净值增长率＝［（份额净值－期初份额净值＋基金分红）/期初份额净值］×100％
反映基金风险大小的指标	包括标准差、贝塔值（β）、持股集中度、行业投资集中度、持股数量等指标
	净值增长率波动程度大，基金的风险就高。净值受到证券市场系统风险的影响。通常用β大小衡量一只股票基金面临的市场风险的大小。β反映基金净值变动对市场指数变动的敏感程度，其计算公式为： 　　　　　　β＝基金净值增长率/股票指数增长率
	持股集中度越高，说明基金在前十大重仓股的投资越多，基金的风险越高。其计算公式为： 　　　持股集中度＝（前十大重仓股投资市值/基金股票投资总市值）×100％

三、债券基金

（一）债券基金的概念

债券基金是以债券为主要投资对象的基金。根据中国证监会对基金类别的分类标准，基金资产 80％以上投资于债券的为债券基金。债券基金的波动性通常小于股票基金。

（二）债券基金与债券的区别

（1）债券基金的收益不如债券的利息固定。
（2）债券基金没有确定的到期日。
（3）债券基金的收益率比买入并持有到期的单个债券的收益率更难以预测。
（4）投资风险不同。

（三）债券基金的投资风险

债券基金所面临的投资风险包括利率风险、信用风险、提前赎回风险以及通货膨胀风险。

1. 利率风险

债券的价格与市场利率呈反方向变动。

债券基金的平均到期日越长，其利率风险越高。

2. 信用风险

债券发行人违约或债券评级机构下调对债券的信用评级，均会引发信用风险。

3. 提前赎回风险

提前赎回风险是指债券发行人有可能在债券到期日之前回购债券的风险。当市场利率下降时，债券发行人能够以更低的利率融资，因此可以提前偿还高息债券。

4. 通货膨胀风险

通货膨胀会吞噬固定收益所形成的购买力。

（四）债券基金的分析

债券基金的分析主要集中于对债券基金久期与基金所持债券信用等级的分析。

（1）久期，是指一只债券贴现现金流的加权平均到期时间，可用以反映利率的微小变动对债券价格的影响。

（2）债券基金的久期等于基金组合中各个债券的投资比例与对应债券久期的加权平均。

（3）久期越长，债券基金净值的波动幅度越大，利率风险越高。

要衡量利率变动对债券基金净值的影响，用久期乘以利率变化即可。如果某债券基金的久期是3年，那么当市场利率提高1%的时候，该债券的资金净值就会近似下跌3%。因此，一个厌恶风险的投资者应选择久期较短的债券基金，而一个愿意接受较高风险的投资者则应选择久期较长的债券基金。

【考点小贴士】要注意债券价格和利率的变动是反方向的。所以市场利率提高，债券资金净值会下跌。同理可知，如果市场利率下降，债券资金净值则会增高。

四、货币市场基金

（一）货币市场基金的概念和特点

货币市场基金是以货币市场工具为投资对象的基金。根据中国证监会对基金类别的分类标准，仅投资于货币市场工具的为货币市场基金。

货币市场基金具有风险低、流动性好的特点，适用于短期投资。

（二）我国货币市场基金能够投资的金融工具

（1）现金。

（2）期限在1年以内（含1年）的银行存款、债券回购、中央银行票据、同业存单。

（3）剩余期限在397天以内（含397天）的债券、非金融企业债务融资工具、资产支持证券。

（4）中国证监会、中国人民银行认可的其他具有良好流动性的货币市场工具。

（三）我国货币市场基金不得投资的金融工具

（1）股票。

（2）可转换债券、可交换债券。

（3）以定期存款利率为基准利率的浮动利率债券，已进入最后一个利率调整期的除外。

（4）信用等级在AA+以下的债券与非金融企业债务融资工具。

（5）中国证监会、中国人民银行禁止投资的其他金融工具。

五、混合基金

（1）混合基金的风险低于股票基金，预期收益则要高于债券基金，比较适合较为保守的投资者。

（2）通常依据资产配置的不同将混合基金分为偏股型基金（股票配置比例为50%～70%，债券配置比例为20%～40%）、偏债型基金、股债平衡型基金、灵活配置型基金等。

（3）混合基金投资风险主要取决于股票与债券配置的比例大小。

1）偏股型基金、灵活配置型基金的风险较高，预期收益率也较高。

2）偏债型基金的风险较低、预期收益率也较低。

3）股债平衡型基金的风险与收益较为适中。

经典例题

[2018年真题·多选题] 货币市场基金可以投资的金融工具有（　　）。

A. 现金　　　　　　　　　　B. 期限在1年以内的银行存款
C. 同业存单　　　　　　　　D. 股票
E. 可转换债券、可交换债券

[答案] ABC

[解析] 我国货币市场基金能够进行投资的金融工具包括：①现金；②期限在1年以内（含1年）的银行存款、债券回购、中央银行票据、同业存单；③剩余期限在397天以内（含397天）的债券、非金融企业债务融资工具、资产支持证券；④中国证监会、中国人民银行认可的其他具有良好流动性的货币市场工具。

第四节 证券投资基金的基金管理人和托管人

【考点一】证券投资基金的基金管理人

我国《证券投资基金法》规定，基金管理人只能由依法设立的基金管理公司担任。基金管理人不仅负责基金的投资管理，而且承担着产品设计、基金营销、基金注册登记、基金估值、会计核算以及客户服务等多方面的职责。基金管理人是基金的组织者和管理者，在整个基金的运作中起着核心作用。基金管理费是基金管理人的主要收入来源。

基金管理人的职责主要包括：
(1) 依法募集基金，基金份额的发售和登记事宜。
(2) 管理基金备案手续。
(3) 对所管理的不同基金财产分别管理、分别记账，进行证券投资。
(4) 按照基金合同的约定确定基金收益分配方案，及时向基金份额持有人分配收益。
(5) 进行基金会计核算并编制基金财务会计报告。
(6) 编制中期和年度基金报告。
(7) 计算并公告基金资产净值，确定基金份额申购、赎回价格。
(8) 办理与基金财产管理业务活动有关的信息披露事项。
(9) 召集基金份额持有人大会。
(10) 保存基金财产管理业务活动的记录、账册、报表和其他相关资料。
(11) 以基金管理人名义，代表基金份额持有人利益行使诉讼权利或者其他法律行为。
(12) 中国证监会规定的其他职责。

【考点二】基金管理公司的主要业务

一、证券投资基金业务

（一）基金募集与销售

为成功进行基金的募集与销售，基金管理公司必须在市场调查的基础上进行基金产品开发，设计出满足不同投资者需要的基金产品。

（二）基金的投资管理

投资管理业务是基金管理公司最核心的一项业务。

（三）基金运营服务

基金运营服务包括基金注册登记、核算与估值、基金清算和信息披露等业务。

二、特定客户资产管理业务

（一）特定客户资产管理业务的概念

特定客户资产管理业务，也称"专户理财业务"，是指基金管理公司向特定客户募集资金或者接受特定客户财产委托担任资产管理人,由商业银行担任资产托管人,为资产委托人的利益,运用委托财产进行证券投资的活动。

(二) 特定客户资产管理业务的具体内容

(1) 基金管理公司从事特定资产管理业务,应当将委托财产交由托管机构托管。

(2) 从事特定客户资产托管业务,资产委托人、资产管理人、资产托管人应当订立书面的资产管理合同,明确约定各自的权利、义务和相关事宜,资产管理合同的内容与格式由中国证监会另行规定。

(3) 委托财产应当用于下列投资:股票、债券、证券投资基金、中央银行票据、非金融企业债务融资工具、资产支持证券、商品期货及其他金融衍生品。

(4) 资产管理人可以与资产委托人约定,根据委托财产的管理情况提取适当的业绩报酬。

(5) 严格禁止同一投资组合在同一交易日内反向交易及其他可能导致不公平交易和利益输送的交易行为。

(6) 基金管理公司开展特定资产管理业务,应当设立专门的业务部门。办理特定资产管理业务的投资经理与证券投资基金的基金经理不得相互兼任。

(7) 资产管理人从事特定资产管理业务,不得采用任何形式向资产委托人返还管理费,不得违规向客户承诺收益或承担损失,不得将其固有财产或者他人财产混同于委托财产从事投资活动。

(8) 资产管理人从事特定资产管理业务,不得通过报刊、电视、广播、互联网站(资产管理人、销售机构网站除外)和其他公共媒体公开推介具体的特定资产管理业务方案和资产管理计划。

(9) 资产管理合同存续期间,资产管理计划每季度至多开放一次计划份额的参与和退出,但中国证监会另有规定的除外。

【考点三】基金托管人概述

一、基金托管人及基金资产托管业务

(一) 基金托管人的概念

基金托管人是根据法律法规的要求,在证券投资基金运作中承担资产保管、交易监督、信息披露、资金清算与会计核算等相应职责的当事人。

(二) 基金资产托管业务的内容

(1) 资产保管,即基金托管人按规定为基金资产设立独立的账户,保证基金全部财产的安全完整。

(2) 资金清算,即执行基金管理人的投资指令,办理基金名下的资金往来。

(3) 资产核算,即建立基金账册并进行会计核算,复核审查管理人计算的基金资产净值和份额净值。

(4) 投资运作监督,即监督基金管理人的投资运作行为是否符合法律法规及基金合同的规定。

二、基金托管人的职责

(1) 安全保管基金财产。

(2) 按照规定开设基金财产的资金账户和证券账户。

(3) 对所托管的不同基金财产分别设置账户,确保基金财产的完整与独立。

(4) 保存基金托管业务活动的记录、账册、报表和其他相关资料。

(5) 按照基金合同的约定,根据基金管理人的投资指令,及时办理清算、交割事宜。

(6) 办理与基金托管业务活动有关的信息披露事项。

(7) 对基金财务会计报告、中期和年度基金报告出具意见。

(8) 复核、审查基金管理人计算的基金资产净值和基金份额申购、赎回价格。

(9) 按照规定召集基金份额持有人大会。

(10) 按照规定监督基金管理人的投资运作。

(11) 国务院证券监督管理机构规定的其他职责。

三、基金托管人的市场准入条件

申请取得基金托管人资格应当具备下列条件,并经国务院证券监督管理机构和国务院银行业监督管理机构核准。

(1) 净资产和资本充足率符合有关规定。

(2) 设有专门的基金托管部门。

(3) 取得基金从业资格的专职人员达到法定人数。

(4) 有安全保管基金财产的条件。

(5) 有安全高效的清算、交割系统。

(6) 有符合要求的营业场所、安全防范设施和与基金托管业务有关的其他设施。

(7) 有完善的内部稽核监控制度和风险控制制度。

(8) 法律、行政法规规定的和经国务院批准的国务院证券监督管理机构、国务院银行业监督管理机构规定的其他条件。

经典例题

[例题·多选题] 根据我国法律法规的要求,基金资产托管业务主要包括(   )。

A. 资产保管 B. 资金清算
C. 资产核算 D. 投资运作监督
E. 收益分配

[答案] ABCD

[解析] 根据我国法律法规的要求,基金资产托管业务主要包括资产保管、资金清算、资产核算、投资运作监督等方面。

本章易错易混考点

【易错易混考点】 投资银行不同身份的概念理解

(1) 在发行市场中,投资银行以**承销商身份**,帮助构建证券发行市场。

承销商帮助筹资人估值、定价、销售有价证券。

(2) 在交易市场中,投资银行**扮演证券经纪商、证券自营商和证券做市商**三重角色。

1) 经纪商受顾客委托买卖证券,赚取代理费。

2) 做市商主要任务是维持证券上市后的价格稳定和流动性。

3) 自营商是投行利用自有资金,以自己名义开设证券账户,买卖证券为公司自身获利,有助于证券价格的发现,活跃并稳定了市场。

[例题·单选题] 投资银行为了维持其承销的证券上市流通后的价格稳定而买卖证券,此时其身份是(   )。

A. 做市商 B. 承销商 C. 经纪商 D. 自营商

[答案] A

[解析] 本题考查投资银行作为做市商的表现。投资银行在发行完成以后的一段时间内,为了使该

证券具备良好的流通性，常常以证券做市商的身份买卖证券，以维持其承销的证券上市流通后的价格稳定。

历年经典真题回顾

一、单项选择题（每题1分，每题备选项中，只有1个最符合题意）

1. 基金的募集阶段，主体是（　　）。[2018年真题]
   A. 基金份额持有人　　　　　　B. 基金管理人
   C. 基金托管人　　　　　　　　D. 基金投资咨询机构
   [答案] B
   [解析] 基金管理人的主要职责之一就是依法募集基金，基金份额的发售和登记事宜。

2. 基金托管人为基金资产设立独立的账户，此时承担的是（　　）职责。[2018年真题]
   A. 资产保管　　　　　　　　　B. 资金清算
   C. 资产核算　　　　　　　　　D. 投资运作监督
   [答案] A
   [解析] 资产保管，即基金托管人按规定为基金资产设立独立的账户，保证基金全部财产的安全完整。

3. 在我国当前股票发行中，首次公开发行采用询价方式的，公开发行股票数量在4亿股（含）以下的，有效报价投资者数量应不少于（　　）家。[2017年真题]
   A. 10　　　　　　　　　　　　B. 20
   C. 50　　　　　　　　　　　　D. 100
   [答案] A
   [解析] 公开发行股票数量在4亿股（含）以下的，有效报价投资者的数量不少于10家；公开发行股票数量在4亿股以上的，有效报价投资者的数量不少于20家；剔除最高报价部分后有效报价投资者数量不足的，应当中止发行。

4. 根据2016年修订后的《证券账户业务指南》，一个投资者在同一市场最多可以申请开立的A股账户数量为（　　）个。[2017年真题]
   A. 1　　　　　　　　　　　　　B. 2
   C. 3　　　　　　　　　　　　　D. 5
   [答案] C
   [解析] 2016年10月14日，中国债券登记结算有限责任公司发布修订后的《证券账户业务指南》规定，一个投资者只能申请开立一个一码通账户；一个投资者在同一市场最多可以申请开立3个A股账户、封闭式基金账户，只能申请开立1个信用账户、B股账户。

5. 目前，我国的基金全部属于（　　）。[2016年真题]
   A. 公司型基金　　　　　　　　B. 开放式基金
   C. 契约型基金　　　　　　　　D. 封闭式基金
   [答案] C
   [解析] 根据法律形式的不同，基金可分为契约型基金与公司型基金。我国的基金均为契约型基金，公司型基金则是以美国的投资公司为代表。

6. 一般情况下，债券的价格与市场利率的关系是（　　）。[2016年真题]
   A. 同向变动　　　　　　　　　B. 反向变动
   C. 取决于宏观经济形势　　　　D. 无关
   [答案] B

[解析] 债券的价格与市场利率变动密切相关，且呈反向变动。

二、多项选择题（每题2分，每题备选项中，有2个或2个以上符合题意，至少有1个错项。错选，本题不得分；少选，所选的每个选项得0.5分）

1. 证券承销的形式包括（　　）。[2018年真题]
   A. 包销　　　　　　　　　B. 代销
   C. 余额包销　　　　　　　D. 尽力推销
   E. 全额包销
   [答案] ABCD
   [解析] 证券承销有包销、代销（尽力推销）和余额包销三种形式。

2. 证券经纪业务成交原则有（　　）。[2018年真题]
   A. 价格优先　　　　　　　B. 时间优先
   C. 数量优先　　　　　　　D. 客户优先
   E. 效率优先
   [答案] AB
   [解析] 证券经纪业务成交按照"价格优先、时间优先"的原则，自动撮合以确定成交价格。

3. 在资本市场中，由投资银行的融资功能与经济业务相结合而产生的业务有（　　）。[2017年真题]
   A. 证券存管业务　　　　　B. 证券交割业务
   C. 证券清算业务　　　　　D. 融券业务
   E. 融资业务
   [答案] DE
   [解析] 信用经纪业务是指投资银行作为经纪商，在代理客户证券交易时，以客户提供部分现金以及有价证券担保为前提，为其代垫所需的资金或有价证券的差额，从而帮助客户完成证券交易的行为。信用经纪业务是投资银行的融资功能与经纪业务相结合而产生的，是投资银行传统经纪业务的延伸。信用经纪业务主要有两种类型：融资（买空）和融券（卖空）。

4. 关于股票基金与单一股票的说法，错误的有（　　）。[2016年真题]
   A. 单一股票价格在交易时段内经常处于波动状态
   B. 股票基金于每个交易日只有一个价格
   C. 股票基金份额净值受买卖数量多少的影响
   D. 单一股票风险较为集中，投资风险相对较大
   E. 股票基金投资风险高于单一股票投资风险
   [答案] CE
   [解析] 股票价格会由于投资者买卖股票数量的多少和强弱的对比而受到影响；股票基金份额净值不会由于买卖数量或申购、赎回数量的多少而受到影响。C项错误。股票基金由于分散投资，投资风险低于单一股票的投资风险。E项错误。

三、案例分析题（每题2分。由单选和多选组成。错选，本题不得分；少选，所选的每个正确选项得0.5分）

2017年9月，中国证券监督管理委员会发布了《关于修改证券发行与承销管理办法的决定》。2018年6月，YT光学股份有限公司在主板市场首发新股，由北京DY证券有限责任公司担任保荐机构。本次YT光学股份有限公司公开发行新股2 680万股，计划网下初始发行1 876万股，网上初始发行801万股，分别占本次发行总量的70%和30%。本次公开发行采用的方式是：网下向

具有丰富投资经验和良好定价能力的投资者询价配售,网上按市值申购。发行人和保荐机构可以根据修订后的《证券发行与承销管理办法》对网下的特定投资者进行优先配售。北京 DY 证券有限责任公司按照规定的发行条件尽力推销证券,发行结束后将未售出的证券退还 YT 光学股份有限公司,且不承担发行风险。[2018 年真题]

1. 本次发行的保荐机构承担的角色是( )。

　　A. 主承销商　　B. 经纪商　　C. 交易商　　D. 做市商

[答案] A

[解析] 本次发行的保荐机构承担的角色是证券承销商。证券承销是指在证券发行过程中,投资银行按照协议帮助发行人对所发行的证券进行定价和销售的活动。

2. 根据《证券发行与承销管理办法》,对网下投资者优先配售的特定对象有( )。

　　A. 养老基金　　　　　　B. 企业年金基金
　　C. 社保基金　　　　　　D. 私募基金

[答案] ABC

[解析] 公开发行股票,应安排不低于本次网下发行股票数量的 40%优先向通过公开募集方式设立的证券投资基金、全国保障基金和基本养老保险基金配售。安排一定比例的股票向根据《企业年金基金管理办法》设立的企业年金基金和符合《保险资金运用管理暂行办法》等相关规定的保险资金配售。公募基金、社保基金、养老金、企业年金基金和保险资金有效申购不足安排数量的,发行人和主承销商可以向其他符合条件的网下投资者配售剩余部分。

3. 发行人和主承销商应当剔除拟申购总量中报价最高的部分,剔除部分不得低于所有网下投资者拟申购总量的( )。

　　A. 10%　　B. 20%　　C. 30%　　D. 50%

[答案] A

[解析] 网下投资者报价后,发行人和主承销商应当剔除拟申购总量中报价最高的部分,剔除部分不得低于所有网下投资者拟申购总量的 10%。

4. 北京 DY 证券有限责任公司采用的承销方式是( )。

　　A. 包销　　B. 余额包销　　C. 代销　　D. 全额包销

[答案] C

[解析] 代销,也称尽力推销,即承销商只作为发行公司的证券销售代理人,按照规定的发行条件尽力推销证券,发行结束后未售出的证券退还给发行人。依据题意,北京 DY 证券有限责任公司按照规定的发行条件尽力推销证券,发行结束后将未售出的证券退还 YT 光学股份有限公司,且不承担发行风险,是明显的代销方式。

本章同步练习

一、单项选择题(每题 1 分,每题备选项中,只有 1 个最符合题意)

1. 投资银行为客户提供各种票据、证券以及现金之间的互换机制是投资银行为金融市场的交易者提供了( )。

　　A. 期限中介　　　　　　B. 风险中介
　　C. 信息中介　　　　　　D. 流动性中介

2. IPO 是指( )。

　　A. 首次公开发行　　　　B. 股权再融资
　　C. 市盈率　　　　　　　D. 市净率

3. 我国规定首次公开发行新股在（　　）以上的，发行人及其承销商可以在发行方案中采用超额配售选择权。

　　A. 2亿股　　　B. 3亿股　　　　C. 4亿股　　　　D. 5亿股

4. 股票交易和债券交易中的"一手"分别指（　　）。

　　A. 100股和1 000张　　　　　　B. 100股和1 000元

　　C. 100元和1 000元　　　　　　D. 100元和1 000张

5. 在我国开盘价是集合竞价的结果，竞价时间为（　　）。

　　A. 9：15—9：20　　　　　　　B. 9：15—9：25

　　C. 9：15—9：30　　　　　　　D. 9：00—9：10

6. （　　）是基金资产的终极所有者和资金投资收益的受益人。

　　A. 基金管理人　　　　　　　　B. 基金份额持有人

　　C. 基金产品募集者　　　　　　D. 基金托管人

7. 投资者可随时申购和赎回的基金是（　　）。

　　A. 封闭式基金　　　　　　　　B. 开放式基金

　　C. 契约型基金　　　　　　　　D. 公司型基金

8. 在证券投资基金运作中，影响封闭式基金价格的主要因素是（　　）。

　　A. 投资基金规模　　　　　　　B. 二级市场供求关系

　　C. 投资时间长短　　　　　　　D. 上市公司质量

9. 一个厌恶风险的投资者应选择（　　）的债券基金。

　　A. 久期较短　　　　　　　　　B. 久期较长

　　C. 利率较高　　　　　　　　　D. 利率较低

10. （　　）是基金管理公司最核心的一项业务。

　　A. 投资管理业务　　　　　　　B. 受托资产管理业务

　　C. 企业年金管理　　　　　　　D. 投资咨询服务

二、多项选择题（每题2分，每题备选项中，有2个或2个以上符合题意，至少有1个错项。错选，本题不得分；少选，所选的每个选项得0.5分）

1. 投资银行功能包括（　　）。

　　A. 资金供给　　　　　　　　　B. 构造证券市场

　　C. 资金供求媒介　　　　　　　D. 优化资源配置

　　E. 促进产业集中

2. 信用经纪业务是投资银行的融资功能与经纪业务相结合而产生的，是投资银行传统经纪业务的延伸。关于此项业务说法正确的有（　　）。

　　A. 信用经纪业务的对象必须是委托投资银行代理证券交易的客户

　　B. 信用经纪业务主要有融资和融券两种类型

　　C. 投资银行对其所提供的信用资金承担交易风险

　　D. 投资银行通过信用经纪业务可以增加佣金收入

　　E. 投资者可以通过信用经纪业务的财务杠杆作用扩大收益

3. 在实践中，各国实行的股票发行监管核准制度主要包括（　　）。

　　A. 核准制　　　　　　　　　　B. 审批制

　　C. 登记制　　　　　　　　　　D. 注册制

　　E. 报告制

4. 目前在我国，可申请从事基金销售的机构主要有（   ）。
   A. 证券公司
   B. 担保公司
   C. 商业银行
   D. 证券投资咨询机构
   E. 基金注册登记机构

5. 债券基金的投资风险主要包括（   ）。
   A. 利率风险
   B. 信用风险
   C. 提前赎回风险
   D. 通货膨胀风险
   E. 政治风险

三、案例分析题（每题2分。由单选和多选组成。错选，本题不得分；少选，所选的每个正确选项得0.5分）

2009年3月1日，宝钢集团公司与杭州钢铁集团公司签约，宝钢集团以一股换两股，以及每股25元的价格收购宁波钢铁股票，可以获得其400万吨熟轧板卷的产能。这是宝钢集团又一次实现跨地区重组的重大举措。

1. 从企业间的市场关系看，此次并购属于（   ）。
   A. 横向并购 B. 纵向并购 C. 混合并购 D. 水平并购

2. 最常用的并购方式是（   ）。
   A. 用现金购买资产
   B. 用现金购买股票
   C. 用股票购买资产
   D. 用股票交换股票

3. 此次并购的支付方式有（   ）。
   A. 用现金购买资产
   B. 用现金购买股票
   C. 用股票购买资产
   D. 交换发盘

4. 收购公司首先通过秘密收集被收购的目标公司分散在外的股票等非公开手段对之进行隐蔽而有效的控制，然后在事先与目标公司协商的情况下突然提出收购要约，使目标公司最终不得不接受苛刻的条件把公司出售的并购方式被称为（   ）。
   A. 杠杆收购 B. 要约收购 C. 白衣骑士 D. 黑衣骑士

本章同步练习参考答案及解析

一、单项选择题

1. [答案] D
   [解析] 本题的考点为投资银行功能之一资金供求的媒介。流动性中介是指投资银行为客户提供各种票据、证券以及现金之间的互换机制。

2. [答案] A
   [解析] 本题的考点为证券发行业务。首次公开发行，简称IPO，指股票发行者第一次将其股票在公开市场发行销售。

3. [答案] C
   [解析] 本题的考点为我国首次公开发行股票询价制的具体内容。我国规定首次公开发行新股在4亿股以上的，发行人及其承销商可以在发行方案中采用超额配售选择权。之后若还有余额，承销商有义务全部买进这部分剩余股票，然后再转售给投资公众。

4. [答案] B
   [解析] 本题的考点为证券经纪业务的流程之一交易委托。股票交易中常用"手"作为标准单位。通常100股为一标准手。若是债券，则以1 000元为一手。

5. [答案] B
   [解析] 本题的考点为证券经纪业务流程之一的委托成交。我国开盘价是集合竞价的结果，集合竞价时间为9：15—9：25，其余时间均为连续竞价。

6. [答案] B

[解析] 本题的考点为基金当事人。基金份额持有人即基金投资者，是基金的出资人、基金资产的所有者和基金投资回报的受益人。

7. [答案] B

   [解析] 本题的考点为证券投资基金的运作方式。开放式基金规模不固定，投资者可随时提出申购或赎回申请，基金份额会随之增加或减少。

8. [答案] B

   [解析] 本题的考点为封闭式基金与开放式基金的区别。封闭式基金的交易价格主要受二级市场供求关系的影响。

9. [答案] A

   [解析] 本题的考点为债券基金的分析。一个厌恶风险的投资者应选择久期较短的债券基金，而一个愿意接受较高风险的投资者则应选择久期较长的债券基金。

10. [答案] A

    [解析] 本题的考点为基金管理公司的主要业务。证券投资基金业务主要包括基金募集与销售、基金的投资管理和基金运营服务。其中，基金的投资管理是基金管理公司最核心的一项业务。

二、多项选择题

1. [答案] BCDE

   [解析] 本题的考点为投资银行的四大基本功能。四大基本功能包括资金供求媒介、构造证券市场、优化资源配置和促进产业集中。

2. [答案] ABDE

   [解析] 本题的考点为证券经纪业务。C项应该是投资银行对其所提供的信用资金不承担交易风险。

3. [答案] ABD

   [解析] 本题的考点为股票发行监管制度。从各国证券市场的实践来看，股票发行监管核准制度主要有三种类型：审批制、注册制和核准制。

4. [答案] ACD

   [解析] 本题的考点为基金市场服务机构。基金销售机构是指基金管理人以及经中国证监会认定的可以从事基金销售的其他机构。目前可申请从事基金销售的机构主要包括商业银行、证券公司、证券投资咨询机构和独立基金销售机构。

5. [答案] ABCD

   [解析] 本题的考点为债券基金的投资风险。债券基金主要的投资风险包括利率风险、信用风险、提前赎回风险以及通货膨胀风险。

三、案例分析题

1. [答案] A

   [解析] 本题的考点为并购的基本类型。宝钢集团公司与杭州钢铁集团公司都属于钢铁产业，所以是横向并购。横向并购是并购企业的双方或多方原属同一产业、生产或经营同类产品，并购使得资本在同一市场领域或部门集中。

2. [答案] D

   [解析] 本题的考点为并购的基本类型。用股票交换股票（交换发盘），也称"换股"，是指并购公司采取直接向目标公司的股东增加发行本公司的股票，以新发行的股票交换目标公司的股票。这也是最常用的并购方式。

3. [答案] BD

   [解析] 本题的考点为并购的基本类型。依据题意"宝钢集团以一股换两股，以及每股25元的价格收购宁波钢铁股票"可知，此次并购的支付方式有用现金购买股票和用股票购买股票，即交换发盘。

4. [答案] D

   [解析] 本题的考点为并购的基本类型。恶意收购，也称"黑衣骑士"，是指收购公司首先通过秘密收集被收购的目标公司分散在外的股票等非公开手段对之进行隐蔽而有效的控制，然后在事先未与目标公司协商的情况下突然提出收购要约，使目标公司最终不得不接受苛刻的条件把公司出售。收购公司通常要以高于目标公司股票市场价格来收购目标公司的股票（一般要高20%—50%）。

第六章 信托与租赁

本章考情分析

年份	单项选择题	多项选择题	案例分析题	合计
2018 年	6 题 6 分	2 题 4 分	—	10 分
2017 年	6 题 6 分	2 题 4 分	—	10 分
2016 年	5 题 5 分	2 题 4 分	—	9 分
2015 年	6 题 6 分	2 题 4 分	4 题 8 分	18 分

本章考点概览

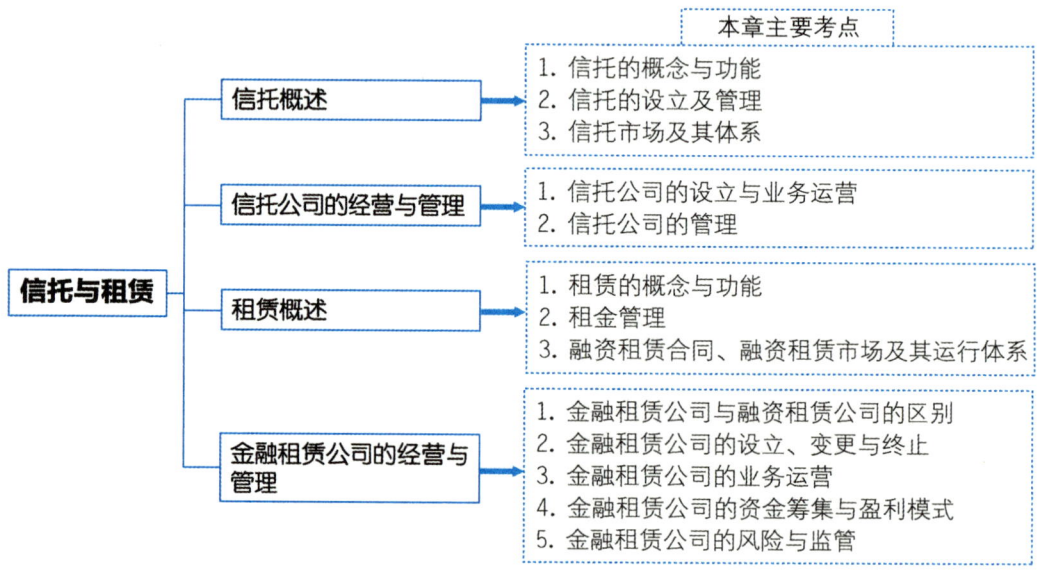

> 本章考点详解

第一节 信托概述

【考点一】信托的概念与功能

一、信托的定义

信托是一种以资产为核心、以信任为基础、以委托为方式的财产管理制度与法律行为。其核心内容是"受人之托，代人理财"。

《中华人民共和国信托法》（简称《信托法》）对信托的定义包括以下四个方面：

(1) 信任和诚信是信托成立的前提和基础。

(2) 信托财产是信托关系的核心。

(3) 受托人以自己的名义管理或者处分信托财产。这是信托区别于一般委托代理关系的重要特征。

(4) 受托人按委托人的意愿为受益人的利益或者特定目的管理信托事务。

二、信托的基本特征

(1) 信托财产权利与利益相分离。

信托财产拥有特殊的所有权性质，表现在所有权在受托人与受益人之间的分离。一方面，受托人可以享有信托财产的所有权，而与之进行交易的第三人将受托人作为信托财产的权利主体和法律行为的当事人来对待；另一方面，这种财产所有权是严格受限的，受托人不能从自己的利益出发管理或处分信托财产。这种分离使受益人无须承担管理之责就能享受信托财产的利益。

(2) 信托财产的独立性。

信托财产独立于委托人未设立信托的其他财产、信托财产独立于受托人的固有财产、独立于受益人的固有财产。信托财产原则上不得强制执行。

(3) 信托的有限责任。

在信托关系中，受托人仅以信托财产为限承担有限清偿责任。

(4) 信托管理的连续性。

信托的管理具有连续性的特点，不会因为意外事件的出现而终止。信托是一种具有长期性和稳定性的财产转移与财产管理制度。

三、信托的构成要素

信托的设立需要信托当事人、信托行为、信托财产和信托目的四个基本要素。

（一）信托当事人

信托当事人包括委托人、受托人和受益人，是实施信托活动的主体。

(1) 委托人是指为了一定目的将其财产以信托的方式，委托给受托人经营的人，应当是具有完全民事行为能力的自然人、法人或者依法成立的其他组织。

(2) 受托人是指接受信托财产，按约定的信托合同，对信托财产进行经营的人，应当是具有完全民事行为能力的自然人、法人。

(3) 受益人是指在信托中享有信托受益权的人，可以是自然人、法人或者依法成立的其他组织。

(二)信托行为

信托行为既包括委托人和受托人设立信托的意思表示行为,也包括委托人将信托财产转移给受托人的行为。

(三)信托财产

(1) 信托财产是信托的对象物或信托的客体,也是信托关系得以创立的载体。

(2) 信托财产需具备的四个条件:①合法性;②确定性;③积极性;④流通性。

此外,委托人及其受赠养人的生活必需品等不能作为信托财产设立信托。

(四)信托目的

(1) 在自益信托的情形下,信托目的是委托人的利益。

(2) 在他益信托的情形下,信托目的是委托人以外的特定人的利益。

(3) 在公益信托的情形下,信托目的是公共的利益。

四、信托的种类

信托的种类如表 6-1-1 所示。

表 6-1-1 信托的种类

分类依据	种类	具体内容
根据受托人身份的不同划分	民事信托	是由不以营利为目的的人担任受托人的信托
	商事信托	也称营业信托,是由以营利为目的、将信托作为业务经营活动的机构担任受托人的信托
根据信托利益归属的不同划分	自益信托	是指由委托人本人作为受益人享受信托利益的信托
	他益信托	是指由委托人以外的人作为受益人享受信托利益的信托
根据信托设立目的的不同划分	私益信托	是委托人以实现本人或其他特定人的利益为目的而设立的信托
	公益信托	也称慈善信托,是指为了某种公共利益目的而设立的信托
根据委托人人数的不同划分	单一信托	是指受托人对所受托的不同委托人的信托财产分别、独立地予以管理或者处分的信托。它是委托人与受托人一对一协商的结果
	集合信托	是指受托人把所受托的众多委托人的信托财产集中成一个整体加以管理或者处分的信托

五、信托的功能

(1) 财产管理功能。财产管理功能是信托业首要和基本的功能。

(2) 融通资金功能。

(3) 社会投资功能。

(4) 风险隔离功能。

(5) 社会公益服务功能。

经典例题

[2016 年真题·单选题] 根据信托利益归属的不同,信托可以分为(　　)。

A. 民事信托和商事信托　　　　　　B. 单一信托和集合信托

C. 自益信托和他益信托　　　　　　D. 私益信托和公益信托

[答案] C

[解析] 根据分类标准和方法的不同，信托可划分为不同的种类：①根据受托人身份的不同，信托可分为民事信托和商事信托；②根据信托利益归属的不同，信托可分为自益信托和他益信托；③根据信托设立目的的不同，信托可分为私益信托和公益信托；④根据委托人人数的不同，信托可分为单一信托和集合信托。

[2015年真题·单选题] 信托行为建立的前提和基础是（　　）。
A. 委托　　　　　B. 资金　　　　　C. 信任　　　　　D. 股权
[答案] C
[解析] 信托是一种以资产为核心、以信任为基础、以委托为方式的财产管理制度与法律行为。

【考点二】信托的设立及管理

一、信托的设立

(一) 设立信托的条件

(1) 要有合法的信托目的。
(2) 信托财产应当明确合法。
(3) 信托文件应当采用书面形式。
(4) 要依法办理信托登记。

(二) 信托的设立方式

以书面形式设立信托有两种常见的方式，即合同和遗嘱。信托合同是信托设立最常见的方式。

(三) 信托登记

(1) 信托登记是指中国信托登记有限责任公司（以下简称信托登记公司）对信托机构的信托产品及其受益权信息、国务院银行业监督管理机构规定的其他信息及其变动情况予以记录的行为。根据我国《信托法》《信托登记管理办法》等的规定，信托机构开展信托业务，应当办理信托登记；否则，该信托不产生效力。

(2) 信托登记由信托机构提出申请，信托登记公司接受信托机构提出的信托登记申请，依法办理信托登记业务。

(3) 信托登记信息包括信托产品名称、信托类别、信托目的、信托期限、信托当事人、信托财产、信托利益分配等信托产品及其受益权信息和变动情况。

(4) 信托登记的类型包括信托预登记、信托初始登记、信托变更登记、信托终止登记和信托更正登记等。

(四) 信托设立文件的内容

信托文件必须载明的事项包括①信托目的；②委托人、受托人的姓名或者名称、住所；③受益人或者受益人范围；④信托财产的范围、种类及状况；⑤受益人取得信托利益的方式、方法等。

二、信托的管理

(一) 信托财产的管理

(1) 信托管理最重要的是对信托财产的管理。信托财产的运用最常见的是利用信托财产进行投资以获取收益。

(2) 信托财产的处分包括事实上的处分和法律上的处分。前者是对信托财产进行消费（包括生产和生活的消费），后者是对信托财产进行转让。

(二)委托人、受托人和受益人的权利和义务

信托三方当事人的权利和义务如表 6-1-2 所示。

表 6-1-2 信托三方当事人的权利和义务

当事人	权利	义务
受托人（处于中心位置）	（1）按照信托文件规定，对信托财产进行管理运用和处分的权利 （2）为信托财产的管理运用、处分获取相应报酬的权利 （3）因处理信托事务所支出的费用和负担的债务，要求从信托财产中优先受偿的权利，但因受托人违背管理职责或处理信托事务不当造成的除外	（1）遵守信托文件的规定，为受益人的最大利益处理信托事务 （2）管理信托财产必须恪尽职守，履行诚实、信用、谨慎、有效管理的义务 （3）将固有财产与信托财产进行分别管理、分别记账，并将不同委托人的信托财产分别管理、分别记账
委托人	拥有的最主要的权利是信托财产的授予权，此外，还拥有以下权利： （1）了解信托财产的管理运用、处分及收支情况，并有要求受托人作出说明的权利 （2）要求变更信托财产管理办法、对信托财产的强制执行提出异议的权利 （3）准许受托人辞任及选任新受托人的权利 （4）当委托人是信托利益的唯一受益人时，有解除信托的权利 （5）有变更受益人或处分信托受益权的权利等	委托的财产须合法，并签订相应的契约或合同
受益人	（1）承享委托人所享有的各种权利 （2）依法转让和继承信托受益权 （3）将信托受益权用于清偿到期不能偿还的债务 （4）信托终止时，信托文件未规定信托财产归属的，受益人最先取得信托财产 （5）当信托结束时，有承认最终决算的权利，只有当受益人承认信托业务的最终决算后，受托人的责任才算完成	由于不是因为自己的过失而蒙受损失时，受益人有义务接受受托人提出的费用要求或补偿损失的要求，在信托收益中予以扣除。但若受益人放弃收益权利，则可不履行该义务

经典例题

[2015年真题·单选题] 根据《中华人民共和国信托法》，不属于信托文件必须载明的事项的是（　　）。

A. 信托目的　　　　　　　　　　B. 信托期限
C. 信托财产的范围、种类及状况　　D. 受益人取得信托利益的方式及方法

[答案] B

[解析] 本题考查信托文件的内容。信托文件必须载明的事项包括：①信托目的；②委托人、受托人的姓名或者名称、住所；③受益人或者受益人范围；④信托财产的范围、种类及状况；⑤受益人取得信托利益的方式、方法等。

【考点三】信托市场及其体系

一、信托市场的法律体系

我国信托活动的基本法律框架是"一法两规"，即《信托法》《信托公司管理办法》和《信托公司集合资金信托计划管理办法》。

（一）信托基本法

《信托法》是调整信托市场信托关系的最基本法律。

（二）行业管理法规

信托行业管理法规主要包括《信托公司管理办法》《信托公司集合资金信托计划管理办法》《信托公司净资本管理办法》《信托公司监管评级办法》《慈善信托管理办法》《信托登记管理办法》等。

1.《信托公司管理办法》

该办法对信托公司市场准入、机构管理、经营规则和监督管理作出了规定。

（1）参考国际信托机构的一般做法，去掉了信托投资公司中的"投资"两字，引导信托公司突出信托主业。

（2）为实现受托人为受益人最大利益服务的宗旨，新办法强调"压缩固有业务，突出信托主业"，并从制度上割断信托业务与固有业务之间的利益输送纽带，督促信托公司专注服务于受益人的最大利益。

（3）强调"限制关联交易，防止利益输送"，确保受益人利益不受损害。

2.《信托公司集合资金信托计划管理办法》

该办法对委托人进行了规范，要求委托人为合格投资者，即能够识别、判断和承担信托计划相应风险的人；该办法规定了信托合同份数，要求单个信托计划的自然人人数不得超过50，但单笔委托金额在300万元以上的自然人投资者和合格的机构投资者数量不受限制；该办法允许信托公司异地开展业务，但信托公司异地推介信托计划的，应当在推介前向注册地、推介地的中国银行业监督管理委员会省级派出机构报告；该办法特别强调风险揭示，强调投资者风险自担原则。

3.《信托公司净资本管理办法》

该办法建立了以净资本为核心的风险控制指标体系，加强信托公司风险监管。该办法标志着我国信托业的监管模式进入资本监管的新阶段，行业监管将从原先的窗口指导和行政调控转变为市场调控。

4.《信托公司监管评级办法》

该办法将信托公司分为创新类（A+、A−），发展类（B+、B−）和成长类（C+、C−）三大类六个级别，对于获得不同评级结果的信托公司给予不同的业务准入标准。此举旨在进一步加强对信托行业的监管，推动机构自律，为同业合作提供参考。

5.《慈善信托管理办法》

该办法对慈善信托的设立、备案、财产的管理与处分、变更和终止、法律责任等方面进行了详细的界定和规范。

6.《信托登记管理办法》

该办法明确要遵循"集中登记、依法操作、规范管理、有效监督"的原则，建立全国统一的信托登记制度，完善信托行业信息披露，保护信托当事人合法权益，促进信托业务更加规范地开展。

（三）业务管理规定

银信合作业务是市场主体创新的产物，业务监管规定的核心内容包括：

（1）对信托公司融资类银信理财合作业务实行余额比例管理，即融资类业务余额占银信理财合作业务余额的比例不得高于30%。

（2）银信合作产品均不得设计为开放式。

(3) 对商业银行为转入表内的银信合作信托贷款,信托公司应当按照10.5%的比例计提风险资本。

(4) 信托公司信托赔偿准备金低于银信合作不良信托贷款余额150%或低于银信合作信托贷款余额2.5%的,信托公司不得分红。

二、信托市场的监管体系

信托业接受**中国银行业监督管理委员会**的监督管理。2015年1月,中国银行业监督管理委员会专门设立了信托部,专司对信托业金融机构的监管。2018年4月,中国银行保险监督管理委员会正式成立,履行对中国信托业的监管职责。

(1) 从监管内容看,中国银行保险监督管理委员会主要突出对信托公司的**风险监管**。

(2) 从监管方式看,信托市场监管的手段有**非现场监管**和**现场检查**两类。

三、信托市场的运行体系

(一) 信托市场的需求主体

信托市场的需求主体即信托委托人,主要包括个人和机构两大类。

(二) 信托市场的供给主体

信托市场的供给主体是能够接受委托人委托,以信托方式管理委托人财产的信托受托人。可以担任受托人的主体包括个人、普通机构和信托机构(信托公司和基金管理公司)。我国信托市场的**供给主体主要是信托公司**。

(三) 信托资金的运用主体

信托资金的运用主体是指信托资金的需求者和使用者。信托资金的需求者主要包括政府、金融机构和工商企业。

经典例题

[2018年真题·单选题] 银信理财合作业务余额是200万元,那么融资类业务余额不得超过( )万元。

A. 30   B. 50   C. 60   D. 100

[答案] C

[解析] 银信合作业务的监管规定之一就是对信托公司融资类银信理财合作业务实行余额比例管理,即融资类业务余额占银信理财合作业务余额的比例不得高于30%。依据题意,融资类业务余额为200×30%=60(万元)。

第二节 信托公司的经营与管理

【考点一】信托公司的设立与业务运营

一、信托公司的设立形式、条件和程序

(1) 我国设立信托公司需要经中国银行业监督管理委员会批准,领取金融许可证。信托公司可采取有限责任公司或者股份有限公司的形式。

(2) 信托公司设立应具备的条件之一是:注册资本最低限额为**3亿元人民币**或等值的可自由兑换货币,注册资本为实缴货币资本。

(3) 信托公司的设立须经筹建和开业两个阶段：①筹建期为自批准决定之日起6个月；未能按期筹建的，可申请延期一次，延长期限不得超过3个月。②信托公司应当自领取营业执照之日起6个月开业；不能按期开业的，可申请延期一次，延长期限不得超过3个月。

> **经典例题**
>
> [2017年真题·单选题]《金融租赁公司管理办法》规定，信托公司如果不能按期开业，可以（　　）。
> A. 申请延期1次，延长期限不得超过3个月　B. 申请延期1次，延长期限不得超过6个月
> C. 申请延期2次，延长期限不得超过3个月　D. 申请延期2次，延长期限不得超过6个月
> [答案] A
> [解析] 信托公司应当自领取营业执照之日起6个月开业；不能按期开业的，可申请延期一次，延长期限不得超过3个月。

二、信托公司的业务运营

信托公司管理运用或处分信托财产时，可以依照信托文件的约定，采取投资、出售、存放同业、买入返售、租赁、贷款等方式进行，但不得以对外借款的目的将信托财产用于质押。

目前，我国信托公司的业务可以分为信托业务、固有业务和特别许可业务三大类。

(一) 信托业务

我国信托公司主要从事基础设施信托业务、房地产信托业务、证券投资信托业务和银信理财合作业务四大主流信托业务。

1. 基础设施信托业务

(1) 概念。

基础设施信托是指信托公司接受委托人的委托，发起设立信托计划，将委托人合法拥有的资金用于投资大型公共基础设立项目建设，为受益人获取信托受益的业务模式。

(2) 运作方式。

1) 应收账款类基础设施信托。即信托公司接受委托人的委托，发起设立信托计划，将信托资金用于受让政府融资平台公司因代建基础设施项目而享有的对政府的应收账款债权。政府融资平台公司将应收账款债权转让给信托公司，以平台公司后续通过应收账款回购或地方政府直接向信托公司偿还债权等资金流入手段作为信托的收益来源。

2) 贷款类基础设施信托。即信托公司接受委托人的委托，发起设立信托计划，将委托人合法拥有的资金通过贷款方式用于交通运输、城市公共设施或能源领域等基础设施建设项目，以信托贷款产生的利息作为信托收益来源。

2. 房地产信托业务

(1) 类型。

房地产信托业务可划分为投资和融资两种类型。

1) 投资是指信托公司作为受托人发挥投资管理功能，将信托资产在房地产领域内进行投资运用，信托资产的收益水平主要取决于信托期限内市场的盈利状况。

2) 融资是指信托公司根据资金需求方的融资需求开展的房地产信托业务，在信托设立前，信托资产的运作方式和收益水平均可事先确定。

(2) 运作方式。

房地产信托业务主要有两种运作方式。

1) 不动产信托。即不动产所有人（委托人）为受益人的利益或特定目的，将所有权转移给受托人，由受托人依照信托合同来管理运用不动产的一种法律关系。

2) 房地产资金信托。即委托人基于对信托公司的信任，将自己合法拥有的资金委托给信托公司，由信托公司按委托人的意愿以自己的名义，为受益人的利益或特定目的，将资金投向房地产业并对其进行管理和处分的行为。这也是我国普遍采用的房地产融资方式。

3. 证券投资信托业务

（1）我国证券投资信托业务的投资范围主要包括国内证券交易所挂牌交易的 A 股股票、封闭式证券投资基金、开放式证券投资基金（含 ETF 和 LOF）、企业债、国债、可转换公司债券（含分离式可转债申购）、1 天和 7 天国债逆回购、银行存款以及中国证监会核准发行的基金可以投资的其他投资品种。

（2）2011 年中国银监会发布的《信托公司参与股指期货交易业务指引》规定，**信托公司可直接或间接参与股指期货交易。其中，信托公司固有业务不得参与股指期货交易**；集合信托业务可以套期保值和套利为目的参与股指期货交易；信托公司单一信托业务可以套期保值、套利和投机为目的开展股指期货交易。

（3）证券投资信托的业务模式主要有：①以投资者为导向，着重宏观资产类别配置的财富管理业务；②证券化与证券融资业务；③以市场投资机会为导向，着重微观资产类别配置的资产管理业务。

4. 银信理财合作业务

（1）《银行与信托公司业务合作指引》的**限制性条款：银行不得**为银信理财合作涉及的信托产品及该信托产品项下财产运用对象等**提供任何形式担保；信托公司投资**于银行所持的信贷资产、票据资产等资产的，应当**采取买断方式，且银行不得以任何形式回购等**。

（2）中国银行业监督管理委员会发布的《关于规范银信理财合作业务有关事项的通知》要求融资类业务余额占银信理财合作业务余额的比例不得高于 **30%**。

（二）固有业务

（1）固有业务是指信托公司运用固有财产经营的业务。

（2）信托公司在固有业务项下可以开展贷款、租赁、投资等活动，其中投资业务限定为对金融类公司股权投资、金融产品投资和自用固定资产投资。

（3）《信托公司管理办法》强调"**压缩固有业务，突出信托主业**"，规定信托公司不得开展除同业拆入业务以外的其他负债业务，且同业拆入余额不得超过其净资产的 **20%**，固有财产原则上不得进行实业投资。

（4）信托公司不得以固有财产向关联方融出资金或转移财产、为关联方提供担保或以股东持有的本公司股权作为质押进行融资。

（5）信托公司的固有业务以贷款、金融股权投资、金融产品投资等业务模式为主，其中长期股权投资是多数信托公司的主营业务。

（三）特别许可业务

1. 私人股权投资信托业务

私人股权投资信托是指信托公司将信托计划项下资金投资于未上市企业股权、上市公司限售流通股或中国银行业监督管理委员会批准可以投资的其他股权的信托业务。

2. 信贷资产证券化业务

信托公司开展信贷资产证券化的前提是构建有效的风险隔离机制，并融入信用增级。

3. 企业年金信托业务

企业年金信托是以信托方式管理企业年金的制度。我国信托型企业年金的运作架构是以受托人为责任中心，实行独立的财产托管。

经典例题

[2018年真题·单选题] 在实践中，不属于我国信托公司主流业务的是（　　）。
A. 基础设施信托业务　　　　B. 证券投资信托业务
C. 银信理财合作业务　　　　D. 固有业务
[答案] D
[解析] 目前，我国信托公司的业务可以分为信托业务、固有业务和特别许可业务三大类。我国信托公司主要从事基础设施信托业务、房地产信托业务、证券投资信托业务和银信理财合作业务四大主流信托业务。

【考点二】信托公司的管理

一、信托产品管理与客户关系管理

（一）信托产品的设立与管理

1. 信托产品的设立

信托产品的设立是信托关系成立的核心。

2. 信托产品的管理

信托产品的管理方式主要有信托产品的现场检查、受益人大会和外派人员管理。

信托产品终止并清算后，信托财产交付可以采用现金方式、维持信托终止时财产原状方式或者两者的混合方式。

（二）信托公司客户关系管理

信托公司客户关系管理的核心是客户需求的管理，因此，了解、分析和满足客户的需求应始终作为信托公司客户关系管理的重中之重。

二、信托公司的财务管理、资本管理与会计核算

（一）信托公司的财务管理

（1）信托财产与固有财产分别管理、分别记账的原则。
（2）固有财务部门与信托财务部门相互独立的原则。

（二）信托公司的资本管理

信托公司的资本管理主要包括注册资本管理、净资本管理和风险资本管理等。

按照要求，经批准设立的信托公司，必须具有最低限额的实收资本金。信托公司注册资本为一次性实缴货币资本，最低限额为3亿元人民币或等值的可自由兑换货币。信托公司补充资本的方式通常有增强自身资本积累、股东增资、引进外部战略投资者、实施员工持股计划以及通过资本市场发行股票、金融债券、次级债券融资等。

信托公司实行净资本管理。信托公司净资本不得低于人民币2亿元；净资本不得低于各项风险资本之和的100%；净资本不得低于净资产的40%。

（三）信托公司的会计核算

1. 信托公司的会计核算

信托公司对信托业务的会计核算内容主要包括信托项目募集期的核算、信托项目存续期的核

算和信托项目终止后的核算。

2. 信托公司会计核算的特点

（1）委托人才是真正的会计主体。

（2）信托公司信托业务以信托项目为会计核算主体。

三、信托公司的业务风险

（1）信用风险。

（2）市场风险，包括宏观经济风险（如财政货币政策风险、利率风险、经济周期风险等）、政策风险（突出体现在政府各种经济和非经济政策的变化给业务带来的风险）、市场供求风险等。

（3）操作风险。

（4）合规与法律风险。

（5）兑付风险，是指信托到期必须兑付的刚性特点带来的风险。

（6）展业风险，是指信托规模大幅增加，交易对手越发多样化，信托机构对融资企业所处的行业缺乏相关了解，展业时所存在的潜在风险。

经典例题

[例题·单选题] 根据《信托公司净资本管理办法》的规定，信托公司净资本不得低于人民币（　）亿元。

A. 2　　　　　　B. 3　　　　　　C. 5　　　　　　D. 10

[答案] A

[解析] 信托公司净资本不得低于人民币 2 亿元；净资本不得低于各项风险资本之和的 100%；净资本不得低于净资产的 40%。

第三节　租赁概述

【考点一】租赁的概念与功能

一、租赁的概念

租赁是以商品形态与货币形态相结合的方式提供的信用活动，具有信用和贸易双重性质。租赁期内，租赁转移的是资产的使用权，而不是资产的所有权。

二、租赁的种类

租赁的种类如表 6-3-1 所示。

表 6-3-1　租赁的种类

种类	定义	要点
租赁服务	租赁服务包括各种有形资产、非金融类无形资产的短期和长期租赁	租赁服务中，最主要的是经营租赁
融资租赁	出租人根据承租人对出卖人、租赁物的选择，向出卖人购买租赁物，提供给承租人使用，承租人支付租金的交易活动。融资租赁实质上是以融通资金为直接目的，以技术设备等动产为租赁对象，以经济法人为承租人	是一种具有融资、融物双重职能的交易，涉及出租人、承租人、出卖人三方当事人，包括租赁合同、供货合同等两个或两个以上合同。租赁设备的所有权属于出租人，承租人在租期内享有设备的使用权

续表

种类	定义	要点
两者区别	融资租赁的出租人通常不承担租赁物的余值风险，而经营租赁的出租人一定要承担租赁物的余值风险	

【提示】余值风险是指在出租人通过租金所收回的价值不足租赁物在起始时的原值的情况下，该余值小于出租人未收回的租赁物的原值部分。

三、租赁的特点

(1) 所有权与使用权相分离。

租赁是资金与实物相结合基础上的分离。

(2) 融资与融物相结合。

租赁是以商品形态与货币形态相结合提供的信用活动，具有信用和贸易双重性质。

(3) 租金分期支付。

四、租赁的功能

(1) 融资与投资是融资租赁的基本功能。

(2) 产品促销与资产管理是融资租赁的扩展功能。

五、租赁起源及其在国外的发展

(一) 现代融资租赁与传统租赁的本质区别

传统租赁按承租人租赁使用物件的时间计算租金，而融资租赁按承租人占用融资成本的时间计算租金。

(二) 现代融资租赁的特征

(1) 现代租赁是以融资租赁为重要标志的租赁信用形式，承租人不仅取得物品的使用权，更重要的是将租赁信用作为一种融资手段，具有信用和贸易的双重功能。

(2) 租赁公司以租赁信用中介机构的形式出现，这种专业化运作使租赁信用形式有了质的飞跃。

(3) 租赁的功能更完善、经济关系更广泛，现代租赁的信用、贸易功能，尤其是金融功能被充分发挥和利用，企业普遍通过租赁设备来解决资金短缺、技术改造问题。随着用户多元化服务要求的增加，当前融资租赁业的功能还进一步扩展到财政金融、经营管理、销售网络和咨询策划等领域。

经典例题

[2015年真题·单选题] 关于现代融资租赁业务特征的说法，错误的是（　　）。

A. 租赁公司以租赁信用中介机构的形式出现

B. 融资租赁功能扩展到财政金融、经营管理、销售网络和咨询策划等领域

C. 承租人取得物品使用权，并将租赁信用作为一种融资手段

D. 按承租人租赁使用物件的时间计算租金

[答案] D

[解析] 现代融资租赁与传统租赁的本质区别在于：传统租赁按承租人租赁使用物件的时间计算租金，而融资租赁按承租人占用融资成本的时间计算租金。D项错误。现代融资租赁的特征包括：①现代租赁是以融资租赁为重要标志的租赁信用形式，承租人不仅取得物品的使用权，更重要的是将租赁信用作为一种融资手段，具有信用和贸易的双重功能（C项正确）；②租赁公司以租赁信用中介机构的形式出现（A项正确）；③租赁的功能更完善、经济关系更广泛，当前融资租赁业的功能还进一步扩展到财政金融、经营管理、销售网络和咨询策划等领域（B项正确）。

【考点二】租金管理

一、租金的构成要素

（1）设备原价及预计残值，包括设备购买价、运输费、安装调试费、保险费以及设备租赁期满后出售可得的收入。

（2）资金成本，即租赁公司为承租企业购置设备垫付资金应支付的利息。

（3）租赁手续费，即租赁公司承办租赁设备所发生的业务费用和必要的利润。

【提示】通常租金总额等于上述三个要素之和。

二、租金的支付方式

（1）按支付间隔期的长短，分为年付、半年付、季付和月付等。

（2）按在期初和期末支付，分为先付和后付。

（3）按每次支付额的大小，分为等额支付和不等额支付。

在实践中，承租企业与租赁公司商定的租金支付方式，多为后付等额年金支付。

三、租金的计算方法

常见的租金的计算方法有年金法、附加率法、成本回收法、浮动利率租金计算法、不规则租金计算法等。

我国融资租赁实务中，租金的计算大多采用等额年金法。

四、租金的影响因素

租金的影响因素一般包括租金期限、计算方法、利率（影响租金总额最重要的因素）、付租间隔期、保证金的支付数量和方式、营业费用、付租方式、计息日和起租日。

此外，税收、支付币种等因素也会对租金的计算产生一定影响。

【考点小贴士】考生须注意区分理解租金的构成要素和影响因素。构成要素是决定租金多少的必要内容，而影响因素是可能会影响租金高低的因素。这就像一件成衣的价格构成要素会包含面料、设计师设计费用。而成衣的价格影响因素则还有季节、客群和地域因素等。

经典例题

[2018年真题·多选题] 影响融资租赁每期租金的因素有（　　）。

A. 设备买价　　　　　　　　B. 利息
C. 租赁手续费　　　　　　　D. 租赁支付方式
E. 设备维修保养费

[答案] ABCD

[解析] 租金的构成要素设备原价及预计残值、资金成本、租赁手续费决定每期租金。租金的影响因素一般包括租金期限、计算方法、利率、付租间隔期、保证金的支付数量和方式、营业费用、付租方式、计息日和起租日。此外，税收、支付币种等因素也会对租金的计算产生一定影响。

【考点三】融资租赁合同、融资租赁市场及其运行体系

一、融资租赁合同的特征

（1）融资租赁合同是诺成、要式合同。
（2）融资租赁合同是双务、有偿合同。
（3）融资租赁合同是不可单方解除的合同，即使在不可抗力情况下。

二、融资租赁合同的主要内容

融资租赁合同的主要内容包括租赁和买卖两部分。

（一）租赁部分

租赁部分包括以下条款：租赁关系的当事人、租赁标的物、租赁标的物的出卖人及其制造厂家、租赁标的物的交付与验收、出租人购买标的物的成本、租赁期限、租金及支付方式、租赁物的保险等。

（二）买卖部分

买卖部分包括以下条款：买卖关系的当事人、租赁合同中约定的物、标的物的交付、标的物的担保责任和索赔、标的物的价款及支付方式、承租人对买卖合同的确认等。

三、融资租赁合同的当事人

融资租赁合同涉及三方当事人：出租人、承租人和供应商（出卖人）。融资租赁合同三方当事人的权利与义务如表 6-3-2 所示。

表 6-3-2 融资租赁合同三方当事人的权利与义务

当事人	权利与义务
出租人	购买租赁物的义务；在租期内享有租赁物的所有权；按合同规定收取租金的权利；合同期满，若承租人不续租或留购，有收回租赁资产的权利；根据租赁合同及时支付货款；保证租期内承租人对租赁物的充分使用权
承租人	对租赁标的物及供货方有选择权；在租期内享有租赁物的使用权；租赁期满取得租赁物所有权的权利；依合同规定支付租金的义务；按照正常方式使用并负责租赁物的维护与保养的义务
供应商（出卖人）	收取货款；出卖人在买卖合同项下的义务直接及于承租人；出卖人对租赁物的质量有保证责任；租赁物不符合合同约定条件，出卖人应按约定承担责任

四、融资租赁合同的变更和解除

融资租赁合同的变更和解除应注意以下几点：

（1）融资租赁合同中的双方当事人经协商一致，可以变更或解除合同，但不得因此损害国家利益和社会公共利益。
（2）双方当事人协商变更融资租赁合同，应征得担保人的同意或事先通知担保人。担保人表示不同意的，如果融资租赁合同双方仍然协商变更合同，则担保人的担保责任因此免除。
（3）未经出租人同意，承租人擅自转租租赁物的，其转租合同无效，出租人有权解除融资租赁合同。因此造成出租人损失的，承租人应负责赔偿损失。
（4）变更或解除融资租赁合同，应采用书面形式。
（5）融资租赁合同订立后，不得因承办人或法定代表人的变动而变更或解除。
（6）融资租赁合同解除，不影响当事人因其所受损失向有过错的对方当事人要求赔偿的权利。

五、融资租赁市场的监管体系

我国融资租赁市场的监管由"多头监管"演变为统一监管。

长期以来,我国融资租赁市场呈现"**多头监管**"的状况,金融租赁公司属于非银行金融机构,由**中国银行业监督管理委员会**负责实施监督管理;融资租赁企业由**商务部**实施审批、监管。2018年5月,商务部下发相关规定,将制定融资租赁公司、商业保理公司、典当行业务经营和监管规则职责移交给了新成立的中国银行保险监督管理委员会。自此,我国融资租赁行业的监管最终走向了统一。

六、融资租赁市场的运行体系

(一)融资租赁市场的供给主体

我国融资租赁市场的供给主体主要是融资租赁公司。根据股东背景和运营主体的不同,可将我国融资租赁公司分为银行系金融租赁公司、厂商系融资租赁公司和独立第三方融资租赁公司三类。这三类租赁公司的区别如表6-3-3所示。

表6-3-3 三类租赁公司的区别

融资租赁公司	定位	优势	劣势
银行系	服务特大型企业和项目	资金实力雄厚、融资成本低、客户资源丰富、企业信用信息量大	受监管制约较多、缺少灵活性
厂商系	服务母公司的特定销售对象	具有较高的设备制造和维修的专业能力、完善的市场营销网络、广泛的客户群体和了解客户经营的能力	融资成本相对较高
独立第三方	以服务中小企业为主	受监管约束少、灵活性高、创新能力强	融资成本相对较高、企业信用信息量较少

(二)融资租赁市场的资金运用

政府部门和工商企业都是重要的资金运用者。

第四节 金融租赁公司的经营与管理

【考点一】金融租赁公司与融资租赁公司的区别

金融租赁公司与融资租赁公司的区别如表6-4-1所示。

表6-4-1 金融租赁公司与融资租赁公司的区别

区别	金融租赁公司	融资租赁公司
行业划分不同	属于金融业中的其他金融业,因此金融租赁公司是非银行金融机构(放款单位)	属于租赁和商务服务业中的租赁业,因此融资租赁公司是非金融机构企业(借款单位)
业务内容不同	可以发行金融债券融资,可以吸收非银行股东3个月(含)以上定期存款,经营正常后可进入同业拆借市场	只能从股东处借款,不能吸收股东存款,也不能进入银行间同业拆借市场
租赁标的物范围不同	租赁物为"固定资产",实际监管中面临窗口指导,需适时调整固定资产的经营范围	融资租赁企业开展融资租赁业务以权属清晰、真实存在且能够产生收益权的租赁物为载体
风险管理指标不同	按照金融机构的资本充足率进行风险控制,资本净额与风险加权资产的比例不得低于中国银行业监督管理委员会的最低监管要求	按照"风险资产不得超过净资产总额的10倍"的要求进行风险管理

【考点二】金融租赁公司的设立、变更与终止

一、金融租赁公司的设立形式、条件和程序

（一）设立形式

金融租赁公司，是指经中国银行业监督管理委员会批准，以经营融资租赁业务为主的非银行金融机构，在公司名称中应当标明"金融租赁"字样。

（二）在我国申请设立金融租赁公司应具备的条件

（1）有符合《中华人民共和国公司法》（简称《公司法》）和中国银行业监督管理委员会规定的公司章程。

（2）有符合规定条件的发起人。

（3）注册资本为一次性实缴货币资本，最低限额为1亿元人民币或等值的可自由兑换货币。

（4）有符合任职资格条件的董事、高级管理人员，并且从业人员中具有金融或融资租赁工作经历3年以上的人员应当不低于总人数的50%。

（5）建立了有效的公司治理、内部控制和风险管理体系。

（6）建立了与业务经营和监管要求相适应的信息科技架构，具有支撑业务经营的必要、安全且合规的信息系统，具备保障业务持续运营的技术与措施。

（7）有与业务经营相适应的营业场所、安全防范措施和其他设施等。

（三）金融租赁公司发起人

公司发起人包括在中国境内外注册的具有独立法人资格的商业银行，在中国境内注册的、主营业务为制造适合融资租赁交易产品的大型企业，在中国境外注册的融资租赁公司以及中国银行业监督管理委员会认可的其他发起人。

（四）金融租赁公司专业子公司

金融租赁公司可依照相关法律法规在中国境内自由贸易区、保税地区及境外，为从事特定领域融资租赁业务而设立专业化租赁子公司。其中，特定领域，是指金融租赁公司已开展且运营相对成熟的融资租赁业务领域，包括飞机、船舶以及经中国银行业监督管理委员会认可的其他租赁业务领域。

二、金融租赁公司的变更与终止

（1）金融租赁公司对公司名称、组织形式、注册资本、业务范围、股权结构、公司住所或营业场所等的变更必须报经中国银行业监督管理委员会或其派出机构批准。

（2）金融租赁公司的终止主要在解散和破产两种情况下发生。

（3）可以导致金融租赁公司解散的情况包括公司章程规定的营业期限届满或其他解散事由出现；股东决定或股东（大）会决议解散；因公司合并或分立需要解散；依法被吊销营业执照、责令关闭或被撤销等。

（4）可以导致金融租赁公司申请破产的情况包括不能支付到期债务，自愿或债权人要求申请破产的；因解散或被撤销而清算，清算组发现财产不足以清偿债务，应当申请破产的等。

【考点三】金融租赁公司的业务运营

一、业务范围

我国金融租赁公司可申请经营融资租赁业务、转让和受让融资租赁资产、固定收益类证券投资业务、接受承租人的租赁保证金、吸收非银行股东3个月（含）以上定期存款、同业拆借、向金融机构借款、境外借款、租赁物变卖及处理业务、经济咨询等基本业务。此外，对于经营良好、

风险控制能力强的金融租赁公司，还可申请经营发行债券、在境内保税区设立项目公司开展融资租赁业务、资产证券化、为控股子公司和项目公司对外融资提供担保等升级业务。

二、业务种类

金融租赁公司的业务种类如表 6-4-2 所示。

表 6-4-2 金融租赁公司的业务种类

分类	业务	概念
公司自担风险的融资租赁业务	融资租赁业务（直接租赁）	直接租赁是指以收取租金为条件，按照用户企业确认的具体要求，向该用户企业指定的出卖人购买固定资产，并出租给该用户企业使用的业务。直接租赁分直接购买式和委托购买式
	转租式融资租赁业务（你租给我，我再租给他）	转租赁是指以同一固定资产为租赁物的多层次的融资租赁业务。在转租赁交易中，上一层次的融资租赁合同的承租人同时是下一层次的融资租赁合同的出租人，在整个交易中称转租人。转租赁分直接购买和委托购买
	售后回租式融资租赁业务（先卖出去再租回来）	回租是指出卖人和承租人是同一人的融资租赁。在回租交易中，金融租赁公司以受人的身份，同作为出卖人的用户企业订立以用户企业的自有固定资产为标的物的买卖合同或所有权转让协议。同时，金融租赁公司又以出租人的身份，同作为承租人的该用户企业订立融资租赁合同
公司同其他机构分担风险的融资租赁业务	联合租赁（大家一起当出租人）	联合租赁是指多家有融资租赁资质的金融租赁公司对同一个融资租赁项目提供租赁融资，并由其中一家租赁公司作为牵头人；无论是相关的买卖合同还是融资租赁合同，都由牵头人出面订立，各家租赁公司按照所提供的租赁融资额的比例，承担该融资租赁项目的风险和享有该融资租赁项目的收益
	杠杆租赁（以银团贷款形式提供融资）	杠杆租赁是指融资租赁项目中大部分租赁融资由其他金融机构以银团贷款的形式提供，但是，这些金融机构对承办该融资租赁项目的租赁公司无追索权，同时，这些金融机构按所提供的资金在该项目的租赁融资额中所占比例，直接享有回收租金中所含的租赁收益
公司不担风险的融资租赁业务	委托租赁	委托租赁是指融资租赁项目中的租赁物或用于购买租赁物的资金是一个或多个法人机构提供的信托财产。租赁公司以受托人的身份，同作为委托人的这些法人机构，订立由后者将自己的财产作为信托财产委托给租赁公司，以融资租赁方式运用和处分的信托合同。该融资租赁项目的风险和收益全部归委托人，租赁公司则依据约定获取由委托人支付的报酬

【考点小贴士】高频考点，需熟练掌握概念和分类。

─────── 经典例题 ───────

[2015 年真题·案例分析题] 因业务发展需要，我国的 A 公司总部以融资租赁的方式购置一批市场设备。目前，有甲、乙两家金融租赁公司向 A 提供了融资租赁方案，具体操作分别为：

甲租赁公司向 A 公司指定的设备供应商购买设备，租赁给 A 公司使用，租赁期限 3 年。在租赁期内，A 公司按季向甲租赁公司支付租金。租赁期满后，A 公司向甲租赁公司支付约定的名义货价，甲租赁公司将该批设备的所有权转移给 A 公司。A 公司向乙租赁公司提供原已购入设备的原始购置发票，将设备所有权转让给乙租赁公司，保留设备使用权；乙租赁公司在取得设备所有权后，一次性向 A 公司支付转让款。在 3 年的租赁期内，A 公司按月向乙租赁公司支付租金。租赁期满后，A 公司向乙租赁公司支付约定的名义货价，乙租赁公司将该批设备的所有权转让给 A 公司。

1. 从业务类型看，甲租赁公司与 A 公司之间开展的融资租赁业务属于（　　）。
   A. 直接租赁　　　　　　　　B. 回租
   C. 转租赁　　　　　　　　　D. 杠杆租赁
   [答案] A
   [解析] 直接租赁是指金融租赁公司以收取租金为条件，按照用户企业确认的具体要求，向该用户企业指定的出卖人购买固定资产，并出租给该用户企业使用的业务。根据题干所述，甲租赁公司与 A 公司之间的融资租赁业务属于直接租赁。

2. 从业务类型看，乙租赁公司与 A 公司之间开展的融资租赁业务属于（　　）。
   A. 直接租赁　　　　　　　　B. 回租
   C. 联合租赁　　　　　　　　D. 委托租赁
   [答案] B
   [解析] 回租是指出卖人和承租人是同一人的融资租赁。在回租交易中，金融租赁公司以买受人的身份，同作为出卖人的用户企业订立以用户企业的自有固定资产为标的物的买卖合同或所有权转让协议。同时，金融租赁公司又以出租人的身份，同作为承租人的该用户企业订立融资租赁合同。根据题干所述，乙租赁公司与 A 公司之间的融资租赁业务属于回租。

3. 在与乙租赁公司开展的融资租赁业务中，A 公司承担的角色有（　　）。
   A. 出卖人　　B. 出租人　　C. 承租人　　D. 买受人
   [答案] AC
   [解析] 回租是指出卖人和承租人是同一人的融资租赁。根据题干所述，在与乙租赁公司开展的回租业务中，A 公司既是出卖人又是承租人。

【考点四】金融租赁公司的资金筹集与盈利模式

一、金融租赁公司的资金筹集

金融租赁公司可以通过自有资金、银行信贷资金、委托租赁资金、信托资金、发行债券、上市等方式筹资。同时作为非银行金融机构，可以发行金融债券融资，可以吸收非银行股东 3 个月以上（含）的定期存款，还可进入银行间同业拆借市场获得资金。

二、金融租赁公司的盈利模式

（1）债权收益——最主要的盈利模式。

债权收益是指金融租赁公司通过自有资金或外部融资采购设备后，向承租人租赁设备获得的租金收益与资金成本之间的利差收益。

（2）余值收益。

余值收益是指金融租赁公司通过设备回收再出售或者再次租赁获得的价差收入。

（3）服务收益。

服务收益是指出租人为承租人提供租赁服务时收取的手续费、财务咨询费、贸易佣金（如销售佣金、规模采购折扣）等费用。

（4）运营收益。

运营收益是指金融租赁公司通过资金统筹、财务杠杆运用、金融产品组合和规模经营等运营方式获得的收益。

> **经典例题**

[2016年真题·单选题] 金融租赁公司通过自有资金或外部融资采购设备后,向承租人租赁设备获得的租金收益与资金成本之间的利差收益,称为( )。
A. 债权收益   B. 余值收益   C. 服务收益   D. 运营收益
[答案] A
[解析] 债权收益是指金融租赁公司通过自有资金或外部融资采购设备后,向承租人租赁设备获得的租金收益与资金成本之间的利差收益。

【考点五】金融租赁公司的风险与监管

一、金融租赁公司面临的风险

金融租赁公司面临的风险主要有信用风险、操作风险、市场风险、流动性风险、政策风险和技术风险等。其中,信用风险、操作风险和市场风险是金融租赁公司面临的最主要风险类型。

二、金融租赁公司的监管要求

(1) 资本充足率。

金融租赁公司资本净额与风险加权资产的比例不得低于中国银行业监督管理委员会的最低监管要求。

(2) 单一客户融资集中度。

金融租赁公司对单一承租人的全部融资租赁业务余额不得超过资本净额的30%。

(3) 单一集团客户融资集中度。

金融租赁公司对单一集团的全部融资租赁业务余额不得超过资本净额的50%。

(4) 单一客户关联度。

金融租赁公司对一个关联方的全部融资租赁业务余额不得超过资本净额的30%。

(5) 全部关联度。

金融租赁公司对全部关联方的全部融资租赁业务余额不得超过资本净额的50%。

(6) 单一股东关联度。

金融租赁公司对单一股东及其全部关联方的融资余额不得超过该股东在金融租赁公司的出资额,且应同时满足本办法对单一客户关联度的规定。

(7) 同业拆借比例。

金融租赁公司同业拆入资金余额不得超过资本净额的100%。

> **经典例题**

[2017年真题·单选题]《金融租赁公司管理办法》规定,金融租赁公司对单一承租人的全部融资租赁业务余额不超过资本净额的( )。
A. 10%   B. 20%   C. 30%   D. 40%
[答案] C
[解析] 单一客户融资集中度,金融租赁公司对单一承租人的全部融资租赁业务余额不得超过资本净额的30%。

本章易错易混考点

【易错易混考点】融资租赁合同三方当事人中的承租人权利与义务的理解

承租人权利与义务包括租赁期满取得租赁物所有权的权利;按照正常方式使用并负责租赁物

的维护与保养的义务。

【考点小贴士】租赁期满取得租赁物所有权是承租人的权利，很多考生容易将该权利归属于出租人。因为租赁期满，承租人通过支付租金，相当于从出租人手上"购买了"租赁物所有权。另外，租赁物的使用者是承租人，他会比出租人更有经验、花费更低的成本去维护并保养租赁物，所以负责租赁物的维护与保养的义务归承租人。否则，这部分多出的成本仍旧会以租金的形式由承租人承担。

[2017年真题·多选题] 融资租赁合同中，出租人的义务包括（　　）。
A. 及时支付货款
B. 收取货款
C. 购买租赁物
D. 租赁期满取得租赁物所有权
E. 对租赁标的物及供货方的选择权

[答案] AC

[解析] 出租人的权利与义务包括购买租赁物的义务；在租期内享有租赁物的所有权；按合同规定收取租金的权力；合同期满，若承租人不续租或留购，有收回租赁资产的权利；根据租赁合同及时支付货款；保证租期内承租人对租赁物的充分使用权。B项属于供应商的权利与义务。D、E两项属于承租人的权利与义务。

历年经典真题回顾

一、单项选择题（每题1分，每题备选项中，只有1个最符合题意）

1. 信托关系的核心是（　　）。[2018年真题]
   A. 信任和诚信
   B. 信托财产
   C. 委托人
   D. 受托人

   [答案] B

   [解析] 我国《信托法》对信托的定义包括以下四个方面：①信任和诚信是信托成立的前提和基础；②信托财产是信托关系的核心；③受托人以自己的名义管理或者处分信托财产——区别于一般委托代理关系的重要特征；④受托人按委托人的意愿为受益人的利益或者特定目的管理信托事务。

2. 信托财产管理中，信托财产事实上的处分是指（　　）。[2017年真题]
   A. 消费信托财产
   B. 赠与信托财产
   C. 信托财产设立质押
   D. 转让信托财产

   [答案] A

   [解析] 信托财产的处分包括事实上的处分和法律上的处分，前者是指对信托财产进行消费（包括生产和生活的消费），后者是指对信托财产进行转让。

3. 根据《信托公司管理办法》规定，信托公司的同业拆借余额不得超过其净资产的（　　）。[2017年真题]
   A. 10%
   B. 20%
   C. 30%
   D. 40%

   [答案] B

   [解析] 信托公司不得开展除同业拆入业务以外的其他债业务，且同业拆入余额不得超过其净资产的20%，固有财产原则上不得进行实业投资。

4. 根据我国《金融租赁公司管理办法》，金融租赁公司不能从事的业务是（　　）。[2016年真题]
   A. 固定收益类证券投资业务
   B. 吸收非银行股东活期存款
   C. 同业拆借
   D. 向金融机构借款

[答案] B

[解析] 根据《金融租赁公司管理办法》的规定，我国金融租赁公司可申请经营融资租赁业务、转让和受让融资租赁资产、固定收益类证券投资业务、接受承租人的租赁保证金、吸收非银行股东3个月（含）以上定期存款、同业拆借、向金融机构借款、境外借款、租赁物变卖及处理业务、经济咨询等基本业务。

5. 我国负责金融租赁公司审批和监管的部门是（　　）。[2016年真题]

　　A. 人民银行　　　　　　　　B. 中国银行业监督管理委员会
　　C. 中国证券监督管理委员会　　D. 商务部

[答案] B

[解析] 中国银行业监督管理委员会负责金融租赁公司的审批和监管，出台的《金融租赁公司管理办法》中规定了金融租赁公司准入条件、业务范围、经营规则和监督管理等内容，并强调只有银监会审批设立的租赁公司才可冠以"金融"二字。

6. 下列融资租赁业务中，金融租赁合同不需要自担风险的是（　　）。[2015年真题]

　　A. 转租式融资租赁　　　　B. 售后回租式融资租赁
　　C. 联合租赁　　　　　　　D. 委托租赁

[答案] D

[解析] 金融租赁公司的业务种类分为三种，即：①公司自担风险的融资租赁业务，包括典型的融资租赁业务（直接租赁）、转租式融资租赁业务（转租）和售后回租式融资租赁业务（回租）三个类别。②公司同其他机构分担风险的融资租赁业务，包括联合租赁和杠杆租赁两类。③公司不担风险的融资租赁业务，即委托租赁。

二、多项选择题（每题2分，每题备选项中，有2个或2个以上符合题意，至少有1个错项。错选，本题不得分；少选，所选的每个选项得0.5分）

1. 服务收益包括出租人为承租人提供租赁服务收取的（　　）费用。[2018年真题]

　　A. 手续费　　　　　　　B. 财务咨询费
　　C. 销售佣金　　　　　　D. 规模采购折扣
　　E. 利差收入

[答案] ABCD

[解析] 金融租赁是一种综合服务模式，服务收益也是金融租赁公司获取收益的重要途径。服务收益是指出租人为承租人提供租赁服务时收取的手续费、财务咨询费、贸易佣金（如销售佣金、规模采购折扣）等费用。

2. 关于信托特征的说法，正确的有（　　）。[2017年真题]

　　A. 信托具有无风险性
　　B. 受托人承担有限信托责任
　　C. 信托财产独立于受托人的固有财产
　　D. 信托管理不因意外事件的出现而终止
　　E. 受益人无须承担管理之责就能享受信托财产的利益

[答案] BCDE

[解析] 信托的基本特征包括：①信托财产权利与利益相分离。信托财产拥有特殊的所有权性质，表现在所有权在受托人与收益人之间的分离。这种分离使受益人无须承担管理之责就能享受信托财产的利益。②信托财产的独立性。信托财产独立于委托人未设立信托的其他财产；信托财产独立于受托人的固有财产；信托财产独立于受益人的固有财产；信托财产原则上不得强

制执行。③信托的有限责任。在信托关系中,受托人仅以信托财产为限承担有限清偿责任。④信托管理的连续性。信托的管理具有连续性的特点,不会因为意外事件的出现而终止。

3. 根据我国《金融租赁公司管理办法》,金融租赁公司不符合监管要求的行为包括(　　)。[2016年真题]

A. 对单一承租人的全部融资业务余额为资本净额的40%

B. 对单一集团的全部融资租赁业务余额为资本净额的40%

C. 对一个关联方的全部融资租赁业务余额为资本净额的40%

D. 对全部关联方的全部融资租赁业务余额为资本净额的40%

E. 同业拆入资金余额为资本净额的40%

[答案] AC

[解析] 金融租赁公司对单一承租人的全部融资租赁业务余额不得超过资本净额的30%。A项错误。金融租赁公司对一个关联方的全部融资租赁业务余额不得超过资本净额的30%。C项错误。

4. 在管理运用或处分信托财产时,我国信托公司可以采取的方式有(　　)。[2015年真题]

A. 买入返售　　　　　　　　B. 出售

C. 存放同业　　　　　　　　D. 租赁

E. 以对外借款的目的将信托财产用于质押

[答案] ABCD

[解析] 信托公司管理运用或处分信托财产时,可以依照信托文件的约定,采取投资、出售、存放同业、买入返售、租赁、贷款等方式进行,但不得以对外借款的目的将信托财产用于质押。

本章同步练习

一、单项选择题(每题1分,每题备选项中,只有1个最符合题意)

1. 在信托关系中,受托人因处理信托事务所发生的财产责任,以(　　)责任。

A. 法人财产为限承担有限　　B. 信托财产承担无限连带

C. 信托财产为限承担有限　　D. 法人财产承担无限连带

2. 信托业的首要和基本功能是(　　)。

A. 融通资金功能　　　　　　B. 财产管理功能

C. 社会投资功能　　　　　　D. 风险隔离功能

3. 以下不属于受托人权利的是(　　)。

A. 对信托财产进行处分的权利　　B. 变更信托财产管理办法

C. 为信托财产的管理获取报酬　　D. 优先受偿的权利

4. 根据中国银行业监督管理委员会2011年发布的《信托公司参与股指期货交易业务指引》,下列业务中,我国信托公司不得参与股指期货交易的业务是(　　)。

A. 固有业务　　　　　　　　B. 集合信托的套期保值业务

C. 单一信托业务　　　　　　D. 集合信托的套利业务

5. 信托公司会计核算(　　)是真正的会计主体。

A. 委托人　　　　　　　　　B. 受托人

C. 管理人　　　　　　　　　D. 受益人

6. 融资租赁的基本功能是(　　)。

A. 融资与投资　　　　　　　B. 产品促销

C. 资产管理　　　　　　　　D. 转移风险

7. 在我国融资租赁实务中,租金的计算大多采用的是（   ）。
   A. 年金法 B. 等额年金法
   C. 附加率法 D. 成本回收法

8. 目前,我国融资租赁市场的供给主体主要是融资租赁公司,我国的融资租赁公司不包括（   ）。
   A. 银行系金融租赁公司 B. 厂商系融资租赁公司
   C. 独立第三方融资租赁公司 D. 政府系金融租赁公司

9. 金融租赁公司最主要的盈利模式是（   ）。
   A. 服务收益 B. 运营收益
   C. 余值收益 D. 利差和租息收益

10. 对全部关联方的全部融资租赁业务余额不得超过资本净额的（   ）。
    A. 50% B. 40% C. 30% D. 20%

二、**多项选择题**（每题2分,每题备选项中,有2个或2个以上符合题意,至少有1个错项。错选,本题不得分;少选,所选的每个选项得0.5分）

1. 信托财产需具备的条件包括（   ）。
   A. 实物性 B. 合法性
   C. 确定性 D. 积极性
   E. 流通性

2. 特别许可业务包括（   ）。
   A. 私人股权投资信托业务 B. 银信理财合作业务
   C. 信贷资产证券化业务 D. 房地产信托业务
   E. 企业年金信托业务

3. 关于融资租赁合同特征的说法,正确的有（   ）。
   A. 融资租赁合同是诺成合同 B. 融资租赁合同是有偿合同
   C. 融资租赁合同可单方解除 D. 融资租赁合同是双务合同
   E. 融资租赁合同是要式合同

4. 金融租赁公司与融资租赁公司的区别有（   ）。
   A. 服务范围不同 B. 业务内容不同
   C. 行业划分不同 D. 风险管理指标不同
   E. 租赁标的物范围不同

5. 金融租赁公司的盈利模式有（   ）。
   A. 债权收益 B. 信用收益
   C. 余值收益 D. 服务收益
   E. 运营收益

本章同步练习参考答案及解析

一、**单项选择题**

1. [答案] C
   [解析] 本题的考点为信托的基本特征。在信托关系中,受托人仅以信托财产为限承担有限清偿责任。

2. [答案] B
   [解析] 本题的考点为信托的功能。从信托业发展历程看,信托的功能体现为以财产管理为主,以融通资金、社会投资和社会公益服务等功能为辅。信托本身就是一种财产管理的制度安排,财产管理功能是信托业首要和基本的功能。

3. [答案] B

[解析] 本题的考点为信托的管理。信托管理中受托人的权利包括：①按照信托文件规定，对信托财产进行管理运用和处分的权利。②为信托财产的管理运用、处分获取相应报酬的权利。③因处理信托事务所支出的费用和负担的债务，要求从信托财产中优先受偿的权利，但因受托人违背管理职责或处理信托事务不当造成的除外。B项属于委托人的权利。

4. [答案] A

[解析] 本题的考点为证券投资信托业务。2011年，中国银行业监督管理委员会发布了《信托公司参与股指期货交易业务指引》，规定信托公司可直接或间接参与股指期货交易。其中，信托公司固有业务不得参与股指期货交易；集合信托业务可以套期保值和套利为目的参与股指期货交易；信托公司单一信托业务可以套期保值、套利和投机为目的开展股指期货交易。

5. [答案] A

[解析] 本题的考点为信托公司的会计核算。信托公司会计核算的特点包括：①委托人才是真正的会计主体；②信托公司信托业务以信托项目为会计核算主体。

6. [答案] A

[解析] 本题的考点为租赁的功能。融资与投资是融资租赁的基本功能。产品促销与资产管理是融资租赁的扩展功能。

7. [答案] B

[解析] 本题的考点为租金的计算方法。常见的有年金法、成本回收法、浮动利率租金计算法、不规则租金计算法等。在我国融资租赁实务中，租金的计算大多采用等额年金法。

8. [答案] D

[解析] 本题的考点为融资租赁市场的供给主体。根据股东背景和运营主体的不同，我国融资租赁公司可分为银行系金融租赁公司、厂商系融资租赁公司和独立第三方融资租赁公司三类。

9. [答案] D

[解析] 本题的考点为金融租赁公司的盈利模式。金融租赁是以物为载体的融资服务，获取利差和租息收益（债权收益）是金融租赁公司最主要的盈利模式。

10. [答案] A

[解析] 本题的考点为金融租赁公司的监管要求。金融租赁公司对全部关联方的全部融资租赁业务余额不得超过资本净额的50%。

二、多项选择题

1. [答案] BCDE

[解析] 本题的考点为信托的构成要素。信托财产需具备的四个条件包括：①合法性；②确定性；③积极性；④流通性。

2. [答案] ACE

[解析] 本题的考点为信托公司的业务运营。目前，我国信托公司的业务可以分为信托业务、固有业务和特别许可业务三大类。特别许可业务主要有私人股权投资信托业务、信贷资产证券化业务和企业年金信托业务。

3. [答案] ABDE

[解析] 本题的考点为融资租赁合同。融资租赁合同主要具有以下特征：①融资租赁合同是诺成、要式合同；②融资租赁合同是双务、有偿合同；③融资租赁合同是不可单方解除的合同。

4. [答案] BCDE

[解析] 本题的考点为金融租赁公司与融资租赁公司的区别。金融租赁公司与融资租赁公司的区别包括行业划分不同、业务内容不同、租赁标的物范围不同、风险管理指标不同。

5. [答案] ACDE

[解析] 本题的考点为金融租赁公司的盈利模式。金融租赁公司的盈利模式具体包括债权收益、余值收益、服务收益和运营收益。

第七章 金融工程与金融风险

本章考情分析

年份	单项选择题	多项选择题	案例分析题	合计
2018 年	6 题 6 分	2 题 4 分	4 题 8 分	18 分
2017 年	4 题 4 分	2 题 4 分	4 题 8 分	16 分
2016 年	4 题 4 分	1 题 2 分	4 题 8 分	14 分
2015 年	6 题 6 分	2 题 4 分	4 题 8 分	18 分

本章考点概览

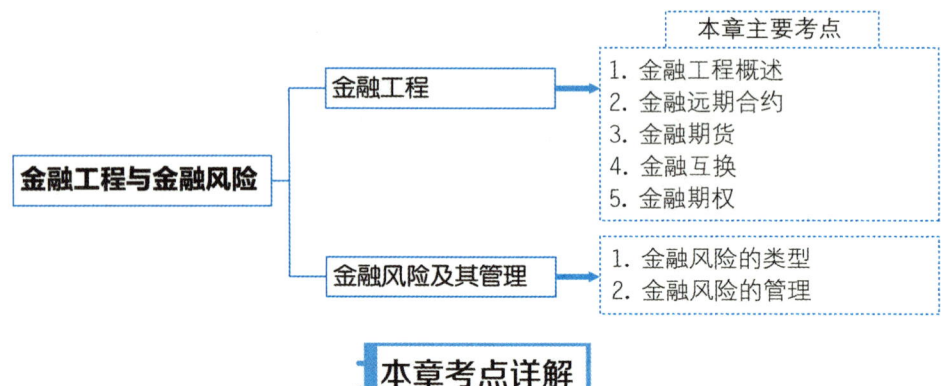

本章考点详解

第一节 金融工程

【考点一】金融工程概述

一、金融工程的含义

金融工程的含义如表 7-1-1 所示。

表 7-1-1 金融工程的含义

含义	具体内容
狭义	金融工程就是金融风险管理的技术和方法

续表

含义	具体内容
广义	金融工程包括新型工具与金融手段的设计、开发与实施以及对金融问题给予创造性地解决。金融工程可以分为以下三个方面的内容： (1) 新型金融工具的设计和创造。它包括新型银行账户、新型基金、新的保险品种、新的住宅抵押形式等针对普通消费者的金融产品，也包括新的债务工具、股权工具、风险控制工具等基于企业需要而设计出的金融产品 (2) 创新性金融过程的设计和开发。例如，运用新技术降低金融运作的成本，根据金融管制的变更改变金融运作的方式，市场套利机会的发掘和利用，发行、交易和清算系统的改进等 (3) 针对企业整体金融问题的创造性解决方略。例如，创造性的现金管理策略、债务管理策略、企业融资结构、杠杆收购、项目融资等

二、发展金融工程的意义

（1）发展金融工程有利于规范金融市场的行为和加强对商业银行等金融机构的业务管制，这也是金融立法和金融管制的基本任务。

（2）发展金融工程将使金融产品和金融工具的品种更为多样化，更有利于公平竞争，也能更有效地配置社会资本资源。

（3）发展金融工程将推动我国商业银行及其他金融机构的业务现代化并向国际规范靠拢。

三、金融工程与风险管理

（一）金融工程管理风险的方式

规避风险是金融工程师开发品种繁多的金融工具的主要功能。风险管理在金融工程中居于核心地位。金融工程管理风险的方式主要有：分散风险（多元化投资）和转移风险。

（二）金融工程相比传统风险管理的优势

（1）更高的准确性和时效性。

（2）低成本。衍生品交易操作时多采用财务杠杆方式，可以减少交易者管理风险的成本；降低了寻找交易对手的信息成本。

（3）灵活性。场内的衍生品交易不存在现货市场的卖空限制问题；场外衍生品可随时根据客户需要为其"量身订制"新的金融产品。

四、金融工程的应用领域

（1）金融产品创新。
（2）资产定价。这是金融工程的核心任务。
（3）金融风险管理。这是金融工程最主要的应用领域。
（4）投融资策略设计。
（5）套利。

五、金融工程的基本分析方法

金融工程的基本分析方法包括积木分析法、套利定价法、风险中性定价法以及状态价格定价技术。

（一）积木分析法

积木分析法是金融工程中的一种常用分析方法，主要是通过将金融产品如同积木一般地分解组合，辅助金融问题的解决和产品创新，金融工程师的基本积木包括基础资产、货币资产、远期、期货、互换和期权。

(二)套利定价法

套利定价法是定价理论中最基本的原则之一,严格意义上的套利是在某项金融资产的交易过程中,交易者可以在不需要期初投资支出的条件下获得无风险报酬,这一点通常需要以金融市场可以无限制卖空为前提。无套利定价的原则是对于有效率的市场,市场价格必然会由于套利行为作出相应调整,重新回到均衡的状态。

(三)风险中性定价法

风险中性定价法是指在对衍生产品进行定价时,可以作出一个有助于大大简化工作的简单假设:所有投资者对于标的资产所蕴含风险的态度都是中性的,既不偏好也不厌恶。在此条件下,所有证券的预期收益都等于无风险利率,因此风险中性的投资者并不需要额外的收益来吸引他们承担风险。同样,在风险中性条件下,所有现金流都应该使用无风险利率进行贴现求得现值。

(四)状态价格定价技术

该技术利用假象的状态资产进行任何产品损益的复制,进而进行定价的技术。

状态价格是指一种有价证券在经过一段时间以后,其价值会出现两种可能:一种可能是向上,另一种可能是向下。如何为这种证券确定当前的价格,就是状态价格定价法所要研究的问题。从本质上说,状态价格定价法运用的是无套利的分析方法。

六、金融产品定价的基本假设

(1) 市场不存在摩擦,即没有交易费用和税收。
(2) 市场参与者能以相同的无风险利率借入和贷出资金。
(3) 不考虑对手违约风险。
(4) 允许现货卖空行为。
(5) 市场不存在套利机会,这使得我们算出的理论价格就是无套利均衡价格。
(6) 可以买卖任意数量的资产。

经典例题

[2015年真题·多选题] 金融工程的主要领域有( )。
A. 金融产品创新　　　　　　　B. 金融体制改革
C. 金融风险管理　　　　　　　D. 资产定价
E. 离岸货币借贷
[答案] ACD
[解析] 金融工程的应用领域有:①金融产品创新;②资产定价;③金融风险管理;④投融资策略设计;⑤套利。

[例题·多选题] 金融工程的基本分析方法包括( )。
A. 积木分析法
B. 套利定价法
C. 风险中性定价法
D. 状态价格定价技术
E. 风险分析定价法
[答案] ABCD
[解析] 金融工程的基本分析方法包括积木分析法、套利定价法、风险中性定价法以及状态价格定价技术。

【考点二】金融远期合约

一、远期价格

（一）概念

远期价格是使得远期合约价值为零的交割价格。它依赖于标的资产的现价。

远期合约签订时，买卖双方不需要交换任何现金流，因此远期合约价值（f_t）为 0，故此时远期合约的无套利交割价格（K）应该等于标的资产的远期价格（F_t）；否则，套利者可以通过买卖标的资产现货和远期合约获取无风险利润，直至市场套利机会消失。

（二）无红利股票在 $[t, T]$ 时间段的远期价格

$$F_t = S_t e^{r(T-t)}$$

其中，F_t 是远期价格；S_t 是股票当前的价格；r 是无风险连续复利；T 是到期时间；上式表示的是股票在 $[t, T]$ 时间段的远期价格。

（三）有现金收益资产的远期价格

$$F_t = (S_t - I_t) e^{r(T-t)}$$

其中，I_t 是在 $[t, T]$ 时间段内持有资产获得现金收益的折现值，如债券的票息、股票的现金红利的折现。

（四）有红利率资产的远期价格（远期汇率）

$$F_t = S_t e^{(r-q)(T-t)}$$

其中，q 表示标的资产的红利率，如外汇远期合约中外币的存款利率，股票的股票红利，股指的红利率等。该公式用于远期外汇合约时，计算出的外汇远期价格称为远期汇率。

远期价格的公式表明资产的远期价格仅与当前的现货价格有关，与未来的资产价格无关，因此远期价格并不是对未来资产价格的预期。

【提示】红利是公司除股息之外根据公司盈利的多少向股东分配的公司盈余。红利率则是红利与盈利的比例。

二、金融远期合约的价值

金融远期合约的价值即买卖双方在交易远期合约时买方应该向卖方支付的现金，即产品本身的价值。

金融远期合约在任意时点 t 的价值为：

$$f_t = (F_t - K) e^{-r(T-t)}$$

其中，f_t 是远期合约在 t 时点的价值；F_t 是标的资产在 $[t, T]$ 时间段的远期价格；K 是远期合约的交割价格；T 是远期合约的到期日。

从公式可以看出，当标的资产价格增加时，远期价格增大，因此远期合约价值增大，而当标的资产价格下跌时，远期价格减小，此时远期合约价值变小，甚至可能为负值。

经典例题

[例题·单选题] 远期价格的公式表明资产的远期价格仅与（　　）有关。

A. 未来的资产价格　　　　　　B. 当前的现货价格
C. 交割价格　　　　　　　　　D. 资产真实价值

[答案] B

[解析] 远期价格的公式表明资产的远期价格仅与当前的现货价格有关，与未来的资产价格无关，因此远期价格并不是对未来资产价格的预期。

三、远期利率协议的交割与估值

(一) 远期利率协议的交割

(1) **远期利率协议(FRA)** 是指买卖双方同意从未来某一时刻开始在后续的一定时期内按协议利率借贷一笔数额确定,以具体货币表示的名义本金的协议。

(2) 远期利率协议的**买方**是名义借款人,其订立远期利率协议的目的是**规避利率上升**的风险。远期利率协议的**卖方**是名义贷款人,其订立远期利率协议的目的是**规避利率下降**的风险。之所以称为"名义",是因为**借贷双方不必交换本金**,只是在交割日根据协议利率和参考利率之间的差额,交割利息差的折现值。

(3) FRA 中涉及三个时间点:一个是协议生效日;另一个是名义贷款起息日,即交割日;还有一个是名义贷款到期日,即到期日。**远期利率协议的表示通常是交割日×到期日,如 2×6 的远期利率协议表示 2 个月之后开始的期限为 4 个月 (6−2=4) 贷款的远期利率**,如图 7-1-1 所示。

图 7-1-1 名义贷款权限期限

(4) **FRA 的交割日是在名义贷款期初,而不是在名义贷款期末**,因此交割额的计算需要将利息差进行贴现,具体以 FRA 买方损益为例,计算公式如下:

$$交割额 = \frac{(参考利率-协议利率) \times 协议本金数额 \times \frac{协议期限天数}{年基准天数}}{1+\left(参考利率 \times \frac{协议期限天数}{年基准天数}\right)}$$

一般美元的年基准天数取 360 天,英镑的年基准天数取 365 天。参考利率一般选取被广泛接受的市场利率,如美国是 Libor,我国是 Shibor,用以计算交割额。**若参考利率>协议利率,交割额为正,卖方向买方支付交割额;若参考利率<协议利率,交割额为负,买方向卖方支付交割额。**

(二) 远期利率协议的估值

远期利率协议与其他远期合约一样,在签订时理论价值为 0,因此其协议利率等于远期利率。

【考点小贴士】特别注意掌握远期利率协议的特征,区分执行过程中涉及三个时间点:协议生效日、贷款交割日和贷款到期日。

经典例题

[2017 年真题·单选题] 某投资者欲买入一份 6×12 的远期利率协议,该协议表示的是 ( )。
A. 6 个月之后开始的期限为 12 个月贷款的远期利率
B. 自生效日开始的以 6 个月后利率为交割额的 12 个月贷款的远期利率
C. 6 个月之后开始的期限为 6 个月贷款的远期利率
D. 自生效日开始的以 6 个月后利率为交割额的 6 个月贷款的远期利率
[答案] C
[解析] 6×12 的远期利率协议表示 6 个月之后开始的期限为 6 个月 (12−6) 贷款的远期利率。

四、金融远期合约的套期保值

根据买卖方向不同,金融远期合约的套期保值分为多头套期保值和空头套期保值。**多头**套期保值是指**买入**远期合约的套期保值;**空头**套期保值是指**卖出**远期合约的套期保值。

(一) 基于远期利率协议的套期保值

当投资者担心**利率上升**给自己造成损失时,可以通过**购买**远期利率协议进行套期保值,其结果是将未来借款利率固定在某一水平上。它适用于打算在未来融资的公司，以及打算在未来某一时间出售已持有债券的投资者。

相反，当投资者担心利率下降给自己造成损失时，可以通过卖出远期利率协议进行套期保值，其结果是将未来投资的收益固定在某一水平上。它适用于打算在未来进行投资的公司或未来要发行短期贷款的金融机构。

例如，A公司计划在3个月之后借入一笔为期6个月的5 000万美元债务。根据银行报价，该公司目前能以6%的利率水平借入资金，但该公司担心6个月后市场利率将上升。为此，他可以买入一份名义本金为5 000万美元的3×9远期利率协议。假设现在银行挂出的3×9的远期利率协议的报价为6.25%，那么A公司就可以把借款利率锁定在6.25%的水平上。

(二) 基于远期外汇合约的套期保值

多头套期保值就是通过买入远期外汇合约来避免汇率上升的风险。它适用于在未来某日期将支出外汇的机构和个人，如进口商品、出国旅游、到期偿还外债和计划进行外汇投资等。

空头套期保值就是通过卖出远期外汇合约来避免汇率下降的风险。它适用于在未来某日期将收到外汇的机构和个人，如出口商品、提供劳务、现有的对外投资和到期收回贷款等。

当两种货币之间（如日元和加元之间）没有合适的远期合约时，套期保值者可利用第三种货币（如美元）来进行交叉套期保值。

【考点小贴士】掌握远期利率协议和远期外汇合约的套期保值操作方式，什么时候应该多头、什么时候应该空头。

经典例题

[例题·单选题] 当投资者担心利率（　　）给自己造成损失时，可以通过购买远期利率协议进行套期保值。
A. 下降
B. 升高
C. 保持不变
D. 急剧波动

[答案] B

[解析] 当投资者担心利率上升给自己造成损失时，可以通过购买远期利率协议进行套期保值，其结果是将未来借款利率固定在某一水平上。它适用于打算在未来融资的公司，以及打算在未来某一时间出售已持有债券的投资者。

【考点三】金融期货

金融期货包括股指期货、货币期货和利率期货。

一、金融期货的价格

期货是场内进行的标准化交易，其每日盯市结算、每日结清浮动盈亏的制度决定了期货在任何时间点处的理论价值为0，即期货的报价相当于远期合约的协议价格，故期货的报价理论上等于标的资产的远期价格。

二、金融期货的套期保值

(一) 完全套期保值

(1) 如果投资者希望套保的现货资产的种类和规模能够与市场上交易的期货的标的资产种类以及期货规模相匹配，可以进行类似远期合约的完全套期保值。

(2) 在实际运用中，套期保值的效果会受到三个因素的影响：①需要避险的资产与期货标的资产不完全一致；②套期保值者不能确切地知道未来拟出售或购买资产的时间，因此不容易找到时间完全匹配的期货；③需要避险的期限与避险工具的期限不一致。

(二) 基差风险与套期保值工具的选择

(1) 基差是指被对冲资产的现货价格与用于对冲的期货合约的价格之差。其计算公式为：

基差(Basis) ＝待保值资产的现货价格－用于保值的期货价格

(2) 由于期货价格和现货价格都是波动的，在期货合同的有效期内，基差也是波动的。基差的不确定性被称为基差风险。

降低基差风险实现套期保值关键是选择匹配度高的对冲期货合约。它包括两个方面：①选择合适的标的资产。标的资产价格与保值资产价格的相关性越好，基差风险越小。②选择合约的交割月份。尽量选择与套期保值到期日相一致的交割月份，从而使基差风险最小。

(三) 最优套期保值比率的确定

1. 套期保值比率

套期保值比率是指期货合约的头寸规模与套期保值资产规模之间的比率，若 h 表示套期保值比率，Q_F 表示一份期货合约的规模，N 表示期货的份数，N_S 表示待保值资产的数量，则：

$$h = N\frac{Q_F}{N_S}$$

即

$$套期保值比率 = 期货的份数 \times \frac{一份期货合约的规模}{待保值资产的数量}$$

可推导出，

$$期货的份数 = 套期保值比率 \times \frac{待保值资产的数量}{一份期货合约的规模}$$

当套期保值资产价格与标的资产的期货价格相关系数等于 1 时，为了使套期保值后的风险最小，套期保值比率应等于 1。而当相关系数不等于 1 时，套期保值比率就可能不等于 1。

2. 最优套期保值比率的理解

在 1 单位现货空头用 N 单位期货多头进行套期保值的情形下，投资者的整个套期保值组合的价值变动可以表达为：

$$\Delta H = N\Delta Q_F - \Delta N_S$$

对现货来说，价格就是价值，现货价格的变动 ΔN_S 就是现货头寸价值的变动。对期货来说，尽管价格不等于价值，但 1 单位期货价格的变动 ΔQ_F 也反映了 1 单位期货头寸价值的变动。

最优套期保值比率就是使得套期保值组合的价值变动对被套期保值的资产价值的变化敏感性为零的套期保值比率，也就是完全消除了现货资产价值变动带来的具有风险的套期保值比率，即得出：

$$\frac{\partial(\Delta H)}{\partial(\Delta N_S)} = 0$$

的套期保值比率。简单计算即可得到，无论多头套期保值还是空头套期保值，都有：

$$N = \frac{\partial(\Delta N_S)}{\partial(\Delta Q_F)}$$

这个公式体现了期货最优套期保值比率的本质含义：期货到期时，期货价格每变动 1 单位时，被套期保值的现货价格变动的量。反过来也就意味着 1 单位的现货需要 n 单位的期货头寸对其进行套期保值，才能达到最优的消除风险的效果。

3. 货币期货的最优套期保值比率

货币期货的套期保值方向选择与外汇远期是相同的，当面临外币汇率上升带来的损失时，可以买入该外币的期货；相反，则卖出该外币的期货。

货币期货在方差最小的意义下，其最优套期保值比率为：

$$h = \rho \frac{\sigma_S}{\sigma_F}$$

其中，σ_S 代表 ΔS 的标准差；σ_F 代表 ΔF 的标准差；ΔS 和 ΔF 分别代表套期保值期内即期汇率 S 的变化和外汇期货价格 F 的变化，ρ 表示二者的相关系数。当二者完全相关时，$h=1$，否则 h 不等于 1，它保证了用上述比率配置外汇期货进行套保，可以使组合价值变动最小，即在方差意义下风险最小，此时期货的最佳数量为：

$$N = \rho \frac{\sigma_S}{\sigma_F} \frac{N_S}{Q_F}$$

4. 股指期货最佳套期保值数量（掌握计算）

$$N = \beta \frac{V_S}{V_F}$$

其中，V_S 为股票组合的价值；V_F 为单位股指期货合约的价值（＝期货价格×合约大小）；β 为该股票组合收益与期货标的股指收益之间的关系。

例如，甲公司打算运用 6 个月期的 S&P500 股价指数期货为其价值 1 000 万美元的股票组合套期保值，该组合的 β 值为 2，当时的期货价格为 400 美元。由于一份该期货合约的价值为 400×500＝20（万美元），因此该公司应卖出的期货合约的数量为：2×（1 000/20）＝100（份）。

【提示】在股指期货交易中，合约的价值是以一定的货币金额与标的指数的乘积来表示。这一定的货币金额是由合约所固定的，称为合约乘数。

因为金额固定，所以期货市场只以该合约的标的指数的点数来报出它的价格。例如，合约乘数为 250 美元的某指数期货合约，若期货市场报出该市场指数为 410 点，则表示一张合约的价值为 102 500 美元（250×410）。而若该指数上涨了 20 点，则表示一张合约的价值增加了 5 000 美元。如沪深 300 指数期货的合约乘数暂定为 300 元/点。假设沪深 300 指数现在是 1 350 点，则一张沪深 300 指数期货合约的价值为 1 350 点×300 元/点＝405 000（元）。如果指数上涨了 10 点，则一张期货合约的价值增加了 3 000 元。如标准·普尔指数（S&P500）规定每点代表 500 美元。

经典例题

[例题·单选题] 某银行打算运用 1 年期股价指数期货为其 1 000 万美元的股票组合套期保值，该组合的 β 值为 1.5，当时一份股指期货合约价值为 20 万美元，则该银行应卖出的期货合约数量为（　　）份。

A. 75　　　　　　　　　　　　　B. 50
C. 65　　　　　　　　　　　　　D. 200

[答案] A

[解析] $N = \beta \frac{V_S}{V_F} = 1.5 \times 1\,000 \div 20 = 75$（份）。

---

5. 利率期货与久期套期保值（掌握计算）

因为利率期货以债券或者短期存款为标的，当利率上升时，债券价格或者短期存款的价格是下跌的。因此利率上升，债券价格下跌，利率期货价格下跌，利率期货空头可以获益。相反，当投资者担心利率下降带来的损失时，要买入利率期货。

【提示】利用利率期货进行套期保值方向与远期利率协议是完全相反的。

令 S 和 D_S 分别表示需进行套期保值资产的价格和久期，F 表示利率期货的价格，D_F 表示期

货合约标的债券的久期。则为了对冲收益率变动对保值债券价值的影响,所需要的期货合约数 N 为:

$$N = \frac{SD_s}{FD_F}$$

例如,2003 年 11 月 20 日,某基金管理者持有 1 000 万美元的美国政府债券,他担心市场利率在未来 6 个月内将剧烈波动,因此他希望卖空 2004 年 6 月到期的长期国债期货合约。

长期国债期货合约目前市价为 64.145 5 美元,该合约规模为 10 万美元面值的长期国债(合约面值的 1‰ 为 1 个点),因此每份合约价值 64 145.50 美元(64.145 5×100 000×1‰)。假设需保值的债券平均久期为 6 年,长期国债期货合约的平均久期为 10.1 年。则为进行套期保值,他应卖空的期货合约数为:

$$N = \frac{10\,000\,000}{64\,145.50} \times \frac{6}{10.10} \approx 92.61 \approx 93\,(份)$$

【考点小贴士】考生不仅需要掌握利率期货的套期保值计算公式,还需要注意套期保值者的操作方向。比如上题,某基金管理者持有债券,他担心市场利率在未来 6 个月内将剧烈波动,这里是担心市场利率上涨还是下降呢?作为债券持有者,肯定是担心债券贬值。而债券价格和市场利率呈反方向运动,因此他是担心市场利率上涨。此时利率期货空头可以获益,即应该卖出期货合约。

经典例题

[例题·单选题] 某企业持有 1 000 万美元债券,因担心市场利率波动希望卖空该笔债券期货合约,该合约目前市价为 20 万美元/份。假设需保值的债券平均久期为 4 年,长期债券期货合约的平均久期为 5 年。则为了进行套期保值,他应卖空的期货合约数为( )份。

A. 200   B. 50
C. 250   D. 40

[答案] D

[解析] $N = \frac{SD_s}{FD_F} = \frac{1\,000}{20} \times \frac{4}{5} = 40$(份)。

(四)滚动套期保值

由于期货合约的有效期通常不超过 1 年,而套期保值的期限有时又长于 1 年,这种情况下,就必须采取滚动的套期保值策略,即建立一个期货头寸,待这个期货合约到期前将其平仓,再建立另一个到期日较晚的期货头寸直至套期保值期限届满。

三、金融期货的套利

金融期货可以利用基差的变动规律进行**期现套利、跨期套利**和**跨市场套利**。其中,跨市场套利主要在外汇期货市场进行,跨期套利通常在同一期货品种不同期限的期货间进行,而期现套利指的是现货与期货反向操作进行套利的方式。

(一)期现套利

期现套利是指利用**期货价格与标的资产现货价格的差异**进行套利的交易。

(二)跨期套利

跨期套利是指在**同一期货市场(如股指期货)的不同到期期限的期货合约之间**进行的套利交易。

(三)跨市场套利

跨市场套利,是指利用同一种期货合约在不同交易所之间的价差而进行的套利交易。

【考点四】金融互换

一、利率互换的定义

利率互换是指买卖双方同意在未来的一定期限内根据同种货币的同样的名义本金交换现金流,其中一方的现金流根据浮动利率计算出来,而另一方的现金流根据固定利率计算,通常双方只交换利息差,不交换本金。

二、货币互换的定义

货币互换是买卖双方将一种货币的本金和固定利息与另一货币的等价本金和固定利息进行交换的协议。其相关公式为:

货币互换买方的价值＝本币债券的价值－外币债券的价值

经典例题

[2017年真题·单选题] 假设某公司于三年前发行了5年期的浮动利率债券,现在利率大幅上涨,公司要支付高昂的利息,为了减少利息支出,该公司可以采用（　　）。
A. 货币互换　　　B. 跨期套利　　　C. 跨市场套利　　　D. 利率互换
[答案] D
[解析] A项,货币互换是买卖双方将一种货币的本金和固定利息与另一货币的等价本金和固定利息进行交换的协议。题干没有显示要规避汇率变动风险,故不合适。B项,跨期套利指在同一期货市场（如股指期货）的不同到期期限的期货合约之间进行的套利交易。C项,跨市场套利指利用同一种期货合约在不同交易所之间的价差而进行的套利交易。B项和C项套利都没有现货交易参与,故不合适。D项,利率互换指买卖双方同意在未来的一定期限内根据同种货币的同样的名义本金交换现金流,其中一方的现金流根据浮动利率计算出来,而另一方的现金流根据固定利率计算,通常双方只交换利息差,不交换本金。

三、金融互换的套利

金融互换的套利运用的是**比较优势原理**。只要满足以下两种条件,就可以通过互换进行套利:①双方对对方的资产或负债均有需求;②双方在两种资产或负债上存在比较优势。

比较优势理论是指两国都能生产两种产品,且一国在这两种产品的生产上均处于有利地位,而另一国均处于不利地位的条件下,如果前者专门生产优势较大的产品,后者专门生产劣势较小（具有比较优势）的产品,那么双方均能从中获益。

(一)利率互换的套利

假设A、B公司都想借入5年期的1 000万美元借款,A公司想借入与6个月期相关的浮动利率借款,B公司想借入固定利率借款。但两家公司信用等级不同,故市场向它们提供的利率也不同。市场提供给A、B两家公司的借款利率如表7-1-2所示。

表7-1-2　市场提供给A、B两家公司的借款利率

	固定利率	浮动利率
A公司	7.00%	6个月期Libor＋1.30%
B公司	8.20%	6个月期Libor＋2.00%

此时,A的借款利率均比B低。但在固定利率市场上A比B公司的融资成本低1.2%

(8.20%－7.00%)，而在浮动利率市场 A 比 B 公司的融资成本仅低 0.7%［(Libor＋2.00%)－(Libor＋1.30%)］，我们可以将这种情形称为，A 在两个市场上均具有绝对优势，但 A 公司在固定利率市场上有比较优势，而 B 则在浮动利率市场上具有比较优势（劣势较小）。这样双方就可利用各自的比较优势为对方借款，然后互换，从而达到共同降低筹资成本的目的。

如果 A 与 B 不合作，它们的总筹资成本为：8.20%＋6 个月 Libor＋1.30%＝Libor＋9.5%。

如果合作，总筹资成本为：7.00%＋6 个月期 Libor＋2.00%＝Libor＋9%。

互换收益为 0.5%（1.2%－0.7%），若双方平分互换收益 0.5%÷2＝0.25%，则利率互换套利的流程如下图 7-1-2 所示。

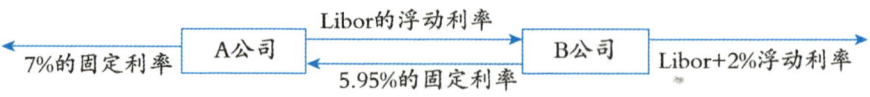

图 7-1-2 A、B 两公司通过利率互换套利

A 公司作为利率互换的卖方，按 Libor 变动支付 B 公司浮动利率，获得 B 公司支付的 5.95% 的固定利率，同时在市场上按 7% 的固定利率借入借款；B 公司作为利率互换的买方，向 A 公司支付 5.95% 的固定利率，获得 A 公司支付的 Libor 浮动利率，同时在市场上按 Libor＋2% 借入浮动利率的借款。

（二）货币互换的套利

假设英镑和美元汇率为 1 英镑＝1.5 美元。A 公司想借入 5 年期的 2 000 万英镑借款，B 公司想借入 5 年期的 2 500 万美元借款。市场向它们提供的固定利率如表 7-1-3 所示。

表 7-1-3 其他金融机构向 A、B 两家公司提供的借款利率

	美元	英镑
A 公司	9.00%	12.60%
B 公司	11.00%	13.00%
A－B	－2.00%	－0.40%

此时，A 的借款利率均比 B 低。但在美元市场上 A 比 B 公司的融资成本低 2%，而在英镑市场 A 比 B 公司的融资成本仅低 0.4%，我们可以将这种情形称为，A 在两个市场上均具有绝对优势，但 A 公司在美元市场上有比较优势，而 B 则在英镑市场上具有比较优势（劣势较小）。这样双方就可利用各自的比较优势为对方借款，然后互换，从而达到共同降低筹资成本的目的。

如果 A 和 B 合作，存在 1.6%（2.00%－0.40%）的套利利润即互换收益，若双方平分互换收益 1.6%÷2＝0.8%，则货币互换套利的流程如下图 7-1-3 所示。

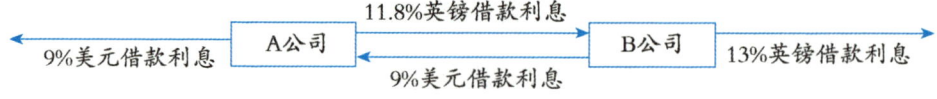

图 7-1-3 A、B 两公司通过货币互换套利

这种情况下，A 最终融资英镑的成本为 11.8%（12.6%－0.8%），达到了借入英镑的目的，B 最终融资美元成本为 10.2%（11%－0.8%），达到了美元借款的目的，同时相比直接在市场上融资，A、B 公司均节省了 0.8% 的成本。

四、运用利率互换管理利率风险

利用利率互换管理资产或者负债中利率风险的方式是转换资产或者负债的利率性质，如固定利率的资产（负债）通过互换可以转换为浮动利率的资产（负债）。

（1）利用互换来调整债务时，一般为了使债务与利率敏感性资产相匹配、降低筹资成本，或者增加负债能力。

（2）利用互换来调整资产时，一般为了提高收益率。

五、运用货币互换管理汇率风险

通过货币互换转换资产或债务组合的货币构成，在全球各市场之间进行套利。一方面降低筹资者的融资成本或提高投资者的资产收益，另一方面促进全球金融市场的一体化。

【考点小贴士】利率互换和货币互换套利的思路一致，考生需掌握互换的操作方法。

【考点五】金融期权

一、金融期权的价值结构

期权费，也称期权的权利金，是指期权交易中的价格，即购买期权的一方为自己获得的买入标的资产或卖出标的资产的权利预先支付给期权卖方的费用。期权费由两部分构成：内在价值和时间价值。

（一）内在价值（期权买方的收益）

内在价值指期权按敲定价格立即行使时所具有的价值，一般大于零。对于看涨期权来说，内在价值相当于标的资产现价与敲定价格（协议价格）的差；而对于看跌期权来说，内在价值相当于敲定价格与标的资产现价的差。

【考点小贴士】看涨期权和看跌期权的概念请查看第一章第四节考点二主要的金融衍生品。

（二）时间价值

时间价值指的是期权费减去内在价值部分以后的余值。在实务中，所有期权的出售方都无一例外地要求买方支付的期权费高于期权的内在价值。

期限越长的期权，基础资产价格发生变化的可能性越大，因而期权的时间价值越大。在敲定价格既定时，期权费大小与期权的期限长短成正比。期权越临近到期日，时间价值就越小，这种现象被称为时间价值衰减。当期权临近到期日时，在其他条件不变的情况下，其时间价值下降速度加快，并逐渐趋向于零，一旦到达到期日，期权的时间价值将为零。

二、金融期权价值的合理范围

（一）欧式看涨期权价值的合理范围

$$\max[S_t - X\,\mathrm{e}^{-r(T-t)}, 0] \leqslant c \leqslant S_t$$

其中，S_t 为标的资产的现价；X 为期权的执行价格；e 为自然对数均底，约等于 2.718 28；r 为无风险利率；t 为当前时间；T 为期权到期时间；c 是欧式看涨期权的期权费。由于欧式期权不能提前执行，因此，其内在价值通过折现进行了调整。

（二）欧式看跌期权价值的合理范围

$$\max[X\,\mathrm{e}^{-r(T-t)} - S_t, 0] \leqslant p \leqslant X\,\mathrm{e}^{-r(T-t)}$$

其中，p 为欧式看跌期权的期权费。

（三）美式看涨期权价值的合理范围

当标的资产没有红利支付时，美式看涨期权虽可以提前执行，但会损失货币的时间价值，因此提前执行美式看涨期权是不合理的。其价值的合理范围与欧式看涨期权相同。不过当标的资产有红利或利息支付时，美式看涨期权是可以提前执行的。

(四)美式看跌期权价值的合理范围

$$\max[X-S_t, 0] \leq p \leq X$$

【提示】欧式期权是指买入期权的一方必须在期权到期日当天或在到期日之前的某一规定的时间才能行使的期权。美式期权是指可以在成交后有效期内任何一天被执行的期权。

三、金融期权的套期保值

(一)利用期权为现货资产套期保值

当未来需要**买入现货资产**,担心未来价格上涨增加购买成本时,可以**买入看涨期权**进行套期保值;当未来需要**卖出现货资产**,担心未来价格下跌降低资产收益时,可以**买入看跌期权**进行套期保值。

(二)期权的动态套期保值

影响期权价值的因素主要包括**标的资产价格、标的资产的波动率、无风险利率、到期期限和执行价格五个因素**。

四、金融期权的套利

(一)看涨期权与看跌期权之间的套利

相同标的资产、到期日以及相同执行价格的欧式看涨期权和欧式看跌期权之间应该满足平价关系:

$$c + X e^{-r(T-t)} = S_t + p$$

其中,c 为欧式看涨期权价值;p 为欧式看跌期权价值。

如果 $c + X e^{-r(T-t)} > S_t + p$,则以 1 单位标的资产为例,可以在期初卖出 1 单位看涨期权,同时借入 $X e^{-r(T-t)}$ 的资金,买入 1 单位的看跌期权和 1 单位标的资产,剩余金额 $[c + X e^{-r(T-t)}] - (S_t + p)$ 即为净获利利润,到期平仓所有头寸即可。

假设某投资者认为某一股票的价格在以后的 3 个月中将发生重大变化,该股票的现行市场价值为 69 美元,该投资者可以通过同时购买到期期限为 3 个月,执行价格为 70 美元的一个看涨期权和一个看跌期权来进行套利。假定看涨期权的成本为 5 美元,看跌期权的成本为 4 美元,总成本为 9 美元(5+4)。如果股票价格保持 69 美元不变,则该策略的成本为 8 美元(初始投资 9 美元,此时看涨期权到期价值为 0,看跌期权到期价值为 1 美元)。如果到期时股票价格为 70 美元,则会有 9 美元的损失(这是可能发生的最坏情况)。但是,如果股票价格跳跃到 90 美元,则该策略可获利 11 美元(90-70-9);如果股票价格跌到 55 美元,可获利 6 美元(70-55-9)。

(二)垂直价差套利

相同标的资产、相同期限、**不同协议价格**的看涨期权的价格或看跌期权的价格之间存在一定的不等关系,一旦在市场交易中存在合理的不等关系被打破,则存在套利机会,这种套利称为垂直价差套利,包括**蝶式价差套利、盒式价差套利和鹰式价差套利**等。

如蝶式价差套利,为简便起见,我们考虑三种协议价格 X_1、X_2 和 X_3,相同标的资产,相同到期日的看涨期权,$X_2 = (X_1 + X_3) \div 2$,利用套利定价原理我们可以推导出三者的期权应该满足:$2c_2 < c_1 + c_3$,当该关系不满足时,可以通过买入执行价格为 X_1 和 X_3 的期权,卖出执行价格为 X_2 的期权进行套利。

假定某一股票的现价为 61 美元,如果某个投资者认为这以后的 6 个月中股票价格不可能发生重大变化。假定 6 个月期看涨期权的市场价格如表 7-1-4 所示。

表 7-1-4　6 个月期看涨期权的市场价格

执行价格（美元）	看涨期权的价格（美元）
55	10
60	7
65	5

通过购买一个执行价格为 55 美元的看涨期权，购买一个执行价格为 65 美元的看涨期权，同时出售两个执行价格为 60 美元的看涨期权，投资者就可以构造一个蝶式价差期权。构造这个期权组合的成本为 10＋5－（2×7）＝1（美元）。如果在 6 个月后，股票价格高于 65 美元或低于 55 美元，该策略的收益为 0，投资者的净损失为 1 美元。如果股票价格在 56～64 美元，运用该策略就可以获利。当 6 个月后股票价格为 60 美元时，会得到最大利润 4 美元（60－55－1）。

（三）水平价差套利

水平价差套利是利用相同标的资产、相同协议价格、**不同期限的看涨期权或看跌期权价格**之间的差异来赚取无风险利润。

（四）波动率交易套利

若知道期权的价格，通过期权定价公式反向求解，可以计算出标的资产的一个波动率，称为期权的隐含波动率。隐含波动率过高则意味着期权相对昂贵，如果过低，期权就会相对便宜。由于波动率具有可预测性，因此可以通过预测波动率与隐含波动率的比较确定期权价值的涨跌。一般可以通过看涨和看跌期权的组合进行套利，即跨式组合套利。

【考点小贴士】金融期权套利首先掌握四种套利的分类。其次理解掌握看涨期权与看跌期权之间的套利、蝶式价差套利的套利思路，会计算利润收益。

第二节　金融风险及其管理

【考点一】金融风险的类型

按金融风险的成因分类，金融风险分为信用风险、市场风险（包括利率风险、汇率风险和投资风险）、流动性风险、操作风险、法律风险与合规风险、国家风险、声誉风险。

按金融风险能否分散分类，金融风险分为系统性风险和非系统性风险。

一、信用风险

信用风险是指债务人或交易对手未能履行合约所规定的义务，或信用质量发生改变而影响金融产品价值，从而给债权人或金融商品持有人造成经济损失的风险。

广义的信用风险是指由于信用因素，金融机构的实际收益结果与预期目标发生背离，金融机构在经营活动中遭受损失或获取额外收益的一种可能性。

狭义的信用风险是指因交易对手无力履行合约而造成经济损失的风险，即违约风险。

二、市场风险

（一）市场风险的概念

（1）**广义的市场风险**是指金融机构在金融市场的交易头寸由于市场价格因素的变动而可能带来的收益或损失。

（2）**狭义的市场风险**是指金融机构在金融市场的交易头寸由于市场价格因素的不利变动而可

能遭受的损失。

(二) 市场风险的分类

市场风险包括汇率风险、利率风险和投资风险三类。

1. 汇率风险

汇率风险的具体内容如表7-2-1所示。

表 7-2-1 汇率风险

项目		具体内容
定义		汇率风险是指有关主体在不同币别货币的相互兑换和折算中,因汇率在一定时间内发生意外变动,而蒙受经济损失的可能性
类型	交易风险	是指有关主体在因实质性经济交易而引致的不同货币的相互兑换中,因汇率在一定时间内发生意外变动而蒙受实际经济损失的可能性
	折算风险	有时称为会计风险,是为了合并母子公司的财务报表,在用外币记账的外国子公司的财务报表转变为用母公司所在国货币重新做账时,导致账户上股东权益项目的潜在变化所造成的风险
	经济风险	有关企业在长期从事的国际经营活动中,如果未来的现金收入流和现金支出流在货币上不相匹配,则必然会发生不同货币之间的相互兑换或折算。当汇率发生始料未及的变动时,这些企业就会蒙受以本币计量的未来现金收入流减少或现金支出流增多的经济损失。这种情形就是经济风险

2. 利率风险

利率风险是指有关主体在货币资金借贷中,因利率在借贷有效期中发生意外变动,而蒙受经济损失的可能性。利率风险的具体表现如表7-2-2所示。

表 7-2-2 利率风险的具体表现

角度	情形
借方的利率风险	(1) 以固定利率的条件借入长期资金后利率下降,借方蒙受相对于下降后的利率水平而多付利息的经济损失 (2) 以浮动利率的条件借入长期资金后利率上升,借方蒙受相对于期初的利率水平而多付利息的经济损失 (3) 连续不断地借入短期资金,而利率不断上升,借方蒙受不断多付利息的经济损失
贷方的利率风险	(1) 以固定利率的条件贷出长期资金后利率上升,贷方蒙受相对于上升后的利率水平而少收利息的经济损失 (2) 以浮动利率的条件贷出长期资金后利率下降,贷方蒙受相对于期初的利率水平而少收利息的经济损失 (3) 连续不断地贷出短期资金,而利率不断下降,贷方蒙受不断少收利息的经济损失
借贷双方组合体(如商业银行的利率风险)	(1) 利率不匹配的组合利率风险 (2) 期限不匹配的组合利率风险

3. 投资风险

投资风险是指有关主体在股票市场、金融衍生产品市场进行投资中,因股票价格、金融衍生产品价格发生意外变动,而蒙受经济损失的可能性。

三、流动性风险

流动性风险是指商业银行无法以合理成本及时获得充足资金,用于偿付到期债务、履行其他支付义务和满足正常业务开展的其他资金需求的风险。

流动性风险表现为流动性短缺。

四、操作风险

(一)操作风险的概念

狭义的操作风险是指金融机构的运营部门在运营的过程中,因内部控制的缺失或疏忽、系统的错误等,而蒙受经济损失的可能性。

广义的操作风险是指金融机构信用风险和市场风险以外的所有风险。

"巴塞尔新资本协议"中定义的操作风险包括法律风险,但不包括策略风险和声誉风险。

(二)操作风险的分类

(1) 操作性杠杆风险,即由金融机构外部因素变化所导致的操作风险。例如,由于外部冲击导致金融机构的收入减少。这些外部冲击包括税制和政治方面的变动,法律和监管环境的调整,竞争者的行为和特性的变化等。

(2) 操作性失误风险,即由金融机构内部因素变化所导致的操作风险。这些内部因素主要包括处理流程、信息系统、人事等方面的失误。

五、法律风险与合规风险

(一)法律风险

法律风险是一种特殊的操作风险,是指金融机构与雇员或客户签署的合同等文件,违反有关法律法规,或有关条款在法律上不具备可实施性,或其未能适当地对客户履行法律或法规上的职责,因而蒙受经济损失的可能性。

(二)合规风险

合规风险是指银行因未能遵循法律、监管规定、规则、自律性组织制定的有关准则,以及适用于银行自身业务活动的行为准则,而可能遭受法律制裁或监管处罚、重大财务损失或声誉损失的风险。

六、国家风险

(一)国家风险的概念

国家风险是指经济主体在与非本国交易对手进行国际经贸与金融往来时,由于别国经济、政治和社会等方面的变化而遭受损失的风险。

(二)国家风险的特征

(1) 国家风险发生在国际经济金融活动中,在同一个国家范围内的经济金融活动不存在国家风险。

(2) 在国际经济金融活动中,经济中的每一个主体都有可能遭受国家风险带来的损失。

(三)国家风险的分类

国家风险的分类如表 7-2-3 所示。

表 7-2-3 国家风险的分类

分类依据	分类	概念
按风险主体划分	主权风险	如果与一国居民发生经济金融交易的他国居民为政府或货币当局，政府或货币当局为债务人，不能如期足额清偿债务，而使该国居民蒙受经济损失。这种可能性就是主权风险
	转移风险	如果与一国居民发生经济金融交易的他国居民为民间主体，国家通过外汇管制、罚没或国有化等政策法规限制民间主体的资金转移，使之不能正常履行其商业义务，从而使该国居民蒙受经济损失。这种可能性就是转移风险
按风险事件划分	经济风险	经济风险在于他国因经济状况、国际收支状况、国际储备状况、外债状况等经济因素恶化，出现外汇短缺，而实行外汇管制，限制对外支付等
	政治风险	政治风险在于他国因政权更迭、政局动荡、战争等政治因素恶化，而拒绝或无力对外支付等
	社会风险	社会风险在于他国因社会矛盾、民族矛盾、宗教矛盾等社会环境恶化，而不能正常实施经济政策，导致无力或拒绝对外支付等

七、声誉风险

声誉风险是指金融机构因受公众的负面评价，而出现客户流失、股东流失、业务机遇丧失、业务成本提高等情况，从而蒙受相应经济损失的可能性。

八、系统风险

系统风险是指金融机构从事金融活动或交易所在的整个系统因外部性因素的冲击或内部性因素的牵连而发生剧烈波动、危机或瘫痪，使单个金融机构不能幸免，从而蒙受经济损失的可能性。

【提示】本考点涉及的各种类型的金融风险的要点如表 7-2-4 所示。

表 7-2-4 各种类型的金融风险

金融风险的类型		要点
信用风险		借钱不还，说话不算话
市场风险	汇率风险	汇率变动可能遭受损失
	利率风险	利率变动可能遭受损失
	投资风险	股票投资有风险
流动性风险		需要钱的时候，无法变现、借款
操作风险	操作性杠杆风险	外部因素变化
	操作性失误风险	内部人为操作失误
法律风险与合规风险	法律风险	合同违反法律
	合规风险	银行违反规定
国家风险	主权风险	政府违约
	转移风险	民间主体受政府管制引起的风险
	经济风险	国家外汇短缺，实行外汇管制
	政治风险	他国战争、政局动荡
	社会风险	社会、民族、宗教矛盾
声誉风险		负面评价
系统风险		经济、市场整体系统剧烈波动，非单个风险

> **经典例题**
>
> [2016年真题·单选题] 关于利率风险的说法，正确的是（ ）。
> A. 以浮动利率条件借入长期资金后利率下降，借方蒙受相对多付利息的经济损失
> B. 以固定利率条件借入长期资金后利率上升，借方蒙受相对多付利息的经济损失
> C. 以固定利率条件贷出长期资金后利率上升，贷方蒙受相对少收利息的经济损失
> D. 以浮动利率条件贷出长期资金后利率上升，贷方蒙受相对少收利息的经济损失
> [答案] C
> [解析] 借方的利率风险：以固定利率的条件借入长期资金后利率下降，借方蒙受相对于下降后的利率水平而多付利息的经济损失；以浮动利率的条件借入长期资金后利率上升，借方蒙受相对于期初的利率水平而多付利息的经济损失。A、B 两项错误。贷方的利率风险：以固定利率的条件贷出长期资金后利率上升，贷方蒙受相对于上升后的利率水平而少收利息的经济损失；以浮动利率的条件贷出长期资金后利率下降，贷方蒙受相对于期初的利率水平而少收利息的经济损失。故 C 项正确，D 项错误。
>
> [2015年真题·多选题] 如果某中国个人投资者只购买了以美元计价的股票，则该投资者承担的市场风险有（ ）。
> A. 利率风险　　　　　　　　　B. 汇率风险中的交易风险
> C. 汇率风险中的折算风险　　　D. 汇率风险中的经济风险
> E. 投资风险
> [答案] BE
> [解析] 根据题意，中国投资者购买美元计价股票，需承担汇率风险，而汇率风险进一步细分中的交易风险，是指有关主体在因实质性经济交易而引致的不同货币的相互兑换中，因汇率在一定时间内发生意外变动而蒙受实际经济损失的可能性。故 B 项正确。市场风险包括汇率风险、利率风险和投资风险三类。投资风险是指有关主体在股票市场、金融衍生产品市场进行投资中，因股票价格、金融衍生产品价格发生意外变动，而蒙受经济损失的可能性。故 E 项正确。

【考点二】金融风险的管理

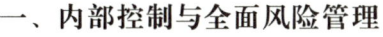

一、内部控制与全面风险管理

（一）内部控制及其要素

1. 内部控制的定义

中国银行业监督管理委员会于 2014 年印发修订后的《商业银行内部控制指引》将内部控制定义为：内部控制是商业银行董事会、监事会、高级管理层和全体员工参与的，通过制定和实施系统化的制度、流程和方法，实现控制目标的动态过程和机制。

2. 内部控制的要素

内部控制的要素包括五项，即：①控制环境；②风险评估；③控制活动；④信息与沟通；⑤监督。

3. 内部控制系统的要素

巴塞尔银行监管委员会在 1998 年颁布的《银行内部控制系统的框架》中，提出商业银行的内部控制系统包括管理监督与控制文化、风险识别与评估、控制活动与职责划分、信息与沟通、监管活动与错误纠正五项要素。

（二）全面风险管理及其架构

1. 全面风险管理的含义

全面风险管理是一个过程，它由一个主体的董事会、管理层和其他人员实施，应用于战略制

定并贯穿于企业之中，用于识别那些可能影响主体的潜在事件，管理风险以使其在该主体的风险偏好之内，并为主体目标的实现提供合理的保证。

2. 全面风险管理的架构

全面风险管理是三个维度的立体系统。这三个维度包括：①企业目标；②风险管理的要素；③企业层级。

二、金融风险管理的流程

（一）风险识别

风险识别的方法主要有以下两种。

(1) "筛选—监测—诊断法"。

(2) 风险树搜寻法。

（二）风险评估

风险评估的内容包括估计经济损失发生的频率和测算经济损失的严重程度。

不同风险的评估方法如表 7-2-5 所示。

表 7-2-5 不同风险的评估方法

评估方法	具体包括
信用风险的评估方法	Zeta 法、信用计量（Creditmetrics）模型、KMV 模型、Credit Risk＋模型和 Credit Portfolio View 麦肯锡模型
市场风险的评估方法	风险累积与聚集法、概率法、灵敏度法、波动性法、风险价值法（VaR 法）、极限测试法、情景分析法
操作风险的评估方法	初级计量法（包括基本指标法和标准化法）和高级计量法（包括内部测算法和损失分布法）

（三）风险分类

风险分类是根据风险识别和评估的结果，按照所面临的每种风险发生的频率和严重性，将其分别归入不同的"风险级别"。

（四）风险控制

风险控制是针对确需管理的风险，在诸多的风险管理的政策措施中作出选择，并具体实施与之相应的管理方法。

（五）风险监控

风险监控是按照风险政策和程序，对风险控制的运作进行监督和控制。

（六）风险报告

风险报告是定期通过管理信息系统，将风险及其管理情况报告给董事会、股东和监管当局。

经典例题

[2012 年真题·单选题] 风险价值法（VaR 法）主要用于（　　）的评估。

A. 信用风险　　　　　　　　　B. 市场风险

C. 汇率风险　　　　　　　　　D. 投资风险

[答案] B

[解析] 市场风险的评估方法有风险累积与聚集法、概率法、灵敏度法、波动性法、风险价值法（VaR 法）、极限测试法和情景分析法。

三、信用风险的管理

(一) 机制管理

机制管理是建立起针对信用风险的管理机制。信用风险的管理机制有：

(1) 审贷分离机制。

(2) 授权管理机制。

(3) 额度管理机制。

(二) 过程管理

过程管理就是针对信用由提供到收回的全过程，在不同的阶段采取不同的管理方法。对商业银行而言，过程管理主要包括以下三个方面。

1. 事前管理（信用管理"5C""3C"分析）

在此阶段，商业银行审查的核心是借款人信用状况，决策的核心是贷与不贷、以什么利率水平贷。

对分析信用借款人的信用状况，商业银行一方面可以直接利用社会上独立评级机构对借款人的信用评级结果，另一方面可以自己单独对借款人进行信用的"5C"和"3C"分析。

"5C"分析是分析借款人的偿还能力（Capacity）、资本（Capital）、品格（Character）、担保品（Collateral）和经营环境（Conditions）。

"3C"分析是分析现金流（Cash）、管理（Control）和事业的连续性（Continuity）。

2. 事中管理

在事中管理阶段，商业银行要进行贷款风险分类。目前采用的贷款五级分类方法，即把已经发放的贷款分为正常、关注、次级、可疑和损失五个等级。

3. 事后管理

在此阶段，商业银行要回顾与反思贷款过程中的经验教训，固化经验，融入制度，形成长效机制；吸取教训，亡羊补牢，填补和加强制度中的空白点和薄弱环节。

(三) 风险控制方法

1. 信用风险缓释

信用风险缓释是指商业银行运用合格的抵质押品、净额结算、保证和信用衍生工具等方式转移或降低信用风险。初级内部评级法下认可的风险缓释工具包括抵质押交易、表内净额结算、保证与担保和信用衍生工具。

2. 信用风险转移

信用风险转移是指金融机构，一般是指商业银行，通过使用各种金融工具把信用风险转移到其他银行或其他金融机构。

四、市场风险的管理

(一) 市场风险控制的基本方法

市场风险控制的基本方法包括限额管理、市场风险对冲及经济资本配置。

1. 限额管理

常用的市场风险限额包括：①交易限额，即对总交易头寸或净交易头寸设定的限额；②风险限额，即对按照一定的计量方法所计量的市场风险设定的限额；③止损限额，即允许的最大损失额；④敏感度限额，即保持其他条件不变的前提下，对单个市场风险要素（利率、汇率、股票价格和商品价格）的微小变化对金融工具和资产组合收益或经济价值影响程度所设定的限额。

2. 市场风险对冲

对冲市场风险，即当原风险敞口出现亏损时，新风险敞口能够盈利，并且尽量使盈利能够弥补全部亏损，使金融机构处于一种免疫状态。市场风险对冲有两种方法：①表内对冲，即通过资产负债结构的有效搭配，使金融机构处于风险免疫状态（表内套期保值）。②表外对冲，也可理解为市场对冲，即利用金融衍生品对冲。

3. 经济资本配置

经济资本配置通常采取自上而下或自下而上法。前者通常用于制定市场风险管理战略规划，后者通常用于当期绩效考核。

（二）利率风险的管理

利率风险的管理方法如表 7-2-6 所示。

表 7-2-6　利率风险的管理方法

管理方法	要点
选择有利的利率	基于对利率未来走势的预测
调整借贷期限	基于对利率未来走势的预测
缺口管理	计算利率敏感性资产与负债
久期管理	计算利率性资产和利率性负债的久期
利用利率衍生品交易	利用利率期货交易或期权交易进行套期保值

（三）汇率风险的管理

汇率风险的管理方法包括：

（1）选择有利的货币（基于对汇率未来走势的预测）。

（2）提前或推迟收付外币（基于对汇率未来走势的预测）。

（3）进行结构性套期保值。

（4）做远期外汇交易。

（5）做货币衍生产品交易。

（四）投资风险的管理

1. 股票投资风险的管理方法

（1）买入价格即将上涨的股票或卖出价格即将下跌的股票。

（2）根据风险分散原理，按照行业分散、地区分散、市场分散、币种分散等因素，进行股票的分散投资，建立起相应的投资组合。

（3）根据风险分散原理，不进行个股投资，而是购买股票型投资基金。

（4）根据风险分散原理，做股指期货交易或股指期权交易。

2. 金融衍生产品投资风险的管理方法

（1）进行限额管理。

（2）进行风险敞口的对冲与套期保值。

五、操作风险的管理

为了进行操作风险的有效管理，必须建立起操作风险管理框架。中国银行业监督管理委员会2007年印发的《商业银行操作风险管理指引》中要求，操作风险管理框架至少应包括以下基本要素：董事会的监督控制，高级管理层的职责，适当的组织架构，操作风险管理政策、方法和程序以及计提操作风险所需资本的规定。

六、其他风险的管理

(一) 流动性风险的管理

流动性风险管理的主要着眼点在于:
(1) 保持资产的流动性(放出去的钱能收回来)。
(2) 保持负债的流动性(需要的时候能借到钱)。
(3) 进行资产和负债流动性的综合管理。

(二) 法律风险与合规风险的管理

金融机构应建立与其经营范围、组织结构和业务规模相适应的合规风险管理体系。法律风险与合规风险管理的办法包括政策层面确立合规基调,建立合规文化,识别、评估、报告合规风险,建立合规风险预警与整改机制,将合规纳入考核范畴并实行问责机制,持续改进等。

(三) 国家风险的管理

1. 国家层面的管理方法

(1) 与他国签订双边投资促进与保护协定。
(2) 设立官方的保险或担保公司对国家风险提供保险或担保。
(3) 积极参与各国际组织、区域性组织的多边投资保护协定的谈判活动,将对外投资保护工作纳入国际保护体系。
(4) 加强外交对对外经贸活动的支持。
(5) 金融监管机构在金融监管中要求商业银行对有关国家的债权保持最低准备金等。

2. 企业层面的管理方法

(1) 将国家风险管理纳入全面风险管理体系。
(2) 建立国家风险评级与报告制度。
(3) 建立国家风险预警机制。
(4) 设定科学的国际贷款的审贷程序,在贷款决策中必须评估借款人的国家风险。
(5) 对国际贷款实行国别限额管理、国别差异化的信贷政策、辛迪加形式的联合贷款和寻求第三者保证。
(6) 在二级市场上转让国际债权。
(7) 实行经济金融交易的国别多样化。
(8) 与东道国政府签订"特许协定"。
(9) 投保国家风险保险。
(10) 实行跨国联合的股份化投资,发展当地举足轻重的战略投资者或合作者等。

(四) 声誉风险的管理

截至目前,国内外金融机构尚未开发出有效的声誉风险管理量化技术,但普遍认为声誉风险管理的最佳实践操作是推行全面风险管理理念、改善公司治理结构,并预先做好防范危机的准备,确保各类风险被正确识别、有效排序,并得到有效管理。

七、我国的金融风险管理

2017年7月召开的全国金融工作会议强调**防止发生系统性金融风险**是金融工作的永恒主题。**健全金融监管体系,守住不发生系统性金融风险的底线。防范化解系统性风险已经成为金融工作的核心目标**。

2018年中国人民银行牵头制定了防范化解重大风险攻坚战三年行动方案。同年12月,中央经济工作会议指出,打好防范化解重大风险攻坚战,要坚持结构性去杠杆的基本思路,防范金融市场异常波动和共振,稳妥处理地方政府债务风险,做到坚定、可控、有序、适度。

【考点小贴士】考生需注意区分不同风险的管理方法。

经典例题

[2016年真题·单选题] 根据贷款风险五级分类标准,贷款类别不包括（　　）。

A. 正常类贷款　　　　　　　　B. 优先类贷款

C. 关注类贷款　　　　　　　　D. 可疑类贷款

[答案] B

[解析] 信用风险管理的事中管理阶段,商业银行要进行贷款风险分类。目前采用的贷款五级分类方法,即把已经发放的贷款分为正常、关注、次级、可疑和损失五个等级。

本章易错易混考点

【易错易混考点一】金融工程概述

（1）规避风险是金融工程师开发金融工具的主要功能。

（2）风险管理在金融工程中居于核心地位。

（3）资产定价是金融工程的核心任务。

（4）金融风险管理是金融工程最主要的应用领域。

【考点小贴士】此处内容高度近似,请注意区分,考试时容易玩文字游戏。

【易错易混考点二】汇率风险的类型

（1）交易风险是在货币兑换中实实在在发生的,是实际的经济损失。

（2）折算风险主要发生在母子公司合并财务报表时,并没有发生实际兑现或交换,不会带来实质上的损失。

（3）经济风险是比交易风险和折算风险更为复杂的一种汇率风险。

【考点小贴士】此处容易混淆的主要是交易风险和经济风险。交易风险和经济风险都是汇率发生变动,给企业带来经济损失。但是经济风险更加突出长期性,是由于经济环境、经济事项引起的,而不像交易风险仅仅由于交易活动引起。

历年经典真题回顾

一、单项选择题（每题1分,每题备选项中,只有1个最符合题意）

1. 期权的价值最大的是（　　）。[2018年真题]

　　A. 1个月到期的期权　　　　　B. 3个月到期的期权

　　C. 6个月到期的期权　　　　　D. 1年到期的期权

[答案] D

[解析] 期权费由两部分构成:内在价值和时间价值。时间价值指的是期权费减去内在价值部分以后的余值。期限越长的期权,基础资产价格发生变化的可能性越大,因而期权的时间价值越大。

2. A出口商向B进口商出口商品,后因B进口商所在国家政策,导致资金无法转移给A出口商,此时A出口商面临的是（　　）。[2018年真题]

　　A. 国家转移风险　　　　　　　B. 市场风险

　　C. 信用风险　　　　　　　　　D. 国家主权风险

[答案] A

[解析] 如果与一国居民发生经济金融交易的他国居民为民间主体，国家通过外汇管制、罚没或国有化等政策法规限制民间主体的资金转移，使之不能正常履行其商业义务，从而使该国居民蒙受经济损失，这种可能性就是转移风险。依据题意，违约的是他国居民，所以应选转移风险。

3. 某公司打算运用 6 个月期的沪深 300 股价指数期货，为其价值 600 万元的股票组合套期保值，该组合的 β 值为 1.2，当时的期货价格为 400 元，则该公司应卖出的期货合约数量为（　　）份。[2017 年真题]

   A. 15　　　　　　　　　　　B. 27
   C. 30　　　　　　　　　　　D. 60

   [答案] D

   [解析] 本题考查股指期货最佳套期保值数量。$N = \beta \dfrac{V_S}{V_F} = 1.2 \times \dfrac{6\,000\,000}{400 \times 300} = 60$（份）。

4. 某单位在经营过程中，既有借入资金，也有贷出资金，贷出资金采用固定利率而借入资金采用浮动利率。最近利率一直在上升，则（　　）。[2017 年真题]

   A. 该单位可以从利率不匹配中获益
   B. 该单位的利息收益会不断减少
   C. 该单位会面临流动性风险
   D. 该单位会面临投资风险

   [答案] B

   [解析] 以浮动利率的条件借入长期资金后利率上升，借方蒙受相对于期初的利率水平而多付利息的经济损失；以固定利率的条件贷出长期资金后利率上升，贷方蒙受相对于上升后的利率水平而少收利息的经济损失。

5. 某商业银行为满足客户转移风险的需求而设计出一种新的远期合约类金融产品，这种做法属于（　　）的范畴。[2015 年真题]

   A. 金融中介　　　　　　　　B. 金融工程
   C. 金融营销　　　　　　　　D. 金融投资

   [答案] B

   [解析] 风险管理在金融工程中居于核心地位。金融工程管理风险的方法主要有两种：分散风险和转移风险。对于无法分散的风险，金融工程给出了风险转移的管理方式，通过新产品的设计，将风险转移给其他愿意承担风险的市场参与者。

6. 据京华时报 2015 年 3 月 10 日报道，中国××投资管理股份有限公司某分公司通过网络公开竞价，成功处置 2 500 万元不良资产，这种行为属于（　　）管理。[2015 年真题]

   A. 信用风险　　　　　　　　B. 市场风险
   C. 操作风险　　　　　　　　D. 法律风险

   [答案] A

   [解析] 在信用风险管理上，借鉴西方商业银行的科学做法，结合我国实际，推出了贷款的五级分类和相应的不良资产管理机制；建立了综合授信制度；建立了贷前、贷中和贷后管理的信用风险管理流程；建立了审贷分离的内部控制机制；进行了国有商业银行不良资产的剥离和集中处置。

二、多项选择题（每题2分，每题备选项中，有2个或2个以上符合题意，至少有1个错项。错选，本题不得分；少选，所选的每个选项得0.5分）

1. 为了规避利率上升带来的风险，投资者可以选择的套期保值方式有（　　）。[2018年真题]

   A. 卖出利率期货
   B. 买入利率看涨期权
   C. 买入远期利率协议
   D. 买入利率期货
   E. 卖出远期利率协议

   [答案] ABC

   [解析] A项和D项相对，利用利率期货进行套期保值方向和远期利率协议是完全相反的，即当担心利率上升时，投资者应卖出利率期货，故A项正确，D项错误。B项，买入利率看涨期权，投资者可通过买入利率看涨期权将未来利率锁定在目标范围，故正确。C项和E项相对，当担心利率上升时，投资者可以购买远期利率协议进行套期保值，故C项正确，E项错误。

2. 1998年，巴塞尔银行监管委员会颁布《银行内部控制系统的框架》，提出商业银行内部控制系统包括（　　）。[2018年真题]

   A. 目标设定　　　　　　　　B. 风险识别与评估
   C. 管理监督与控制文化　　　D. 监管活动与错误纠正
   E. 信息与沟通

   [答案] BCDE

   [解析] 巴塞尔银行监管委员会在1998年颁布的《银行内部控制系统的框架》中，提出商业银行的内部控制系统包括管理监督与控制文化、风险识别与评估、控制活动与职责划分、信息与沟通、监管活动与错误纠正五项要素。

3. 机构或个人在使用外汇时，可以采取多头套期保值的情形有（　　）。[2017年真题]

   A. 出口商品　　　　　　　　B. 去欧洲旅游
   C. 到非洲务工　　　　　　　D. 计划进行外汇投资
   E. 到期收回贷款

   [答案] BD

   [解析] 多头套期保值就是通过买入远期外汇合约来避免汇率上升的风险。它适用于在未来某日期将支出外汇的机构和个人，如进口商品、出国旅游、到期偿还外债、计划进行外汇投资等。

4. 商业银行信用风险的管理机制主要包括（　　）。[2016年真题]

   A. 审贷分离机制　　　　　　B. 长期管理机制
   C. 授权管理机制　　　　　　D. 额度管理机制
   E. 套现保值机制

   [答案] ACD

   [解析] 对商业银行而言，信用风险的管理机制主要有：①审贷分离机制；②授权管理机制；③额度管理机制。

三、案例分析题（每题2分。由单选和多选组成。错选，本题不得分；少选，所选的每个正确选项得0.5分）

（一）

假定某一股票的现价为32美元，如果某投资者认为这以后的3个月中股票价不可能发生重大

变化，现在3个月期看涨期权的市场价格如下。[2017年真题]

执行价格（美元）	看涨期权的价格（美元）
26	12
30	8
34	6

1. 此时，投资者进行套利的方式是（　　）。
   A. 水平价差期权　　　　　　　　B. 盒式价差期权
   C. 蝶式价差期权　　　　　　　　D. 鹰式价差期权

   [答案] C

   [解析] 蝶式价差套利，我们考虑三种协议价格 X_1、X_2 和 X_3，相同标的资产，相同到期日的看涨期权，$X_2=(X_1+X_3)\div 2$，利用套利定价原理我们可以推导出三者的期权应该满足：$2c_2<c_1+c_3$，当该关系不满足时，可以通过买入执行价格为 X_1 和 X_3 的期权，卖出执行价格为 X_2 的期权进行套利。依据题干可判断，$(26+34)\div 2=30$（美元），三者期权满足：$2\times 8<12+6$，所以是蝶式价差套利。投资者可分别买入执行价格为26美元和34美元的看涨期权，出售两个执行价格为30美元的看涨期权，构造一个蝶式价差期权。

2. 构造期权组合的成本为（　　）美元。
   A. 0　　　　　　　　　　　　　　B. 1
   C. 2　　　　　　　　　　　　　　D. 3

   [答案] C

   [解析] 构造期权组合的成本为 $12+6-(2\times 8)=2$（美元）。

3. 如果三个月后，股票价格为27美元，投资者收益为（　　）美元。
   A. −1　　　　　　　　　　　　　B. 0
   C. 1　　　　　　　　　　　　　　D. 2

   [答案] A

   [解析] 投资者分别买入执行价格为26美元和34美元的看涨期权，出售两个执行价格为30美元的看涨期权。当股票价格为27美元时，执行26美元的看涨期权，获利 $27-26=1$（美元），放弃34美元的看涨期权。同时出售的两个30美元的看涨期权买方也会放弃行权。扣除成本2美元，净损失1美元。

4. 3个月后投资者获得了最大利润，当时股票价格为（　　）美元。
   A. 25　　　　B. 29　　　　C. 30　　　　D. 34

   [答案] C

   [解析] 当股票价格为30美元时，会得到最大利润 $30-26-2=4-2=2$（美元）。A项和D项，收益为0，净损失2美元。选项B，收益为1美元。

（二）

A公司和B公司均要在金融市场上借入1 000万美元的资金，期限都为3年。其中A公司需要借入浮动利率资金，B公司需要借入固定利率资金。由于两家公司的信用等级不同，融资年利率分别为：

公司	固定利率	浮动利率
A公司	8.0%	Libor+0.4%
B公司	9.5%	Libor+1.0%

两家公司希望通过设计利率互换协议进行互换套利，降低融资成本。[2016年真题]

1. 两家公司在固定利率借款上的年利差是（ ）。
   A. 0.4% B. 0.6%
   C. 1.0% D. 1.5%
   [答案] D
   [解析] 两家公司在固定利率借款上的年利差是9.5%−8.0%=1.5%。

2. 两家公司在浮动利率借款上的年利差是（ ）。
   A. 0.4% B. 0.6%
   C. 0.9% D. 1.0%
   [答案] B
   [解析] 两家公司在浮动利率借款上的年利差=（Libor+1.0%）−（Libor+0.4%）=0.6%。

3. 如果双方合作，通过利率互换交易分享无风险利润，则存在的利润为（ ）。
   A. 0.3% B. 0.6%
   C. 0.9% D. 1.0%
   [答案] C
   [解析] 交易前，双方成本为Libor+0.4%+9.5%；交易后，双方成本为Libor+1.0%+8.0%，存在的利润为（Libor+0.4%+9.5%）−（Libor+1.0%+8.0%）=0.9%。

4. 如果银行从中获得0.1%的报酬，则A公司和B公司每年可能分别节约（ ）的融资成本。
   A. 0.4%和0.4% B. 1.5%和0.6%
   C. 0.4%和0.6% D. 1.5%和0.4%
   [答案] A
   [解析] 双方合作后，存在的利润为0.9%，银行从中获得0.1%的报酬，剩余0.8%，则A公司和B公司均节约了0.4%的成本，故选A项。

本章同步练习

一、单项选择题（每题1分，每题备选项中，只有1个最符合题意）

1. 金融工程中居核心地位的是（ ）。
   A. 金融创新 B. 风险管理
   C. 资产定价 D. 套利

2. 有现金收益资产的远期价格公式为（ ）。
   A. $f_t=(F_t-K)e^{-r(T-t)}$ B. $F_t=(S_t-I_t)e^{r(T-t)}$
   C. $F_t=S_te^{(r-q)(T-t)}$ D. $F_t=S_te^{r(T-t)}$

3. 下列关于远期利率协议的说法，不正确的是（ ）。
   A. 若参考利率＞协议利率，卖方向买方支付交割额
   B. 若参考利率＜协议利率，卖方向买方支付交割额
   C. 若参考利率＞协议利率，交割额为正
   D. 若参考利率＜协议利率，交割额为负

4. 假定某美国的英镑债务人要在2015年9月10日偿还1 000万英镑的债务本息，英镑期货合约规模为62 500英镑。为控制未来英镑可能对美元升值的汇率风险，该英镑债务人可以（ ）期货合约进行完全套期保值。
   A. 买入160份在9月到期的英镑 B. 买入160份在9月到期的美元
   C. 卖出160份在9月到期的英镑 D. 卖出160份在9月到期的美元

5. 期货合约的有效期通常不超过1年，而套期保值的期限有时又长于1年，在这种情况下应采取的套期保值策略是（　　）。
   A. 滚动套期保值　　　　　　　　B. 利率期货与久期套期保值
   C. 股指期货套期保值　　　　　　D. 货币期货套期保值

6. 8月，一个基金经理拥有价值为1 000万美元的债券组合，该组合久期为7.1年。他担心市场利率在未来6个月内将剧烈波动，希望选择国债期货合约进行套期保值。12月的国债期货合约的当前价格为10万美元，国债期货合约的久期为8.8年。该基金经理应如何规避面临的利率风险（　　）。
   A. 卖空81份期货合约　　　　　　B. 买入81份期货合约
   C. 卖空56份期货合约　　　　　　D. 买入56份期货合约

7. 在我国外贸实际操作中，很多从事加工贸易的企业在人民币对外币持续升值的情况下不敢接来自外商的长期订单，担心在结汇时兑换到的人民币金额会减少。这种情形是因为我国企业不愿承受（　　）。
   A. 信用风险　　　　　　　　　　B. 汇率风险
   C. 投资风险　　　　　　　　　　D. 利率风险

8. 某商业银行主管信贷业务的经理，在收受某借款人贿赂的情况下，向该借款人发放了本不该发放的贷款，导致该笔贷款无法收回。此种情况说明该商业银行蒙受了（　　）的损失。
   A. 信用风险　　　　　　　　　　B. 市场风险
   C. 声誉风险　　　　　　　　　　D. 操作风险

9. 我国某企业在海外投资了一个全资子公司。该子公司在将所获得的利润汇回国内时，其东道国实行了严格的外汇管制，该子公司无法将所获得的利润如期汇回。此种情形说明该企业承受了（　　）。
   A. 转移风险　　　　　　　　　　B. 主权风险
   C. 投资风险　　　　　　　　　　D. 系统风险

10. 在市场风险的管理中，提前或推迟收付外币属于（　　）管理。
    A. 信用风险　　　　　　　　　　B. 利率风险
    C. 汇率风险　　　　　　　　　　D. 投资风险

二、**多项选择题**（每题2分，每题备选项中，有2个或2个以上符合题意，至少有1个错项。错选，本题不得分；少选，所选的每个选项得0.5分）

1. 金融产品定价的基本假设有（　　）。
   A. 市场不存在摩擦
   B. 不允许现货卖空
   C. 市场参与者能以相同的无风险利率借入和贷出资金
   D. 考虑对手违约风险
   E. 可以买卖任意数量的资产

2. 以下关于金融远期合约的说法，正确的有（　　）。
   A. 远期合约签订时，买卖双方不需要交换任何现金流
   B. 远期合约价值为零
   C. 远期合约价格为零
   D. 远期合约签订时，买卖双方需要交换现金流
   E. 远期合约的无套利交割价格应该等于标的资产的远期价格

3. 为了降低基差风险，应选择（　　）期货合约。
   A. 合适的标的资产　　　　　　B. 合适的资产结构
   C. 合约的交割月份　　　　　　D. 合约的期限
   E. 足够流动性

4. 在信用风险管理中，需要构建的管理机制包括（　　）。
   A. 授权管理机制　　　　　　　B. 审贷分离机制
   C. 额度管理机制　　　　　　　D. 外部审计机制
   E. 贷后问责机制

5. 《关于规范银行业服务企业走出去加强风险防控的指导意见》中的合规风险管理要求，银行业金融机构应（　　）。
   A. 加强日常合规管理　　　　　B. 做好客户准入把关
   C. 提升监管沟通效率　　　　　D. 强化反洗钱合规管理
   E. 强化风险缓释工具的运用

三、案例分析题（每题 2 分。由单选和多选组成。错选，本题不得分；少选，所选的每个正确选项得 0.5 分）

（一）

A、B 两公司都想借入 3 年期的 500 万美元借款，A 公司想借入固定利率借款，B 公司想借入浮动利率借款。因两家公司信用等级不同，市场向它们提供的利率也不同，具体情况见下表。

市场提供给 A、B 两公司的借款利率如下表。

公司	固定利率	浮动利率
A 公司	5.1%	6 个月期 Libor＋0.50%
B 公司	4.5%	6 个月期 Libor＋0.30%

注：表中的利率均为一年计一次复利的年利率。

1. 下列关于 A、B 公司的说法，正确的是（　　）。
   A. B 公司在浮动利率市场上存在风险敞口
   B. A 公司在浮动利率市场上存在比较优势
   C. B 公司在固定利率市场上存在比较优势
   D. A 公司在固定利率市场上存在竞争优势

2. 两家公司总的套利利润是（　　）。
   A. 0.4%　　　　　　　　　　　B. 0.2%
   C. 0.6%　　　　　　　　　　　D. 0.8%

3. 两家公司可以选择的套利方案是（　　）。
   A. 利率远期协议　　　　　　　B. 货币互换
   C. 跨期套利　　　　　　　　　D. 利率互换

4. A 公司最终的融资利率是（　　）。
   A. 4.3%　　B. 4.5%　　C. 4.9%　　D. 4.7%

（二）

2015 年 6 月，我国某银行在迪拜、新加坡市、台湾、香港和伦敦共发行等值 40 亿美元的"一带一路"债券。该债券采用固定的利率和浮动的利率两种计息方式，覆盖 7 个期限，包括 50 亿人民币、23 亿美元、5 亿新加坡元、5 亿欧元 4 个币种。筹集的资金主要用于满足沿线分行资金需求,支持码头、电力、交通、机场建设等"一带一路"沿线项目融资。

1. 作为该债券的发行者,我国某银行的金融风险有（　　）。
   A. 信用风险　　　　　　　　B. 利率风险
   C. 汇率风险　　　　　　　　D. 投资风险
2. 该债券的迪拜投资者承担的金融风险有（　　）。
   A. 信用风险　　　　　　　　B. 利率风险
   C. 汇率风险　　　　　　　　D. 声誉风险
3. 该银行在将所有筹集的资金用于"一带一路"沿线国家的项目融资中,要承担信用风险。为控制该风险,该银行可以采取的方法有（　　）。
   A. 对借款人进行信用分析　　B. 进行缺口管理
   C. 进行套期保值　　　　　　D. 提前转让债权
4. 该银行在将所筹集的资金用于"一带一路"沿线国家的项目融资中,要承担国家风险中的转移风险。为控制该风险,该银行可以采取的方法有（　　）。
   A. 进行利率衍生品交易的套期保值　　B. 评估借贷人所在国的国家风险
   C. 采用辛迪加形式的联合贷款　　　　D. 保持负债的流动性

本章同步练习参考答案及解析

一、单项选择题

1. [答案] B
   [解析] 本题的考点为金融工程管理风险的方式。规避风险是金融工程师开发品种繁多的金融工具的主要功能。风险管理在金融工程中居于核心地位。

2. [答案] B
   [解析] 本题的考点为远期价格。有现金收益资产的远期价格 $F_t = (S_t - I_t) e^{r(T-t)}$。

3. [答案] B
   [解析] 本题的考点为远期利率协议的交割。若参考利率＞协议利率,交割额为正,卖方向买方支付交割额;若参考利率＜协议利率,交割额为负,买方向卖方支付交割额。B项错误。

4. [答案] A
   [解析] 本题的考点为考查货币期货的套期保值。债务人9月10日需要偿还英镑的债务,故需要买入9月到期的英镑期货以偿还债务,总偿还额为1 000万元,而一份期货合约规模为62 500,因此需要买入160份。

5. [答案] A
   [解析] 本题的考点为滚动套期保值概念。由于期货合约的有效期通常不超过1年,而套期保值的期限有时又长于1年,在这种情况下,就必须采取滚动的套期保值策略,即建立一个期货头寸,待这个期货合约到期前将其平仓,再建立另一个到期日较晚的期货头寸直至套期保值期限届满。

6. [答案] A
   [解析] 本题的考点为利率期货与久期套期保值。利率上升,债券价格下跌,利率期货价格下跌,利率期货空头可以获益。相反,当投资者担心利率下降带来的损失时,要买入利率期货。该基金经理担心利率波动即利率上升造成债券组合价值下跌,应卖空利率期货。期货合约数为: $N = \dfrac{SD_S}{FD_F}$

   $= \dfrac{1\,000}{10} \times \dfrac{7.1}{8.8} \approx 81$（份）。

7. [答案] B
   [解析] 本题的考点为汇率风险。汇率风险是指有关主体在不同币别货币的相互兑换或折算中,因汇率在一定时间内发生意外变动而蒙受经济损失的可能性。很明显,根据题干中"结汇""兑换"等关键字词可以判断为汇率风险。

8. [答案] D

[解析] 本题的考点为操作风险。信用风险的风险事故是有关债务人不能如期、足额还本付息。主要问题出在债务人方面。而狭义操作风险是指金融机构的运营部门在运营的过程中，因内部控制的缺失或疏忽、系统的错误等，而蒙受经济损失的可能性。广义操作风险是指金融机构信用风险和市场风险以外的所有风险。很明显，题目中是债权人信贷经理收受贿赂，故意促成交易，属于操作风险中人员因素的内部欺诈。

9. [答案] A

[解析] 本题的考点为转移风险。转移风险是指如果与一国居民发生经济金融交易的他国居民为民间主体，国家通过外汇管制、罚没或国有化等证券法规限制民间主体的资金转移，使之不能正常履行其商业义务，从而使该国居民蒙受经济损失。

10. [答案] C

[解析] 本题的考点为市场风险管理中的汇率风险的管理。"提前或推迟收付外币"，即当预测到汇率正朝着不利于或有利于自己的方向变动时，外币债权人提前或推迟收入外币，外币债务人提前或推迟偿付外币。这属于汇率风险管理方法。

二、多项选择题

1. [答案] ACE

[解析] 本题的考点为金融产品定价的基本假设。金融产品定价的基本假设包括：①市场不存在摩擦，即没有交易费用和税收；②市场参与者能以相同的无风险利率借入和贷出资金；③不考虑对手违约风险；④允许现货卖空行为；⑤市场不存在套利机会，这使得我们算出的理论价格就是无套利均衡价格；⑥可以买卖任意数量的资产。

2. [答案] ABE

[解析] 本题的考点为远期价格。远期价格是使得远期合约价值为零的交割价格，它依赖于标的资产的现价。远期合约签订时，买卖双方不需要交换任何现金流，因此远期合约价值为0，故此时远期合约的无套利交割价格应该等于标的资产的远期价格，否则套利者可以通过买卖标的资产现货和远期合约获取无风险利润，直至市场套利机会消失。

3. [答案] AC

[解析] 本题的考点为基差风险与套期保值工具的选择。降低基差风险实现套期保值关键是选择匹配度高的对冲期货合约，它包括两个方面：①选择合适的标的资产；②选择合约的交割月份。

4. [答案] ABC

[解析] 本题的考点为信用风险的管理。信用风险的管理机制有：①审贷分离机制；②授权管理机制；③额度管理机制。

5. [答案] ABCD

[解析] 本题的考点为内部控制及其要素。2017年1月9日中国银行业监督管理委员会发布的《关于规范银行业服务企业走出去加强风险防控的指导意见》在合规风险管理方面，要求银行业金融机构高度重视合规体系建设，加强日常合规管理，强化合规资源配置，做好客户准入把关，强化反洗钱、反恐融资合规管理，并提升监管沟通效率。

三、案例分析题

（一）

1. [答案] BC

[解析] 本题的考点为金融互换。金融互换的套利运用的是比较优势原理。依据题意，B公司的借款利率均比A公司低。但在固定利率市场上B公司比A公司的融资成本低0.60%（5.1%－4.5%），而在浮动利率市场B公司比A公司的融资成本仅低0.20%〔（Libor＋0.50%）－（Libor＋0.30%）〕，我们可以将这种情形称为，B公司在两个市场上均具有绝对优势，但B公司在固定利率市场上有比较优势，而A公司则在浮动利率市场上具有比较优势（劣势较小）。

2. [答案] A

[解析] 本题的考点为金融互换。结合上题解析，如果 A、B 两公司合作，互换收益为 0.40%（0.60%－0.20%）。

3. [答案] D

   [解析] 本题的考点为金融互换。依据题意，A、B 公司均需美元借款，不涉及其他货币，所以是利率互换。

4. [答案] C

   [解析] 本题的考点为金融互换。互换收益为 0.40%（0.60%－0.20%），双方平分互换收益 0.40%÷2＝0.20%。A 公司想借入固定利率借款，最终融资利率为 5.10%－0.20%＝4.90%。

（二）

1. [答案] BC

   [解析] 本题的考点为金融风险的类型。汇率风险是指有关主体在不同币别货币的相互兑换或折算中，因汇率在一定时间内发生意外变动，而蒙受经济损失的可能性。利率风险是指有关主体在货币资金借贷中，因利率在借贷有效期中发生意外变动，而蒙受经济损失的可能性。综合题干，我国某银行的金融风险有利率风险、汇率风险。

2. [答案] ABC

   [解析] 本题的考点为金融风险的类型。汇率风险是指有关主体在不同币别货币的相互兑换或折算中，因汇率在一定时间内发生意外变动，而蒙受经济损失的可能性。利率风险是指有关主体在货币资金借贷中，因利率在借贷有效期中发生意外变动，而蒙受经济损失的可能性。信用风险是指交易对方在货币资金借贷中还款违约的风险。该债券的迪拜投资者承担的金融风险有利率风险、汇率风险、信用风险。

3. [答案] AD

   [解析] 本题的考点为金融风险管理。为控制信用风险，该银行可以采取对借款人进行信用分析、提前转让债权等方法。

4. [答案] BC

   [解析] 本题的考点为金融风险管理。国家风险的管理分为国家层面的管理方法和企业层面的管理方法。企业层面的管理方法具体包括将国家风险管理纳入全面风险管理体系；建立国家风险评级与报告制度；建立国家风险预警机制；设定科学的国际贷款的审贷程序，在贷款决策中必须评估借款人的国家风险；对国际贷款实行国别限额管理、国别差异化的信贷政策、辛迪加形式的联合贷款和寻求第三者保证；在二级市场上转让国际债权；实行经济金融交易的国别多样化；与东道国政府签订特许协定；投保国家风险保险；实行跨国联合的股份化投资，发展当地举足轻重的战略投资者或合作者等。为控制国家风险中的转移风险，该银行可以采取评估借贷人所在国的国家风险、采用辛迪加形式的联合贷款等方法。

第八章 货币供求及其均衡

本章考情分析

年份	单项选择题	多项选择题	案例分析题	合计
2018 年	估算 6 题 6 分	估算 2 题 4 分	—	10 分
2017 年	6 题 6 分	3 题 6 分	3 题 6 分	18 分
2016 年	7 题 7 分	3 题 6 分	—	13 分
2015 年	6 题 6 分	2 题 4 分	—	10 分
2014 年	5 题 5 分	1 题 2 分	—	7 分

本章考点概览

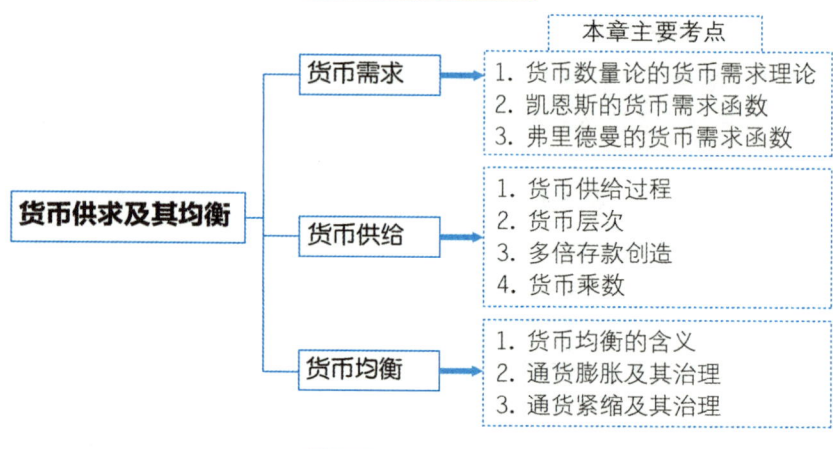

本章考点详解

第一节 货币需求

【考点一】货币数量论的货币需求理论

一、宏观层面

(一) 代表人物

美国经济学家欧文·费雪于 1911 年出版的《货币的购买力》一书，是货币数量论的代表作。

(二) 代表公式

费雪提出了"交易方程式",也称费雪方程式,可用公式表示为:

$$MV = PT$$

其中,M 表示一定时期内流通货币的平均数量;V 表示货币流通速度,代表单位时间内货币的平均周转次数;P 表示平均价格水平;T 表示商品和服务的交易总量。

(三) 观点

(1) 物价水平的变动与货币数量的变动和货币的流通速度的变动成<u>正比</u>,与商品交易量的变动成<u>反比</u>($P = MV/T$)。

(2) 根据西方学者的解释,货币流通速度 V 是由一些"如公众的支付习惯,使用信用范围的大小,交通和通信的方便与否等制度上的因素"决定的,<u>短期内货币流通速度 V 和商品交易数量 T 保持不变</u>,所以货币数量 M 的变化决定了价格水平。

二、微观层面(剑桥学派)

以马歇尔和庇古为代表的剑桥学派在研究货币需求问题时,注重微观主体的行为。代表公式被称为剑桥方程式,如下所示:

$$M_d = kPY$$

其中,M_d 表示名义货币需求;k 表示以货币形式拥有的财富占名义总收入的比例;P 表示价格水平;Y 表示总收入。

三、费雪方程式和剑桥方程式的差异

费雪方程式和剑桥方程式的差异如表 8-1-1 所示。

表 8-1-1 费雪方程式和剑桥方程式的差异

差异	费雪方程式	剑桥方程式
对货币需求分析侧重点不同	强调货币的<u>交易手段功能</u>	侧重<u>货币作为一种资产</u>的功能
重视内容不同	重视货币支出的数量和速度,也称为"<u>现金交易说</u>"	从用货币形式保有资产存量的角度考虑货币需求,重视存量占收入的比例,称为"<u>现金余额说</u>"
强调货币需求决定因素不同	宏观角度	微观角度

经典例题

[2016 年真题·单选题] 根据费雪方程,如果一国货币总量为 150,价格水平为 2,各类商品的交易数量为 300,则该国的货币流通速度是( )。

A. 0.25   B. 1.00   C. 4.00   D. 5.00

[答案] C

[解析] 费雪提出了著名的"交易方程式",也被称为费雪方程式,即 $MV = PT$。根据公式,将题干数据代入,可知该国的货币流通速度为 $(2 \times 300) / 150 = 4$。

[2014 年真题·单选题] 在货币需求理论中,费雪方程式认为,名义收入等于货币存量和流通速度的乘积,短期内商品交易数量和( )保持不变。

A. 物价水平   B. 持久收入   C. 货币存量   D. 货币流通速度

[答案] D

[解析] 费雪方程式认为,短期内货币流通速度 V 和商品交易量 T 保持不变,所以总货币存量 M 的变化决定了价格水平。

【考点二】凯恩斯的货币需求函数

一、代表人物

1936年,凯恩斯发表的《就业、利息与货币通论》分析了资本主义社会存在有效需求不足的各种原因,提出了流动性偏好即灵活偏好的概念。凯恩斯以灵活偏好为基础提出了货币需求函数。

二、代表学说

代表学说为流动性偏好理论。流动性偏好实际上表示了在不同利率下,人们对货币需求量的大小。

三、货币需求行为

货币需求行为通常是由交易动机、预防动机和投机动机三种动机决定的,由交易动机和预防动机决定的货币需求取决于收入水平;基于投机动机的货币需求取决于利率水平。

四、公式

$$M_d = M_1 + M_2 = L_1(\overset{+}{Y}) + L_2(\overset{-}{i})$$

其中,M_d表示货币需求总量;M_1表示消费性货币需求;M_2表示投机性货币需求;L_1、L_2表示"流动性偏好"函数;Y表示国民收入水平;$+$、$-$分别表示正比和反比;i表示实际利率水平。

五、流动性偏好陷阱

当利率极低时,投机动机引起的货币需求量将是无限的。即利率不能过低,否则人们宁愿持有货币而不再储蓄,这种情况被称为"流动偏好陷阱"(或凯恩斯陷阱)。

【考点三】弗里德曼的货币需求函数

一、当代货币主义

弗里德曼的货币需求函数吸收了剑桥方程和凯恩斯主义的思想,被誉为当代货币主义。

二、模型

$$M_d = f\left(y, w; r_m, r_b, r_e, \frac{1}{p}\frac{dp}{dt}; u\right)P$$

或:

$$\frac{M_d}{P} = f\left(y, w; r_m, r_b, r_e, \frac{1}{p}\frac{dp}{dt}; u\right)$$

第一组:收入及其构成 $\begin{cases} y\text{ 为恒久性收入} \\ w\text{ 为非人力财富占总财富比例} \end{cases}$ 恒久性收入与货币需求成正比,非人力财富占个人总财富的比例与货币需求成反比

第二组:机会成本变量 $\begin{cases} r_m\text{ 为货币预期收益率} \\ r_b\text{ 为债券预期收益率} \\ r_e\text{ 为股票预期收益率} \\ \frac{1}{p}\frac{dp}{dt}\text{ 为价格预期变动率} \end{cases}$ 货币需求量与持有货币的预期收入成正比,各种资产的预期收益和机会成本、价格变动率与货币需求成反比

第三组:影响货币需求的其他因素用 u 表示,包括资本品的转手量、人们的主观偏好以及客观技术与制度等。

三、凯恩斯的货币需求函数与弗里德曼的货币需求函数的差别

凯恩斯的货币需求函数与弗里德曼的货币需求函数的差别如表8-1-2所示。

表 8-1-2　凯恩斯的货币需求函数与弗里德曼的货币需求函数的差别

差异	凯恩斯的货币需求函数	弗里德曼的货币需求函数
强调的侧重点不同	重视利率的主导作用	强调恒久性收入对货币需求量的重要影响，认为利率对货币需求量的影响是微不足道的
货币政策传导变量（货币政策工具）的选择不同	利率	货币供应量
货币政策选择不同	货币需求量受未来利率不确定性的影响，因而不稳定，货币政策应"相机行事"	货币需求量是稳定的，可以预测的，因而货币政策应实行"单一规则"

【考点小贴士】该知识点是高频考点，考生需注意细节。各个理论的名称、公式、具体内容、差异等都需要清晰掌握。

经典例题

[2015年真题·单选题] 凯恩斯认为，由交易动机和预防动机引起的货币需求取决于（　　）水平。

A. 收入　　　　B. 物价　　　　C. 利率　　　　D. 汇率

[答案] A

[解析] 凯恩斯认为，货币需求行为是由交易动机、预防动机和投机动机三种动机决定的。由交易动机和预防动机决定的货币需求取决于收入水平；基于投机动机的货币需求取决于利率水平。

[2011年真题·单选题] 弗里德曼认为，货币需求量是稳定的，可以预测的，因此，货币政策应（　　）。

A. "相机行事"　　　　　　　　　B. 重在调整利率
C. 实行"单一规则"　　　　　　　D. "走走停停"

[答案] C

[解析] 弗里德曼认为，货币需求量是稳定的，可以预测的，因而货币政策应实行"单一规则"。

【提示】三种货币需求理论的对比如表 8-1-3 所示。

表 8-1-3　三种货币需求理论的对比

理论		公式	观点	关键词
货币数量论	费雪方程式	$MV=PT$ （$P=MV/T$）	物价水平的变动与流通中的货币数量的变动和货币的流通速度变动成正比，而与商品交易量的变动成反比	宏观、现金交易说
	剑桥方程式	$M_d=kPY$	名义货币需求与名义收入之间总是保持一个较为稳定的比例关系	微观、现金余额说
凯恩斯的货币需求函数		$M_d=M_1+M_2=L_1(\overset{+}{Y})+L_2(\overset{-}{i})$	货币需求取决于人们的流动性偏好（交易动机、预防动机、投机动机）；利率极低时，会产生"流动偏好陷阱"	利率、"相机行事"
弗里德曼的货币需求函数		$\dfrac{M_d}{P}=f\left(y, w; r_m, r_b, r_e, \dfrac{1}{p}\dfrac{dp}{dt}; u\right)$	货币需求取决于恒久性收入和财富结构、各种资产的预期收益和机会成本、各种随机变量	货币供应量、"单一规则"

第二节 货币供给

【考点一】货币供给过程

一、货币供给过程中的参与者

（一）中央银行

中央银行负责发行货币、实施货币政策。在货币供给过程中，中央银行的作用最重要。

（二）存款机构

存款机构是从个人和机构手中吸收存款并发放贷款的金融中介机构，包括商业银行、储蓄机构、信用社。

（三）储户

储户是持有银行存款的机构和个人。

二、中央银行改变基础货币的三种途径

（1）中央银行变动其储备资产，在外汇市场买卖外汇或贵金属。

（2）中央银行变动对政府的债权，进行公开市场操作，买卖政府债券。

（3）中央银行变动对商业银行的债权，对商业银行办理再贴现业务或发放再贷款。

三、基础货币

（一）基础货币的概念

通常把流通中现金和准备金称为中央银行的货币负债，也称基础货币。基础货币又称高能货币、强力货币或储备货币。

上述内容中，准备金＝法定准备金（中央银行要求银行必须持有的准备金）＋超额准备金（银行自愿持有的额外的准备金）。

（二）基础货币最基本的特征

（1）基础货币是中央银行的货币性负债，而不是中央银行资产或非货币性负债，是中央银行通过自身的资产业务供给出来的。

（2）基础货币是通过中央银行直接控制和调节的变量对它的影响，达到调节和控制供给量的目的。

（3）基础货币是支撑商业银行负债的基础，商业银行不持有基础货币就不能创造信用。

（4）基础货币是在实行准备金的制度下，基础货币被整个银行体系运用的结果能产生数倍于它自身的量。

（三）基础货币的公式

基础货币（B），也称高能货币、强力货币或货币基础，公式表示为：

$$B = C + R = 流通中的现金 + 准备金$$

上式中，R 又包括活期存款准备金 R_r、定期存款准备金 R_t 和超额准备金 R_e。故公式又可以表示为：

$$B = C + R_r + R_t + R_e$$

弗里德曼和施瓦兹认为，高能货币的一个典型特征就是能随时转化为存款准备金，不具备这

一特征就不是高能货币。

(四) 中央银行投放基础货币的渠道

（1）对商业银行等金融机构的再贷款和再贴现。

（2）收购黄金、外汇等储备资产投放的货币。

（3）通过公开市场业务等投放货币。

【考点小贴士】关于准备金的构成，看题目给出的选项有哪些。如果给出法定准备金和超额准备金，则两项相加为准备金。如果给出活期存款准备金、定期存款准备金、超额准备金，则三项相加为准备金。

经典例题

[2015年真题·单选题] 假定我国流通的货币现金为5万亿元，法定准备金为20万亿元，超额准备金为3万亿元，则我国的基础货币为（　　）万亿元。

A. 18　　　　　　　　　　　　B. 23
C. 25　　　　　　　　　　　　D. 28

[答案] D

[解析] 基础货币＝流通中现金＋法定存款准备金＋超额准备金＝5＋20＋3＝28（万亿元）。

[2012年真题·单选题] 在分析货币供给中，弗里德曼等人认为，高能货币的一个典型特征就是能随时转化为（　　）。

A. 基础货币　　　　　　　　　B. 强力货币
C. 原始存款　　　　　　　　　D. 存款准备金

[答案] D

[解析] 弗里德曼和施瓦兹认为，高能货币的一个典型特征就是能随时转化为存款准备金，不具备这一特征就不是高能货币。

【考点二】货币层次

"流动性"原则是划分货币层次的主要依据。

各国中央银行在确定货币供给的统计口径时，以金融资产**流动性**的大小作为标准，并根据自身政策目的的特点和需要，划分了货币层次。

一、国际货币基金组织划分的货币层次

M_0＝流通中的现金

M_1＝M_0＋可转让本币存款和在国内可直接支付的外币存款

M_2＝M_1＋单位定期存款和储蓄存款＋外汇存款＋大额可转让定期存款（CDs）

M_3＝M_2＋外汇定期存款＋商业票据＋互助金存款＋旅行支票

二、我国的货币层次划分

M_0＝流通中的现金

M_1＝M_0＋单位活期存款

M_2＝M_1＋储蓄存款＋单位定期存款＋单位其他存款

M_3＝M_2＋金融债券＋商业票据＋大额可转让定期存单等

（1）2001年6月，中国人民银行修订货币供应量口径，将证券公司客户保证金计入M_2。

（2）2002年年初，中国人民银行修订货币供应量口径，将外资、合资金融机构的人民币存款，分别计入不同层次的货币供应量。

（3）2006 年，中国人民银行第三次修订货币供应量口径，将信托投资公司和金融租赁公司的存款不计入相应层次的货币供应量。

（4）2011 年 10 月，中国人民银行再次修订货币供应量口径，将住房公积金中心存款和非存款类金融机构在存款类金融机构的存款计入 M_2。

【考点小贴士】我国的货币层次划分为必考点，特别是 M_0、M_1、M_2 的构成要记忆清晰。出题方式灵活，可以出单项选择题考查计算，也可以出案例分析题考查具体内容。

经典例题

[2017 年真题·单选题] 中央银行确定货币供给统计口径的标准是金融资产的（ ）。
A. 稳定性   B. 收益性
C. 风险性   D. 流动性
[答案] D
[解析] 各国中央银行在确定货币供给的统计口径时，以金融资产流动性的大小作为标准，并根据自身政策目的的特点和需要，划分了货币层次。

[例题·单选题] 根据我国的货币供应量层次划分，假定 M_2 余额为 107.7 万亿元，M_1 余额为 31.5 万亿元，流通中货币 M_0 余额为 5.6 万亿元，则单位活期存款为（ ）万亿元。
A. 25.9   B. 70.6
C. 75.6   D. 102.1
[答案] A
[解析] $M_1 = M_0 +$ 单位活期存款，故 $31.5 = 5.6 +$ 单位活期存款，可得单位活期存款 $= 31.5 - 5.6 = 25.9$（万亿元）。

【考点三】多倍存款创造

当中央银行向银行体系供给 1 元准备金时，存款的增加是准备金的数倍。这是银行通过运用中央银行发放的货币和准备金使得货币供给量增加的行为，这个过程被称为**多倍存款创造**。存款创造具体表现为商业银行以原始存款为基础、在银行体系中繁衍出数倍于原始存款的派生存款。多倍存款创造需要具备两个基本条件：部分准备金制度和非现金结算制度。

一、原始存款

原始存款是指商业银行吸收的、能增加其准备金的存款，可以理解成从商业银行体系之外进入商业银行的存款。

二、派生存款

派生存款是指由商业银行以原始存款为基础、运用信用流通工具和转账结算的方式发放贷款或进行其他资产业务时，所衍生出来的、超过最初部分存款的存款，也可以理解成从商业银行到商业银行的存款，而非从商业银行体系之外进入的存款。

三、存款创造

在部分准备金制度和非现金结算制度下，一笔原始存款在整个银行体系存款扩张原理的作用下，可以产生出大于原始存款若干倍的派生存款来。这个派生存款的大小，主要决定于两个因素：
（1）原始存款数量的大小（正比）。
（2）法定存款准备金率的高低（反比）。

四、相关公式

(一) 最大存款创造公式

$$\Delta D = \Delta B \cdot \frac{1}{r}$$

其中，ΔD 表示存款货币的最大扩张额；ΔB 表示原始存款额；r 表示法定存款准备金率。

(二) 存款乘数

存款乘数是指存款总额与原始存款的倍数，就是在银行存款创造机制下存款最大扩张的倍数（也称派生倍数），是法定存款准备金率的倒数。

存款乘数的公式如下：

$$K = \frac{1}{r}$$

(三) 修正的存款创造公式

$$\Delta D = \Delta B \cdot \frac{1}{r+e+c}$$

其中，$\frac{1}{r+e+c}$ 表示修正的存款乘数；ΔB 表示原始存款额；r 表示法定存款准备金率；e 表示超额存款准备金率；c 表示现金漏损率。

(四) 存款创造倍数实现的两个假设

(1) 部分准备金制度。
(2) 非现金结算制度。

经典例题

[2015年真题·单选题] 假定金融机构的法定存款准备金率为20％，超额存款准备金率为2％，现金漏损率为3％，则存款乘数为（ ）。
A. 4.00　　　　　　　　　　　B. 4.12
C. 5.00　　　　　　　　　　　D. 20.00
[答案] A
[解析] 存款乘数 $= \frac{1}{r+e+c} = \frac{1}{20\% + 2\% + 3\%} = 4.00$。

[2015年真题·多选题] 存款创造倍数的实现要基于若干假设条件，这些假设条件主要有（ ）。
A. 固定汇率制度　　　　　　　B. 全额准备金制度
C. 部分准备金制度　　　　　　D. 券款兑付结算制度
E. 非现金结算制度
[答案] CE
[解析] 存款创造倍数实现的两个假设：①部分准备金制度；②非现金结算制度。

【考点四】 货币乘数

一、货币乘数的概念

货币乘数是指在货币供给过程中，中央银行的基础货币供给量与社会货币最终形成量之间的扩张倍数。

现代信用制度下货币供应量的决定因素主要有两个：①基础货币（MB）；②货币乘数（m）。

它们之间的关系可用公式表示为:

$$M_s = m \cdot MB$$

其中,M_s 表示货币供应量;m 表示货币乘数;MB 表示基础货币。

二、货币乘数公式

假定储户愿意持有的现金水平 C 和超额存款准备金 ER 与支票存款 D 呈同比例增长,假定这些项目与存款的比率在均衡状态下不变:

现金漏损率(c)＝流通中的现金(C)/存款(D)

超额存款准备金率(e)＝超额存款准备金(ER)/存款(D)

法定存款准备金率(r)＝法定存款准备金(RR)/存款(D)

基础货币(MB)＝现金漏损(C)＋超额存款准备金(ER)＋法定存款准备金(RR)

货币乘数反映了基础货币(高能货币)的变动所引起的货币供给变动的倍数。货币乘数的大小决定了货币供给扩张能力的大小。货币乘数 m 表示基础货币增加一个单位,货币供给增加 m 个单位。

可得:

$$m = \frac{1+c}{r+e+c}$$

假定 r＝法定存款准备金率＝0.10,流通中的现金为 500 亿元,存款为 10 000 亿元,超额存款准备金为 200 亿元。可得:

$$c = 500/10\ 000 = 0.05$$

$$e = 200/100\ 00 = 0.02$$

$$m = \frac{1+0.05}{0.10+0.02+0.05} = 6.18$$

货币乘数等于 6.18,说明如果支票存款的法定存款准备金率为 10%,储户的行为由 c＝0.05 表示,而银行的行为由 e＝0.02 表示,那么基础货币增长 1 元所引起货币供给(M_2)增量为 6.18 元。

三、货币供应量的影响因素

(1) 中央银行决定 r(法定存款准备金率),影响 e(超额存款准备金率)。

(2) 商业银行决定 e(超额存款准备金率)。

(3) 储户(或称社会大众)决定 c(现金漏损率)。

经典例题

[2011年真题·单选题] 根据货币供给机制,货币供应量等于基础货币与货币乘数的( )。

A. 和　　　　B. 乘积　　　　C. 差额　　　　D. 商

[答案] B

[解析] 现代信用制度下货币供应量的决定因素有两个:①基础货币(MB);②货币乘数(m)。即货币供应量等于基础货币与货币乘数的乘积。

[2012年真题·多选题] 影响货币乘数的诸因素分别是由( )决定的。

A. 政府　　　　　　　　　　B. 投资银行

C. 中央银行　　　　　　　　D. 商业银行

E. 社会大众

[答案] CDE

[解析] 从影响货币乘数的诸因素分析,中央银行决定 r 和影响 e,商业银行决定 e,社会大众决定 c。

第三节 货币均衡

【考点一】货币均衡的含义

一、IS 曲线

（1）IS 曲线上的点表示商品市场上总产出（总收入）等于总需求量，故 IS 曲线上的点表示**产品市场**达到均衡。处于 IS 曲线上的任何点位都表示 I（投资）＝S（储蓄）。

（2）IS 曲线如下图 8-3-1 所示。

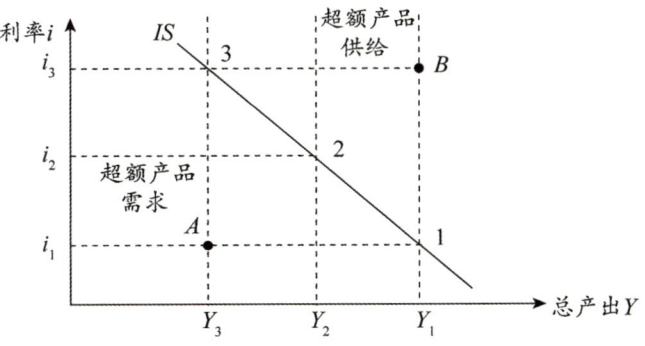

图 8-3-1　IS 曲线

如果经济活动位于 IS 曲线右边的区域，说明存在超额的产品供给。如果经济活动处于 IS 曲线左边的区域，则说明存在超额的产品需求。

二、LM 曲线与货币均衡

（1）货币均衡（货币市场的均衡）要求货币的供求相等，即 L（货币需求量）＝M（货币供应量）。

LM 曲线上的点表示货币需求量（L）等于货币供应量（M），故 LM 曲线上的点表示**货币市场**达到均衡的状态。

（2）LM 曲线如下图 8-3-2 所示。

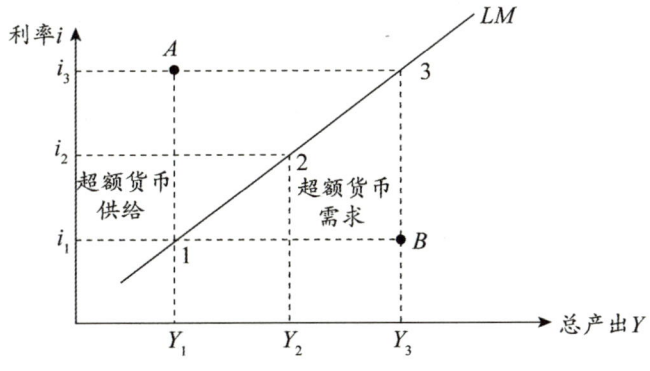

图 8-3-2　LM 曲线

根据凯恩斯的流动性偏好理论，货币需求 L 取决于总产出 Y 和利率 i，并且货币需求与总产出正相关，与利率负相关。如果经济活动处于 LM 曲线的左边区域，表示货币供给大于货币需求，存在过度的货币供应。此时由于利率超过均衡水平，所以人们持有的货币超过意愿持有量。反之，如果经济活动位于 LM 曲线的右边区域，说明存在超额货币需求。此时利率低于均衡水平，人们的货币持有额低于意愿持有额。

三、BP 曲线与国际收支平衡

（1）BP 曲线指国际收支平衡时利率和产出（收入）组合的轨迹，即 BP 曲线上的任意一点所代表的利率和收入的组合都可以使当期国际收支均衡。

（2）在开放经济条件下，如果加入国际收支（BP）的内容，就发展成了 IS-LM-BP 模型（蒙代尔—弗莱明模型）。如果三线交于一点，表明国内产品市场、货币市场和外汇市场三个市场都处于均衡。

（3）蒙代尔—弗莱明模型解释了小型开放经济的总需求曲线。

蒙代尔—弗莱明模型的基本结论是：货币政策与财政政策影响总收入的效力取决于汇率制度。货币政策在固定汇率下对刺激经济毫无效果，在浮动汇率下则效果显著；财政政策在固定汇率下对刺激经济效果显著，在浮动汇率下则效果甚微或毫无效果。

【考点小贴士】蒙代尔—弗莱明模型的基本结论可以利用口诀帮助记忆：财政是固定的，货币是浮动的。即固定汇率下，只有财政政策才有效；浮动汇率下，货币政策效果显著。

四、货币均衡的实现机制

在市场经济条件下，货币均衡的实现取决于下列三个条件：

（1）健全的利率机制。
（2）发达的金融市场。
（3）有效的中央银行调控机制。

在完全市场经济条件下，货币均衡最主要的实现机制是利率机制，货币均衡可以通过利率机制的作用实现。

经典例题

[2016 年真题·单选题] 某国的 LM 曲线为 $Y=500+2\,000i$，如果某一时期总产出（Y）为 600，利率水平（i）为 10%，表明该时期存在（　　）。

A. 超额商品供给　　　　　　　　B. 超额商品需求
C. 超额货币供给　　　　　　　　D. 超额货币需求

[答案] C

[解析] 对于统一给定的总产出水平，LM 曲线给出使货币市场达到均衡所必须的利率水平。根据已知条件，可得该时期的利率均衡水平应为 $(600-500)/2\,000=5\%$，而实际利率水平为 10%，高于均衡水平，所以人们持有的货币超过意愿持有量，即经济活动处于 LM 曲线的左边区域，存在过度的货币供应量。

[2015 年真题·多选题] 如果 IS、LM 和 BP 曲线存在共同的交点，则在该点上各曲线所代表的子市场同时处于均衡状态，这些子市场有（　　）。

A. 货币市场　　　　　　　　　　B. 产品市场
C. 黄金市场　　　　　　　　　　D. 外汇市场
E. 股票市场

[答案] ABD

[解析] 如果 IS、LM 和 BP 曲线存在共同的交点，表明国内产品市场、货币市场和外汇市场三个市场都处于均衡。

【考点二】通货膨胀及其治理

一、通货膨胀的概念及特征

（一）概念

通货膨胀是指物价总水平持续普遍的上升。

（二）特征

（1）通货膨胀所指的物价上涨并非个别商品或劳务价格的上涨，而是指一般物价水平的持续上涨，即全部物品及劳务的加权平均价格的上涨。

（2）在通货膨胀中，一般物价水平的上涨是一定时间内的持续的上涨。

（3）通货膨胀所指的物价上涨必须超过一定的幅度。

二、通货膨胀的类型

通货膨胀的类型如表 8-3-1 所示。

表 8-3-1　通货膨胀的类型

分类依据	类型	概念
按通货膨胀的程度划分	爬行式通货膨胀	指价格总水平上涨的年率不超过 2%—3%，并且在经济生活中没有形成通货膨胀的预期
	温和式通货膨胀	指价格总水平上涨比爬行式高，但又不是很快，具体百分比没有一个统一的说法
	奔腾式通货膨胀	指物价总水平上涨率在 2 位数以上，且发展速度很快
	恶性通货膨胀	也称超级通货膨胀，是指物价上升特别猛烈，且呈加速趋势。此时，货币已完全丧失了价值储藏功能，部分地丧失了交易媒介功能
按成因划分	需求拉上型通货膨胀	—
	成本推进型通货膨胀	—
	结构型通货膨胀	—

经典例题

[2013 年真题·单选题] 通货膨胀实质是一种货币现象，表现为商品和生产要素价格总水平在一定时期内（　　）。

A. 持续下降　　　　　　　　　　B. 持续上升

C. 间歇性下降　　　　　　　　　D. 间歇性上升

[答案] B

[解析] 通货膨胀是指物价总水平持续普遍的上升。

[2013 年真题·单选题] 从 2010 年开始，我国居民消费价格指数（CPI）涨幅呈现逐月逐季加快趋势，2010 年和 2011 年居民消费价格指数分别同比上涨 3.3% 和 5.4%。2012 年居民消费价格指数同比上涨 2.6%，从 2010 年到 2012 年居民消费价格指数的涨幅来看，该期间的通货膨胀在程度上属于（　　）通货膨胀。

A. 爬行式　　　　　　　　　　　B. 温和式

C. 奔腾式　　　　　　　　　　　D. 恶性

[答案] B

[解析] 该题需要分析爬行式、温和式和奔腾式通货膨胀。物价总水平的上涨比例，爬行式是不超过2%—3%，奔腾式是10%以上，在二者之间的上涨比率就是温和式。因此根据题目中给出的3.3%、5.4%、2.6%三个比率总体分析，可以得出B项正确。

三、通货膨胀的成因

（一）需求拉上

当经济中需求的扩张超出总供给的增长时，过度需求就会拉动价格总水平持续上涨，即"过多的货币追求过少的商品"，从而引起通货膨胀。

（二）成本推进

（1）进入20世纪70年代后，西方发达国家普遍经历了高失业和高通货膨胀并存的"滞胀"局面。即在经济远未达到充分就业时，物价就持续上涨，甚至在失业增加的同时，物价也上升。

（2）由于需求拉上理论无法解释上述现象，因此，许多经济学家转而从供给方面探索通货膨胀的原因，进而提出"成本推进论"。该理论认为，通货膨胀的根源并非总需求过度，而是由于总供给方面生产成本上升所引起。

（3）促使生产成本上升的原因：①工资成本推进型通货膨胀。即在现代经济中有组织的工会对工资成本具有操纵能力；②利润推进型通货膨胀。即垄断性大公司具有对价格的操纵能力，是提高价格水平的重要力量；③汇率变动引起进出口产品和原材料成本上升，以及石油危机、资源枯竭、环境保护政策不当等造成原材料、能源生产成本的提高，都是引起成本推进型通货膨胀的原因。

（三）供求混合作用

供求混合推进型通货膨胀，即总供给和总需求共同作用。

（四）经济结构变化

由于不同国家的经济部门结构的某些特点，当一些产业/部门在需求或成本方面发生变动时，会通过部门间的相互看齐过程而影响其他部门，从而导致一般物价水平的上升。这被称为结构型通货膨胀。

【考点小贴士】该考点为高频考点，考生需注意分类概念。

经典例题

[2017年真题·单选题] 石油危机、资源枯竭等造成原材料、能源价格上升，从而导致一般物价水平上涨，这种通货膨胀类型属于（　　）。
A. 需求拉上型　　　　　　　B. 成本推进型
C. 结构型　　　　　　　　　D. 隐蔽型
[答案] B
[解析] 促使生产成本上升的原因有三类，分别是：①工资成本推进型通货膨胀。即在现代经济中有组织的工会对工资成本具有操纵能力。②利润推进型通货膨胀。即垄断性大公司具有对价格的操纵能力，是提高价格水平的重要力量。③汇率变动引起进出口产品和原材料成本上升，以及石油危机、资源枯竭、环境保护政策不当等造成原材料、能源生产成本的提高，都是引起成本推进型通货膨胀的原因。从题干可知"石油危机、资源枯竭等造成原材料、能源价格上升"属于第三类，所以选成本推进型通货膨胀。

四、通货膨胀治理的对策

（一）紧缩的需求政策

1. 紧缩性的财政政策（增收节支、减少赤字）

（1）减少政府支出。

1）削减购买性支出（如政府投资、行政事业费等）。

2）削减转移性支出（如福利支出、财政补贴等）。

（2）增加税收。

1）降低投资支出和消费支出。

2）增加财政收入，减少财政赤字。

（3）减少政府转移支付，减少社会福利开支，从而起到抑制个人收入增加的作用。

2. 紧缩性的货币政策（减少货币供给）

（1）提高法定存款准备金率。

（2）提高再贷款、再贴现率。

（3）公开市场卖出业务。

（4）直接提高利率。

（二）积极的供给政策

（1）减税（降低边际税率）。

（2）削减社会福利开支。

（3）适当增加货币供给，发展生产。

（4）精简规章制度。

（三）紧缩性从严的收入政策（"工资—价格政策"）

紧缩性收入政策主要针对成本推动型通货膨胀，通过对工资和物价的上涨进行直接干预来遏制通货膨胀。

（1）工资—物价指导线。

（2）以税收为基础的收入政策。

（3）工资—价格管制及冻结。

（四）其他治理措施

1. 收入指数化（弗里德曼）

弗里德曼等经济学家提出了收入指数化政策。该政策是指将工资、利息等各种名义收入部分地或全部地与物价指数相联系，使其自动随物价指数的升降而升降。

收入指数化政策是针对成本推动型通货膨胀而采取的一种治理通货膨胀的方法。它更大的作用在于降低通货膨胀在收入分配上的影响。

2. 币制改革

币制改革是指政府下令废除旧币、发行新币，变更钞票面值，对货币流通秩序采取一系列强硬的保障性措施等。进行币制改革的目的在于增强社会公众对本位币的信心，货币能够重新发挥正常作用。它一般是针对恶性通货膨胀而采取的。

【考点小贴士】紧缩性的财政政策之一增加税收，可理解为对企业和个人普遍性的增加，从而抑制总需求膨胀；而积极的供给政策之一又是减税，可理解为对某些纳税人的照顾政策，比如生产型企业通过对其减税，刺激生产增加供给。

> **经典例题**
>
> [2014年真题·单选题] 实行紧缩性财政政策是治理通货膨胀的政策之一。下列举措中,不属于紧缩性财政政策的是( )。
> A. 减少政府购买性支出
> B. 增加税收
> C. 减少政府转移性支出
> D. 扩大赤字规模
> [答案] D
> [解析] D项属于通货紧缩治理的政策。

【考点三】通货紧缩及其治理

一、通货紧缩的含义与标志

(1) 通货紧缩是指物价水平的全面持续下跌,表明单位货币所代表的商品价值在增加,货币在不断地升值。

(2) 判断某个时期的物价下降是否是通货紧缩的依据为:①看通货膨胀率是否由正变负;②看这种下降是否持续了一定的时限。

(3) 通货紧缩的标志包括:①价格总水平持续下降。这是通货紧缩的基本标志。②经济增长率持续下降。

二、治理通货紧缩的政策措施

(1) 扩张性的财政政策,包括减税(非经常性调控手段)和增加财政支出两种方法。
(2) 扩张性的货币政策。
(3) 加快产业结构的调整,解决供需的结构性矛盾。
(4) 其他措施,如对工资和物价的管制政策、对股票市场的干预、完善社会保障体系。

> **经典例题**
>
> [2014年真题·单选题] 治理通货紧缩的举措中,一般不经常使用的政策措施是( )。
> A. 减税
> B. 扩张性货币政策
> C. 加快产业结构调整
> D. 增加财政支出
> [答案] A
> [解析] 减税涉及税法和税收制度的改变,不是一种经常性的调控手段。
>
> [2014年真题·多选题] 下列范畴中,属于通货紧缩的标志有( )持续下降。
> A. 价格总水平   B. 经济增长率
> C. 银行存款   D. 外汇储备
> E. 货币供应量
> [答案] AB
> [解析] 通货紧缩的标志是:①价格总水平持续下降。这是通货紧缩的基本标志。②经济增长率持续下降。

本章易错易混考点

【易错易混考点】存款乘数与货币乘数的区别（如表Ⅰ所示）

表Ⅰ 存款乘数与货币乘数的区别

区别	存款乘数	货币乘数
对象不同	针对商业银行测算	针对中央银行测算
对应的货币供应量（D）计算中基数不同	对应的是原始存款（ΔB）	对应的是基础货币（MB）

【考点小贴士】考生在审题时注意查找关键字词，如果题干给出的是"商业银行""原始存款"，那么要求算的就是存款乘数。如果题干给出的是"中央银行""基础货币"，则求算的是货币乘数。

历年经典真题回顾

一、单项选择题（每题1分，每题备选项中，只有1个最符合题意）

1. 关于基础货币的说法，正确的是（   ）。[2018年真题]
   A. 它是单位定期存款和单位其他存款之和
   B. 中央银行通过其资产业务创造基础货币
   C. 它是中央银行的非货币性负债
   D. 中央银行通过卖出黄金投放基础货币

   [答案] B

   [解析] 通常把流通中现金和准备金称为中央银行货币负债，也称基础货币或储备货币。基础货币是中央银行的货币性负债，而不是中央银行资产或非货币性负债，是中央银行通过自身的资产业务供给出来的。

2. 根据我国货币供应量层次的划分，M_1包括流通中的现金和（   ）。[2018年真题]
   A. 单位定期存款   B. 单位活期存款
   C. 大额可转让定期存单   D. 储蓄存款

   [答案] B

   [解析] 1994年10月，中国人民银行正式编制并向社会公布"货币供应量统计表"，首次将我国的货币供应量划分为以下层次：M_0＝流通中现金；$M_1=M_0$＋单位活期存款；$M_2=M_1$＋储蓄存款＋单位定期存款＋单位其他存款；$M_3=M_2$＋金融债券＋商业票据＋大额可转让定期存单等。

3. LM曲线左侧的点，代表（   ）。[2018年真题]
   A. 超额产品供给   B. 超额货币需求
   C. 超额产品需求   D. 超额货币供给

   [答案] D

   [解析] 如果经济活动处于LM曲线的左边区域，表示货币供给大于货币需求，存在过度的货币供给。反之，如果经济活动位于LM曲线的右边区域，说明存在超额货币需求。

4. 从货币形式保有资产存量的角度分析货币需求，重视存量占收入比例的货币需求理论的是（   ）。[2017年真题]
   A. 剑桥方程式   B. 费雪方程式
   C. 现金交易说   D. 凯恩斯的货币需求函数

[答案] A

[解析] 费雪方程式把货币需求和支出流量联系在一起，重视货币支出的数量和速度，侧重于货币流量分析；而剑桥方程式则是从用货币形式保有资产存量的角度考虑货币需求，重视存量占收入的比例。

5. 在治理通货膨胀过程中，收入政策主要是针对（　　）。[2017年真题]

　　A. 需求拉上型通货膨胀　　　　B. 成本推进型通货膨胀
　　C. 结构性通货膨胀　　　　　　D. 供求混合型通货膨胀

[答案] B

[解析] 收入政策主要针对成本推动型通货膨胀，通过对工资和物价上涨进行直接干预来降低通货膨胀。

6. 下列影响货币供应量的因素中，储户能够决定的是（　　）。[2016年真题]

　　A. 基金货币　　　　　　　　　B. 法定存款准备金率
　　C. 超额存款准备金率　　　　　D. 现金漏损率

[答案] D

[解析] 货币供应量的影响因素中，中央银行决定法定存款准备金率和影响超额存款准备金率，商业银行决定超额存款准备金率，储户决定现金漏损率。

二、多项选择题（每题2分，每题备选项中，有2个或2个以上符合题意，至少有1个错项。错选，本题不得分；少选，所选的每个选项得0.5分）

1. 按照商业银行存款创造的基本原理，影响派生存款的因素有（　　）。[2017年真题]

　　A. 原始存款数量　　　　　　　B. 法定存款准备金率
　　C. 超额存款准备金率　　　　　D. 拨备覆盖率
　　E. 现金漏损率

[答案] AB

[解析] 在部分准备金制度和非现金结算制度下，一笔原始存款在整个银行体系存款扩张原理的作用下，可以产生出大于原始存款若干倍的派生存款来。这个派生存款的大小，主要决定于两个因素：一个是原始存款数量的大小；另一个是法定存款准备金率的高低。

2. 关于蒙代尔—弗莱明模型的分析，正确的有（　　）。[2017年真题]

　　A. 财政政策在浮动汇率下对刺激经济效果甚微或毫无效果
　　B. 财政政策在固定汇率下对刺激经济效果显著
　　C. 货币政策在浮动汇率下对刺激经济效果显著
　　D. 货币政策在固定汇率下对刺激经济毫无效果
　　E. 财政政策在浮动汇率下对刺激经济效果显著

[答案] ABCD

[解析] 蒙代尔—弗莱明模型的基本结论是：货币政策与财政政策影响总收入的效力取决于汇率制度。货币政策在固定汇率下对刺激经济毫无效果，在浮动汇率下则效果显著；财政政策在固定汇率下对刺激经济效果显著，在浮动汇率下则效果甚微或毫无效果。

3. 供给学派主张采取刺激生产增加供给的方法来治理通货膨胀，其主要措施有（　　）。[2017年真题]

　　A. 减税　　　　　　　　　　　B. 增加进口
　　C. 削减社会福利开支　　　　　D. 适当增加货币供给
　　E. 精简规章制度

[答案] ACDE

[解析] 治理通货膨胀中，积极的供给政策包括：①减税（降低边际税率）；②削减社会福利开支；③适当增加货币供给，发展生产；④精简规章制度。

4. 2011年10月，中国人民银行再次修订货币供应量口径，新记入M_2的项目有（   ）。[2016年真题]

A. 流通中现金   B. 储蓄存款

C. 证券公司客户保证金   D. 住房公积金中心存款

E. 非存款类金融机构在存款类金融机构的存款

[答案] DE

[解析] 2011年10月，中国人民银行再次修订货币供应量口径，在货币供应量中加入了住房公积金中心存款和非存款类金融机构在存款类金融机构的存款。

三、案例分析题（每题2分。由单选和多选组成。错选，本题不得分；少选，所选的每个正确选项得0.5分）

中国人民银行在某一时期采取以下货币政策措施：买入商业银行持有的国债300亿元；购回400亿元商业银行持有的到期央行票据。假定此时商业银行的法定存款准备金率为12%，超额准备金率为3%，现金漏损率为5%。[2017年真题]

1. 通过此次货币政策操作，中国人民银行对基础货币的影响是（   ）。

A. 净回笼100亿元   B. 净投放100亿元

C. 净回笼700亿元   D. 净投放700亿元

[答案] D

[解析] 中央银行投放基础货币的渠道主要有：①对商业银行等金融机构的再贷款和再贴现。②收购黄金、外汇等储备资产投放的货币。③通过公开市场业务等投放货币。根据题意，中国人民银行买入商业银行持有的国债和购回商业银行持有的到期央行票据属于投放基础货币，基础货币投放金额＝300＋400＝700（亿元）。

2. 如果按照这种货币政策操作，中国人民银行每增加或减少1元的基础货币，就会使货币供给增加或减少（   ）。

A. 5.00元   B. 5.15元

C. 5.25元   D. 5.75元

[答案] C

[解析] 根据题干，我们可以找到中央银行、基础货币等关键词，判断是考查货币乘数的计算。$m = \dfrac{1+c}{r+e+c} = (1+5\%) \div (12\%+3\%+5\%) = 5.25$（元）。

3. 中国人民银行通过此次货币政策操作，使货币供应量（   ）。

A. 增加3 675亿元

B. 减少3 675亿元

C. 增加3 875亿元

D. 减少3 875亿元

[答案] A

[解析] 货币供应量＝基础货币×货币乘数＝700×5.25＝3 675（亿元）。从第一题，我们得知中央银行是投放基础货币，即让整个市场资金量增加，所以通过此次货币政策操作，使货币供应量增加3 675亿元。

本章同步练习

一、单项选择题（每题1分，每题备选项中，只有1个最符合题意）

1. 根据费雪方程式，短期内货币流通的速度和产出保持不变，所以，货币存量的变化会引起（ ）水平的变化。
   A. 物价 B. 收入
   C. 税率 D. 汇率

2. 有观点认为，当利率极低时，人们的货币需求量无限大，任何新增的货币都会被人们持有。此观点的代表人物是（ ）。
   A. 费雪 B. 马歇尔
   C. 凯恩斯 D. 弗里德曼

3. 假设法定存款准备金率为10%，超额存款准备金率为5%，流通中的现金40亿美元，存款总量为150亿美元，则基础货币为（ ）亿美元。
   A. 28.5 B. 55.5
   C. 62.5 D. 90.0

4. 在信用货币制度下，高能货币量取决于（ ）的行为。
   A. 公众 B. 银行
   C. 央行 D. 市场

5. 在我国的货币层次划分中，未包括在 M_1 中，却包括在 M_2 中的是（ ）。
   A. 支票存款 B. 流通中的现金
   C. 单位活期存款 D. 单位定期存款

6. （ ）是在银行存款创造机制下存款最大扩张的倍数（也称派生倍数）。
   A. 货币乘数 B. 货币系数
   C. 存款乘数 D. 派生系数

7. 商业银行吸收200万元原始存款并贷放给客户，假定法定存款准备金率为16.5%，超额存款准备金率为3.5%，现金漏损率为2.1%。则该笔原始存款经过派生后的存款总数为（ ）万元。
   A. 454.5 B. 463.7
   C. 909.1 D. 927.3

8. 在货币均衡分析中，用来描述国际劳务收支保持不变时收支和利率组合的轨迹是（ ）。
   A. BP 曲线 B. J 曲线
   C. IS 曲线 D. LM 曲线

9. 根据蒙代尔—弗莱明模型，在固定汇率和资本完全流动条件下，调节总需求时，采用（ ）容易取得显著效果。
   A. 财政政策 B. 货币政策
   C. 外汇管制政策 D. 财政政策和货币政策

10. 价格总水平上涨的年率不超过2%—3%的通货膨胀类型是（ ）。
    A. 需求拉上型通货膨胀
    B. 爬行式通货膨胀
    C. 温和式通货膨胀
    D. 恶性通货膨胀

二、多项选择题（每题2分，每题备选项中，有2个或2个以上符合题意，至少有1个错项。错选，本题不得分；少选，所选的每个选项得0.5分）

1. 根据弗里德曼的货币需求理论，与货币需求量呈反方向变化的因素有（　　）。
   A. 恒久性收入　　　　　　　　B. 货币的预期收益率
   C. 股票的预期收益率　　　　　D. 非人力财富占总财富比率
   E. 价格的预期变动率

2. 中央银行投放基础货币的渠道包括（　　）。
   A. 发行央行票据　　　　　　　B. 对商业银行等金融机构的再贷款
   C. 购买政府部门的债券　　　　D. 出售金融机构的债券
   E. 收购黄金、外汇等储备资产投放的货币

3. 存款创造倍数的实现要基于若干假设条件，这些假设条件主要有（　　）。
   A. 固定汇率制度　　　　　　　B. 全额准备金制度
   C. 部分准备金制度　　　　　　D. 券款对付结算制度
   E. 非现金结算制度

4. 在市场经济条件下，货币均衡的实现机制取决的条件有（　　）。
   A. 稳定的物价水平　　　　　　B. 足额的国际储备
   C. 健全的利率机制　　　　　　D. 发达的金融市场
   E. 有效的中央银行调控机制

5. 应对通货紧缩可以选择的政策措施包括（　　）。
   A. 扩大财政支出　　　　　　　B. 增加税收
   C. 放松货币政策　　　　　　　D. 加快产业结构调整
   E. 实施从严的收入政策

▶▶▶ 本章同步练习参考答案及解析 ◀◀◀

一、单项选择题

1. [答案] A
   [解析] 本题的考点为货币数量论的货币需求理论。根据费雪方程式 $MV=PT$，短期内货币流通的速度 V 和产出 T 保持不变，所以，货币存量的变化会引起物价水平 P 的变化。

2. [答案] C
   [解析] 本题的考点为凯恩斯的货币需求函数。凯恩斯认为，在利率极高时，投机动机引起的货币需求量等于零，而当利率极低时，投机动机引起的货币需求量将是无限的。

3. [答案] C
   [解析] 本题的考点为基础货币。通常把流通中现金和准备金称为中央银行货币负债，也称基础货币或储备货币。公式表示为：基础货币＝流通中的现金＋准备金，而准备金＝法定准备金＋超额准备金。由此可得基础货币＝40＋150×（10%＋5%）＝62.5（亿美元）。

4. [答案] C
   [解析] 本题的考点为基础货币。在信用货币制度下，高能货币量取决于中央银行的行为；银行存款与其准备金的比率取决于银行体系；存款与通货的比率既取决于公众的行为，同时还受到银行存款服务水平和利率的影响。

5. [答案] D
   [解析] 本题的考点为我国的货币层次划分。我国的货币层次划分为：M_0＝流通中现金；$M_1=M_0$＋单位活期存款；$M_2=M_1$＋储蓄存款＋单位定期存款＋单位其他存款；$M_3=M_2$＋金融债券＋商业票据＋大额可转让定期存单等。

6. [答案] C

[解析] 本题的考点为存款乘数。存款乘数是在银行存款创造机制下存款最大扩张的倍数（也称派生倍数），是法定存款准备金率的倒数。货币乘数是指在货币供给过程中，中央银行的基础货币供给量与社会货币最终形成量之间的扩张倍数。

7. [答案] C

[解析] 本题的考点为多倍存款创造。根据题干中关键字词原始存款、商业银行，可判断使用存款乘数公式。所以该笔原始存款经过派生后的存款总数为 $200 \times \dfrac{1}{16.5\% + 3.5\% + 2\%} \approx 909.1$（万元）。

8. [答案] A

[解析] BP曲线指国际收支平衡时利率和产出（收入）组合的轨迹，即BP曲线上的任意一点所代表的利率和收入的组合都可以使当期国际收支均衡。

9. [答案] A

[解析] 本题的考点为蒙代尔—弗莱明模型的基本结论。货币政策在固定汇率下对刺激经济毫无效果，在浮动汇率下则效果显著；财政政策在固定汇率下对刺激经济效果显著，在浮动汇率下则效果甚微或毫无效果。

10. [答案] B

[解析] 本题的考点为爬行式通货膨胀的概念。爬行式通货膨胀是指价格总水平上涨的年率不超过2%—3%，并且在经济生活中没有形成通货膨胀的预期。

二、多项选择题

1. [答案] CDE

[解析] 本题的考点为弗里德曼的货币需求函数。根据弗里德曼货币需求函数模型，恒久性收入 y 与货币需求量成同方向变化，故A项不选；非人力财富占总财富的比率 w 与货币需求呈负相关关系，D项正确；弗里德曼的货币需求函数中定义的货币口径是 M_2，因此货币需求量与持有货币的预期收入呈正相关关系，所以B项不选；货币以外其他资产的预期收益率越高，货币需求量就越小，即与货币需求量呈反方向变化，故C、E两项正确。

2. [答案] BCE

[解析] 本题的考点为中央银行投放基础货币的渠道。其共包括三个渠道：①对商业银行等金融机构的再贷款和再贴现；②收购黄金、外汇等储备资产投放的货币；③通过公开市场业务等投放货币。

3. [答案] CE

[解析] 本题的考点为多倍存款创造。存款创造倍数的实现基于两个假设：一是部分准备金制度；二是非现金结算制度。

4. [答案] CDE

[解析] 本题的考点为货币均衡的实现机制。货币均衡的实现机制主要取决于三个条件，即健全的利率机制、发达的金融市场以及有效的中央银行调控机制。

5. [答案] ACD

[解析] 本题的考点为通货紧缩治理的政策措施。通货紧缩治理的政策措施包括：①扩张性的财政政策；②扩张性的货币政策；③加快产业结构的调整；④其他措施。

第九章 中央银行与金融监管

本章考情分析

年份	单项选择题	多项选择题	案例分析题	合计
2018 年	估算 6 题 6 分	2 题 4 分	4 题 8 分	18 分
2017 年	7 题 7 分	2 题 4 分	1 题 2 分	13 分
2016 年	7 题 7 分	2 题 4 分	4 题 8 分	19 分
2015 年	6 题 6 分	2 题 4 分	—	10 分

本章考点概览

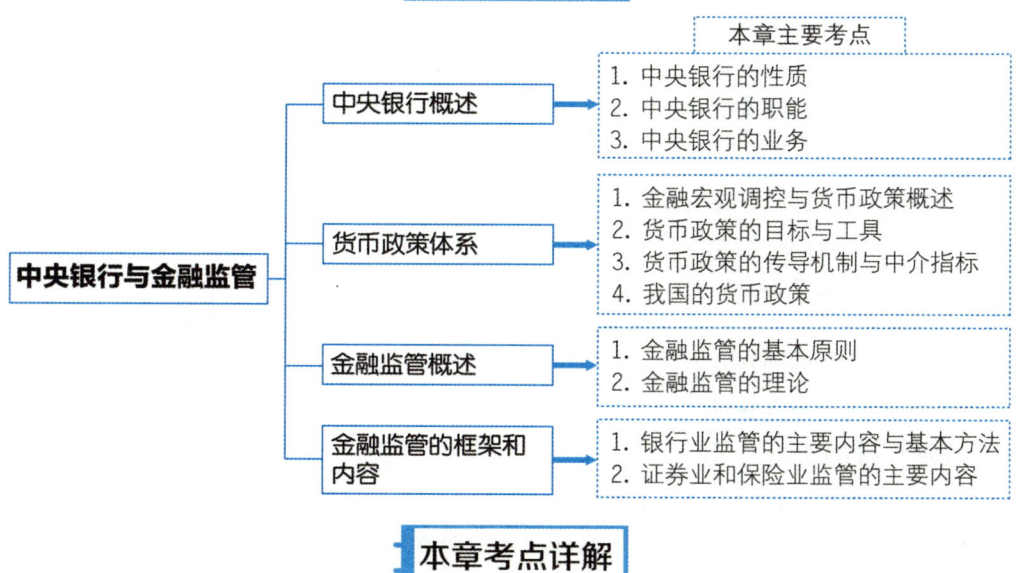

本章考点详解

第一节 中央银行概述

【考点一】中央银行的性质

中央银行是在一国金融体系中处于主导地位，代表国家制定和实施货币政策，对金融业实施监管，对国民经济进行宏观调控和管理的特殊金融机构，是一个国家的最高货币金融管理机构。

【考点二】中央银行的职能

中央银行的职能包括发行的银行、政府的银行、银行的银行、管理金融的银行。

一、发行的银行

中央银行是发行的银行，指中央银行垄断货币发行，具有货币发行的特权、独占权，是一国唯一的货币发行机构。

中央银行作为发行的银行，具有的基本职能包括：

（1）中央银行应根据国民经济发展的客观情况，适时适度发行货币，保持货币供给与流通中货币需求的基本一致，为国民经济稳定持续增长提供一个良好的金融环境。

（2）中央银行应从宏观经济角度控制信用规模，调节货币供给量。中央银行应以稳定货币为前提，适时适度增加货币供给，正确处理好货币稳定与经济增长的关系。

（3）中央银行应根据货币流通需要，适时印刷、铸造或销毁票币，调拨库款，调剂地区间货币分布、货币面额比例，满足流通中货币支取的不同要求。

二、政府的银行

中央银行是政府的银行，是政府管理一国金融的专门机构。中央银行作为政府的银行，具有的基本职责包括：

（1）经理或代理国库。
（2）代理政府金融事务。
（3）代表政府参加国际金融活动。
（4）充当政府金融政策顾问。
（5）为政府提供资金融通。
（6）执行金融行政管理职能。
（7）保管外汇和黄金储备。

三、银行的银行

中央银行是银行的银行，是指中央银行通过办理存、放、汇等项业务，做商业银行与其他金融机构的最后贷款人，履行的职责包括：

（1）集中保管存款准备金。
（2）充当最后贷款人。通常采取两种形式：①票据再贴现；②票据再抵押。
（3）组织全国银行间的清算业务。
（4）组织外汇头寸抛补业务。

四、管理金融的银行

（1）根据国情合理制定实施货币政策。
（2）制定颁布各种金融法规、金融业务规章，监督管理各金融机构的业务活动。
（3）管理境内金融市场。

【考点小贴士】本考点是高频考点，既可以出单项选择题又可以出多项选择题。

经典例题

[2015年真题·单选题] 关于中央银行是"发行的银行"的说法，错误的是（　　）。
A. 中央银行具有发行货币职能　　B. 中央银行负责维护货币的稳定
C. 中央银行负责创造货币的需求　　D. 中央银行可以调节货币供给

[答案] C

[解析] 中央银行是发行的银行,指中央银行垄断货币发行,具有货币发行的特权、独占权,是一国唯一的货币发行机构。中央银行作为发行的银行,具有以下几个基本职能:①中央银行应根据国民经济发展的客观情况,适时适度发行货币,保持货币供给与流通中货币需求的基本一致,为国民经济稳定持续增长提供一个良好的金融环境。②中央银行应从宏观经济角度控制信用规模,调节货币供给量。中央银行应以稳定货币为前提,适时适度增加货币供给,正确处理好货币稳定与经济增长的关系。③中央银行应根据货币流通需要,适时印刷、铸造或销毁票币,调拨库款,调剂地区间货币分布、货币面额比例,满足流通中货币支取的不同要求。

【考点三】中央银行的业务

一、中央银行的负债业务

(1) 货币发行。

(2) 经理或代理国库。

(3) 集中存款准备金。

二、中央银行的资产业务

(1) 贷款。贷款对象是商业银行、政府。

(2) 再贴现。

(3) 证券买卖。中央银行为调控货币供应量,适时地开展公开市场业务(采用直接买卖、回购协议等方式买卖政府中长期债券、国库券等)。

(4) 管理国际储备。

(5) 其他资产业务。

三、中央银行的中间业务

资产清算业务是中央银行的主要中间业务,这类业务可以划分为:

(1) 集中办理票据交换。

(2) 结清交换差额。

(3) 办理异地资金转移。

【考点小贴士】中央银行的资产业务考查频率较高,请掌握具体内容。

经典例题

[2014年真题·多选题] 下列业务中,属于中央银行资产业务的有(   )。

A. 再贴现

B. 买入国债

C. 集中存款准备金

D. 国际储备

E. 集中办理票据交换

[答案] ABD

[解析] 中央银行的资产业务主要有:贷款、再贴现、证券买卖(包括买入国债)、管理国际储备、其他资产业务。

第二节 货币政策体系

【考点一】金融宏观调控与货币政策概述

一、金融宏观调控

金融宏观调控是以中央银行或货币当局为主体，以货币政策为核心，借助于各种金融工具调节货币供给量或信用量，影响社会总需求进而实现社会总供求均衡，促进金融与经济协调稳定发展的机制与过程。

金融宏观调控存在的前提是商业银行是独立的市场主体，实行二级银行体制。

二、货币政策及其特征

货币政策是中央银行为实现特定的经济目标而采取的各种控制、调节货币供应量或信用量的方针、政策、措施的总称。

（一）货币政策的基本特征

（1）货币政策是宏观经济政策。

（2）货币政策是调节社会总需求的政策。

（3）货币政策主要是间接调控政策。

（4）货币政策是长期连续的经济政策。

（二）货币政策的类型

1. 宽松的货币政策（买低）

宽松的货币政策是指中央银行通过降低利率，扩大信贷，增加货币供给，从而增加投资，扩大总需求，刺激经济增长的货币政策。其主要措施包括：

（1）降低法定存款准备金率。

（2）降低再贴现利率。

（3）公开市场业务（买入证券）。

除以上措施外，中央银行也可用"道义劝告"方式来影响商业银行及其他金融机构增加放款。

2. 紧缩的货币政策

紧缩的货币政策是指央行通过提高利率，紧缩信贷，减少货币供给，从而抑制投资，压缩总需求，防止经济过热的货币政策。

3. 稳健的货币政策

"稳健"体现的是对货币政策所做的原则性规定和对总体趋势的把握，而不是针对货币政策操作层面（如积极或紧缩的）的提法。

坚持货币政策的"稳健"，并不排斥根据经济形势的变化在操作层面灵活地实行适时适度放松或收紧银根的货币政策措施。

【考点小贴士】考生需要理解不同货币政策的含义和措施。宽松的货币政策即是向整个货币资金池"放水"，使大家手头都有钱；紧缩的货币政策即是将"钱袋子"扎紧，使大家手头没钱，压缩需求。

> **经典例题**
>
> [2013年真题·单选题] 货币政策是中央银行为实现特定经济目标而采取的各种方针、政策、措施的总称。关于货币政策基本特征的说法，错误的是（　　）。
> A. 货币政策是宏观经济政策
> B. 货币政策是调节社会总供给的政策
> C. 货币政策主要是间接调控政策
> D. 货币政策是长期连续的经济政策
> [答案] B
> [解析] 货币政策是调节社会总需求的政策，故 B 项错误。

三、金融宏观调控机制

（一）金融宏观调控机制的构成要素

金融宏观调控机制的框架与构成要素如图 9-2-1 所示。

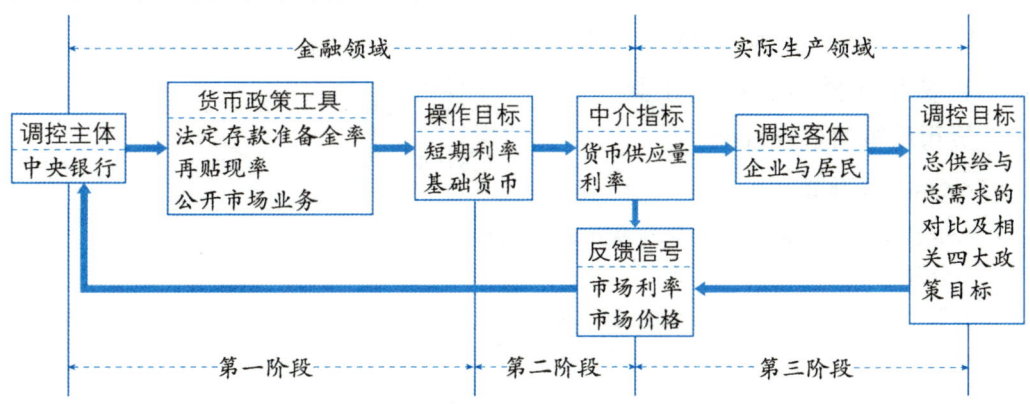

图 9-2-1　金融宏观调控机制的框架与构成要素

（1）调控主体：中央银行。
（2）调控工具：三大货币政策工具，即法定存款准备金率、再贴现率、公开市场业务。
（3）操作目标：短期利率与基础货币。
（4）中介指标：利率和货币供应量。
（5）调控客体：企业与居民（通过影响企业与居民的投资和消费行为）。
（6）调控目标：总供求对比及相关四大政策目标。
中央银行的四大政策目标：稳定币值、经济增长、充分就业和国际收支平衡。
（7）反馈信号：市场利率与市场价格。

（二）金融宏观调控的两个领域和三个阶段

在金融宏观调控中，货币政策的传导和调控机制经历两个领域和三个阶段。
（1）两个领域是金融领域和实体经济领域。货币政策首先改变的是金融领域的货币供给状况。
（2）金融宏观调控机制的三个阶段如下：
第一阶段，中央银行操作货币政策工具对一阶变量基础货币的直接控制。
第二阶段，基础货币的变化通过商业银行信贷行为对二阶变量货币供应量产生间接控制作用。
第三阶段，再由二阶变量货币供应量变化间接影响实现货币政策的最终目标。

经典例题

[2015年真题·单选题] 按先后次序，货币政策的传导和调控过程要依次经历（　　）。
A. 实体经济领域和金融领域
B. 金融领域和实体经济领域
C. 资本市场领域和货币市场领域
D. 货币市场领域和外汇市场领域

[答案] B

[解析] 在金融宏观调控中，货币政策的传导和调控机制过程经历两个领域：金融领域和实体经济领域。货币政策首先改变的是金融领域的货币供给状况。

[2014年真题·单选题] 下列变量中属于金融宏观调控操作目标的是（　　）。
A. 存款准备金率　　　　　　B. 基础货币
C. 再贴现率　　　　　　　　D. 货币供给

[答案] B

[解析] 金融宏观调控操作目标是短期利率和基础货币。

【考点二】货币政策的目标与工具

一、货币政策的最终目标

（一）最终目标体系

（1）物价稳定。这一般是中央银行货币政策的首要目标。

（2）充分就业。

在经济学中，充分就业并不等于社会劳动力的100%就业，通常是将摩擦性失业和自愿失业排除在外。

（3）经济增长。

（4）国际收支平衡。

（二）货币政策最终目标之间的矛盾性

（1）稳定物价与充分就业之间的矛盾。

新西兰著名经济学家菲利普斯通过研究得出结论：失业率与物价上涨之间存在着一种此消彼长的关系。这一关系可用菲利普斯曲线表示。

（2）稳定物价与经济增长之间的矛盾。

（3）稳定物价与国际收支平衡之间的矛盾。

（4）经济增长与国际收支平衡之间的矛盾。

经典例题

[2012年真题·单选题] 在经济学中，充分就业并不等于社会劳动力100%就业，通常将（　　）排除在外。
A. 摩擦性失业和自愿失业
B. 摩擦性失业和非自愿失业
C. 周期性失业和自愿失业
D. 摩擦性失业和周期性失业

[答案] A

[解析] 充分就业并不等于社会劳动力的100%就业，通常是将摩擦性失业和自愿失业排除在外。

[2011年真题·单选题] 货币政策的最终目标之间存在矛盾，根据菲利普斯曲线，（　　）之间就存在矛盾。
A. 稳定物价与充分就业
B. 稳定物价与经济增长
C. 稳定物价与国际收支平衡
D. 经济增长与国际收支平衡
[答案] A
[解析] 根据菲利普斯曲线，稳定物价与充分就业之间存在矛盾。

二、货币政策工具（案例分析题考查的重点）

货币政策工具的内容如表9-2-1所示。

表 9-2-1　货币政策工具

项目	一级分类	二级分类	内容
货币政策工具	一般性货币政策工具	存款准备金率政策	中央银行的"三大法宝"
		再贴现政策	
		公开市场操作	
	其他货币政策工具	选择性货币政策工具	(1) 消费者信用控制 (2) 不动产信用控制 (3) 优惠利率
		直接信用控制的货币政策工具	(1) 贷款限额 (2) 利率限制 (3) 流动性比率 (4) 直接干预
		间接信用指导的货币政策工具	(1) 道义劝告 (2) 窗口指导

（一）存款准备金率政策

1. 存款准备金率政策的主要内容

(1) 规定存款准备金计提的基础。
(2) 规定法定存款准备金率。
(3) 规定存款准备金的构成。
(4) 规定存款准备金提取的时间。

存款准备金率通常被认为是货币政策最猛烈的工具之一。

2. 存款准备金率政策作用于经济的途径

(1) 对货币乘数的影响。（反向作用）

法定存款准备金率高，货币乘数则小，银行原始存款创造的派生存款少；反之则相反。

(2) 对超额准备金的影响。（反向作用）

降低存款准备金率，相当于解冻部分存款准备金，转化为超额准备金，商业银行信用扩张能力增强；反之则相反。

(3) 宣示效果。

存款准备金率上升，说明信用即将收缩，利率上升，公众会自动紧缩对信用的需求；反之则相反。

3. 存款准备金率政策的优点

（1）中央银行具有完全的自主权，在三大货币政策工具中最易实施。

（2）对货币供应量的作用迅速，一旦确定，各商业银行及其他金融机构必须立即执行。

（3）对松紧信用较公平，一旦变动，能同时影响所有的金融机构。

4. 存款准备金率政策的缺点

（1）作用猛烈，缺乏弹性，不宜作为中央银行日常调控货币供给的工具，因此其有固定化的倾向。

（2）政策效果在很大程度上受超额准备金的影响。如果商业银行有大量超额准备金，当中央银行提高法定存款准备金率时，商业银行可将部分超额准备金充抵法定准备金，而不必收缩信贷。

（二）再贴现政策

1. 再贴现政策的主要内容

（1）调整再贴现率，影响商业银行借贷中央银行资金的成本。

（2）规定向中央银行申请再贴现的资格（对再贴现的票据种类、申请机构区别对待）。

2. 再贴现作用于经济的途径

（1）借款成本效果。影响借款成本，从而影响货币供应量。

（2）宣示效果。

（3）结构调节效果（可调节总量，也可区别对待）。

　1）规定再贴现票据的种类。

　2）按国家产业政策对不同种类的再贴现票据制定差别再贴现率。

3. 再贴现作为货币政策工具运用的前提条件

（1）要求在金融领域以票据业务为融资成为主要方式之一。

（2）商业银行要以再贴现方式向中央银行借款。

（3）再贴现率低于市场利率。

4. 再贴现政策的优点

（1）有利于中央银行发挥最后贷款者的作用。

（2）比存款准备金率的调节更机动、灵活，既可调节总量还可调节结构。

（3）以票据融资，风险较小。

5. 再贴现政策的缺点

再贴现的主动权在商业银行，而不在中央银行。

（三）公开市场操作（目前西方发达国家运用最多）

1. 公开市场操作作用于经济的途径

（1）通过影响利率来影响经济。

买入证券→证券价格上升，货币供应量扩大→利率下降→投资增加→经济扩张性影响；反之则相反，经济收缩性影响。

（2）通过影响银行存款准备金来影响经济。

　1）央行买入商业银行证券→超额准备金增加→货币供应扩张，基础货币增加，刺激经济增长。

　2）央行买入公众证券→法定存款准备金和超额准备金增加→基础货币增加。

2. 运用公开市场操作的条件

（1）中央银行和商业银行都须持有相当数量的有价证券。

(2) 具有比较发达的金融市场。
(3) 信用制度健全。

3. 公开市场操作的优点

(1) 主动权在中央银行,不像再贴现那样被动。
(2) 富有弹性,既可对货币进行微调,也可大调,但不会像存款准备金政策那样作用猛烈。
(3) 中央银行买卖证券可同时交叉进行,故很容易逆向修正货币政策,可以连续进行,能补充存款准备金、再贴现这两个非连续性政策工具实施前后的效果不足。
(4) 根据证券市场供求波动,主动买卖证券,可以起稳定证券市场的作用。

4. 公开市场操作的缺点

(1) 从政策实施到影响最终目标,时滞较长。
(2) 干扰其实施效果的因素比存款准备金率、再贴现多,往往带来政策效果的不确定性。

(四) 其他货币政策工具

1. 选择性货币政策工具

选择性货币政策工具是中央银行对于某些特殊领域实施调控所采取的措施或手段,可作为一般性货币政策工具的补充,根据需要选择运用。

(1) 消费者信用控制。即中央银行对不动产以外的各种耐用消费品的销售融资予以控制,以抑制或刺激消费需求,进而影响经济。
(2) 不动产信用控制。即中央银行就金融机构对客户购买房地产等方面放款的限制措施,抑制房地产及其他不动产的交易投机。
(3) 优惠利率。即中央银行对国家重点发展的经济部门或产业所采取的优惠措施。

2. 直接信用控制的货币政策工具

(1) 贷款限额。即中央银行可以对各商业银行规定贷款的最高限额,以控制信贷规模和货币供应量;也可规定商业银行某类贷款的最高限额,以控制某些部门发展过热。
(2) 利率限制。即中央银行规定存款利率的上限,规定贷款利率的下限,以限制商业银行恶性竞争,造成金融混乱、经营不善而破产倒闭,或牟取暴利。
(3) 流动性比率。即中央银行规定商业银行全部资产中流动性资产所占的比重。
(4) 直接干预。即中央银行直接对商业银行的信贷业务进行合理干预。如限制放款的额度和范围,干涉吸收活期存款,对经营管理不当者拒绝再贴现或采取较高的惩罚性利率等。

3. 间接信用指导的货币政策工具

(1) 道义劝告。即中央银行以口头或书面的形式对商业银行和其他金融机构发出通告、指示、劝其遵守政策,主动合作。
(2) 窗口指导。即中央银行根据产业行情、物价趋势和金融市场动向,规定商业银行季度贷款的增减额,并"指导"执行。

【考点小贴士】本考点出题形式广泛,单项选择题、多项选择题、案例分析题均可出题,而且可以和后面考点"我国的货币政策工具"综合在一起,以案例分析题的形式考查。

经典例题

[2016年真题·单选题] 中央银行货币政策工具中,再贴现政策的优点不包括(　　)。

A. 政策效果猛烈
B. 调整机动、灵活
C. 以票据融资,风险较小
D. 有利于中央银行发挥最后贷款人职能

[答案] A

[解析] 再贴现的优点主要有：①有利于中央银行发挥最后贷款者的作用；②比存款准备金率的调节更机动、灵活，既可调节总量还可调节结构；③以票据融资，风险较小。

[2013年真题·多选题] 存款准备金政策是中央银行实施货币政策的重要工具，其主要内容包括（　　）。

A. 规定存款准备金计提的基础
B. 规定法定存款准备金率
C. 规定法定存款准备金的构成
D. 规定存款准备金的上限
E. 规定存款准备金提取的时间

[答案] ABCE

[解析] 存款准备金政策的主要内容是：①规定存款准备金计提的基础；②规定法定存款准备金率；③规定法定存款准备金的构成；④规定存款准备金提取的时间。

【考点三】货币政策的传导机制与中介指标

一、货币政策传导机制的理论

（一）凯恩斯学派的货币政策传导机制理论

该过程可归纳为：货币供给→利率→投资→总支出→总收入。

用符号表示为：$M \rightarrow r \rightarrow I \rightarrow E \rightarrow Y$。

凯恩斯学派在货币传导机制的问题上，最大的特点就是非常强调利率的作用，认为货币政策在增加国民收入的效果上，主要取决于投资的利率弹性和货币需求的利率弹性。

（二）货币学派的货币政策传导机制理论

该过程可归纳为：货币供给→总支出→投资→名义收入（价格×实际产出）。

用符号表示为：$M \rightarrow E \rightarrow I \rightarrow y$。

弗里德曼的现代货币数量论则强调货币供应量变动直接影响名义收入。

凯恩斯学派和货币学派的货币政策传导机制理论对比如表9-2-2所示。

表9-2-2　凯恩斯学派和货币学派的货币政策传导机制理论对比

理论	传导机制	货币政策效果
凯恩斯学派	利率	投资的利率弹性大，货币需求的利率弹性小，则增加货币供给所导致的总收入增加比较大
货币学派	货币供给量	货币是中性的

经典例题

[2012年真题·单选题] 根据凯恩斯学派的货币政策传导机制理论，货币政策增加国民收入的效果，主要取决于（　　）。

A. 投资的利率弹性和货币需求的利率弹性
B. 投资的利率弹性和货币供给的利率弹性
C. 投资的收入弹性和货币需求的收入弹性
D. 投资的收入弹性和货币供给的收入弹性

[答案] A

[解析] 凯恩斯学派在货币传导机制的问题上，最大的特点就是非常强调利率的作用，认为货币政策在增加国民收入的效果上，主要取决于投资的利率弹性和货币需求的利率弹性。

二、货币政策的中介目标和操作指标

(一) 货币政策的中介目标

1. 含义

货币政策的中介目标是介于货币政策工具变量（操作目标）和货币政策目标变量（最终目标）之间的变量指标。

2. 功能

货币政策中介目标的功能包括测度功能、传导功能和缓冲功能。

3. 货币政策中介目标选择的标准

(1) 可测性。变动情况能够被迅速、准确地观测。
(2) 可控性。被中央银行所控制。
(3) 相关性。与最终目标存在密切的相关关系。

4. 货币政策可供选择的中介目标

(1) 利率，主要是中长期利率（凯恩斯学派）。
(2) 货币供应量（弗里德曼）。

(二) 货币政策的操作指标

1. 含义

操作指标也称近期目标，介于货币政策工具和中介目标之间。

2. 货币政策操作指标选择的标准

(1) 可测性。
(2) 可控性。
(3) 相关性。

3. 货币政策可供选择的操作指标

从主要工业化国家中央银行的操作实践来看，被选作操作指标的主要有：

(1) 短期利率，主要是使用银行间同业拆借利率。
(2) 基础货币。
(3) 存款准备金率。

【考点小贴士】金融宏观调控中的操作目标包括短期利率和基础货币。货币政策的操作目标包括短期利率、基础货币和存款准备金率。此处区别，请注意分辨。

经典例题

[2015年真题·单选题] 下列变量中，属于中央银行货币政策中介目标的是（ ）。
A. 超额准备金　　　　　　B. 货币供应量
C. 法定存款准备金　　　　D. 国际收支
[答案] B
[解析] 货币政策的中介指标体系一般包括利率、货币供应量。

[2012年真题·多选题] 下列属性中，属于货币政策中介目标选择标准的有（ ）。
A. 间接性　　　　　　　　B. 可控性
C. 可测性　　　　　　　　D. 相关性
E. 外生性
[答案] BCD
[解析] 货币政策中介目标选择的标准可概括为可测性、可控性和相关性。

【考点四】我国的货币政策

一、我国货币政策目标

我国货币政策目标实际上是**以防通货膨胀为主的多目标制**。

二、我国的货币政策工具

我国货币政策工具主要有**存款准备金率、再贴现与再贷款、公开市场操作和利率工具**等。此外，近年还创设了新的货币政策工具。

（一）公开市场操作

我国公开市场操作包括人民币操作和外汇操作两部分。

从交易品种看，中国人民银行公开市场操作债券交易主要包括**回购交易、现券交易和发行中央银行票据**。

1. 回购交易

（1）**正回购（先卖后买）**是指中国人民银行向一级交易商**卖出**有价证券，并约定在未来特定日期**买回**有价证券的交易行为，是从市场收回流动性的操作。正回购到期则为向市场投放流动性的操作。

（2）**逆回购（先买后卖）**为中国人民银行向一级交易商**购买**有价证券，并约定在未来特定日期将有价证券**卖给**原一级交易商的交易行为，为向市场上投放流动性的操作。逆回购到期则为从市场收回流动性的操作。

2. 现券交易

（1）**现券买断**为中国人民银行直接从二级市场**买入**债券，一次性地**投放**基础货币。

（2）**现券卖断**为中国人民银行直接**卖出**持有债券，一次性地**回笼**基础货币。

3. 中央银行票据

中央银行票据即中国人民银行发行的短期债券，通过**发行**中央银行票据可以**回笼**基础货币，中央银行票据**到期**则体现为**投放**基础货币。

4. 短期流动性调节工具（SLO）

2013年1月，中国人民银行创设了"短期流动性调节工具（SLO）"，作为公开市场常规操作的必要补充，在银行体系流动性出现临时性波动时相机使用。

【考点小贴士】考生需特别注意资金流动方向，哪个工具是买，哪个工具是卖，是投放还是回笼资金。

（二）常备借贷便利（SLF）

中央银行通常综合运用常备借贷便利与公开市场操作两大类货币政策工具管理流动性。

（1）常备借贷便利的主要特点包括：**①由金融机构主动发起；②常备借贷便利是中央银行与金融机构"一对一"交易，针对性强；③常备借贷便利的交易对手覆盖面广，通常覆盖存款金融机构。**

（2）中国人民银行2013年年初正式设立常备借贷便利，主要功能是满足金融机构期限较长的大额流动性需求，对象主要是政策性银行和全国性商业银行。

（三）中期借贷便利（MLF）

2014年9月，中国人民银行创设中期借贷便利（MLF），向符合宏观审慎管理要求的商业银行、政策性银行提供中期基础货币。

(四)临时流动性便利(TLF)

中国人民银行 2017 年 1 月 20 日创设临时流动性便利(TLF),为在现金投放中占比高的几家大型商业银行提供临时流动性支持,操作期限为 28 天,资金成本与同期限公开市场操作利率大致相同。

(五)临时准备金动用安排

2017 年 12 月 29 日,人民银行决定建立临时准备金动用安排。在现金投放中占比较高的全国性商业银行在春节期间存在临时流动性缺口时,可临时使用不超过两个百分点的法定存款准备金,使用期限为 30 天。该工具与临时流动性便利不同的是,临时准备金动用安排是通过调整存款准备金率来释放流动性,且操作范围被扩大至全国性银行,而临时流动性便利的操作对象仅为在现金投放中占比高的几家大型商业银行。

(六)民营企业债券融资支持工具

民营企业债券融资支持工具由中国人民银行运用再贷款提供部分初始资金,由专业机构进行市场化运作,通过出售信用风险缓释工具、担保增信等方式,重点支持暂时遇到困难,但有市场、有前景、技术有竞争力的民营企业债券融资。

(七)定向中期借贷便利

定向中期借贷便利资金可使用三年,操作利率比中期借贷便利(MLF)利率优惠 15 个基点,当时为 3.15%。

三、近年我国货币政策的实施与特点

2018 年,中国人民银行坚决实施稳健中性的货币政策,及时采取有力措施,主动加强定向调控、区间调控,保持银行体系流动性合理充裕。充分发挥货币政策的逆周期调节和宏观审慎政策的结构引导作用,实施 4 次定向降准措施,3 次增加再贷款、再贴现额度,保持对实体经济的支持力度。及时出台债券、信贷融资支持政策,创新推出民营企业债券融资支持工具,支持民营企业小微企业发展。有效引导市场预期,维护外汇市场平稳运行。

第三节 金融监管概述

【考点一】金融监管的基本原则

(1) 监管主体独立性原则(基本前提)。
(2) 依法监管原则。
(3) 外部监管与自律并重原则。
(4) 安全稳健与经营效率结合原则。
(5) 适度竞争原则。
(6) 统一性原则。

【考点二】金融监管的理论

一、公共利益论

该理论认为监管是政府对公众要求纠正某些社会个体和社会组织的不公正、不公平和无效率或低效率的一种回应。监管被看成政府用来改善资源配置和收入分配的手段。

二、特殊利益论

该理论认为政府管制为被管制者留下了"猫鼠追逐"的余地，从而仅仅保护主宰了管制机关的一个或几个特殊利益集团的利益，对整个社会并无助益。政府在施行管制的过程中为特殊利益集团所"俘虏"了。

三、社会选择论

该理论从公共选择的角度来解释政府管制。管制制度作为一种公共产品，只能由代表社会利益的政府来供给和安排，各利益主体是其需求者。管制者并不只是被动地反映任何利益集团对管制的需求，它应该坚持独立性，努力使自己的目标促进一般社会福利。

经典例题

[2014年真题·单选题] 下列说法中，属于金融监管机构实施有效监管基本原则的是（　　）。
A. 监管主体的盈利性　　　　B. 监管主体的自律性
C. 监管主体的独立性　　　　D. 监管主体的合规性
[答案] C
[解析] 金融监管机构实施有效监管的基本原则主要有监管主体独立性原则、依法监管原则、外部监管与自律并重原则、安全稳健与经营效率结合原则、适度竞争原则和统一性原则。

[2011年真题·单选题] 认为监管是政府对公众要求纠正某些社会个体和社会组织的不公正、不公平和无效率的一种回应，这种观点来自（　　）。
A. 公共利益论　　　　B. 特殊利益论
C. 社会选择论　　　　D. 经济监管论
[答案] A
[解析] 公共利益论认为监管是政府对公众要求纠正某些社会个体和社会组织的不公正、不公平和无效率或低效率的一种回应。监管被看成政府用来改善资源配置和收入分配的手段。

第四节　金融监管的框架和内容

【考点一】银行业监管的主要内容与基本方法

一、银行业监管的主要内容

（一）市场准入监管

（1）审批注册机构。
（2）审批注册资本。
设立金融机构的首要条件之一，是必须保证一定数量的注册资本。
（3）审批高级管理人员的任职资格。
（4）审批业务范围。

（二）市场运营监管（案例分析题考查的重点）

市场运营监管的主要内容包括：资本充足性、资产安全性、流动适度性、收益合理性和内控有效性。

1. 资本充足性

（1）最低资本要求：核心一级资本充足率不低于5%、一级资本充足率不低于6%、资本充足率不低于8%。

(2) 储备资本要求：为风险加权资产的2.5%，由核心一级资本来满足。

(3) 逆周期资本要求：为风险加权资产的0~2.5%，由核心一级资本来满足。

(4) 国内系统重要性银行附加资本要求：为风险加权资产的1%，由核心一级资本来满足。

(5) 商业银行杠杆率要求：商业银行并表和未并表的杠杆率均不得低于4%。

该杠杆率是指商业银行持有的、符合有关规定的一级资本净额与商业银行调整后的表内外资产余额的比率。

2. 资产安全性

(1) 根据贷款风险发生的可能性，国际通行的做法是将贷款分为五类：正常贷款、关注贷款、次级贷款、可疑贷款、损失贷款，通常认为后三类贷款为不良贷款。

(2) 风险迁徙类指标是衡量商业银行资产风险变化的程度，表示为资产质量从前期到本期变化的比率，属于动态监测指标。其具体包括下列两类。

1) 正常贷款迁徙率。

正常贷款迁徙率为正常贷款中变为不良贷款的金额与正常贷款之比。其包括：①正常类贷款迁徙率。即正常类贷款中变为后四类贷款的金额与正常类贷款之比。②关注类贷款迁徙率。即关注类贷款中变为不良贷款的金额与关注类贷款之比。

2) 不良贷款迁徙率。

不良贷款迁徙率包括：①次级类贷款迁徙率为次级类贷款中变为可疑类贷款和损失类贷款的金额与次级类贷款之比。②可疑贷款迁徙率为可疑类贷款中变为损失类贷款的金额与可疑类贷款之比。

(3) 衡量资产安全性指标为信用风险的相关指标如表9-4-1所示。

表9-4-1　衡量资产安全性指标为信用风险的相关指标

项目	公式	警戒比率
不良资产率	不良资产率＝不良信用资产/信用资产总额	不高于4%
不良贷款率	不良贷款率＝不良贷款/贷款总额	不高于5%
单一集团客户授信集中度	单一集团客户授信集中度＝最大一家集团客户授信总额/资本净额	不高于15%
单一客户贷款集中度	单一客户贷款集中度＝最大一家客户贷款总额/资本净额	不高于10%
全部关联度	全部关联度＝全部关联授信/资本净额	不高于50%

(4) 考核商业银行贷款损失准备充足性的指标。

1) 贷款拨备率＝贷款损失准备/各项贷款余额，基本标准为2.5%。

2) 拨备覆盖率＝贷款损失准备/不良贷款余额，基本标准为150%。

该两项标准中的较高者为商业银行贷款损失准备的监管标准。

3. 流动适度性

(1) 银行机构的流动能力分为两部分：

1) 可用于立即支付的现金头寸。

2) 在短期内可以兑现或出售的高质量可变现资产。

(2) 对银行机构的流动性监管主要有以下内容：

1) 监测银行机构的流动性是否保持在适度水平。根据《商业银行流动性风险管理办法》，流动性风险指标包括流动性覆盖率、净稳定资金比例、流动性匹配率、优质流动性资产充足率（不低于100%)、流动性比例（不低于25%)。

2) 监测银行资产负债的期限匹配。

3) 监测银行机构的资产变化情况，包括对银行的长期投资、不良资产和盈亏变化的监督。

(3) 根据《商业银行风险监管核心指标（试行）》，我国衡量银行机构流动性的指标如表9-4-2所示。

表9-4-2 衡量银行机构流动性的指标

项目	公式	警戒比率
流动性比例	流动性比例＝流动性资产/流动性负债	不低于25%
核心负债比例（核心负债依存度）	核心负债比例＝核心负债/总负债	不低于60%
流动性缺口率	流动性缺口率＝90天内表内外流动性缺口/90天内到期表内外流动性资产	不低于-10%

4. 收益合理性

(1) 对银行机构的财务监管主要有以下内容：

1) 对收入的来源和结构进行分析。

2) 对支出的去向和结构进行分析。

3) 对收益的真实状况进行分析。

(2) 根据《商业银行风险监管核心指标（试行）》，我国关于收益合理性的监管指标包括以下比率：

1) 成本收入比，营业费用加折旧与营业收入之比不应高于45%。

2) 资产利润率，即净利润与资产平均余额之比，不应低于0.6%。

3) 资本利润率，即净利润与所有者权益平均余额之比，不应低于11%。

5. 内控有效性

商业银行内部控制的目标包括：

(1) 保证国家有关法律规定及规章的贯彻执行。

(2) 保证商业银行发展战略和经营目标的实现。

(3) 保证商业银行风险管理的有效性。

(4) 保证商业银行业务记录、会计信息、财务信息和其他管理信息的真实、准确、完整和及时。

(三) 处置有问题银行及市场退出监管

1. 处置有问题银行

银行监管机构处置有问题银行的主要措施有：

(1) 督促有问题银行采取有效措施，制订详细的整改计划，以改善内部控制，提高资本比例，增强支付能力。

(2) 采取必要的管制措施。

(3) 协调银行同业对有问题银行进行救助。

(4) 中央银行进行救助。

(5) 对有问题银行进行重组。

(6) 接管有问题银行。

2. 处置倒闭银行

处置倒闭银行的主要措施有：

(1) 收购或兼并。采用这种方法，不存在存款人损失的情况，因为所有存款都已经转到倒闭银行的收购或兼并方。

(2) **依法清算**。存款人可能会面临存款本金和利息的损失。

【考点小贴士】该知识点为高频考点，内容烦琐，均为记忆性内容。请考生重点掌握比率分类、公式、限额指标。

经典例题

[2018年真题·多选题] 银行业市场准入监管的内容有（   ）。
A. 审批注册地点
B. 审批注册机构
C. 审批注册资本
D. 审批高级管理人员的任职资格
E. 审批业务范围
[答案] BCDE
[解析] 银行业市场准入监管的内容包括：审批注册资本、审批注册机构、审批高级管理人员的任职资格、审批业务范围。

[2017年真题·单选题] 根据《商业银行风险监管核心指标（试行）》，我国商业银行不良贷款率不得高于（   ）。
A. 2%   B. 3%
C. 4%   D. 5%
[答案] D
[解析] 根据《商业银行风险监管核心指标（试行）》，在我国衡量资产安全性的指标为信用风险的相关指标，具体包括：①不良资产率，即不良信用资产与信用资产总额之比，不得高于4%。②不良贷款率，即不良贷款与贷款总额之比，不得高于5%。③单一集团客户授信集中度，即对最大一家集团客户授信总额与资本净额之比，不得高于15%。④单一客户贷款集中度，即最大一家客户贷款总额与资本净额之比，不得高于10%。⑤全部关联度，即全部关联授信与资本净额之比，不应高于50%。

二、银行业监管的基本方法

（一）非现场监督

非现场监督是银行监管机构针对单个银行在并表的基础上收集、分析银行机构经营稳健性和安全性的一种方式。

（二）现场检查

现场检查内容一般包括**合规性**和**风险性检查**两个大的方面。其中，**合规性检查**是现场检查的基础。

（三）并表监管

并表监管，也称合并监管，是指在所有情况下，银行监管机构应具备了解银行和集团的整体结构，以及与其他监管银行集团所属公司的银行监管机构进行协调的能力。包括境内外业务、表内外业务和本外币业务。

（四）监管评级

目前，国际上通行的是银行统一评级制度，即"骆驼评级制度"（CAMELS）。

> **经典例题**
>
> [2013年真题·单选题] 在银行业监管中，现场检查的基础是（　　）检查。
> A. 风险性　　　　　　　　B. 合规性
> C. 有效性　　　　　　　　D. 适宜性
> [答案] B
> [解析] 现场检查包括合规性检查和风险性检查两类，其中合规性检查是现场检查的基础。

【考点二】证券业和保险业监管的主要内容

一、证券业监管的主要内容

（一）证券业监管的法律法规体系

第一层次，依据法律（×××法）。

第二层次，制定部门规章（×××办法）。

第三层次，制定监管规则（×××规则）。

【考点小贴士】 三个层次法律法规的名称记忆可简单归纳为：法律——×××法；部门规章——×××办法；监管规则——规则。

（二）证券发行监管

证券发行的审核制度分为：注册制和核准制。

我国自 2001 年 3 月开始，对证券的发行正式实行 核准制。

（三）证券公司监管

我国对于证券公司的监管框架主要包括证券公司市场准入、经营风险防范、退出、从业人员监管等机制。

1. 市场准入监管

我国证券公司市场准入条件的规定如下：

（1）证券公司股东的出资应当是货币或者证券公司经营中必需的非货币财产；证券公司股东的非货币财产出资总额不得超过证券公司注册资本的 30%。

（2）有因故意犯罪被判处刑罚，刑罚执行完毕未逾 3 年以及不能清偿到期债务等四种情形之一的单位或者个人，不得成为证券公司持股 5% 以上的股东或者实际控制人。持有或者实际控制证券公司 5% 以上股权的，要经中国证监会批准。

（3）未经中国证监会批准，任何单位或者个人不得委托他人或者接受他人委托，持有或者管理证券公司的股权。证券公司的股东不得违反国家规定，约定不按照出资比例行使表决权。

（4）证券公司应当有 3名 以上在证券业担任高级管理人员 满 2 年 的高级管理人员。

2. 证券公司的分类监管

以证券公司风险管理能力为基础，根据公司市场竞争力和持续合规状况，中国证监会对证券公司进行综合评价，根据证券公司评价计分的高低，将证券公司分为 A（AAA、AA、A）、B（BBB、BB、B）、C（CCC、CC、C）、D、E 5 大类 11 个级别。

【考点小贴士】 该部分考查频率不高，主要考查我国证券公司准入条件的数量指标。

经典例题

[2016年真题·单选题] 假设某证券公司的注册资本为50亿元,则该公司股东的非货币财产出资总额不得超过（   ）亿元。

A. 5.0   B. 10.0   C. 12.5   D. 15.0

[答案] D

[解析] 证券公司股东的出资应当是货币或者证券公司经营中必需的非货币财产；证券公司股东的非货币财产出资总额不得超过证券公司注册资本的30%,则该公司股东的非货币财产出资总额不得超过50×30%=15（亿元）。

[2013年真题·单选题] 目前我国证券发行的审核制度是（   ）。

A. 审批制   B. 注册制
C. 额度制   D. 核准制

[答案] D

[解析] 我国自2001年3月开始，对证券的发行正式实行核准制。

二、保险业监管的主要内容

（一）保险业监管的法律法规体系

保险法律、法规根据其规范的法律关系可分为：保险民事法律规范、保险行政法律规范和保险刑事法律规范三大类。保险业监管的法律法规体系如表9-4-3所示。

表9-4-3　保险业监管的法律法规体系

项目		具体内容
规范的对象		主要包括保险监管机关、保险公司、保险中介机构、投保人、被保险人、受益人等
分类	保险民事法律规范	（1）保险公司与投保人、被保险人及受益人通过保险合同建立的主体间的权利义务法律关系 （2）保险公司与保险代理人之间以保险代理合同建立起来的平等主体间的保险代理权利义务关系等
	保险行政法律规范	保险监管机构与保险人之间的法律规范关系
	保险刑事法律规范	打击保险活动中的各种刑事犯罪活动，保护保险活动当事人及关系人的合法权益，保证保险业的经营秩序和管理秩序的法律规范

（二）偿付能力监管

我国目前对偿付能力的监管标准使用的是最低偿付能力原则，中国银保监会的干预界限是以保险公司的实际偿付能力与此标准的比较来确定。

（1）保险公司开业之前对其最低资本加以规定（全国性公司为5亿元人民币，区域性公司为2亿元人民币）。

（2）准备金规定。

我国《保险法》规定，经营人寿保险业务的保险公司按有效人寿保单的全部净值提取未到期责任准备金；经营非寿险业务的，从当年自留保费中按照相当于当年自留保费的50%提取未到期责任准备金。

（3）投资监管。

2015年2月，保监会发布中国风险导向的偿付能力体系（偿二代），并于2016年1月1日起施行。

> **经典例题**
>
> [2012年真题·单选题] 保险法律体系中，保险公司与投保人、被保险人及受益人通过保险合同建立的主体间的权利义务法律关系，适用保险（　　）法律规范。
> A. 商事　　　　　　　　　　　　B. 刑事
> C. 民事　　　　　　　　　　　　D. 行政
> [答案] C
> [解析] 保险公司与投保人、被保险人及受益人通过保险合同建立的主体间的权利义务法律关系，保险公司与保险代理人之间以保险代理合同建立起来的平等主体间的保险代理权利义务关系等，属于保险民事法律关系，适用保险民事法律规范。

本章易错易混考点

【易错易混考点一】回购概念的理解

在第一章我们就介绍了回购协议市场，了解了回购交易的概念。本章将我国的回购交易再进一步分类，分为正回购和逆回购。

（1）正回购：先卖后买。

（2）逆回购：先买后卖。

【考点小贴士】 无论是正回购还是逆回购都分为两个阶段，不同阶段的操作对市场影响是不同的。在做题时，请考生务必仔细读题，如果未标明是回购到期，则考查的是回购第一阶段。例如正回购操作对市场的影响，即问的是"先卖"阶段对市场的影响；正回购到期操作对市场的影响，问的则是"后买"阶段。

[2016年真题·单选题] 中央银行的逆回购操作对短期内货币供应量的影响是（　　）。
A. 增加货币供应量　　　　　　　B. 减少货币供应量
C. 不影响货币供应量　　　　　　D. 不确定
[答案] A
[解析] 逆回购为中国人民银行向一级交易商购买有价证券，并约定在未来特定日期将有价证券卖给原一级交易商的交易行为，为向市场上投放流动性的操作；逆回购到期则为从市场收回流动性的操作。题目中问的是"中央银行的逆回购操作"，即考查第一阶段"先买"阶段：中央银行买入有价证券，将资金投放到货币资金池，对短期内货币供应量的影响是增加货币供应量。

【易错易混考点二】风险迁徙类指标中的易混淆比率

国际通行做法将贷款分为五类：正常类贷款、关注类贷款、次级类贷款、可疑类贷款、损失类贷款，通常认为后三类为不良贷款，前两类即为正常贷款。

（1）正常贷款迁徙率。

正常贷款中变为不良贷款的金额与正常贷款之比。

正常贷款包括正常类和关注类贷款，该项指标为一级指标，包括正常类贷款迁徙率和关注类贷款迁徙率两个二级指标。

（2）正常类贷款迁徙率。

正常类贷款中变为后四类贷款的金额与正常类贷款之比。

该项指标为二级指标。

【考点小贴士】 正常贷款迁徙率和正常类贷款迁徙率，一字之差，计算公式完全不同。

第二篇 考点精讲及同步练习

---------- 历年经典真题回顾 ----------

一、单项选择题（每题1分，每题备选项中，只有1个最符合题意）

1. 下列中央银行的职能中，属于"政府的银行"职能的是（ ）。[2017年真题]
   A. 管理境内金融市场　　　　B. 制定实施货币政策
   C. 控制信用规模　　　　　　D. 代理国债发行
   [答案] D
   [解析] 中央银行作为政府的银行具有以下基本职责：①经理或代理国库。②代理政府金融事务。如代理国债发行及到期国债的还本付息等。③代表政府参加国际金融活动。④充当政府金融政策顾问。⑤为政府提供资金融通。⑥执行金融行政管理职能。⑦保管外汇和黄金储备。A、B两项属于管理金融的银行职能，C项属于"发行的银行"职能。

2. 下列中央银行业务中，不属于资产业务的是（ ）。[2017年真题]
   A. 再贴现业务　　　　　　　B. 再贷款业务
   C. 债券发行业务　　　　　　D. 证券买卖业务
   [答案] C
   [解析] 中央银行资产业务主要包括：①贷款。贷款对象是商业银行、政府。②再贴现。③证券买卖。中央银行为调控货币供应量，适时地开展公开市场操作。④管理国际储备。⑤其他资产业务。

3. 关于存款准备金率政策的说法，错误的是（ ）。[2017年真题]
   A. 缺乏弹性，不宜作为中央银行日常调控货币供给的工具
   B. 调控效果最猛烈，不宜作为经常性的货币政策调节工具
   C. 对整个经济和社会心理预期都产生显著影响，使它有了固定化倾向
   D. 政策效果不受商业银行超额准备金的影响
   [答案] D
   [解析] D项是存款准备金政策的缺点之一，政策效果在很大程度上受超额准备金的影响。

4. 中央银行进行公开市场操作时，在金融市场上买卖的有价证券主要是（ ）。[2017年真题]
   A. 国债　　　　　　　　　　B. 公司债券
   C. 银行承兑汇票　　　　　　D. 商业承兑汇票
   [答案] A
   [解析] 公开市场操作指中央银行在金融市场上买卖国债或中央银行票据等有价证券，影响货币供应量和市场利率的行为。

5. 关于货币政策操作目标的说法，正确的是（ ）。[2017年真题]
   A. 介于货币中介目标与终极目标政策之间
   B. 介于货币政策工具与中介目标之间
   C. 货币政策实施的远期操作目标
   D. 货币政策工具操作的远期目标
   [答案] B
   [解析] 货币政策的操作指标也称近期目标，介于货币政策工具和中介目标之间，故A、C、D三项错误。从主要工业化国家中央银行的操作实践来看，被选作操作指标的主要有短期利率、基础货币和银行体系的存款准备金。

6. 主动性在商业银行而不在中央银行的一般性货币政策工具是（ ）。[2017年真题]
   A. 存款准备金率政策　　　　B. 公开市场操作

C. 再贴现政策
D. 贷款限额

[答案] C

[解析] 一般性货币政策工具主要包括被称为中央银行"三大法宝"的存款准备金率政策、再贴现政策和公开市场操作。其中，再贴现的主动权在商业银行，而不在中央银行。

二、多项选择题（每题2分，每题备选项中，有2个或2个以上符合题意，至少有1个错项。错选，本题不得分；少选，所选的每个选项得0.5分）

1. 在银行业监管中，监管当局对即将倒闭银行的处置措施主要有（　　）。[2018年真题]

   A. 收购
   B. 兼并
   C. 依法清算
   D. 注册入股
   E. 接管

   [答案] ABC

   [解析] 处置倒闭银行的措施主要包括：①收购或兼并；②依法清算。

2. 下列政策工具中，属于选择性货币政策工具的有（　　）。[2017年真题]

   A. 消费者信用控制
   B. 不动产信用控制
   C. 利率限制
   D. 道义劝告
   E. 优惠利率

   [答案] ABE

   [解析] 选择性货币政策工具包括消费者信用控制、不动产信用控制、优惠利率。C项属于直接信用控制的货币政策工具。D项属于间接信用指导的货币政策工具。

3. 下列变量中，属于中央银行货币政策中介目标的有（　　）。[2017年真题]

   A. 法定存款准备金率
   B. 超额存款准备金率
   C. 货币供应量
   D. 再贴现率
   E. 利率

   [答案] CE

   [解析] 货币政策的中介目标又称为货币政策的中介指标、中间目标、中间变量等。它是介于货币政策工具变量（操作目标）和货币政策目标变量（最终目标）之间的变量指标。通常而言，货币政策的中介目标体系一般包括利率、货币供应量。

4. 关于中国人民银行常备借贷便利（SLF）的说法，正确的是（　　）。[2016年真题]

   A. 又称为短期流动性调节工具
   B. 由金融机构主动发动起
   C. 中央银行与金融机构一对一交易
   D. 是中央银行管理流动性的重要工具
   E. 向商业银行提供中期基础货币

   [答案] BCD

   [解析] 中国人民银行创设了"短期流动性调节工具（SLO）"，作为公开市场常规操作的必要补充，在银行体系流动性出现临时性波动时相机使用，A项错误。常备借贷便利的对象主要为政策性银行和全国性商业银行。中期借贷便利向符合宏观审慎管理要求的商业银行、政策性银

行提供中期基础货币，E 项错误。

三、案例分析题（每题 2 分。由单选和多选组成。错选，本题不得分；少选，所选的每个正确选项得 0.5 分）

（一）

近年来，我国某商业银行的经营环境不断改善，资产质量日益提高。截至 2017 年 12 月 31 日，该商业银行按照贷款五级分类口径统计的各项贷款余额及提取的贷款损失准备数据如下：正常贷款 800 亿元（人民币，下同），关注贷款 200 亿元，次级贷款 25 亿元，可疑贷款 15 亿元，损失贷款 5 亿元，提取的损失贷款准备 90 亿元。[2018 年真题]

1. 2017 年年底，该商业银行的不良贷款总额是（　　）亿元。
　　A. 20　　　　　B. 45　　　　　C. 5　　　　　D. 40

[答案] B

[解析] 根据贷款风险发生的可能性，国际通行的做法是将贷款分为五类：正常贷款、关注贷款、次级贷款、可疑贷款、损失贷款，通常认为后三类贷款为不良贷款。依据题意，不良贷款总额为 25＋15＋5＝45（亿元）。

2. 2017 年年底，该商业银行的不良贷款率是（　　）。
　　A. 1.91%　　　　　　　　　　B. 4.31%
　　C. 5.51%　　　　　　　　　　D. 0.48%

[答案] B

[解析] 不良贷款率，即不良贷款与贷款总额之比。该商业银行的不良贷款率＝45÷（800＋200＋45）＝4.31%。

3. 2017 年年底，该商业银行的拨备覆盖率是（　　）。
　　A. 200%　　　　　　　　　　B. 1800%
　　C. 225%　　　　　　　　　　D. 450%

[答案] A

[解析] 拨备覆盖率为贷款损失准备与不良贷款余额之比，即 90÷45＝200%。

4. 根据我国《商业银行风险监管核心指标（试行）》和《商业银行贷款损失准备管理办法》，下列说法正确的是（　　）。
　　A. 该银行的贷款拨备覆盖率达到监管指标要求
　　B. 该银行的不良贷款率达到监管指标要求
　　C. 该银行的贷款拨备覆盖率未达到监管指标要求
　　D. 该银行的不良贷款率未达到监管指标要求

[答案] AB

[解析] 贷款拨备覆盖率基本标准为 150%，不良贷款率不得高于 5%，该银行均达到监管指标要求。

（二）

2014 年第一季度我国经济开局平稳，中国人民银行根据国际收支和流动性供需形势，合理运用政策工具，管理和调节银行体系流动性。春节前合理安排 21 天期的逆回购操作 400 亿元，有效应对季节性因素引起的短期流动性波动；春节后开展 14 天期和 28 天期正回购操作，促进银行体系流动性供求的适度均衡。[2014 年真题]

1. 2014 年第一季度中国人民银行的逆回购操作和正回购操作在性质上属于（　　）。
　　A. 存款准备金政策　　　　　　B. 公开市场操作

C. 再贴现与再贷款　　　　　D. 长期利率工具

[答案] B

[解析] 中国人民银行公开市场操作债券交易主要包括回购交易、现券交易和发行中央银行票据。其中回购交易分为正回购和逆回购两种。故 B 项正确。

2. 关于正回购和逆回购操作的界定，正确的有（　　）。
   A. 正回购指卖出有价证券，并约定在未来特定日期买回有价证券的行为
   B. 逆回购指卖出有价证券，并约定在未来特定日期买回有价证券的行为
   C. 正回购指买入有价证券，并约定在未来特定日期卖出有价证券的行为
   D. 逆回购指买入有价证券，并约定在未来特定日期卖出有价证券的行为

[答案] AD

[解析] 正回购为中国人民银行向一级交易商卖出有价证券，并约定在未来特定日期买回有价证券的交易行为。而逆回购为中国人民银行向一级交易商购买有价证券，并约定在未来特定日期将有价证券卖给原一级交易商的交易行为。

3. 关于 2014 年春节前逆回购操作的说法，正确的是（　　）。
   A. 春节前的逆回购首期投放基础货币 400 亿元
   B. 春节前的逆回购到期回笼基础货币 400 亿元
   C. 春节前的逆回购首期回笼基础货币 400 亿元
   D. 春节前的逆回购到期投放基础货币 400 亿元

[答案] AB

[解析] 本题考查逆回购操作。逆回购为先买后卖，购买有价证券，即是向市场投放基本货币（流动性）的操作，逆回购到期则为从市场收回流动性的操作。

4. 中央银行运用公开市场操作的条件有（　　）。
   A. 利率市场化
   B. 参与的金融机构都需持有相当数量的有价证券
   C. 存在较发达的金融市场
   D. 信用制度健全

[答案] BCD

[解析] 运用公开市场操作的条件是：①中央银行和商业银行都需持有相当数量的有价证券；②具有比较发达的金融市场；③信用制度健全。

本章同步练习

一、单项选择题（每题 1 分，每题备选项中，只有 1 个最符合题意）

1. 《中国人民银行法》规定，"中国人民银行应当组织或者协助组织银行业金融机构相互之间的结算系统，协调银行金融机构相互之间的清算事项，提供清算服务"，这体现了中央银行（　　）的职责。
   A. "发行的银行"　　　　　B. "政府的银行"
   C. "银行的银行"　　　　　D. "管理金融的银行"

2. 中央银行主要的中间业务是（　　）。
   A. 贷款　　　　　　　　　B. 再贴现
   C. 资产清算　　　　　　　D. 集中存款准备金

3. 宏观调控是国家运用宏观经济政策对宏观经济运行进行的调节和干预。其中，金融宏观调控是

指（　　）的运用。

A. 收入政策　　　　　　　　B. 财政政策

C. 货币政策　　　　　　　　D. 产业政策

4. 在金融宏观调控的构成要素中，操作目标包括超额存款准备金和（　　）。

A. 商业银行　　　　　　　　B. 法定存款准备金

C. 基础货币　　　　　　　　D. 再贴现

5. 下列货币政策工具中，通过调节货币和信贷的供给影响货币供应量，进而对经济活动的各个方面都产生影响的是（　　）。

A. 利率限制　　　　　　　　B. 窗口指导

C. 公开市场操作　　　　　　D. 证券市场信用控制

6. 中国人民银行向一级交易商购买有价证券，并约定在未来特定日期将有价证券卖给原一级交易商的交易行为称为（　　）。

A. 再贴现　　　　　　　　　B. 再贷款

C. 正回购　　　　　　　　　D. 逆回购

7. 在金融市场失灵的条件下，市场机制不能带来资源的最优配置，因此需要政府进行金融监管，这种观点符合（　　）。

A. 公共利益论　　　　　　　B. 特殊利益论

C. 社会选择论　　　　　　　D. 监管辩证论

8. 根据2015年4月1日起施行的《商业银行杠杆率管理办法（修订）》，商业银行并表和未并表的杠杆率均不得低于（　　）。

A. 2%　　　　　　　　　　　B. 3%

C. 4%　　　　　　　　　　　D. 6%

9. 某商业银行的净利润与资产平均余额之比为0.5%，流动性资产与流动性负债之比为30%，根据《商业银行风险监管核心指标（试行）》，该银行的（　　）不满足监管要求。

A. 资本充足性指标　　　　　B. 流动适度性指标

C. 资产安全性指标　　　　　D. 收益合理性指标

10. 根据我国《证券公司监督管理条例》，关于证券公司市场准入条件的说法，错误的是（　　）。

A. 证券公司股东的出资应是货币或经营中必需的非货币资产

B. 入股股东被判处刑罚执行完毕未逾3年者不得成为证券公司实际控制人

C. 单位或个人可以委托他们或接受他人委托，持有证券公司股权

D. 证券公司高级管理人员应有3名以上具有在证券担任高级管理人员满2年的经历

二、多项选择题（每题2分，每题备选项中，有2个或2个以上符合题意，至少有1个错项。错选，本题不得分；少选，所选的每个选项得0.5分）

1. 中央银行是管理金融的银行，其职责主要表现在（　　）。

A. 制定实施货币政策　　　　B. 颁布各种金融法规

C. 管理境外金融市场　　　　D. 管理境内金融市场

E. 发行货币

2. 下列措施中，属于宽松货币政策的有（　　）。

A. 降低银行存款准备金率

B. 提高商业银行再贴现率

C. 在公开市场开展正回购操作

D. 采取"道义劝告"方式引导商业银行增加放款

E. 下调人民币存款基准利率

3. 货币政策的最终目标包括（　　）。

　　A. 收入增长　　　　　　　　B. 物价稳定

　　C. 充分就业　　　　　　　　D. 经济增长

　　E. 国际收支平衡

4. 下列关于临时流动性便利和临时准备金动用安排的说法，正确的有（　　）。

　　A. 临时准备金动用安排是通过调整存款准备金率来释放流动性

　　B. 临时流动性便利是提供临时流动性支持

　　C. 临时准备金动用安排的操作范围是全国性银行

　　D. 临时准备金动用安排的操作范围是在现金投放中占比高的几家大型商业银行

　　E. 临时准备金动用安排可临时使用不超过三个百分点的法定存款准备金

5. 商业银行内部控制的目标有（　　）。

　　A. 保证国家有关法律规定及规章的贯彻执行

　　B. 保证商业银行发展战略和经营目标的实现

　　C. 保证商业银行风险管理的有效性

　　D. 保证商业银行业务记录、会计信息、财务信息的真实、准确、完整和及时

　　E. 保证金融行业有序发展

三、案例分析题（每题2分。由单选和多选组成。错选，本题不得分；少选，所选的每个正确选项得0.5分）

（一）

2014年，我国继续实施稳健的货币政策，进入2015年，为弥补流动性缺口，保持流动性合理适度，中国人民银行多次降准与降息，2015年2月5日起下调金融机构人民币存款准备金率0.5个百分点。2015年3月1日起下调金融机构人民币贷款和存款基准利率。

1. 如我国金融机构存款为100万亿元，则中央银行下调存款准备金率，可释放流动性（　　）亿元人民币。

　　A. 3 200　　　　　　　　　　B. 5 000

　　C. 7 500　　　　　　　　　　D. 4 300

2. 我国下调存款准备金率和利率，通过商业银行的信贷行为，最终对企业的影响有（　　）。

　　A. 企业向商业银行借款的成本提高

　　B. 企业向商业银行借贷的成本降低

　　C. 商业银行对企业的可贷款量增加

　　D. 商业银行对企业的可贷款量减少

3. 2014年年底中国人民银行创设中期借贷便利，以（　　）方式发放。

　　A. 抵押　　　　　　　　　　B. 商业信用

　　C. 担保　　　　　　　　　　D. 无担保

4. 近年我国宏观金融调控及货币政策的特点是（　　）。

　　A. 建立了以间接手段为主的宏观金融调控模式

　　B. 货币政策目标是以预防通胀为主的多目标制

　　C. 存款准备金调整和再贴现操作成为日常的流动性对冲管理的重要工具

　　D. 丰富货币政策工具箱

(二)

假设我国某商业银行是一家系统重要性银行，2015年年末，该银行的部分业务及监管指标如下：不良贷款余额为900亿元，不良贷款率为1.5%；对最大一家客户贷款总额与资本净额之比为12%；流动性资产与流动性负债之比为30%；成本收入比为25%。

1. 2015年年末，该银行的贷款总额为（　　）亿元。
   A. 3 000　　　　　　　　　　　B. 3 600
   C. 4 500　　　　　　　　　　　D. 60 000

2. 根据2013年1月1日起实行的《商业银行资本管理办法（试行）》，该银行需按照风险加权资产的（　　）计提附加资本。
   A. 1%　　　　　　　　　　　　B. 2%
   C. 3%　　　　　　　　　　　　D. 4%

3. 该银行未达到监管要求的指标有（　　）。
   A. 成本收入比　　　　　　　　　B. 流动性比例
   C. 不良贷款率　　　　　　　　　D. 单一客户贷款集中度

4. 假设2015年该银行的关注类贷款为400亿元，损失类贷款为80亿元，可疑类贷款为120亿元，则该银行的次级类贷款为（　　）亿元。
   A. 200　　　　　　　　　　　　B. 300
   C. 600　　　　　　　　　　　　D. 700

本章同步练习参考答案及解析

一、单项选择题

1. [答案] C
   [解析] 本题的考点为中央银行的职能。中央银行职能之一是银行的银行，是指中央银行通过办理存、放、汇等项业务，作为商业银行与其他金融机构的最后贷款人，履行以下几项职责：①集中保管存款准备金；②充当最后贷款人；③主持全国银行间的清算业务；④主持外汇头寸抛补业务。

2. [答案] C
   [解析] 本题的考点为中央银行的业务。资产清算业务是中央银行的主要中间业务，这类业务可以划分为：①集中办理票据交换；②结清交换差额；③办理异地资金转移。

3. [答案] C
   [解析] 本题的考点为金融宏观调控。金融宏观调控是以中央银行或货币当局为主体，以货币政策为核心，借助于各种金融工具调节货币供给量或信用量，影响社会总需求进而实现社会总供求均衡，促进金融与经济协调稳定发展的机制与过程。

4. [答案] C
   [解析] 本题的考点为金融宏观调控机制的构成要素。金融宏观调控机制中的操作目标包括超额存款准备金与基础货币。

5. [答案] C
   [解析] 本题的考点为货币政策工具。公开市场操作指中央银行在金融市场上买卖国债或中央银行票据等有价证券，影响货币供应量和市场利率的行为。即当金融市场资金缺乏时，中央银行通过公开市场操作买进有价证券，从而投放基础货币，引起货币供应量的增加和利率的下降；当金融市场上游资过多时，中央银行通过公开市场操作卖出有价证券，从而收回基础货币，引起货币供应量的减少和利率的提高。中央银行正是以这种操作来扩张或收缩信用，调节货币供应量，它是目前发达国家运用得最多的货币政策工具。

6. [答案] D
   [解析] 本题的考点为我国的货币政策工

具。逆回购为中国人民银行向一级交易商购买有价证券，并约定在未来特定日期将有价证券卖给原一级交易商的交易行为，为向市场上投放流动性的操作，逆回购到期则为从市场收回流动性的操作。

7. [答案] A

[解析] 本题的考点为金融监管的理论。公共利益论认为自由的市场机制不能带来资源的最优配置，甚至由于自然垄断、外部效应和不对称信息的存在，将导致自由市场的破产。

8. [答案] C

[解析] 本题的考点为银行业监管主要内容之一的市场运营监管。为有效控制商业杠杆化程度，维护商业银行安全、稳健运行，2015年修订后的《商业银行杠杆率管理办法》规定，商业银行并表和未并表的杠杆率均不得低于4%。

9. [答案] D

[解析] 本题的考点为银行业监管主要内容之一的市场运营监管。根据《商业银行风险监管核心指标（试行）》，我国关于收益合理性的监管指标之一资产利润率，即净利润与资产平均余额之比，不应低于0.6%。依据题意，该银行资产利润率为0.5%，不满足监管要求，D项正确。流动适度性指标之一的流动性比例，即流动资产与流动性负债之比，不应低于25%。依据题意，满足监管要求。

10. [答案] C

[解析] 本题的考点为证券公司监管。《证券公司监督管理条例》规定：为了防止不良单位或者个人幕后操控、规避审批和监管，该条例规定，未经证监会批准，任何单位或者个人不得委托他人或者接受他人委托，持有或者管理证券公司的股权。

二、多项选择题

1. [答案] ABD

[解析] 本题的考点为中央银行的职能。管理金融的银行其职责主要表现在：①根据国情合理制定实施货币政策；②制定颁布各种金融法规、金融业务规章，监督管理各金融机构的业务活动；③管理境内金融市场。

2. [答案] ADE

[解析] 本题的考点为货币政策的类型。中央银行通过降低商业银行法定存款准备金比率，降低商业银行向中央银行票据贴现的再贴现率，在公开市场上买入证券等来实施宽松的货币政策。此外，中央银行也可用"道义劝告"方式来影响商业银行及其他金融机构增加放款，以增加货币供应。

3. [答案] BCDE

[解析] 本题的考点为货币政策的最终目标。货币政策的最终目标为物价稳定、充分就业、经济增长、国际收支平衡。

4. [答案] ABC

[解析] 本题的考点为我国的货币政策工具。2017年12月29日，由人民银行决定建立临时准备金动用安排。在现金投放中占比较高的全国性商业银行在春节期间存在临时流动性缺口时，可临时使用不超过两个百分点的法定存款准备金，使用期限为30天。该工具与临时流动性便利不同的是，临时准备金动用安排是通过调整存款准备金率来释放流动性，且操作范围被扩大至全国性银行，而临时流动性便利的操作对象仅为在现金投放中占比高的几家大型商业银行。

5. [答案] ABCD

[解析] 本题的考点为市场运营监管。商业银行内部控制的目标有：①保证国家有关法律规定及规章的贯彻执行；②保证商业银行发展战略和经营目标的实现；③保证商业银行风险管理的有效性；④保证商业银行业务记录、会计信息、财务信息和其他管理信息的真实、准确、完整和及时。

三、案例分析题

（一）

1. [答案] B

[解析] 本题的考点为存款准备金率。可释放流动性为 $0.5\% \times 1\,000\,000 = 5\,000$（亿

元)。

2. [答案] BC

[解析] 本题的考点为存款准备金率。下调存款准备金率使得银行可贷资金的数量增加,下调利率使得企业的借贷成本降低。

3. [答案] A

[解析] 本题的考点为常备借贷便利。常备借贷便利以抵押方式发放,合格抵押品包括高信用评级的债券类资产和优质信贷资产等。

4. [答案] ABD

[解析] 近年我国的金融宏观调控及货币政策的特点包括:①我国已建立了以间接手段为主的宏观金融调控模式;②我国货币政策目标是以防通胀为主的多目标制;③存款准备金调整和公开市场操作成为日常的流动性对冲管理的重要工具;④丰富货币政策工具箱,启动宏观审慎政策框架。

(二)

1. [答案] D

[解析] 本题的考点为资产安全性指标。不良贷款率,即不良贷款与贷款总额之比。则该银行的贷款总额为 $900 \div 1.5\% =$ 60 000(亿元)。

2. [答案] A

[解析] 本题的考点为资产充足性指标。系统重要性银行应当计提附加资本,国内系统重要性银行附加资本要求为风险加权资产的 1%。

3. [答案] D

[解析] 本题的考点为市场运行监管指标。A 项,成本收入比不应高于 35%,符合监管指标。B 项,流动性比例即流动性资产与流动性负债之比,不应低于 25%,题干标明为 30%,符合监管指标。C 项,不良贷款率不得高于 5%,符合监管指标。D 项,单一客户贷款集中度,即最大一家客户贷款总额与资本净额之比,不得高于 10%。该银行单一客户贷款集中度为 12%,未达到监管要求。

4. [答案] D

[解析] 本题的考点为资产安全性指标。次级贷款、可疑贷款、损失贷款,通常被认为不良贷款。则该银行的次级类贷款 $900-120-80=700$(亿元)。

第十章 国际金融及其管理

本章考情分析

年份	单项选择题	多项选择题	案例分析题	合计
2018 年	7 题 7 分	1 题 2 分	4 题 8 分	17 分
2017 年	7 题 7 分	2 题 4 分	4 题 8 分	19 分
2016 年	8 题 8 分	3 题 6 分	4 题 8 分	22 分
2015 年	6 题 6 分	2 题 4 分	—	10 分
2014 年	5 题 5 分	2 题 4 分	—	9 分

本章考点概览

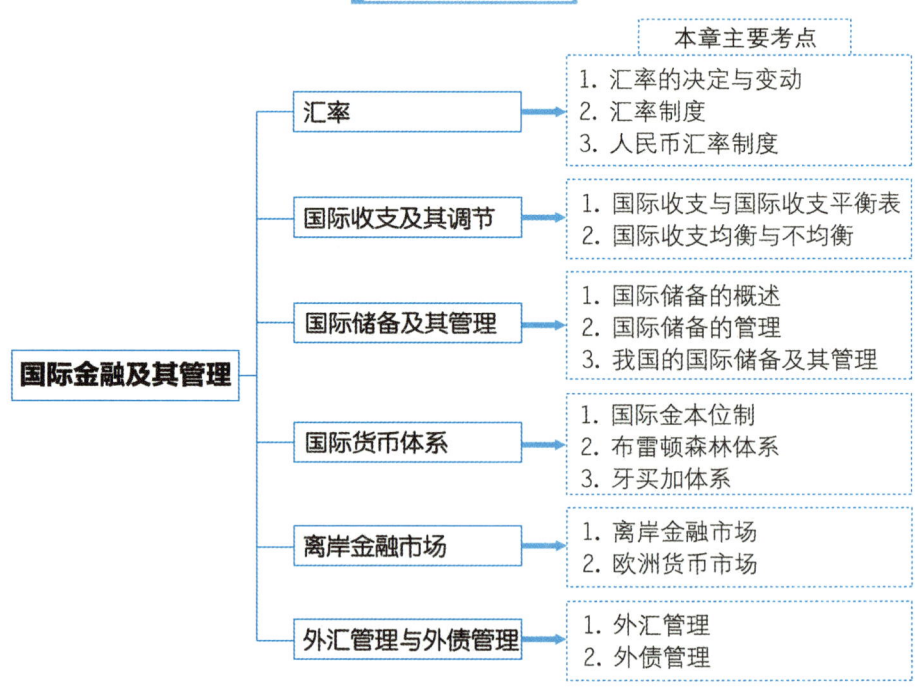

本章考点详解

第一节 汇率

【考点一】汇率的决定与变动

一、汇率标价方法

（一）直接标价法

直接标价法，也称应付标价法，是以一定整数单位（1、100、10 000等）的外国货币为标准，折算为若干单位的本国货币。这种标价法是以本国货币表示外国货币的价格，因此可以称为外汇汇率。目前，我国和世界其他绝大多数国家和地区都采用直接标价法。

比如我国：1美元＝6.75元人民币（本币变动）。

（二）间接标价法

间接标价法，也称应收标价法，是以一定整数单位（1、100、10 000等）的本国货币为标准，折算为若干单位的外国货币。这种标价法是以外国货币表示本国货币的价格，因此可以称为本币汇率。目前，世界上只有英国、美国等少数几个国家采用间接标价法。

比如美国：1美元＝6.75元人民币（外币变动）。

二、汇率的决定基础

（一）金本位制下汇率的决定基础

汇率的标准是铸币平价，即两国单位货币的含金量之比。市场汇率受供求关系变动的影响而围绕铸币平价波动，波动的范围被限制在由黄金输出点和黄金输入点构成的黄金输送点内。

（二）纸币制度下汇率的决定基础

纸币制度下汇率的决定基础，从本质上来说是各国单位货币所代表的价值量；从现象上看是各国单位货币的法定含金量或购买力。

布雷顿森林货币体系下，均衡汇率就是法定平价、购买力平价，即一国货币的法定含金量与另一国货币法定含金量之比。

三、汇率变动的形式

（1）官方汇率的变动：法定升值与法定贬值。

（2）市场汇率的变动：升值与贬值。

四、汇率变动的决定因素

汇率变动的决定因素包括：物价的相对变动、国际收支差额的变化、市场预期的变化、政府干预汇率。

（一）物价的相对变动

物价的相对变动是决定汇率长期变动的根本因素。

如果一国的物价水平相对上涨，即该国相对通货膨胀，则该国货币对于其他国家的货币贬值。如果物价水平下降则反之。

(二)国际收支差额的变化

国际收支逆差(进口大于出口,国际支出大于国际收入),则外汇供不应求,外汇汇率上升,本币贬值;国际收支顺差(出口大于进口,国际收入大于国际支出),外汇供过于求,外汇汇率下跌,本币升值。

(三)市场预期的变化

市场预期变化是导致市场汇率短期变动的主要因素。如果人们预期未来本币贬值,则会抛售本币,导致本币现在的实际贬值;反之,如果人们预期未来本币升值,则会抢购本币,导致本币现在的实际升值。

(四)政府干预汇率

当外汇市场上因外汇供不应求、外汇汇率上涨的幅度超出规定的限界或心理大关时,货币当局就会向外汇市场投放外汇,收购本币,使外汇汇率回调;反之,当外汇市场上因外汇供过于求、外汇汇率下跌的幅度超过规定的界限或心理大关时,货币当局就会向外汇市场投放本币,收购外汇,使外汇汇率反弹。

五、汇率变动的经济影响

(一)直接经济影响

汇率变动的直接经济影响如表10-1-1所示。

表10-1-1 汇率变动的直接经济影响

直接影响	具体内容
汇率变动影响国际收支	直接影响经常项目收支。本币贬值,以外币计价的本国出口商品与劳务的价格下降,而以本币计价的本国进口商品与劳务的价格上涨,从而刺激出口,限制进口,增加经常项目收入,减少经常项目支出。反之,当本币升值时,则影响正好相反
	直接影响资本与金融项目收支。本币贬值,会加重偿还外债的本币负担,减轻外国债务人偿还本币债务的负担,从而减少借贷资本流入,增加借贷资本流出;会提高国外直接投资和证券投资的本币利润,降低外国在本国直接投资和证券投资的外国货币利润,从而刺激直接投资和证券投资项下的资本流出,限制直接投资和证券投资项下的资本流入。反之,如果本币升值,则其影响正好相反
汇率变动影响外汇储备	影响外汇储备集中在对外汇储备价值影响的评价上
汇率变动形成汇率风险	是汇率变动微观经济影响的范畴

【考点小贴士】本币贬值,将刺激资本流出,限制资本流入,即本国钱不值钱了,资本外逃追逐高额利润。

(二)汇率变动的间接影响

(1)汇率变动影响经济增长。

本币贬值,比如以前报价100美元的商品价格下降成90美元,从而刺激出口,限制进口,本国的商品与资本都会流出,推动出口部门及相关部门经济的增长;本币升值,推动实体经济和金融经济的增长,外国的商品和资本都会流入。

(2)汇率变动影响产业竞争力和产业结构。

本币贬值推动出口部门和进口替代部门的经济增长,也就提升了这两类产业部门的产业竞争力。

> **经典例题**

[2015年真题·单选题] 如果美元利率上升，直至高于人民币利率，那么，这会导致（   ）。
A. 国际资本从中国流向美国，人民币升值
B. 国际资本从美国流向中国，人民币升值
C. 国际资本从中国流向美国，人民币贬值
D. 国际资本从美国流向中国，人民币贬值
[答案] C
[解析] 美元利率上升，刺激资本流入，即国际资本放弃中国市场流入美国市场。此时美元供不应求，即美元升值，人民币贬值。

[2013年真题·单选题] 自2005年7月21日我国实行人民币汇率形成机制改革以来，美元对人民币的汇率由1∶8.276 5变为2013年7月26日的1∶6.172 0，这表明人民币对美元已经较大幅度地（   ）。
A. 法定升值　　　　B. 法定贬值　　　　C. 升值　　　　D. 贬值
[答案] C
[解析] 法定升值或贬值是由官方货币当局以法令的形式公开宣布，故A、B两项错误。本题中外汇汇率下降，意味着本币升值。

【考点二】汇率制度

一、固定汇率制

固定汇率制度曾出现在<u>国际金本位制和布雷顿森林货币体系两种国家货币制度下</u>。

二、浮动汇率制

浮动汇率制的分类如表10-1-2所示。

表10-1-2　浮动汇率制的分类

分类依据	类别	定义
根据官方是否干预划分	自由浮动	官方不干预外汇市场，完全听凭市场汇率在外汇供求关系的自发作用下波动的汇率制度
	管理浮动	官方或明或暗地干预外汇市场，使市场汇率在经过操纵的外汇供求关系作用下相对平稳波动的汇率制度
根据汇率浮动是否结成国际联合划分	单独浮动	本币不与任何外币建立固定联系，其汇率单独进行浮动的汇率制度
	联合浮动	若干国家的货币彼此建立固定联系，对此外其他国家货币的汇率共同进行浮动的汇率制度

三、国际货币基金组织对现行汇率制度的划分

按照汇率弹性由小到大，国际货币基金组织对现行汇率制度的划分如表10-1-3所示。

表10-1-3　国际货币基金组织对现行汇率制度的划分

汇率制度	制度安排
货币局制	官方通过立法明确规定本币与某一关键货币保持固定汇率，同时对本币发行作特殊限制，以确保履行法定义务
传统的盯住汇率制	官方将本币实际或公开地按照固定汇率盯住一种主要国际货币或一篮子货币，汇率波动幅度不超过±1%

续表

汇率制度	制度安排
水平区间内盯住汇率制	它类似于传统的盯住汇率制，不同的是汇率波动幅度大于±1%
爬行盯住汇率制	官方按照预先宣布的固定汇率，根据若干量化指标的变动，定期小幅度调整汇率
爬行区间盯住汇率制	它是水平区间内的盯住汇率制与爬行盯住汇率制的结合，与爬行盯住汇率制不同的是汇率波动的幅度要大
事先不公布汇率目标的管理浮动	官方在不特别指明或事先承诺汇率目标的情况下，通过积极干预外汇市场来影响汇率变动
单独浮动	汇率由市场决定，官方即使干预外汇市场，目的也只是缩小汇率的波动幅度，防止汇率过度波动，而不是确立一个汇率水平

经典例题

[2017年真题·单选题] 官方按照预先宣布的固定汇率。依据若干量化指标的变动，定期小幅调整汇率的制度称为（　　）。

A. 爬行盯住制　　　　　　B. 货币局制
C. 联系汇率制　　　　　　D. 管理浮动制

[答案] A

[解析] 爬行盯住汇率制是官方按照预先宣布的固定汇率，根据若干量化指标的变动，定期小幅度调整汇率。

【考点三】人民币汇率制度

人民币汇率形成机制改革坚持主动性、可控性、渐进性的原则。2005年7月21日，人民币汇率形成机制改革启动，开始实行以市场供求为基础、参考一篮子货币进行调节、有管理的浮动汇率制度。

2015年12月，中国外汇交易中心发布人民币汇率指数，强调要加大参考一篮子货币的力度，以更好地保持人民币对一篮子货币汇率基本稳定。

2016年2月，中国人民银行明确了"收盘汇率＋一篮子货币汇率变化"的人民币兑美元汇率中间价形成机制。

2017年第二季度，外汇市场自律机制组织各美元报价行完善人民币兑美元汇率中间价报价机制，在原有"收盘汇率＋一篮子货币汇率变化"的报价模型中加入"逆周期因子"以适度对冲市场情绪的顺周期波动，缓解外汇市场可能存在的"羊群效应"。

2015年11月30日，国际货币基金组织执董会决定将人民币纳入特别提款权（SDR）货币篮子，SDR货币篮子相应扩大至美元、欧元、人民币、日元、英镑5种货币，人民币在SDR货币篮子中的权重为10.92%，新的SDR篮子于2016年10月1日正式生效。

第二节　国际收支及其调节

【考点一】国际收支与国际收支平衡表

一、国际收支的含义

（1）在狭义上，国际收支是指在一定时期内，一国居民与非居民所发生的全部货币或外汇的收入和支出。这是以支付为基础的定义，核心看是否发生货币或外汇的支付。

（2）在广义上，国际收支是指在一定时期内，一国居民与非居民所进行的全部经济交易系统的货币记录。这是以交易为基础的定义，核心看是否发生了经济交易。

（3）国际收支的本质特征包括：①是一个流量的概念，是一定时期的发生额；②是一个收支的概念，是收入和支出的流量；③是一个总量的概念，是整个国家在一定时期内收入和支出的总量；④是一个国际的概念，经济交易的主体特征，即居民与非居民。

二、国际收支统计的复式记账法

国际收支中每笔交易的记录均由两个金额相等但方向相反的分录组成，反映了每笔交换的流入和流出。对于每笔交易，各方都记录一个与之相应的贷方分录和借方分录。

贷记（CR）——货物和服务出口，应收收入，资产减少，或负债增加。（外汇流入）

借记（DR）——货物和服务进口，应付收入，资产增加，或负债减少。（外汇流出）

三、国际收支平衡表

（一）国际收支平衡表的编制原理

国际收支平衡表是按照复式簿记的借贷记账法编制的，在表中分设借方和贷方。借方以"—"号表示，记录资金占用科目，即国际收支中支出科目；贷方以"＋"号表示，记录资金来源科目，即国际收支中的收入科目。

（二）国际收支平衡表的账户

1. 经常账户

经常账户反映的是居民与非居民之间货物、服务、初次收入和二次收入的流量。

2. 资本账户

资本账户显示的是居民与非居民之间非生产非金融资产和资本转移的贷方分录及借方分录。它记录非生产非金融资产的取得和处置，如向使馆出售的土地、资本转移等，也就是一方提供用于资本目的的资源，但该方没有得到任何直接经济价值回报。

3. 金融账户

金融账户反映的是金融资产和负债的获得及处置净额，金融账户交易列在国际收支中。

4. 错误与遗漏账户

误差与遗漏净额是作为残差项推算的。

经典例题

[2012年真题·单选题] 我国经常账户收支顺差额与资本和金融账户收支顺差额之和，大于国际储备资产增加额，意味着贷方总额大于借方总额，其差额应当记入（　　）。

A. 经常账户　　　　　　　　　　B. 储备资产账户
C. 资本和金融账户　　　　　　　D. 净错误与遗漏账户

[答案] D

[解析] 国际收支平衡表所包括的账户有：①经常账户：记录实质资源的国际流动。②资本账户。③金融账户。④错误与遗漏账户：专为人为平衡借方和贷方的总差额而设。B项属于资本与金融账户下面的子账户。故D项正确。

【考点二】国际收支均衡与不均衡

一、国际收支不均衡的类型

国际收支不均衡的类型如表10-2-1所示。

表 10-2-1 国际收支不均衡的类型

分类依据	类别	含义
按差额的性质划分	顺差	—
	逆差	—
按不同账户的状况划分	经常账户不均衡	经常账户出现顺差或逆差
	资本与金融账户不均衡	资本与金融账户出现顺差或逆差
	综合性不均衡	经常账户差额同资本与金融账户差额相抵后出现顺差或逆差
按产生的原因划分	收入性不均衡	由一国的国民收入增长超过他国国民收入增长,引起本国进口需求增长超过出口增长而导致的国际收支不均衡
	货币性不均衡	由一国的货币供求失衡引起本国通货膨胀率高于他国通货膨胀率,进而刺激进口、限制出口而导致的国际收支不均衡
	周期性不均衡	由一国的经济周期性波动而导致的国际收支不均衡
	结构性不均衡	由一国的经济结构及其决定性的进出口结构不能适应国际分工结构的变化所导致的国际收支不均衡

二、国际收支不均衡调节的必要性

（1）国际收支不均衡的调节是稳定物价的要求。

{国际收支逆差→货币当局投放外汇、回笼本币→通货紧缩
 国际收支顺差→货币当局投放本币、收购外汇→通货膨胀

（2）国际收支不均衡的调节是稳定汇率的要求。

{国际收支逆差→外汇供不应求→外汇汇率上涨
 国际收支顺差→外汇供过于求→外汇汇率下跌

（3）国际收支不均衡的调节是保有适量外汇储备的要求。

{国际收支逆差→货币当局动用外汇储备→外汇储备不足或枯竭
 国际收支顺差→货币当局补充外汇储备→外汇储备过多

三、国际收支不均衡调节的政策措施

（一）宏观经济政策

宏观经济政策包括财政政策、货币政策和汇率政策。

1. 财政政策

在国际收支逆差时,可以采用紧缩的财政政策。紧缩的财政政策对国际收支的调节作用主要有：①产生需求效应(进口需求减少)；②产生价格效应(价格下跌刺激出口)。反之,在国际收支顺差时,则采用宽松的财政政策。

财政政策主要调节经常账户收支。

2. 货币政策

在国际收支逆差时（国内进口需求旺盛）,可以采用紧的货币政策。紧的货币政策对国际收支的调节作用有：①产生需求效应(有支付能力的进口需求减少,进口下降)；②产生价格效应(价格下跌,刺激出口)；③产生利率效应(利率上升,刺激资本流入,阻碍资本流出)。反之,在国际收支顺差时,则采用松的货币政策。

货币政策既调节经常账户收支,也调节资本账户收支。

3. 汇率政策

在国际收支逆差时（国内进口需求旺盛）,可以采用本币法定贬值或贬值的政策。以外币标价

的本国出口价格下降,从而刺激出口,而以本币标价的本国进口价格上涨,从而限制进口。反之,在国际收支顺差时,则采用本币法定升值或升值的政策。

汇率政策主要调节经常账户收支。

【考点小贴士】本考点为高频考点,可借用口诀帮助记忆:"逆差"又紧又贬,"顺差"又松又升。

经典例题

[2016年真题·单选题] 当一国国际收支出现巨额顺差、国内通货膨胀严重时,可行的政策选择是( )。
A. 松的财政货币政策和本币贬值
B. 松的财政货币政策和本币升值
C. 紧的财政货币政策和本币贬值
D. 紧的财政货币政策和本币升值
[答案] B
[解析] 国际收支顺差时,可以采用松的货币政策,松的货币政策能对国际收支产生进口需求扩大的需求效应,价格上涨限制出口、刺激进口的价格效应,以及利率降低阻碍资本流入、刺激基本流出的利率效应;还可以采用本币法定升值或升值的政策,这会使以外币标价的本国出口价格上涨,从而限制出口,而以本币标价的本国进口价格下跌,从而刺激进口。
[解题思路] 口诀:"逆"又紧又贬,"顺"又松又升。

[2015年真题·单选题] 在一国出现国际收支逆差时,该国之所以可以采用本币贬值的汇率政策进行调节,是因为本币贬值可以使以外币标价的本国出口价格下降,而以本币标价的本国进口价格上涨,从而刺激出口,限制进口,最终有助于国际收支回复的平衡,这种效应表明,本币贬值的汇率政策主要用来调节逆差国家国际收支的( )。
A. 经常账户收支
B. 资本账户收支
C. 金融账户收支
D. 错误与遗漏账户收支
[答案] A
[解析] 汇率政策主要调节经常账户收支。

[2012年真题·单选题] 当一国出现国际收支顺差时,该国货币当局会投放本币,收购外汇,从而导致( )。
A. 外汇储备增多,通货膨胀
B. 外汇储备增多,通货紧缩
C. 外汇储备减少,通货膨胀
D. 外汇储备减少,通货紧缩
[答案] A
[解析] 当国际收支逆差时,货币当局动用外汇储备,投放外汇,回笼本币,导致通货紧缩;而当国际收支顺差时,货币当局投放本币,收购外汇,补充外汇储备,导致通货膨胀。

(二)国际收支不均衡调节的微观政策措施

微观政策措施包括外贸管制和外汇管制。

国际收支逆差时,就加强外贸管制和外汇管制;国际收支顺差时,就放宽乃至取消外贸管制和外汇管制。

另外,在国际收支逆差时,可以向国际货币基金组织或其他国家争取短期信用融资的措施或直接动用本国的国际储备。

四、我国对国际收支顺差的调节政策和措施

(1)逐步放宽和取消经常项目下的外汇管制。
(2)逐步放宽资本项目下的外汇管制。

(3) 降低对出口的激励范围和力度，改变外贸增长方式，调整外贸出口结构。
(4) 优化利用外资结构，限制高能耗、重污染、附加值低的直接投资流入。
(5) 对国外投机性的热钱流入采取密切监控的高压政策。

第三节　国际储备及其管理

【考点一】国际储备的概述

一、国际储备的概念

国际储备是指一国货币当局所持有的、用于弥补国际收支赤字、维持本币汇率等的国际普遍接受的一切资产。

二、国际储备的本质特征

国际储备的本质特征包括：①国际储备是官方储备；②国际储备是货币资产；③国际储备是世界各国普遍接受的货币资产；④国际储备是一个存量的概念。

三、国际储备的构成

国际储备包括黄金储备、外汇储备、在国际货币基金组织的储备头寸、特别提款权（SDR）。

四、国际储备的功能

(1) 弥补国际收支逆差（基本功能）。
(2) 稳定本币汇率。
(3) 维持国际资信和投资环境。

【考点二】国际储备的管理

一、国际储备的总量管理

(1) 国际储备总量管理目标是使国际储备总量适度，既不能少也不能多。
(2) 确定国际储备总量时应依据的因素包括：
1) 是否是储备货币发行国。如果是，则对国际储备需求少，反之则多。
2) 经济规模和对外开放程度。该因素与国际储备需求量成正比。
3) 国际支出流量。该因素与国际储备需求量成正相关。
4) 外债规模。该因素与国际储备需求量成正相关。
5) 短期国际融资能力。国际收支逆差时，短期国际融资能力强，可以不动用或少动用国际储备，从而对国际储备的需求就少；反之则多。
6) 其他国际收支调节政策和措施的可用性与有效性。国际收支逆差时，可选择的其他国际收支调节政策措施多，从而对国际储备的需求就少；反之则多。
7) 汇率制度。实行固定汇率或其他弹性低的汇率制度，则对国际储备的需求就多；反之则少。
(3) 实践中，测度国际储备总量是否适度的经验指标是：
1) 国际储备额与国民生产总值之比，一般为10%。
2) 国际储备额与外债总额之比，一般在30%到50%。
3) 国际储备额与进口额之比，一般为25%；如果以月来计量，国际储备额应能满足3个月的进口需求。

二、国际储备的结构管理

（1）国际储备结构管理的目标是使国际储备结构最优，在安全性、流动性和盈利性之间找到最佳均衡点。

（2）国际储备结构管理的内容包括：
1）国际储备资产结构的优化，特别是集中在黄金储备和外汇储备结构的优化上。
2）外汇储备货币结构的优化。
3）外汇储备资产结构的优化。

【考点三】我国的国际储备及其管理

一、我国国际储备的构成及特征

我国的国际储备由黄金储备、外汇储备、在国际货币基金组织的储备头寸和特别提款权四部分组成。

我国的国际储备的鲜明特征是总量增长迅速，结构变化显著。黄金储备保持稳定，外汇储备快速增长，在基金组织的储备头寸和特别提款权基本没有变化。

二、我国已采取的对国际储备积极管理的措施

（1）针对外汇储量过多，增长过快（双顺差），采取针对国际收支顺差的调节措施；同时藏汇于民，允许和鼓励民间持有外汇。

（2）针对外汇储备结构不合理，采取了外汇储备货币多元化策略，合理增加非美元货币储备；在外汇储备资产组合上采取更为积极的管理策略；在追求外汇储备资产安全性和流动性的同时，更为积极地进行盈利性更高的国内外股权类投资配置；在外汇储备管理模式和机制上，引进和构建了积极的外汇储备管理模式和机制，成立中央汇金投资有限责任公司和具有主权财富基金性质的中国投资有限责任公司。

【提示】截至 2018 年年末，我国外汇储备规模为 3.07 万亿美元。

经典例题

[2014年真题·单选题] 我国通过设立具有主权财富基金性质的中国投资有限责任公司来管理外汇储备，这是一种（　　）管理模式。

A. 最优的外汇储备总量　　　　B. 国际通行的外汇储备结构
C. 积极的外汇储备　　　　　　D. 传统的外汇储备

[答案] C

[解析] 针对外汇储备结构不合理，采取了外汇储备货币多元化策略，合理增加非美元货币储备；在外汇储备资产组合上采取更为积极的管理策略；在追求外汇储备资产安全性和流动性的同时，更为积极地进行盈利性更高的国内外股权类投资配置；在外汇储备管理模式和机制上，引进和构建了积极的外汇储备管理模式和机制，成立中央汇金投资有限责任公司和具有主权财富基金性质的中国投资有限责任公司。

[2012年真题·单选题] 如果我国人民币实现国际化，被其他国家作为储备货币，则我国就成为储备货币发行国。到那时，我国的国际储备就可以（　　）。

A. 增加外汇储备　　　　　　B. 保有较少总量
C. 投资更多股权　　　　　　D. 增加资源储备

[答案] B

[解析] 如果是储备货币发行国，则对国际储备需求少。

第四节　国际货币体系

【考点一】国际金本位制

一、国际金本位制的内容

（1）铸币平价构成各国货币的中心汇率。

（2）市场汇率受外汇市场供求关系的影响而围绕铸币平价上下波动，波动幅度为黄金输送点。黄金输送点包括黄金输入点和黄金输出点，等于铸币平价加减运送黄金的运费。因此，国际金本制下的汇率制度是自发形成的固定汇率制。

二、国际金本位制的特征

（1）黄金是主要的国际储备资产。

（2）汇率制度是固定汇率制，避免了由汇率剧烈波动所引致的风险。

（3）国际收支不平衡的调节，存在"物价与现金流动机制"的自动调节机制。

【考点二】布雷顿森林体系

一、布雷顿森林体系的主要内容

（1）建立一个永久性的国际金融机构，即国际货币基金组织，目的是加强国际货币金融合作。

（2）实行"双挂钩"的固定汇率制度。

（3）取消对经常账户交易的外汇管制，但是对国际资金流动做出了一定的限制。

二、布雷顿森林体系的特征

（1）美元等同于黄金，成为最主要的国际储备货币。

（2）实行以美元为中心、可调整的固定汇率制度。但是，美国以外的国家需要承担本国货币与美元汇率保持稳定的义务。

（3）国际货币基金组织作为一个新兴机构成为国际货币体系的核心。

【考点三】牙买加体系

一、牙买加体系的内容

（1）浮动汇率合法化。

（2）黄金非货币化。

（3）扩大特别提款权的作用。

（4）扩大发展中国家的资金融通且增加会员国的基金份额。

二、牙买加体系的特征

（1）国际储备多样化。

（2）汇率制度安排多元化。

（3）黄金非货币化。

（4）通过多种国际收支调节机制解决国际收支困难。

> **经典例题**

[2012年真题·多选题] 在国际货币体系中,现行牙买加体系的内容有（　　）。
A. 国际间资本的自由流动　　　　　　B. 浮动汇率制合法化
C. 黄金非货币化　　　　　　　　　　D. 扩大特别提款权的作用
E. 扩大对发展中国家的融资
[答案] BCDE
[解析] 牙买加体系的内容包括：①浮动汇率合法化；②黄金非货币化；③扩大特别提款权的作用；④扩大发展中国家的资金融通且增加会员国的基金份额。

第五节　离岸金融市场

【考点一】离岸金融市场

一、离岸金融市场的含义

离岸金融市场是指在**非居民与非居民**之间，从事离岸货币（也称境外货币）**借贷**的市场。离岸金融市场起源于英国伦敦，最初的离岸货币是**欧洲美元**。

二、离岸金融中心的类型

（一）伦敦型中心（一体型中心）

（1）交易的货币币种是不包括市场所在国货币的其他货币。

（2）经营范围比较广泛，市场的参与者可以同时经营在岸金融业务和欧洲货币等离岸金融业务。

（3）对经营离岸业务没有严格的申请程序。

伦敦和中国香港属于这一类型。

（二）纽约型中心（分离型中心）

(1) 欧洲货币业务包括市场所在国货币的非居民之间的交易。

(2) **管理上对境外货币和境内货币严格分账。**

在纽约型中心，对居民的存放业务与对非居民的业务分开，离岸金融业务与国内金融业务分开。

美国纽约的国际银行业便利，日本东京的海外特别账户，新加坡的亚洲货币单位，均属于这种类型。

（三）避税港型中心（走账型或簿记型中心）

（1）资金流动几乎不受任何限制，且免征有关税收。

（2）资金来源于非居民，也运用于非居民。

（3）市场上几乎没有实际的交易，而只是起着其他金融中心资金交易的记账和转账作用。

巴哈马、开曼、百慕大、巴拿马以及马恩岛等地的离岸金融中心，均属于这种类型。

> **经典例题**

[2018年真题·单选题] 离岸金融市场，最初的离岸货币是（　　）。
A. 欧元　　　　　　　　　　　　　　B. 瑞士法郎
C. 英镑　　　　　　　　　　　　　　D. 美元

[答案] D
[解析] 离岸金融市场起源于英国伦敦，最初的离岸货币是欧洲美元。

[2016年真题·单选题] 某离岸金融中心将离岸金融业务与国内金融业务分开，对居民的存放业务和对非居民的业务分开，该中心属于（ ）。

A. 伦敦型中心　　　　　　　　　B. 纽约型中心
C. 开曼型中心　　　　　　　　　D. 避税港型中心

[答案] B
[解析] 在纽约型中心，对居民的存放业务与对非居民的业务分开，离岸金融业务与国内金融业务分开，所以又称为分离型中心。

【考点二】欧洲货币市场

一、欧洲货币市场的含义

欧洲货币市场是专门从事境外货币存放借贷的市场。欧洲货币是指在货币发行国境外流通的货币。

【提示】"欧洲"不是地理范围上的概念，实际上是"境外"的意思。

二、欧洲货币市场的特点

（1）欧洲货币市场的交易客体是欧洲货币。

要判断一笔货币资金是否是欧洲货币，就看这笔存款是否缴纳存款准备金。

非居民与非居民之间借贷的境内货币也是欧洲货币。

（2）欧洲货币市场的交易主体主要是市场所在地的非居民。

（3）欧洲货币市场的交易中介是欧洲银行。

三、欧洲货币市场的构成

（1）欧洲银行同业拆借市场。
（2）欧洲中长期信贷市场。
（3）欧洲债券市场。

债券分为国内债券和国际债券。国际债券分为外国债券和欧洲债券。

外国债券是指非居民在异国债券市场上以市场所在地货币为面值发行的国际债券。例如，中国政府在日本东京发行的日元债券。它的特点是债券发行人属于一个国家，债券的面值货币和发行市场则属于另一个国家。

在美国发行的外国债券称为扬基债券，在日本发行的外国债券称为武士债券，在英国发行的外国债券称为猛犬债券，在荷兰发行的外国债券称为伦勃朗债券，在中国发行的外国债券称为熊猫债券。

欧洲债券是指借款人在本国以外市场发行的以第三国货币为面值的国际债券。欧洲债券的发行人、发行地以及面值货币分别属于三个不同的国家。例如，墨西哥政府在东京发行的美元债券就属于欧洲债券。特点是债券发行者、债券发行地点和债券面值所使用的货币可以分别属于不同的国家。

以特别提款权为面值的国际债券也是欧洲债券。

经典例题

[2015年真题·单选题] 如果中国政府在美国纽约发行一笔美元债券，则该笔债券属于（ ）的范畴。

A. 外国债券　　　B. 猛犬债券　　　C. 武士债券　　　D. 欧洲债券

[答案] A

[解析] 外国债券是指非居民在异国债券市场上以市场所在地货币为面值发行的国际债券。

[2012年真题·单选题] 与传统的国际金融市场不同，欧洲货币市场从事（　　）。

A. 居民与非居民之间的借贷
B. 非居民与非居民之间的借贷
C. 居民与非居民之间的外汇交易
D. 非居民与非居民之间的外汇交易

[答案] B

[解析] 传统的国际金融市场以国内金融市场为依托，主要从事居民与非居民之间的借贷，而欧洲货币市场主要从事非居民与非居民之间的借贷。

第六节　外汇管理与外债管理

【考点一】外汇管理

一、外汇管理的目的和弊端

（一）外汇管理的目的

（1）促进国际收支平衡或改善国际收支状况。
（2）稳定本币汇率，控制涉外经济活动中的汇率风险。
（3）防止资本外逃或大规模投机性资本冲击，维护金融市场的稳定以及金融安全。
（4）增加外汇储备。
（5）有效利用外汇资源，推动重点产业的发展。
（6）增强商品的国际竞争力。

（二）外汇管理的弊端

（1）扭曲汇率，造成资源配置低效率。
（2）导致寻租和腐败行为。
（3）导致非法地下金融蔓延。
（4）导致收入分配不公。
（5）不利于经济的长远发展。

二、货币可兑换

（一）货币可兑换的概念与类型

1. 货币可兑换的概念

货币可兑换是相对于外汇管制而言的，在纸币流通条件下，是指居民不受官方的限制，按照市场汇率自由地将本国货币与外国货币相兑换，用于对外支付或作为资产来持有。

2. 货币可兑换的类型

依据可兑换程度划分，货币可兑换分为完全可兑换和部分可兑换。

（1）完全可兑换。

完全可兑换是指一国或某一货币区居民可以在国际收支的所有项目下，自由地将本国货币与外国货币相兑换。

(2) 部分可兑换。

部分可兑换是指一国或某一货币区的居民可以在部分国际交易项目下自由地将本国货币与外国货币相兑换。常见的部分可兑换有经常项目可兑换和资本项目可兑换。在现实中，**部分可兑换一般是指经常项目可兑换**。

(二) 经常项目可兑换

经常项目可兑换是指不对经常性国际交易的付款和资金转移施加限制。

国际货币基金协定对经常性交易规定如下：①所有同外贸和其他经常性业务（其中包括服务）以及正常的银行短期信贷业务相关的支付；②应付贷款利息和其他投资净收益的支付；③数额不大的偿还贷款本金的或摊提直接投资折旧的支付；④数额不大的家庭生活费用汇款。

国际货币基金组织认为的货币可兑换主要是指经常项目可兑换，而不是完全可兑换。

(三) 资本项目可兑换

1. 资本项目可兑换的概念

资本项目可兑换就是实现货币在资本与金融账户下各交易项目的可兑换。

2. 资本项目完全可兑换的条件

(1) **稳定的宏观经济环境**。
(2) **稳健的金融体系**。
(3) **弹性的汇率制度**。

三、我国外汇管理体制的改革

1996 年 12 月，我国实现了**人民币经常项目可兑换、对资本项目外汇仍在进行管理**。

经常项目外汇管理仍然实行**真实性审核**。该真实性审核并不构成对经常项目可兑换的限制。

人民币经常项目可兑换条件下的资本项目管理的改革原则："循序渐进、统筹规划、先易后难、留有余地"。

四、新形势下外汇管理体制改革的深化

为进一步深化外汇管理体制改革，近年来，外汇管理局继续推进外汇管理简政放权。

一方面，继续创新和优化外汇管理公共服务流程，简化办事流程，提高外汇管理公共服务质量和效率；另一方面，持续落实法规清理长效机制，加大"放、管、服"改革力度，更新现行有效外汇管理主要法规目录，便利市场主体了解和使用外汇管理法规。

2017 年 11 月，继外交部宣布中国将大幅放宽金融业，包括银行业、证券基金业和保险业市场准入后，财政部负责人详解了中国金融业开放路线图。即中方决定将单个或多个外国投资者直接或间接投资证券、基金管理、期货公司的投资比例限制放宽至 **51%**。上述措施实施 **3** 年后，投资比例不受限制。将取消对中资银行和金融资产管理公司的外资单一持股不超过 20%、合计持股不超过 25% 的持股比例限制，实施**内外一致**的银行业股权投资比例规则。**3** 年后将单个或多个外国投资者投资设立经营人身保险业务的保险公司的投资比例放宽至 **51%**，**5** 年后投资比例不受限制。

> **经典例题**
>
> [2011 年真题·单选题] 如果我国允许国内企业为支付商品或劳务进口而自由地将人民币兑换为外币，则说明人民币实现了（　　）。
> A. 自由兑换　　　　　　　　　B. 完全可兑换
> C. 资本项目可兑换　　　　　　D. 经常项目可兑换
> [答案] D

[解析] 经常项目可兑换：本国居民可在国际收支经常性往来中将本国货币自由兑换成其所需的货币。商品和劳务属于经常项目，故 D 项正确。

【考点二】外债管理

一、外债的概念

外债是指在任何特定时间内，一国居民对非居民承担的具有契约性偿还责任的债务，包括本金的偿还和利息的支付。

根据我国国家外汇管理局的定义，外债包括：①国际金融组织贷款；②外国政府贷款；③外国银行和金融机构贷款；④买方信贷；⑤外国企业贷款；⑥发行外币债务；⑦国际金融租赁；⑧延期付款；⑨补偿贸易中直接以现汇偿还的债务；⑩其他形式的对外债务。

由此看出，外国的股权投资如外商直接投资和股票投资不属于外债。

二、外债总量管理与结构管理

（一）外债总量管理

外债总量管理的核心是使外债总量适度，不超过债务国的吸收能力。

目前，世界各国用来监测外债总量是否适度的指标主要有：

（1）负债率。**负债率**＝当年未清偿外债余额/当年国民生产总值×100%。

（2）债务率。**债务率**＝当年未清偿外债余额/当年货物服务出口总额×100%。

（3）偿债率。**偿债率**＝当年外债还本付息总额/当年货物服务出口总额×100%。

（4）短期债务率。**短期债务率**＝短期外债余额/当年未清偿外债余额×100%。

根据国际上通行的标准，**20%的负债率、100%的债务率、25%的偿债率和25%的短期债务率是债务国控制外债总量的警戒线**。

（二）外债结构管理

外债结构管理的核心是优化外债结构。外债结构是指外债的各构成部分在外债总体中的排列组合与相互地位。

三、我国的外债管理制度

我国对外债实行**分类多头管理**，财政部、国家发展和改革委员会和国家外汇管理局为外债管理主体。**财政部**是政府外债的统一管理部门，**国家发改委**负责1年期以上的中长期外债的管理，**国家外汇管理局**负责1年期以内（含1年）的短期外债管理。

【考点小贴士】监测外债总量是否适度的四个指标几乎年年必考，请考生务必掌握计算。

经典例题

[2017年真题·单选题] 假定某国2016年国民生产总值为20 000亿美元，短期外债余额为250亿美元，当年未清偿外债余额为1 650亿美元，当年货物服务出口总额为2 100亿美元，则该国当年负债率为（　　）。

A. 1.25%　　　　　　　　　　B. 8.25%
C. 10.50%　　　　　　　　　D. 15.15%

[答案] B

[解析] 负债率＝当年未清偿外债余额/当年国民生产总值×100%，依题目代入数据可得1 650/20 000＝8.25%。

本章易错易混考点

【易错易混考点】 国际收支不均衡调节的政策措施

考生容易将国际收支不均衡的调节政策措施与第八章通货膨胀与通货紧缩的治理对策混淆。

当国际收支逆差时，货币当局会投放外汇、回笼本币，导致国内通货紧缩。而国际收支逆差，可以采用紧的财政政策和货币政策进行调节。考生看到通货紧缩，就会直接联想到通货紧缩的治理对策是扩张的财政政策和货币政策，出现内容混淆。

【考点小贴士】 国际收支逆差时，采用紧的财政政策和货币政策是为了调整逆差恢复国际收支平衡。通货紧缩时，采用扩张的财政政策和货币政策是为了调整国内货币均衡。一个是为了调节国际收支均衡，另一个是为了调节国内货币均衡，不可混为一谈，随意联想记忆。

历年经典真题回顾

一、单项选择题（每题1分，每题备选项中，只有1个最符合题意）

1. 现实中，部分可兑换一般是指（　　）。[2018年真题]
   A. 经常项目可兑换　　　　　　B. 资本项目可兑换
   C. 货物可兑换　　　　　　　　D. 服务可兑换
   [答案] A
   [解析] 部分可兑换是指一国或某一货币区的居民可以在部分国际交易项目下自由地将本国货币与外国货币相兑换。常见的部分可兑换有经常项目可兑换和资本项目可兑换。在现实中，部分可兑换一般是指经常项目可兑换。

2. 按照国际货币基金组织1999年新的分类法，下列汇率制弹性最大的是（　　）。[2018年真题]
   A. 水平区间盯住　　　　　　　B. 单独浮动
   C. 传统盯住安排　　　　　　　D. 货币局安排
   [答案] B
   [解析] 根据国际货币基金的划分，按照汇率弹性由小到大，目前的汇率制度安排主要有：①货币局制。官方通过立法明确规定本币与某一关键货币保持固定汇率同时对本币发行作特殊限制，以确保履行法定义务。②传统的盯住汇率制。官方将本币实际或公开地按照固定汇率盯住一种主要国际货币或一篮子货币汇率波动幅度不超过±1%。③水平区间内盯住汇率制。它类似于传统的盯住汇率制，不同的是汇率波动幅度大于±1%。④爬行盯住汇率制。官方按照预先宣布的固定汇率，根据若干量化指标的变动，定期小幅度调整汇率。⑤爬行区间盯住汇率制。它是水平区间内的盯住汇率制与爬行盯住汇率制的结合，与爬行盯住汇率制不同的是汇率波动的幅度要大。⑥事先不公布汇率目标的管理浮动。官方在不特别指明或事先承诺汇率目标的情况下，通过积极干预外汇市场来影响汇率变动。⑦单独浮动。汇率由市场决定，官方即使干预外汇市场，目的也只是缩小汇率的波动幅度，防止汇率过度波动，而不是确立一个汇率水平。

3. 一国出现国际收支逆差时，可以采用（　　）。[2017年真题]
   A. 紧的财政政策
   B. 松的财政政策
   C. 中性财政政策
   D. 混合财政政策
   [答案] A
   [解析] 在国际收支逆差时（国内进口需求旺盛），可以采用紧的财政政策和货币政策，以及可

以采用本币法定贬值或贬值的政策。

4. 按照离岸金融中心的分类，日本东京的海外特别账户属于（　　）。[2017年真题]
   A. 避税港型中心　　　　　　　　B. 伦敦型中心
   C. 东京型中心　　　　　　　　　D. 纽约型中心
   [答案] D
   [解析] 纽约型中心的特点是：①欧洲货币业务包括市场所在国货币的非居民之间的交易；②管理上对境外货币和境内货币严格分账。在纽约型中心，对居民的存放业务与对非居民的业务分开，离岸金融业务与国内金融业务分开，所以又称为分离型中心。美国纽约的国际银行业便利，日本东京的海外特别账户，以及新加坡的亚洲货币单位，均属于这种类型。

5. 金本位制下，各国汇率决定的标准是（　　）。[2016年真题]
   A. 铸币平价　　　　　　　　　　B. 购买力平价
   C. 利率平价　　　　　　　　　　D. 买权/卖权平价
   [答案] A
   [解析] 金本位制下，汇率的标准是铸币平价，即一国货币的含金量与另一国货币的含金量之比。

6. 一国实现资本项目可兑换所需的条件不包括（　　）。[2016年真题]
   A. 稳定的宏观经济环境　　　　　B. 稳健的金融体系
   C. 弹性的汇率制度　　　　　　　D. 本币为国际储备货币
   [答案] D
   [解析] 一个国家要实现资本项目可兑换需要一定的条件，主要是：①稳定的宏观经济环境；②稳健的金融体系；③弹性的汇率制度。

二、多项选择题（每题2分，每题备选项中，有2个或2个以上符合题意，至少有1个错项。错选，本题不得分；少选，所选的每个选项得0.5分）

1. 国际收支具有的本质特征有（　　）。[2017年真题]
   A. 国际收支是一个流量概念　　　B. 国际收支是一个总量概念
   C. 国际收支是一个存量概念　　　D. 国际收支是一个成本概念
   E. 国际收支是一个收支概念
   [答案] ABE
   [解析] 国际收支本质特征包括：①是一个流量的概念，是一定时期的发生额；②是一个收支的概念，是收入和支出的流量；③是一个总量的概念，是整个国家在一定时期内收入和支出的总量；④是一个国际的概念，经济交易的主体特征，即居民与非居民。

2. 过度外汇管理导致的副作用主要有（　　）。[2017年真题]
   A. 汇率扭曲　　　　　　　　　　B. 寻租和腐败行为
   C. 非法地下金融蔓延　　　　　　D. 收入分配不公
   E. IMF取消贷款救助
   [答案] ABCD
   [解析] 外汇管理是一把"双刃剑"，在发挥积极作用的同时，也会带来诸多消极影响：①扭曲汇率，造成资源配置低效率；②导致寻租和腐败行为；③导致非法地下金融蔓延；④导致收入分配不公；⑤不利于经济的长远发展。

3. 从理论上看，本币升值可能产生的影响包括（　　）。[2016年真题]
   A. 减少经常项目收入，增加经常项目支出

B. 减少借贷资本流入，增加借贷资本流出

C. 降低国外直接投资的本币利润

D. 降低外国在本国证券投资的外币利润

E. 推动进口替代部门经济增长

[答案] AC

[解析] 本币升值时，会减少经常项目收入，增加经常项目支出。A 项正确。如果本币贬值，会加重偿还外债的本币负担，减轻外国债务人偿还本币债务的负担，从而减少借贷资本流入，增加借贷资本流出；会提高国外直接投资和证券投资的本币利润，降低外国在本国直接投资和证券投资的外国货币利润，从而刺激直接投资和证券投资项下的资本流出，限制直接投资和证券投资项下的资本流入。反之，如果本币升值，则其影响正好相反。C 项正确。

4. 不能作为国际储备资产的有（　　）。[2016 年真题]

　　A. 非货币性黄金　　　　　　　B. 外汇储备

　　C. 在基金组织的储备头寸　　　D. 特别提款权

　　E. 跨国企业持有的外汇资产

[答案] AE

[解析] 国际储备包括黄金储备、外汇储备、在基金组织的储备头寸和特别提款权（SDR）。

三、案例分析题（每题 2 分。由单选和多选组成。错选，本题不得分；少选，所选的每个正确选项得 0.5 分）

（一）

某国对外开放程度和外贸依存度都较高，国际融资尤其是短期融资规模相对较大。该国货币波动比较频繁，长期实行干预外汇市场等比较强烈的汇率制度。最新数据显示，2017 年年底，该国的国际储备为 7 000 亿美元，国民生产总值为 23 000 亿美元，外债总额为 8 800 亿美元，当年的进口额为 6 000 亿美元。[2018 年真题]

1. 决定该国国际储备总量的主要因素是（　　）。

　　A. 利率制度以及市场化程度　　B. 汇率制度及外汇干预情况

　　C. 外债规模与短期融资能力　　D. 经济规模与对外开放程度

[答案] BCD

[解析] 确定国际储备总量时应依据的因素包括：①是否是储备货币发行国；②经济规模和对外开放程度；③国际支出流量；④外债规模；⑤短期国际融资能力；⑥其他国际收支调节政策和措施的可用性与有效性；⑦汇率制度。

2. 该国的国际储备额与国民生产总值之比（　　）。

　　A. 远低于经验指标　　　　　B. 略低于经验指标

　　C. 高于经验指标　　　　　　D. 等于经验指标

[答案] C

[解析] 实践中，测度国际储备总量是否适度的经验指标包括：①国际储备额与国民生产总值之比，一般为 10%。②国际储备额与外债总额之比，一般在 30% 到 50%。③国际储备额与进口额之比，一般为 25%；如果以月来计量，国际储备额应能满足 3 个月的进口需求。依据题意可得，该国的国际储备额与国民生产总值之比为 7 000÷23 000≈30%，高于经验指标。

3. 该国的国际储备额与外债总额之比是（　　）。

　　A. 61.82%　　　　　　　　　B. 79.55%

　　C. 35.69%　　　　　　　　　D. 48.33%

[答案] B

[解析] 该国的国际储备额与外债总额之比为 7 000÷8 800≈79.55%。

4. 该国 7 000 亿美元国际储备额能够满足（ ）。
   A. 13 个月的进口需求   B. 14 个月的进口需求
   C. 16 个月的进口需求   D. 15 个月的进口需求

[答案] B

[解析] 依据题意，该国当年的进口额为 6 000 亿美元，如果以月来计量，则每月进口额为 500 亿美元。那么该国 7 000 亿美元国际储备额，则能够满足 7 000÷500＝14（个）月的进口需求。

（二）

2015 年年末，某国未清偿外债余额为 2 000 亿美元，其中，1 年及 1 年以下短期债务为 400 亿美元。当年该国需要还本付息的外债总额为 500 亿美元。该国 2015 年国民生产总值为 8 000 亿美元，国内生产总值为 10 000 亿美元，货物出口总额为 1 600 亿美元，服务出口总额为 900 亿美元。

[2016 年真题]

1. 2015 年该国的债务率为（ ）。
   A. 20%   B. 25%
   C. 80%   D. 125%

[答案] C

[解析] 债务率，即当年未清偿外债余额与当年货物服务出口总额的比率。其公式为：债务率 $=\dfrac{当年未清偿外债余额}{当年货物服务出口总额}\times 100\%$。2015 年该国的债务率＝2 000/（1 600＋900）×100%＝80%。

2. 2015 年该国的负债率为（ ）。
   A. 20%   B. 25%
   C. 80%   D. 125%

[答案] B

[解析] 负债率，即当年未清偿外债余额与当年国民生产总值的比率。其公式为：负债率＝$\dfrac{当年未清偿外债余额}{当年国民生产总值}\times 100\%$。2015 年该国的负债率＝2 000/8 000×100%＝25%。

3. 2015 年该国的偿债率为（ ）。
   A. 20%   B. 25%
   C. 80%   D. 125%

[答案] A

[解析] 偿债率，即当年外债还本付息总额与当年货物服务出口总额的比率。其公式为：偿债率＝$\dfrac{当年外债还本付息总额}{当年货物服务出口总额}\times 100\%$。2015 年该国的偿债率＝500/（1 600＋900）×100%＝20%。

4. 假设该国法定货币为克朗，若美元对克朗的汇率由 1 美元＝100 克朗变动至 1 美元＝120 克朗，则该国（ ）。
   A. 本币贬值，加重偿还外债的本币负担
   B. 本币升值，加重偿还外债的本币负担
   C. 本币贬值，减轻偿还外债的本币负担

D. 本币升值，减轻偿还外债的本币负担

[答案] A

[解析] 美元对克朗的汇率由1美元＝100克朗变动至1美元＝120克朗，1美元能换更多的克朗，说明美元升值，克朗贬值了。本币贬值，会加重偿还外债的本币负担，减轻外国债务人偿还本币债务的负担，从而减少借贷资本流入，增加借贷资本流出。

本章同步练习

一、单项选择题（每题1分，每题备选项中，只有1个最符合题意）

1. 实行直接标价法的国家，当汇率下降时，表明本国货币对外国货币（　　）。
   A. 贬值　　　　　　　　　　B. 升值
   C. 不变　　　　　　　　　　D. 浮动

2. 本币贬值以后，以外币计价的出口商品与劳务的价格下降，以本币计价的进口商品与劳务的价格上涨，从而（　　）。
   A. 刺激出口和进口，减少经常项目逆差
   B. 限制出口和进口，增加经常项目逆差
   C. 刺激出口，限制进口，减少经常项目逆差
   D. 限制出口，刺激进口，增加经常项目顺差

3. 关于金本位制的说法，错误的是（　　）。
   A. 汇率单纯由货币的含金量决定　　B. 货币供应量取决于黄金供应量
   C. 汇率制度是自发形成的固定汇率制　D. 国际收支失衡存在自动调节机制

4. 根据国际货币基金组织的标准，中国香港的汇率制度属于（　　）。
   A. 单独浮动制　　　　　　　　B. 爬行区间盯住汇率制
   C. 传统的盯住汇率制　　　　　D. 货币局制

5. 2016年10月1日，（　　）正式纳入SDR货币篮子。
   A. 美元　　　　　　　　　　B. 日元
   C. 英镑　　　　　　　　　　D. 人民币

6. 由于一国国民收入增长超过他国国民收入增长，引起本国进口需求增长超过出口增长而导致的国际收支不均衡的是（　　）。
   A. 货币性不均衡　　　　　　B. 收入性不均衡
   C. 周期性不均衡　　　　　　D. 结构性不均衡

7. 当一国国际收支出现顺差，反映在外汇市场上是（　　）。
   A. 外汇供给小于外汇需求　　B. 外汇供给大于外汇需求
   C. 外汇汇率上涨　　　　　　D. 外汇汇率无变化

8. 近年来，我国外汇储备管理中采取了允许和鼓励民间资本持有外汇、鼓励企业"走出去"等措施，这类措施直接有助于缓解我国外汇储备（　　）状况。
   A. 货币结构不合理　　　　　B. 资产结构不合理
   C. 总量过多　　　　　　　　D. 管理模式不科学

9. 2005年10月，国际金融公司和亚洲开发银行分别获准在我国银行间债券市场发行11.3亿元和10亿元的人民币债券，该种债券在性质上属于（　　）。
   A. 外国债券　　　　　　　　B. 欧洲债券
   C. 扬基债券　　　　　　　　D. 武士债券

10. 假定我国某年外债还本付息额为 5 091 亿元人民币,货物服务出口总额为 25 452 亿元人民币,两者之比为 20%。这一比率是我国该年的（　　）。
    A. 短期债务率　　　　　　　　B. 偿债率
    C. 债务率　　　　　　　　　　D. 负债率

二、**多项选择题**（每题2分,每题备选项中,有2个或2个以上符合题意,至少有1个错项。错选,本题不得分;少选,所选的每个选项得0.5分）

1. 如果人民币对外币升值,从理论上看,其可能的决定因素有（　　）。
    A. 我国的物价与国外的物价相比相对上升
    B. 我国的物价与国外的物价相比相对下降
    C. 我国的国际收支出现逆差
    D. 我国的国际收支出现顺差
    E. 市场上的预期人民币贬值

2. 2005年7月21日,我国人民币汇率形成机制改革,实行（　　）。
    A. 中央银行指导为主
    B. 坚持主动性、可控性、渐进性的原则
    C. 参考美元、欧元等关键货币
    D. 有管理的
    E. 浮动汇率制度

3. 运用财政政策调节国际收支不均衡,是因为财政政策对国际收支可以产生（　　）等调节作用。
    A. 需求效应　　　　　　　　　B. 价格效应
    C. 利率效应　　　　　　　　　D. 结构效应
    E. 供给效应

4. 下列举措中,能够减少我国的国际收支顺差的有（　　）。
    A. 允许我国出口企业将外汇收入存放在境外
    B. 放宽我国企业对外直接投资的外汇管制
    C. 鼓励高科技的外资流入
    D. 限制低附加值的直接投资流入
    E. 严控国外投机热钱流入

5. 关于我国外债及外债管理的说法,正确的有（　　）。
    A. 我国对外债实行登记管理
    B. 从期限结构看,我国短期债务占比较多
    C. 中国人民银行是政府外债的统一管理部门
    D. 国家发展改革委负责短期外债管理
    E. 国家外汇管理局负责中长期外债管理

三、**案例分析题**（每题2分。由单选和多选组成。错选,本题不得分;少选,所选的每个正确选项得0.5分）

（一）

在实行金本位制度时,美国货币1英镑的含金量为113.001 6格令,美国货币1美元的含金量为23.22格令。假设美国和英国之间运送1英镑所含黄金需要0.02美元的费用。"二战"后,根

据 IMF 的规定，每个会员国都应规定本国单位纸币所代表的含金量。所以，金平价即两国单位纸币所代表的含金量之比就成了决定汇率的基础。这里设定 1 英镑所代表的含金量为 3.581 34 克黄金，1 美元所代表的含金量为 0.888 671 克黄金。后来在金块本位制和金汇兑本位制下，金平价表现为法定平价。

1. 英镑与美元的铸币平价是（   ）。
   A. 4.856 5   B. 4.866 6
   C. 4.876 7   D. 4.886 8
2. 本案例中美国对英国的黄金输送点是（   ）。
   A. 4.844 6   B. 4.886 6
   C. 4.887 7   D. 4.927 7
3. "二战"后，英镑和美元之间的金平价是（   ）。
   A. 1.34   B. 2.69
   C. 3.11   D. 4.03
4. 铸币平价和法定平价均产生于（   ）。
   A. 固定汇率制   B. 浮动汇率制
   C. 爬行盯住制   D. 联系汇率制

（二）

据统计，2011 年我国国内生产总值为 74 970 亿美元；2011 年我国货物服务出口总额为 20 867 亿美元，经常账户收支顺差 2 017 亿美元，资本和金融账户收支顺差 2 211 亿美元，国际储备资产增加 3 878 亿美元；2011 年年底未清偿外债余额 5 489 亿美元。

1. 我国外债的负债率为（   ）。
   A. 7.3%   B. 18.2%
   C. 26.3%   D. 37.4%
2. 我国外债的债务率为（   ）。
   A. 7.3%   B. 9.6%
   C. 26.3%   D. 42.1%
3. 我国经常账户收支顺差额与资本和金融账户收支顺差额之和，大于国际储备资产增加额，意味着贷方总额大于借方总额，其差额应当记入（   ）。
   A. 经常账户
   B. 储备资产账户
   C. 资本和金融账户
   D. 净错误与遗漏账户
4. 假定其他因素不变，我国的国际收支顺差会导致我国（   ）。
   A. 投放本币，收购外汇，通货膨胀   B. 人民币升值
   C. 增加外汇储备   D. 动用外汇储备，回笼本币

本章同步练习参考答案及解析

一、单项选择题

1. [答案] B
   [解析] 本题的考点为汇率标价方法。直接标价法又称应付标价法，是以一定整数单位（1、100、10 000 等）的外国货币为标准，折算为若干单位的本国货币。这种标价法是以本国货币表示外国货币的价格，因此可以称为外汇汇率。当汇率下降时，

意味着外汇汇率下降，即本币升值。
2. [答案] C
[解析] 本题的考点为汇率变动的经济影响。"本币贬值以后，以外币计价的出口商品与劳务的价格下降"，所以会使得本国出口的商品在国际市场上更有竞争力，从而可以刺激出口；"以本币计价的进口商品与劳务的价格上涨"，商品进口价格上升，所以会使得进口减少。"出口的增加，进口的减少"从而会使得经常项目逆差减少或者增加经营项目顺差。但是因为D项中"限制出口，刺激进口"是错误的，故不选D项。

3. [答案] A
[解析] 本题的考点为汇率制度。金本位制度下汇率的决定基础，从本质上看是各国单位货币所具有的价值量；从现象上看是各国单位货币的含金量。A项错误。

4. [答案] D
[解析] 本题的考点为国际货币基金对现行汇率制度的划分。货币局制是指官方通过立法明确规定本币与某一关键货币保持按固定汇率，同时对本币发行作特殊限制，以确保履行法定义务。中国香港的联系汇率制就是一种货币局制。

5. [答案] D
[解析] 本题的考点为人民币汇率制度。2015年11月30日，国际货币基金组织决定将人民币纳入特别提款权（SDR）货币篮子，SDR货币篮子相应扩大至美元、欧元、人民币、日元、英镑5种货币，人民币在SDR货币篮子中的权重为10.92%，新的SDR篮子于2016年10月1日正式生效。

6. [答案] B
[解析] 本题的考点为国际收支不均衡的类型。收入性不均衡是由一国的国民收入增长超过他国的国民收入增长，引起本国进口需求增长超过出口增长而导致的国际收支不均衡。

7. [答案] B

[解析] 本题的考点为国际收支不均衡的调节。国际收支大体上能够反映外汇市场的供求状况。国际收支出现顺差，即出口大于进口，国际收入大于国际支出，在外汇市场上表现为外汇供大于求，从而引起外汇贬值，本币升值，外汇汇率下跌。

8. [答案] C
[解析] 本题的考点为我国的国际储备及其管理。国际储备管理包括总量管理和结构管理。允许和鼓励民间资本持有外汇、鼓励企业"走出去"等措施属于总量管理的范畴。

9. [答案] A
[解析] 本题的考点为欧洲债券市场。外国债券是指非居民在异国债券市场上以市场所在地货币为面值发行的国际债券。

10. [答案] B
[解析] 本题的考点为外债管理。偿债率＝当年外债还本付息总额/当年货物服务出口总额×100%，很明显，题目中比率是偿债率公式。

二、多项选择题

1. [答案] BD
[解析] 本题的考点为汇率变动的决定因素。汇率变动的决定因素包括：①物价的相对变动，相对通胀率高的国家的货币贬值，相对通胀率低的国家的货币升值。②国际收支差额变化。顺差，外汇汇率下跌；逆差，外汇汇率上升。③市场预期变化。④政府干预汇率。

2. [答案] BDE
[解析] 本题的考点为人民币汇率制度。人民币汇率形成机制改革坚持主动性、可控性、渐进性的原则。2005年7月21日，人民币汇率形成机制改革启动，开始实行以市场供求为基础、参考一篮子货币进行调节、有管理的浮动汇率制度。

3. [答案] AB
[解析] 本题的考点为国际收支不均衡条件的政策措施。在国际收支逆差时，可采用紧的财政政策。紧的财政政策对国际收支

的调节作用主要有两个方面：一是产生需求效应；二是产生价格效应。

4. [答案] ABDE

[解析] 本题的考点为我国对国际收支顺差的调节政策和措施。我国对国际收支顺差的调节政策和措施包括：①逐步放宽和取消经常项目下的外汇管制。②逐步放宽资本项目下的外汇管制。③降低对出口的激励范围和力度，改变外贸增长方式，调整外贸出口结构。④优化利用外资结构，限制高能耗、重污染、附加值低的直接投资流入。⑤对国外投机性的热钱流入采取密切监控的高压政策。

5. [答案] AB

[解析] 本题的考点为我国的外债管理制度。财政部是政府外债的统一管理部门，国家发改委负责1年期以上的中长期外债的管理，国家外汇管理局负责1年期以内（含1年）的短期外债管理。C、D、E三项错误。

三、案例分析题

（一）

1. [答案] B

[解析] 本题的考点为汇率的决定基础。在金本位制下，各国以金币作为本位货币，黄金是价格的"天然实体"，单位金币都有含金量，黄金可以自由输出和输入。汇率的标准是铸币平价，即两国单位货币的含金量之比。本题中，英镑与美元的铸币平价＝113.001 6/23.22≈4.866 6。

2. [答案] B

[解析] 本题的考点为汇率的决定基础。黄金输送点包括黄金输入点和黄金输出点，等于铸币平价加减运送黄金的运费。本题中，美国对英国的黄金输送点＝4.866 6＋0.02＝4.886 6。

3. [答案] D

[解析] 金平价（Gold Parity）指金本位制下，货币的汇价应该等于货币的含金量之

比。本题中，英镑和美元之间的金平价＝3.581 34/0.888 671≈4.03。

4. [答案] A

[解析] 本题的考点为汇率制度。国际金本位制下的汇率制度是典型的固定汇率制，其基本结构是：①使汇率保持固定的基础是各国货币具有含金量，两国单位货币含金量之比的铸币平价是汇率标准，只要两国单位货币含金量不变，铸币平价就不变。②约束市场汇率变动的界限是客观存在的黄金输送点，由黄金输出点的上限和黄金输入点的下限构成。由于两国之间单位黄金的运费比较低廉，相对稳定，因此黄金输送点的区间也比较狭小和稳定。③稳定汇率的机制是没有人为干预的市场机制，即债务人或债权人通过直接输出或输入黄金而改变外汇供求，使汇率稳定在黄金输送点内。

（二）

1. [答案] A

[解析] 本题的考点为外债总量管理。负债率＝当年未清偿外债余额/当年国民生产总值×100％＝5 489/74 970×100％＝7.3％≤20％。

2. [答案] C

[解析] 本题的考点为外债总量管理。债务率＝当年未清偿外债余额/当年货物服务出口总额×100％＝5 489/20 867×100％＝26.3％≤100％。

3. [答案] D

[解析] 本题的考点为国际收支平衡表的账户。错误与遗漏账户是用来人为平衡借方和贷方的总额的账户。

4. [答案] ABC

[解析] 本题的考点为国际收支不均衡调节的必要性。当国际收支顺差时，外汇供过于求，导致外汇汇率下降，人民币升值。货币当局投放本币，收购外币，增加外汇储备，导致通货膨胀。

第三篇
2019年模拟试卷及参考答案与解析

一分耕耘一分收获，我们一起来模拟中级金融的考场答题！

2019年金融专业知识与实务（中级）模拟试卷

一、**单项选择题**（每题1分，每题备选项中，只有1个最符合题意）

1. 在金融工具四个性质之间，存在反比关系的是（   ）。
   A. 期限性与收益性   B. 期限性与风险性
   C. 流动性与收益性   D. 收益性与风险性

2. （   ）是由银行业存款类金融机构面向非金融机构投资人发行的记账式大额存款凭证。
   A. 同业拆借   B. 大额存单
   C. 短期融资券   D. 商业票据

3. 直接金融市场与间接金融市场的差别在于（   ）。
   A. 是否有中介机构参与   B. 中介机构的交易规模
   C. 中介机构在交易中的活跃程度 D. 中介机构在交易中的地位和性质

4. 我国债券回购市场上的银行间回购利率是（   ）。
   A. 市场利率   B. 官方利率
   C. 长期利率   D. 法定利率

5. 协议双方同意在未来某一约定日期，按照约定的条件买入或卖出一定标准数量的金融工具的标准化协议称为（   ）。
   A. 金融期权   B. 金融期货
   C. 金融远期   D. 金融互换

6. 互联网支付是指通过计算机、手机等设备，依托互联网发起支付指令、转移货币资金的服务，其业务由（   ）负责监管。
   A. 中国人民银行   B. 中国银保监会
   C. 中国证监会   D. 商务部

7. 现有一笔资金，共计金额为 P，存期为 n 年，年利率为 r，如果按复利计算，则 n 年后的终值为（   ）。
   A. $FV_n = P(1+r \times n)$ B. $FV_n = P(1+r)^n$
   C. $FV_n = P(1+r \div n)$ D. $FV_n = P(1-r \div n)$

8. 面额1 000元的2年期零息债券，购买价格为950元，如果按半年复利计算，那么债券的到期收益率是（   ）。
   A. 2.58%   B. 2.596%
   C. 5%   D. 5.26%

9. 某股票的每股预期股息收入为每年4元，如果市场年利率为10%，则该股票的每股市场价格应为（   ）元。
   A. 20   B. 30
   C. 40   D. 50

10. 古典学派认为，利率决定于储蓄和投资的相互作用，当储蓄大于投资时，利率会（   ）。
    A. 达到均衡状态   B. 上升
    C. 不变   D. 下降

11. 能够反映投资者投资于有效风险资产组合和无风险资产的收益与风险的关系的是（   ）。
    A. 资本市场线   B. 资产组合

C. 资产风险度　　　　　　　　D. 资产定价理论

12. 在期权定价理论中，根据布莱克—斯科尔斯模型，决定欧式看涨期权价格的因素不包括（　　）。
    A. 标的资产的初始价格　　　　B. 期权期限
    C. 现金股利　　　　　　　　　D. 无风险利率

13. 我国小额贷款公司从银行业金融机构获得融入资金的余额，不得超过其资本净额的（　　）。
    A. 50%　　　　　　　　　　　B. 75%
    C. 100%　　　　　　　　　　D. 125%

14. 金融机构由于具有规模经济的优势、专业技术以及风险分担机制，因而能够有效地降低（　　）。
    A. 核算成本　　　　　　　　　B. 管理风险
    C. 价格风险　　　　　　　　　D. 交易成本

15. 欧洲中央银行是为了适应欧元发行流通而设立的金融机构。从组织形式上看，其属于（　　）。
    A. 一元式中央银行制度
    B. 二元式中央银行制度
    C. 跨国的中央银行制度
    D. 准中央银行制度

16. 两家或更多的银行由某一个人或某一集团通过购买多数股票的形式，形成联合经营的银行组织制度称为（　　）制度。
    A. 持股公司　　　　　　　　　B. 连锁银行
    C. 分支银行　　　　　　　　　D. 单一银行

17. 金融资产管理公司收购国有独资商业银行不良贷款的主要资金来源为（　　）。
    A. 对相应的银行发行金融债券　B. 吸收社会公众存款
    C. 向相应的银行贷款　　　　　D. 财政拨款

18. 下列金融机构中不属于政策性金融机构的是（　　）。
    A. 中国农业银行　　　　　　　B. 中国进出口银行
    C. 中国农业发展银行　　　　　D. 国家开发银行

19. 商业银行新的业务运营模式的核心是（　　）。
    A. 前后台分离　　　　　　　　B. 设大堂经理
    C. 前后台合并　　　　　　　　D. 设综合业务窗口

20. 商业银行发行公募理财产品的，单一投资者销售起点金额不得低于（　　）元人民币。
    A. 1 000　　B. 10 000　　C. 5 000　　D. 3 000

21. 根据相关法规，商业银行资本充足率监管要求分为四个层次，第一层次为最低资本要求，其中核心一级资本充足率的最低要求为（　　）。
    A. 4%　　　　　　　　　　　B. 5%
    C. 6%　　　　　　　　　　　D. 8%

22. 商业银行为了使所从事业务的性质、规模及所承担的风险水平与其风险管理能力相匹配，将风险控制在可承受的范围内，商业银行必须坚持（　　）。
    A. 集中控制　　　　　　　　　B. 不断创新
    C. 审慎经营　　　　　　　　　D. 保持资金流动性

23. 下列收入中属于商业银行营业外收入的是（　　）。
    A. 罚没收入
    B. 投资收益
    C. 赔偿金
    D. 违约金

24. 根据中国银行业监督管理委员会2005年发布的《商业银行风险监管核心指标（试行）》，下列指标中，属于衡量信用风险指标的是（　　）。
    A. 核心负债比率
    B. 单一集团客户授信集中度
    C. 流动性比率
    D. 累计外汇敞口头寸比率

25. 在上市公司以增发新股融资时，现有股东按目前所持有股份的比例优先认购后，如果股份还有余额，承销商将买进剩余股票，再转售给其他投资者，则该新股发行的承销方式是（　　）。
    A. 全额包销
    B. 尽力推销
    C. 余额包销
    D. 混合推销

26. 以下不属于证券经纪业务基本要素的是（　　）。
    A. 证券经纪商
    B. 证券交易的标的物
    C. 委托人
    D. 证券交易方式

27. 网上投资者有效申购倍数超过100倍的，应当从网下向网上回拨，回拨比例为本次公开发行股票数量的（　　）。
    A. 10%
    B. 20%
    C. 30%
    D. 40%

28. 我国证券交易过程中，证券交易所撮合主机对接受的委托进行合法性检验依照的原则是（　　）。
    A. "集合竞价，连续竞价"
    B. "自愿、平等、公平、诚实"
    C. "损失最小化、收益最大化"
    D. "价格优先、时间优先"

29. 目前我国记账式国债的发行采取的是（　　）。
    A. 承购包销的方式
    B. 余额包销的方式
    C. 公开招标方式
    D. 行政分配方式

30. 下列关于股票基金与股票说法错误的是（　　）。
    A. 股票价格在每一交易日始终处于变动之中，而每一交易日股票基金只有一个价格
    B. 股票价格与股票基金份额净值都会由于投资者买卖股票数量的多少和强弱的对比而受到影响
    C. 人们在投资股票时，根据上市公司的基本情况对股票价格做出判断，而基金份额净值是由其持有的证券价格复合而成
    D. 股票基金的投资风险低于单一股票的投资风险

31. 我国证券投资信托业的投资范围不包括（　　）。
    A. B股股票
    B. 封闭式证券投资基金
    C. 国债
    D. 可转换公司债券

32. 目前，我国信托公司的业务可以分为三大类，不包括下列选项中的（　　）。
    A. 信托业务
    B. 固有业务
    C. 特别许可业务
    D. 基金业务

33. 根据《企业年金基金管理办法》，我国企业年金基金管理的基本模式是（　　）。
    A. 信托
    B. 资产管理
    C. 理财
    D. 托管

34. （　　）融资租赁公司以中小企业服务为主，受监管约束少、灵活性高、创新能力强。
    A. 银行系 B. 保险系
    C. 厂商系 D. 独立第三方

35. 下列关于金融租赁公司的资金筹集，说法错误的是（　　）。
    A. 资金筹集是金融租赁公司经营与发展的前提
    B. 金融租赁公司可以发行金融债券融资
    C. 金融租赁公司可进入银行间同业拆借市场
    D. 金融租赁公司的融资成本较高

36. 金融租赁公司对单一承租人的全部融资租赁业务余额不得超过资本净额的（　　）。
    A. 50% B. 40%
    C. 30% D. 20%

37. 下列期权合约中，可能被提前执行的期权合约类型是（　　）。
    A. 美式看涨期权 B. 美式看跌期权
    C. 欧式看涨期权 D. 欧式看跌期权

38. 利用相同标的资产、相同期限、不同协议价格的看涨期权或看跌期权价格之间的差异赚取利润为（　　）。
    A. 水平价差套利 B. 垂直价差套利
    C. 波动率交易套利 D. 看涨期权与看跌期权之间的套利

39. 下列关于远期利率协议涉及的三个时间点，说法错误的是（　　）。
    A. 远期利率协议的三个时间点分别是生效日、交割日和到期日
    B. 4×6 的远期利率协议表示距离交割日为 4 个月，距离到期日为 6 个月
    C. 从 3×9 的远期利率协议可以知道名义贷款权限为 6 个月
    D. 远期利率协议的交割日是在名义贷款期末

40. 在美国的次贷危机中，很多依靠从银行借入次级贷款来购买住房的人到期不能还本付息。这种情形对于发放次级贷款的银行而言，属于该银行承受了（　　）。
    A. 流动性风险 B. 操作风险
    C. 法律风险 D. 信用风险

41. 某企业欲投资 2 000 万美元债券，因担心市场利率波动，希望通过债券期货合约套期保值，该合约目前市价 20 万美元/份。假设需保值的债券平均久期为 4 年，长期债券期货合约的平均久期为 5 年。则为了进行套期保值，他应（　　）份。
    A. 买入期货合约 40
    B. 卖出期货合约 40
    C. 买入期货合约 80
    D. 卖出期货合约 80

42. 某商业银行主管信贷业务的经理，在收受某借款人贿赂的情况下，向该借款人发放了本不该发放的贷款，导致该笔贷款无法收回。此种情形说明该商业银行蒙受了（　　）的损失。
    A. 信用风险 B. 市场风险
    C. 法律风险 D. 操作风险

43. 凯恩斯认为，由交易动机和预防动机引起的货币需求主要取决于（　　）。
    A. 利率 B. 收入
    C. 资本边际效率 D. 劳动边际效率

44. 费雪方程式对货币需求分析的侧重点与剑桥方程式存在差异，其强调的是货币的（　　）。
   A. 贮藏手段功能　　　　　　　　　B. 交易手段功能
   C. 资产功能　　　　　　　　　　　D. 价值尺度功能
45. 派生出来的存款同原始存款的数量成（　　），同法定存款准备金率成（　　）。
   A. 正比，正比　　　　　　　　　　B. 反比，正比
   C. 反比，反比　　　　　　　　　　D. 正比，反比
46. 货币乘数的计算公式为（　　）。
   A. 存款总额÷原始存款额　　　　　B. 派生存款总额÷原始存款额
   C. 货币供给量÷基础货币　　　　　D. 货币流通量÷存款准备金
47. 通货膨胀的基本标志是（　　）。
   A. 物价上涨　　　　　　　　　　　B. 货币升值
   C. 经济过热　　　　　　　　　　　D. 消费膨胀
48. 在现代经济中有组织的工会对工资成本具有操纵能力，因工会原因从而导致一般物价水平上涨，这种情形属于（　　）通货膨胀。
   A. 需求拉上型　　　　　　　　　　B. 成本推进型
   C. 结构型　　　　　　　　　　　　D. 隐蔽型
49. 下列关于中央银行业务的描述中，不属于中央银行负债业务的是（　　）。
   A. 中国人民银行通过贷款渠道发行人民币
   B. 中国人民银行吸收存款准备金
   C. 中国人民银行接受政府委托管理国库
   D. 中国人民银行组织全国商业银行进行资金清算
50. 中央银行货币政策的首要目标一般是（　　）。
   A. 稳定物价　　　　　　　　　　　B. 充分就业
   C. 经济增长　　　　　　　　　　　D. 国际收支平衡
51. 窗口指导属于（　　）货币政策工具。
   A. 选择性　　　　　　　　　　　　B. 间接信用指导的
   C. 直接信用控制的　　　　　　　　D. 传统的
52. 我国常备借贷便利的特点不包括（　　）。
   A. 由金融机构主动发起　　　　　　B. "一对一"交易
   C. "一对多"交易　　　　　　　　　D. 交易对手覆盖面广
53. 管制制度作为一种公共产品，只能由代表社会利益的政府来供给和安排，目的在于促进一般社会福利，该观点源于金融监管理论中的（　　）。
   A. 经济监管论　　　　　　　　　　B. 公共利益论
   C. 社会选择论　　　　　　　　　　D. 特殊利益论
54. 核心负债依存度为（　　）。
   A. 流动性资产与流动性负债之比　　B. 核心负债与总负债之比
   C. 流动性资产与总负债之比　　　　D. 流动性负债与总负债之比
55. 当国际收支出现逆差时，一国之所以采用本币贬值的汇率政策，是因为本币贬值以后，以外币标价的出口价格下降，而以本币标价的进口价格上涨，从而（　　），使国际收支逆差减少，乃至恢复均衡。
   A. 刺激出口和进口　　　　　　　　B. 限制出口和进口

C. 刺激出口，限制进口　　　　　　D. 限制出口，刺激进口

56. 官方或明或暗地干预外汇市场，使市场汇率在经过操纵的外汇供求关系作用下相对平稳波动的汇率制度是（　　）。
   A. 固定汇率制　　　　　　　　　　B. 自由浮动汇率制
   C. 管理浮动汇率制　　　　　　　　D. 盯住汇率制

57. 自2005年7月我国实行人民币汇率形成机制改革以来，美元对人民币的汇率由1∶8.276 5变为2013年7月26日的1∶6.172 0，这表明人民币对美元已经有较大幅度的（　　）。
   A. 法定升值　　　　　　　　　　　B. 法定贬值
   C. 升值　　　　　　　　　　　　　D. 贬值

58. 国际储备的基本功能是（　　）。
   A. 稳定本币汇率　　　　　　　　　B. 维持国际资信和投资环境
   C. 弥补国际收支逆差　　　　　　　D. 经济增长

59. 欧洲货币市场的交易客体是欧洲货币。下列资金借贷中，属于欧洲货币交易的是（　　）。
   A. 不用缴纳存款准备金的居民之间的资金借贷
   B. 需要缴纳存款准备金的居民之间的资金借贷
   C. 需要缴纳存款准备金的居民与非居民之间的资金借贷
   D. 不用缴纳存款准备金的非居民之间的资金借贷

60. 如果国际金融机构在中国内地发行了人民币债券，则该笔债券被称为（　　）。
   A. 熊猫债券　　　　　　　　　　　B. 猛犬债券
   C. 武士债券　　　　　　　　　　　D. 欧洲债券

二、多项选择题（共20题，每题2分，每题的备选项中，有2个或2个以上符合题意，至少有1个错项。错选，本题不得分；少选，所选的每个选项得0.5分）

61. 金融市场的类型按金融交易的性质可以划分（　　）。
   A. 直接金融市场　　　　　　　　　B. 间接金融市场
   C. 发行市场　　　　　　　　　　　D. 流通市场
   E. 有形市场

62. 普通股的特点有（　　）。
   A. 普通股股东有投票权　　　　　　B. 股利随公司盈利的高低而变化
   C. 承担的风险相应较低　　　　　　D. 剩余财产的分配顺序上列在优先股股东之后
   E. 公司盈利的分配顺序上列在优先股股东之后

63. 关于期限结构理论中预期理论的说法，正确的有（　　）。
   A. 短期利率的预期值相同　　　　　B. 长期利率的波动小于短期利率的波动
   C. 不同期限的利率波动幅度相同　　D. 短期债券的利率一定高于长期利率
   E. 长期债券的利率等于预期的短期利率的平均值

64. 资本资产定价理论提出的理论假设有（　　）。
   A. 投资者总是追求投资效用最大化
   B. 市场上不存在无风险资产
   C. 投资者是厌恶风险的
   D. 投资者根据投资组合在单一投资期内的预期收益率和标准差来评价投资组合
   E. 税收和交易费用均忽略不计

65. 下列中属于投资性金融机构的有（　　）。
    A. 投资银行
    B. 证券经纪和交易公司
    C. 商业银行
    D. 金融公司和投资基金
    E. 信用合作社

66. 证券公司的主要业务包括（　　）。
    A. 推销政府债券
    B. 推销企业债券
    C. 推销股票
    D. 充当企业财务顾问
    E. 办理证券资金清算

67. 为实现安全性目标，商业银行应做到（　　）。
    A. 遵纪守法，合法经营
    B. 筹措足够资本
    C. 调整资产结构，维持流动性较好资产的适度比例
    D. 提高盈利性资产比重
    E. 减少贷款和投资损失

68. 2005年，中国银行业监督管理委员会发布《商业银行风险监管核心指标（试行）》，建立了（　　）指标体系。
    A. 风险水平
    B. 风险规模
    C. 风险结构
    D. 风险迁徙
    E. 风险抵补

69. 以下对投资银行与商业银行经营机制区别的表述中，正确的有（　　）。
    A. 在间接融资中，资金存款人和借款人之间直接发生权利和义务
    B. 投资银行作为直接融资的中介，仅充当中介人的角色
    C. 在直接融资中，投资银行只是收取佣金服务费
    D. 在直接融资中，投资银行一般不介入投资者和筹资者之间的权利和义务中
    E. 商业银行作为间接融资的中介，同时具有资金需求者和资金供给者双重身份

70. 证券投资基金的特点包括（　　）。
    A. 集合理财，专业管理
    B. 组合投资，分散风险
    C. 利益共享，风险共担
    D. 严格监管，信息透明
    E. 联合管理，保障安全

71. 信托的基本特征包括（　　）。
    A. 信托财产权利与利益相分离
    B. 信托财产的独立性
    C. 信托财产的有限性
    D. 信托的有限责任
    E. 信托管理的连续性

72. 根据《金融租赁公司管理办法》的规定，在我国申请设立金融租赁公司应当具备的条件包括（　　）。
    A. 注册资本为一次性实缴货币资本，最低限额为2亿元人民币或等值的可自由兑换货币
    B. 从业人员中具有金融或融资租赁工作经历3年以上的人员应当不低于总人数的30%
    C. 建立了有效的公司治理、内部控制和风险管理体系
    D. 建立了与业务经营和监管要求相适应的信息科技架构
    E. 有与业务经营相适应的营业场所、安全防范措施和其他设施

73. 金融工程的基本分析方法包括（　　）。
    A. 积木分析法
    B. 套利定价法

C. 风险中性定价法　　　　　　　　D. 状态价格定价技术
E. 风险分析定价法

74. 市场风险是金融市场价格发生意外变动,而蒙受经济损失的可能性,它包括（　　）。
   A. 利率风险　　　　　　　　　　B. 投资风险
   C. 汇率风险　　　　　　　　　　D. 流动性风险
   E. 信用风险

75. 影响货币乘数的诸因素分别是由（　　）决定的。
   A. 政府　　　　　　　　　　　　B. 投资银行
   C. 中央银行　　　　　　　　　　D. 商业银行
   E. 社会大众

76. 紧缩性的货币政策有（　　）。
   A. 降低法定存款准备金率　　　　B. 提高再贴现率
   C. 公开市场卖出业务　　　　　　D. 增加税收
   E. 直接提高利率

77. 作为货币政策工具,存款准备金率作用于经济的途径主要有（　　）。
   A. 借款成本效果　　　　　　　　B. 对货币乘数的影响
   C. 结构调节效果　　　　　　　　D. 对超额准备金的影响
   E. 宣示效果

78. 运用公开市场操作的条件包括（　　）。
   A. 信用制度健全
   B. 商业银行要以再贴现方式向中央银行借款
   C. 具有比较发达的金融市场
   D. 在金融领域以票据业务为融资的主要方式之一
   E. 中央银行和商业银行都须持有相当数量的有价证券

79. 根据产生的原因,国际收入不均衡分为（　　）。
   A. 收入性不均衡　　　　　　　　B. 货币性不均衡
   C. 周期性不均衡　　　　　　　　D. 结构性不均衡
   E. 历史性不均衡

80. 经常账户的内容包括（　　）。
   A. 金融资产　　B. 货物　　　　C. 服务　　　　D. 收入
   E. 经常转移

三、案例分析题（共20题,每题2分。由单选和多选组成。错选,本题不得分；少选,所选的每个选项得0.5分）

（一）

2016年8月1日,刘先生以95元的价格在上海证券交易所购买甲公司于2016年1月1日发行的公司债券。该债券面值为100元,票面利率为4%,到期日为2018年1月1日,每年年末付息一次,到期后还本。假设此期间市场利率始终为5%。

81. 刘先生进行该笔交易所在的市场属于（　　）。
   A. 股票市场　　B. 初级市场　　C. 二级市场　　D. 期货市场

82. 该债券的发行价格应为（　　）元。
   A. 86.38　　　B. 98.14　　　C. 100.00　　　D. 102.45

83. 假设刘先生于 2017 年 1 月 31 日以 98.6 元的价格将债券卖出,则其每只债券获得的收益为 (   ) 元。
   A. 3.6   B. 4.0
   C. 5.0   D. 7.6

84. 该债券属于 (   )。
   A. 折价发行债券   B. 溢价发行债券
   C. 零息债券   D. 附息债券

(二)

2016 年年底,某商业银行业务基本数据是:资产总额 1 240 亿元,负债总额 1 170 亿元,普通股 40 亿元,优先股 15 亿元,盈余公积 5 亿元,资本公积 15 亿元,未分配利润 8 亿元,一般风险准备 10 亿元,加权风险总资产 1 450 亿元,贷款损失准备缺口 2 亿元、资产证券化销售利得 1 亿元。2017 年该银行计划进一步提高资本充足率水平。

85. 该行 2016 年年末核心一级资本为 (   ) 亿元。
   A. 78   B. 70   C. 68   D. 93

86. 该行 2016 年年末的一级资本充足率为 (   )。
   A. 4.5%   B. 6.2%
   C. 5.0%   D. 7.3%

87. 假定按 8% 的资本充足率规定,在上述条件下,该行 2016 年年末的总资本不得超过 (   ) 亿元。
   A. 120   B. 135
   C. 119   D. 116

88. 中国银行业监督管理委员会发布的《商业银行资本管理办法(试行)》于 2013 起开始实施,并要求商业银行在 2018 年年底前达到规定的 (   ) 要求。
   A. 核心资本   B. 资本充足率
   C. 附属资本   D. 监管资本

(三)

2017 年 9 月,YYX 股份有限公司在主板市场首发新版,由 ZY 国际证券有限责任公司担任承销商。本次公开发行新股 4 560 万股,回拨机制启动前,网下初始发行数量为 3 192 万股,占本次发行总数的 70%,网上初始发行数量为 1 368 万股,占本次发行总股数的 30%。本次公开发行采用网下向符合条件的投资者询价配售和网上按市值申购定价发行相结合的方式。发行人和保荐人根据网下投资者的报价情况,对所有报价按照申报价格由高到低的顺序进行排序,并且根据修订后的《证券发行与承销管理办法》对网下的特定投资者进行优先配售。

89. 首次公开发行股票,网下投资者参与报价时,应符合 (   ) 条件。
   A. 具备丰富的投资经验   B. 持有一定金额的非限售股份
   C. 良好的定价能力   D. 雄厚的资金实力

90. 按照《证券发行与承销管理办法》规定,首次公开发行股票采用直接定价方式的,(   )。
   A. 全部向网下投资者发行   B. 全部向网上投资者发行
   C. 不进行网下询价和配售   D. 不进行网上按市值申购

91. 在本次新股发行的定价方式下,当网下投资者报价后,所有报价应按照申报价格由高到低的顺序进行排序,为了保证新股定价的合理性,应从拟申购总量中至少 (   )。
   A. 剔除 10% 报价最低的部分   B. 分别剔除 10% 报价最高和最低的部分

C. 剔除10%报价最高的部分　　　　D. 分别剔除5%报价最高和最低的部分

92. 网下和网上投资者缴款认购的股份数量合计不足本次公开发行数量的（　　）时，可以终止发行。

　　A. 50%　　　　　　　　　　　　B. 60%
　　C. 70%　　　　　　　　　　　　D. 80%

（四）

我国某商业银行在某发达国家新设一家分行，获准开办所有的金融业务。该发达国家有发达的金融市场，能够进行所有的传统金融交易和现代金融衍生产品交易。

93. 该分行在与总行合并财务报表时，承受的金融风险是（　　）。

　　A. 信用风险　　　　　　　　　　B. 经济风险
　　C. 折算风险　　　　　　　　　　D. 主权风险

94. 该分行为了控制在当地经营中的利率风险，可以采取的方法是（　　）。

　　A. 进行远期外汇交易　　　　　　B. 进行货币期货交易
　　C. 进行利率衍生产品交易　　　　D. 进行缺口管理

95. 该分行为了控制在当地贷款中的信用风险，可以采取的方法是（　　）。

　　A. 进行制度管理
　　B. 对借款人进行信用的"5C""3C"分析
　　C. 进行投资风险管理
　　D. 保持负债的流动性

96. 该分行为了管理经营中面临的流动性风险，可以采取的机制和手段是（　　）。

　　A. 建立现金资产的一级准备　　　B. 保证信息系统的正常运行
　　C. 业务外包　　　　　　　　　　D. 创新存款品种

（五）

为调控宏观经济，应对就业及经济增长乏力的态势，中国人民银行同时采取了以下货币政策措施：买入商业银行持有的国债200亿元；购回300亿元商业银行持有的到期央行票据。假定当时商业银行的法定存款准备金率为15%，超额准备金率为2%，现金漏损率为3%。

97. 此次货币政策操作，中国人民银行基础货币的净投放是（　　）亿元。

　　A. 100　　　　　　　　　　　　B. 200
　　C. 300　　　　　　　　　　　　D. 500

98. 通过此次货币政策操作，中国人民银行每投放1元的基础货币，就会使货币供给（M_2）增加（　　）元。

　　A. 5　　　　　　　　　　　　　B. 5.15
　　C. 6.06　　　　　　　　　　　　D. 20

99. 中国人民银行此次货币投放产生的货币供应量（M_S）是（　　）亿元。

　　A. 500　　　　　　　　　　　　B. 2 000
　　C. 2 575　　　　　　　　　　　D. 3 030

100. 关于此次货币政策操作的说法，正确的有（　　）。

　　A. 买入200亿元国债是回笼货币
　　B. 买入200亿元国债是投放货币
　　C. 购回300亿元央行票据是回笼货币
　　D. 购回300亿元央行票据是投放货币

第三篇 2019年模拟试卷及参考答案与解析

2019年金融专业知识与实务（中级）模拟试卷参考答案与解析

一、单项选择题

1. [答案] C
   [解析] 本题考查金融工具的性质。金融工具的性质有：①风险性；②流动性；③收益性；④期限性。这四个性质之间的联系为：期限性和收益性、风险性成正比，与流动性成反比。

2. [答案] B
   [解析] 本题考查货币市场及其工具。大额存单是由银行业存款类金融机构面向非金融机构投资人发行的记账式大额存款凭证。

3. [答案] D
   [解析] 本题考查金融市场类型。直接金融市场和间接金融市场的差别并不在于是否有中介机构参与，而在于中介机构在交易中的地位和性质。在直接金融市场上也有中介机构，但这些机构并不作为资金的中介，而仅仅充当信息中介和服务中介。

4. [答案] A
   [解析] 本题考查协议市场。银行间回购利率已成为反映货币市场资金价格的市场化利率基准，为货币政策的决策提供了重要依据，在利率市场化进程中扮演重要角色。

5. [答案] B
   [解析] 本题考查金融期货的概念。协议双方同意在未来某一约定日期，按照约定的条件买入或卖出一定标准数量的金融工具的标准化协议称为金融期货。

6. [答案] A
   [解析] 本题考核互联网金融的模式。互联网支付业务由中国人民银行负责监管。

7. [答案] B
   [解析] 本题考查复利终值的计算公式。复利终值的计算公式为 $FV_n = P(1+r)^n$。

8. [答案] A
   [解析] 本题考查零息债券到期收益率的计算。零息债券到期收益率的计算分为两种情况：①零息债券每年复利一次的计算：$P = \dfrac{F}{(1+r)^n}$，推导出：$r = \left[\dfrac{F}{P}\right]^{\frac{1}{n}} - 1$；②零息债券每半年复利一次的计算：$FV = P\left(1+\dfrac{r}{m}\right)^{nm}$。依题意，将数据代入每半年复利一次公式可得：$1\,000 = 950\left(1+\dfrac{r}{2}\right)^{2\times 2}$，$r = 2.58\%$。

9. [答案] C
   [解析] 本题考查股票价格的计算。股票价格＝预期股息收入÷市场利率＝4÷10%＝40（元）。

10. [答案] D
    [解析] 本题考查古典利率理论。古典利率理论认为利率决定于储蓄和投资的相互作用。当储蓄大于投资时，利率会下降；当储蓄小于投资时，利率会上升；当储蓄等于投资时，利率达到均衡状态。

11. [答案] A
    [解析] 本题考查资本资产定价理论。资本市场线（CML）就是在预期收益率和标准差组成的坐标系中，将无风险资产和市场组合相连所形成的一条射线。

12. [答案] C

[解析] 本题考查资产定价理论。根据布莱克—斯科尔斯模型，欧式期权的价值由五个因素决定：标的资产的初始价格、期权执行价格、期权期限、无风险利率以及标的资产的波动率，而与投资者的预期收益率无关。

13. [答案] A

[解析] 本题考查小额贷款公司。小额贷款公司由自然人、企业法人与其他社会组织投资设立，不吸收公众存款，经营小额贷款业务的金融机构。小额贷款公司的主要资金来源为股东缴纳的资本金、捐赠资金，以及来自不超过两个银行业金融机构的融入资金（不得超过其资本净额的50%）。小额贷款公司不能对外投资，不能设立分支机构，不能跨业经营。

14. [答案] D

[解析] 本题考查金融机构的职能。金融机构的职能包括：①促进资金融通；②便利支付结算；③降低交易成本和风险；④减少信息成本；⑤反映和调节经济活动。其中，降低交易成本和风险，是金融机构由于具有规模经济的优势、专业技术以及风险分担机制，因而能够有效地降低交易成本。同时，也可以通过各种业务、技术来管理、分散、转移、控制、减轻各种风险。

15. [答案] C

[解析] 本题考查中央银行的组织形式。中央银行的组织形式分为一元式中央银行制度、二元式中央银行制度、跨国的中央银行制度、准中央银行制度。跨国的中央银行制度，即由若干国家联合组建一家中央银行，由这家中央银行在其成员国范围内行使全部或部分中央银行职能的中央银行制度。跨国的中央银行不属于任何一个国家所独有，而是成员国共同的中央银行，对所有成员国发行共同的货币，制定和执行统一的货币政策，开展金融宏观调控。欧元区的欧洲中央银行是典型的跨国的中央银行。

16. [答案] B

[解析] 本题考查商业银行的组织制度。商业银行的组织制度分为单一银行制度、分支银行制度、持股公司制度和连锁银行制度。持股公司制度又称集团银行制度，即由某一集团成立持股公司，由该公司控制或收购两家以上的若干银行的组织制度。集团下的每家银行法律上仍然独立，但经营策略和业务受持股公司的控制。连锁银行制度又称联合银行制度，指两家或更多的银行由某一个人或某一集团通过购买多数股票的形式，形成联合经营的组织制度。

17. [答案] D

[解析] 本题考查金融资产管理公司。金融资产管理公司是在特定时期，政府为解决银行业不良资产，由政府出资专门收购和集中处置银行业不良资产的机构。

18. [答案] A

[解析] 本题考查我国政策性银行。我国政策性银行包括：①中国进出口银行；②中国农业发展银行；③国家开发银行。

19. [答案] A

[解析] 本题考查商业银行经营的新型业务运营模式。商业银行新的业务运营模式的核心是前后台分离。

20. [答案] B

[解析] 商业银行发行公募理财产品的，单一投资者销售起点金额不得低于1万元人民币。

21. [答案] B

[解析] 本题考查我国的监管资本要求。商业银行资本充足率监管要求分为四个层次，第一层次为最低资本要求，即核心一级资本充足率、一级资本充足率和资本充足率分别为5%、6%

和8%。

22. [答案] C

[解析] 审慎经营规则,又称审慎性经营规则,包括风险管理、内部控制、资本充足率、资产质量、损失准备金、风险集中、关联交易、资产流动性等内容。商业银行必须坚持审慎经营,使所从事业务的性质、规模及所承担的风险水平与其风险管理能力相匹配,将风险控制在可承受的范围内。

23. [答案] A

[解析] 本题考查商业银行财务管理的内容。商业银行的营业外收入包括:固定资产盘盈、固定资产出售净收益、抵债资产处置超过抵债金额部分、罚没收入、出纳长款收入、证券交易差错收入、教育费附加返还款以及因债权人的特殊原因确实无法支付的应付款项等。

24. [答案] B

[解析] 本题考查我国商业银行的资产负债管理。信用风险监管指标包括不良资产率、单一集团客户授信集中度、全部关联度等几项指标。A、C两项属于流动性风险监管指标,D项属于市场风险监管指标。

25. [答案] C

[解析] 余额包销通常发生在股东行使其优先认股权时,即需要在融资的上市公司增发新股前,向现有股东按其目前所持有股份的比例提供优先认股权,在股东按优先认股权认购股份之后若还有余额,承销商有义务全部买进这部分剩余股票,然后再转售给投资公众。

26. [答案] D

[解析] 本题考查证券经纪业务基本要素。证券经纪业务基本要素包括委托人、证券经纪商、证券交易场所、证券交易的标的物等。

27. [答案] D

[解析] 本题考查我国的首次公开发行股票的询价制。网上投资者有效申购倍数超过50倍,低于100倍(含)的,应当从网下向网上回拨,回拨比例为本次公开发行股票数量的20%;网上投资者有效申购倍数超过100倍的,回拨比例为本次公开发行股票数量的40%;网上投资者有效申购倍数超过150倍的,回拨后网下发行比例不超过本次公开发行股票数量的10%;首次公开发行股票网下投资者申购数量低于网下初始发行量的,发行人和主承销商不得将网下发行部分向网上回拨,应当中止发行。

28. [答案] D

[解析] 本题考查证券经纪业务委托成交的原则。我国证券交易过程中,证券交易所撮合主机对接受的委托进行合法性检验,按照"价格优先、时间优先"的原则,自动撮合以确定成交价格。

29. [答案] C

[解析] 本题考查国债发行方式。目前我国凭证式国债完全采用承购包销的方式;记账式国债完全采用公开招标方式。

30. [答案] B

[解析] 本题考查股票基金与股票的差异。股票价格在每一交易日内始终处于变动之中;股票基金净值的计算每天只进行一次,因此每一交易日股票基金只有一个价格。股票价格会由于投资者买卖股票数量的多少和强弱的对比而受到影响;股票基金份额净值不会由于买卖数量或申购、赎回数量的多少而受到影响(B项错误)。人们在投资股票时,会根据上市公司的基本情况对股票价格高低的合理性做出判断;但对基金份额净值高低进行合理与否的判断是没

有意义的，因基金份额净值是由其持有的证券价格复合而成。单一股票的投资风险较为集中，投资风险较大；股票基金由于分散投资，投资风险低于单一股票的风险。但从风险来源看，股票基金增加了基金经理投资的委托代理风险。

31. [答案] A

[解析] 我国证券投资信托业务的投资范围包括：国内证券交易所挂牌交易的A股股票、封闭式证券投资基金、开放式证券投资基金（含ETF和LOF）、企业债、国债、可转换公司债券（含分离式可转债申购）、1天和7天国债逆回购、银行存款以及中国证监会核准发行的基金可以投资的其他投资品种。

32. [答案] D

[解析] 本题考查信托的管理。目前，我国信托公司的业务可以分为信托业务、固有业务和特别许可业务三大类。

33. [答案] A

[解析] 本题考查特别许可业务。特别许可业务可分为：①私人股权投资信托业务；②信贷资产证券化业务；③企业年金信托业务。2011年开始实施的《企业年金基金管理办法》确定我国企业年金基金管理以信托为基本模式。

34. [答案] D

[解析] 本题考查融资租赁市场的供给主体。根据股东背景和运营主体的不同，我国融资租赁市场的供给主体可分为：银行系金融租赁公司、厂商系融资租赁公司和第三方融资租赁公司三类。其中，独立第三方以为中小企业服务为主，受监管约束少、灵活性高、创新能力强，融资成本相对较高、企业信用信息量较少。

35. [答案] D

[解析] 本题考查金融租赁公司的资金筹集。金融租赁公司可以通过自有资金、银行信贷、委托租赁资金、信托资金、发行债券、上市等方式筹资。同时作为非银行金融机构，可以发行金融债券融资，可以吸收非银行股东3个月以上（含）的定期存款，还可进入银行间同业拆借市场获得资金。金融租赁公司通过银行间同业拆借可以获得较低价格的资金，因此，与其他融资租赁企业相比，金融租赁公司的融资成本较低，但同业拆入资金余额不得高于公司的资本净额。

36. [答案] C

[解析] 金融租赁公司对单一承租人的全部融资租赁业务余额不得超过资本净额的30%。

37. [答案] B

[解析] 本题考查美式看跌期权价值的合理范围。美式看涨期权价值的合理范围是：当标的资产没有红利支付时，美式看涨期权虽可以提前执行，但会损失货币的时间价值，因此提前执行美式看涨期权是不合理的。美式看跌期权价值的合理范围是：由于提前执行看跌期权相当于提前卖出资产，获得现金，而现金可以产生无风险收益，因此从直观上看，美式看跌期权可能提前执行。

38. [答案] B

[解析] 本题考查金融期权的套利。垂直价差套利，即相同标的资产、相同期限、不同协议价格的看涨期权的价格或看跌期权的价格之间存在一定的不等关系，一旦在市场交易中存在合理的不等关系被打破，则存在套利机会，这种套利称为垂直价差套利。其包括蝶式价差套利、盒式价差套利、鹰式价差套利等。

39. [答案] D

[解析] 本题考查远期利率协议（FRA）的交割。FRA中涉及三个时间点，一是协议生效日，二是名义贷款起息日（交割日），三是名义贷款到期日（到期日）。远期利率协议的表示通常是交割日×到期日，如3×9的远期利率协议表示距离交割日为3个月，距离到期日为9个月，因此名义贷款权限为6个月。FRA的交割日是在名义贷款期初，而不是名义贷款期末，因此交割额的计算需要将利息差进行贴现。

40. [答案] D

[解析] 本题考查信用风险。信用风险是指债务人或交易对手未能履行合约所规定的义务，或信用质量发生改变而影响金融产品价值，从而给债权人或金融商品持有人造成经济损失的风险。

41. [答案] C

[解析] 本题考查利率期货与久期套期保值。因为利率期货以债券或者短期存款为标的，当利率上升时，债券价格或者短期存款的价格是下跌的。因此投资者担心利率上升带来的损失时，要卖出利率期货，这样当利率上升时，利率期货价格下跌，利率期货空头可以获益，用以弥补利率上升带来的损失。相反，当投资者担心利率下降带来的损失时，要买入利率期货。期货合约数 $= \dfrac{\text{需进行套期保值债券的价格}}{\text{期货价格}} \times \dfrac{\text{需进行套期保值债券的久期}}{\text{期货的久期}} = \dfrac{2\,000}{20} \times \dfrac{4}{5} = 80$（份）。

42. [答案] D

[解析] 本题考查操作风险的理解。狭义的操作风险是指金融机构的运营部门在运营的过程中，因内部控制的缺失或疏忽、系统的错误等，而蒙受经济损失的可能性。广义的操作风险是指金融机构信用风险和市场风险以外的所有风险。题干描述的是由于银行职员内部欺诈而引发的操作风险。

43. [答案] B

[解析] 本题考查凯恩斯的货币需求函数的相关知识。凯恩斯认为，由交易动机和预防动机引起的货币需求主要取决于收入；基于投机动机的货币需求则取决于利率水平。

44. [答案] B

[解析] 本题考查货币需求理论。费雪方程式对货币需求分析的侧重点与剑桥方程式存在差异，其强调的是货币的交易手段功能。

45. [答案] D

[解析] 本题考查多倍存款创造。派生出来的存款同原始存款的数量成正比，同法定存款准备金率成反比。

46. [答案] C

[解析] 本题考查货币乘数的公式。货币供给量＝货币乘数×基础货币，将公式变形可得，货币乘数＝货币供给量÷基础货币。

47. [答案] A

[解析] 本题考查考生对通货膨胀的理解。通货膨胀的基本标志是物价上涨。

48. [答案] B

[解析] 本题考查成本推进型通货膨胀的相关知识。促使产品成本上升的原因包括：①在现代经济中有组织的工会对工资成本具有操纵能力。②垄断性大公司也具有对价格的操纵能力，是提高价格水平的重要因素。③汇率变动引起进出口产品和原材料成本上升，以及石油危机、资源枯竭、环境保护政策不当等造成原材料、能源生产成本的提高，都是引起成本推进型通货膨胀的原因。

49. [答案] D

[解析] 本题考查中央银行的负债业务。中央银行的负债是指由社会经济单位和家庭个人持有的对中央银行的债权，包括：①货币发行；②代理国库；③集中存款准备金。D项属于中央银行的中间业务。

50. [答案] A

[解析] 本题考查中央银行货币政策的目标。货币政策的最终目标为：物价稳定、充分就业、经济增长、国际收支平衡。物价总水平能否保持基本稳定，直接关系到国内社会经济生活是否能保持安定这样一个宏观经济问题。因此，物价稳定一般是中央银行货币政策的首要目标。

51. [答案] B

[解析] 本题考查其他货币政策工具。窗口指导属于间接信用指导的货币政策工具，是指中央银行根据产业行情、物价趋势和金融市场动向，规定商业银行季度贷款的增减额，并"指导"执行。

52. [答案] C

[解析] 本题考查我国的货币政策工具。中央银行通常综合运用常备借贷便利与公开市场操作两大类货币政策工具管理流动性。常备借贷便利的特点包括：①由金融机构主动发起；②常备借贷便利是中央银行与金融机构"一对一"交易，针对性强；③常备借贷便利的交易对手覆盖面广，通常覆盖存款金融机构。

53. [答案] C

[解析] 本题考查金融监管理论。目前管制理论主要有"公共利益论""特殊利益论"和"社会选择论"等。社会选择论是从公共选择的角度来解释政府管制的，即政府管制作为政府职能的一部分，是否应该管制，对什么进行管制，如何进行管制等，都属于社会公共选择问题。管制制度作为产品，同样存在着供给和需求的问题；但其作为一种公共产品，只能由代表社会利益的政府来供给和安排，目的在于促进一般社会福利。

54. [答案] B

[解析] 本题考查市场运营监管。根据《商业银行风险监管核心指标（试行）》，我国衡量银行机构流动性的指标主要有：其一，流动性比例，即流动性资产与流动性负债之比，衡量商业银行流动性的总体水平，不应低于25%。其二，核心负债比例，也叫核心负债依存度，即核心负债与总负债之比，不应低于60%。其三，流动性缺口率，即90天内表内外流动性缺口与90天内到期表内外流动性资产之比，不应低于－10%。

55. [答案] C

[解析] 本题考查国际收支不均衡调节的宏观经济政策。在国际收支逆差时，可以采用本币法定贬值或贬值的政策。这样，以外币标价的本国出口价格下降，从而刺激出口；而以本币标价的本国进口价格上涨，从而限制进口。

56. [答案] C

[解析] 本题考查汇率制度。浮动汇率是指没有汇率平价和波动幅度的约束，市场汇率随着外汇供求状况变动而变动的汇率制度。根据官方是否干预，浮动汇率制分为自由浮动与管理浮动。自由浮动是官方不干预外汇市场，完全听凭市场汇率在外汇供求关系的自发作用下波动的汇率制度；管理浮动是官方或明或暗地干预外汇市场，是市场汇率在经过操纵的外汇供求关系作用下相对平稳波动的汇率制度。

57. [答案] C

[解析] 本题考查汇率制度。升值是指在外汇市场上，一定量的一国货币可以兑换到比以前更

多的外汇,相应是外汇汇率下跌。因此本题中的情况属于升值。

58. [答案] C
   [解析] 本题考查国际储备的功能。国际储备的功能包括：①弥补国际收支逆差（基本功能）；②稳定本币汇率；③维持国际资信和投资环境。

59. [答案] D
   [解析] 本题考查欧洲货币市场的特点。欧洲货币市场的交易客体是欧洲货币。要判断一笔货币资金是否为欧洲货币，就要看这笔存款是否缴纳存款准备金，一般来说只有非居民的外币存款不用缴纳存款准备金。同时，欧洲货币市场的交易主体主要是市场所在地的非居民，故D项正确。

60. [答案] A
   [解析] 本题考查欧洲债券市场。外国债券是指非居民在异国债券市场上以市场所在地货币为面值发行的国际债券。例如，中国政府在日本东京发行的日元债券。它的特点是债券发行人属于一个国家，债券的面值货币和发行市场则属于另一个国家。在美国发行的外国债券称为扬基债券，在日本发行的外国债券称为武士债券，在英国发行的外国债券称为猛犬债券，在荷兰发行的外国债券称为伦勃朗债券，在中国发行的外国债券称为熊猫债券。

二、多项选择题

61. [答案] CD
   [解析] 本题考核金融市场的类型。按照金融交易的性质，金融市场可以划分为发行市场和流通市场。

62. [答案] ABDE
   [解析] 本题考查股票市场。普通股是最常见的一种股票，其持有者享有股东的基本权利和义务包括：①普通股股东有权参与投票决定公司的重大事务（如董事会的选举、批准发行新股、修改公司章程以及采纳新的公司章程等）；②普通股的股利完全随公司盈利的高低而变化；③普通股股东在公司盈利和剩余财产的分配顺序上列在债权人和优先股股东之后，故其承担的风险也相应较高。

63. [答案] BE
   [解析] 本题考查预期理论。预期理论认为，长期债券的利率等于在其有效期内人们所预期的短期利率的平均值，该理论认为到期期限不同的债券之所以具有不同的利率，在于在未来不同的时间段内，短期利率的预期值是不同的。预期理论表明，长期利率的波动小于短期利率的波动。

64. [答案] ACDE
   [解析] 资本资产定价模型提出的理论假设有：①投资者根据投资组合在单一投资期内的预期收益率和标准差来评价其投资组合；②投资者总是追求投资者效用的最大化，当面临其他条件相同的两种选择时，将选择收益最大化的那一种；③投资者是厌恶风险的，当面临其他条件相同的两种选择时，他们将选择具有较小标准差的那一种；④市场上存在一种无风险资产，投资者可以按无风险利率借进或借出任意数额的无风险资产；⑤税收和交易费用都忽略不计。

65. [答案] ABD
   [解析] 本题考查投资性金融机构。投资性金融机构是在直接金融领域内为投资活动提供中介服务或直接参与投资活动的金融机构，主要包括投资银行、证券经纪和交易公司、金融公司和投资基金等。C、E两项均属于存款性金融机构。

66. [答案] ABCD

[解析] 本题考查证券机构。证券公司的主要职能是：推销政府债券、企业债券和股票，代理买卖和自营买卖已上市流通的各类有价证券，参与企业收购、兼并，充当企业财务顾问等。E项属于证券登记结算公司的业务。

67. [答案] AB

[解析] 本题考查商业银行经营与管理的原则和关系。商业银行以安全性、流动性、效益性为经营原则。为实现安全性目标，商业银行应该做到以下几点：①筹措足够的自有资本，提高自有资本在全部资产的比重；②合理安排资产规模和结构，提高资产质量；③遵纪守法，合法经营。C项属于满足流动性要求，D、E两项属于满足效益性原则。

68. [答案] ADE

[解析] 2005年，银监会发布《商业银行风险监管核心指标（试行）》，分三层：风险水平，风险迁徙和风险抵补（七大类十六项指标体系）。

69. [答案] BCDE

[解析] 本题考查投资银行与商业银行经营机制区别。直接金融机构代表的投资银行与间接金融机构代表的商业银行存在经营机制的根本区别：①投资银行并不介入投资者和筹资者之间的权利和义务之中，只是收取佣金服务费，投资者与筹资者直接拥有相应的权利和承担相应的义务。②商业银行分别与最终资金盈余者和赤字者间有债务借贷关系，资金存款人与借款人之间并不直接发生权利和义务，而是通过商业银行间接发生关系，双方不存在直接的金融合同约束，故A项错误。

70. [答案] ABCD

[解析] 本题考查证券投资基金的特点。证券投资基金的特点包括：①集合理财，专业管理；②组合投资，分散风险；③利益共享，风险共担；④严格监管，信息透明；⑤独立托管，保障安全。

71. [答案] ABDE

[解析] 本题考查信托的基本特征。信托的基本特征包括：①信托财产权利与利益相分离；②信托财产的独立性；③信托的有限责任；④信托管理的连续性。

72. [答案] CDE

[解析] 本题考查金融租赁公司的设立、变更与终止。在我国申请设立金融租赁公司应具备的条件：①有符合《公司法》和银监会规定的公司章程；②有符合规定条件的发起人；③注册资本为一次性实缴货币资本，最低限额为1亿元人民币或等值的可自由兑换货币；④有符合任职资格条件的董事、高级管理人员，并且从业人员中具有金融或融资租赁工作经历3年以上的人员应当不低于总人数的50%；⑤建立了有效的公司治理、内部控制和风险管理体系；⑥建立了与业务经营和监管要求相适应的信息科技架构，具有支撑业务经营的必要、安全且合规的信息系统，具备保障业务持续运营的技术与措施；⑦有与业务经营相适应的营业场所、安全防范措施和其他设施等。

73. [答案] ABCD

[解析] 本题考查金融工程的基本分析方法。金融工程的基本分析方法包括积木分析法、套利定价法、风险中性定价法以及状态价格定价技术。

74. [答案] ABC

[解析] 本题考查市场风险的内容。市场风险包括利率风险、投资风险、汇率风险。

75. [答案] CDE

[解析] 本题考查货币乘数。影响货币乘数的诸因素：①中央银行决定 r（法定存款准备率）；

②商业银行决定 e（超额存款准备率）；③储户（或称社会大众）决定 c（现金比率/提现率）。

76. [答案] BCE

    [解析] 本题考查紧缩性货币政策措施。紧缩性的货币政策（减少货币供给）包括：①提高法定存款准备金率；②提高再贴现率；③公开市场卖出业务；④直接提高利率。A 项属于扩张性货币政策措施，D 项属于紧缩性财政政策措施。

77. [答案] BDE

    [解析] 本题考查存款准备金率政策。存款准备金率作用于经济的途径有：①对货币乘数的影响（反向作用）。②对超额存款准备金的影响（反向作用）。③宣示效果。存款准备金率上升，说明信用即将收缩，利率随之上升，公众会自动紧缩对信用的需求；反之则相反。

78. [答案] ACE

    [解析] 本题考查货币政策工具。运用公开市场操作的条件包括：①中央银行和商业银行都须持有相当数量的有价证券；②要具有比较发达的金融市场；③信用制度健全。

79. [答案] ABCD

    [解析] 本题考查国际收支不均衡的类型。根据产生的原因，国际收入不均衡分为收入性不均衡、货币性不均衡、周期性不均衡和结构性不均衡。

80. [答案] BCD

    [解析] 本题考查国际收支平衡表。国际收支平衡表所包括的账户是经常账户、资本账户、金融账户、错误与遗漏账户。其中，经常账户反映的是居民与非居民之间货物、服务、初次收入和二次收入的流量。

三、案例分析题

(一)

81. [答案] C

    [解析] 本题考核金融市场的类型。证券交易市场是买卖已发行证券的市场，又称为二级市场、次级市场。它一般是一个有组织、固定地点、集中进行证券交易的市场。

82. [答案] B

    [解析] 本题考核分期付息到期还本的债券定价公式。该债券的发行价格：$P=\dfrac{4}{(1+5\%)^1}+\dfrac{4}{(1+5\%)^2}+\dfrac{100}{(1+5\%)^2}=98.14$（元）。

83. [答案] D

    [解析] 由题干可知，每年年末付息一次，可得票面收益为 $100\times4\%=4$（元）。刘先生买卖差价为 $98.6-95=3.6$（元）。故每只债券获得的收益为 $4+3.6=7.6$（元）。

84. [答案] AD

    [解析] 市场利率>债券收益率（票面利率），折价发行；市场利率<债券票面利率，溢价发行；市场利率=债券票面利率，平价发行。该债券市场价格低于债券面值，为折价发行。且该债券为每年年末付息一次，故为附息债券。

(二)

85. [答案] A

    [解析] 本题考查我国的监管资本与资本充足率要求。核心一级资本包括实收资本/普通股、资本公积、盈余公积、一般风险准备、未分配利润、少数股东资本可计入部分，根据题意代入数据可得，核心一级资本$=40+5+15+8+10=78$（亿元）。

86. [答案] B

[解析] 本题考查我国的监管资本与资本充足率要求。一级资本充足率＝（一级资本－对应资本扣减项）/风险加权资产×100%，其中一级资本等于核心一级资本加其他一级资本，其他一级资本包括如优先股及其溢价和少数股东资本可计入部分。扣除项包括商誉、其他无形资产（土地使用权除外）、由经营亏损引起的净递延税资产、贷款损失准备缺口、资产证券化销售利得、确定受益类的养老金资产净额、直接或间接持有本银行的股票、对资产负债表中未按公允价值计量的项目进行套期形成的现金流储备和商业银行自身信用风险变化导致其负债公允价值变化带来的未实现损益。根据题意代入数据可得：[（40＋15＋5＋15＋8＋10）－（2＋1）]/1 450×100%＝6.2%。

87. [答案] C

[解析] 本题考查我国的监管资本与资本充足率要求。资本充足率＝（总资本－对应资本扣减项）/风险加权资产×100%，根据题意代入数据可得：8%＝（X－3）/1 450×100%，解得 X＝119（亿元）。

88. [答案] B

[解析] 本题考查我国的监管资本要求与管理。中国银行业监督管理委员会发布的《商业银行资本管理办法（试行）》于2013起开始实施，并要求商业银行在2018年年底前达到规定的资本充足率要求。

（三）

89. [答案] ABC

[解析] 本题考查证券发行与承销业务。首次公开发行股票，网下投资者参与报价时，须具备丰富的投资经验和良好的定价能力，遵守中国证券业协会的自律规则。参与报价时，应当持有一定金额的非限售股份或存托凭证。

90. [答案] BC

[解析] 本题考查证券发行与承销业务。首次公开发行股票采用直接定价方式的，全部向网上投资者发行，不进行网下询价和配售。

91. [答案] C

[解析] 本题考查证券发行与承销业务。首次公开发行股票采用询价方式的，网下投资者报价后，发行人和主承销商应当剔除拟申购总量中报价最高的部分，剔除部分不得低于所有网下投资者拟申购总量的10%，然后根据剩余报价及拟申购数量协商确定发行价格。

92. [答案] C

[解析] 本题考查证券发行与承销业务。网下和网上投资者获得配售后，应当按时足额缴付认购资金。网上投资者连续12个月内累计出现3次中签后未足额缴款的情形时，6个月内不得参与新股、可转换公司债券、可交换公司债券申购。网下和网上投资者缴款认购的股份数量合计不足本次公开发行数量的70%时，可以终止发行。

（四）

93. [答案] C

[解析] 本题考查折算风险概念。折算风险，是指（会计风险）有关主体（跨国公司）在因合并财务报表而引致的不同货币的相互折算中，因汇率在一定时间内发生意外变动，而蒙受账面经济损失的可能性。

94. [答案] CD

[解析] 本题考查利率风险的管理方法。利率风险的管理方法包括：①选择有利的利率；②调

整借贷期限；③缺口管理；④久期管理；⑤利用利率衍生品交易。A、B两项属于汇率风险管理的方法。

95. [答案] B

    [解析] 本题考查信用风险的管理方法。过程管理就是针对信用由提供到收回的全过程，在不同的阶段采取不同的管理方法。对商业银行而言，主要有以下三个方面：事前管理（信用管理"5C""3C"分析）、事中管理（贷款五级分类方法）和事后管理。B项属于信用风险事前管理的方法；A项属于操作风险管理的方法；C项属于市场风险的管理机制；D项属于流动性风险管理的方法。

96. [答案] AD

    [解析] 本题考查流动性风险的管理方法。流动性风险管理的主要着眼点是：①保持资产的流动性，如建立现金资产的一级准备和短期证券的二级准备；提高存量资产的流动性，将抵押贷款、应收信用卡账款等资产证券化，出售固定资产再回租等。②保持负债的流动性，如增加大额存单、债券、拆借、回购、转贴现、再贴现等主动型负债，创新存款品种，通过开展其他业务带动存款等。③进行资产和负债流动性的综合管理，实现资产与负债在期限或流动性上的匹配。

(五)

97. [答案] D

    [解析] 本题考查货币供给过程。中央银行投放基础货币的渠道主要有：①对商业银行等金融机构的再贷款；②收购金、银、外汇等储备资产投放的货币；③通过公开市场业务等投放货币。基础货币投放＝200＋300＝500（亿元）。

98. [答案] B

    [解析] 本题考查货币乘数的计算。$m=\dfrac{1+c}{r+e+c}=(1+3\%)\div(15\%+2\%+3\%)=5.15$（元）。

99. [答案] C

    [解析] 本题考查货币乘数。货币供应量＝基础货币×货币乘数＝500×5.15＝2 575（亿元）。

100. [答案] BD

    [解析] 本题考查公开市场操作。公开市场操作指中央银行在金融市场上买卖国债或中央银行票据等有价证券，影响货币供应量和市场利率的行为。当金融市场资金缺乏时，中央银行通过公开市场操作买进有价证券，从而投放基础货币，引起货币供应量的增加和利率的下降；当金融市场上游资过多时，中央银行通过公开市场操作卖出有价证券，从而收回基础货币，引起货币供应量的减少和利率的提高。

亲爱的读者：

如果您对本书有任何 感受、建议、纠错，都可以告诉我们。

我们会精益求精，为您提供更好的产品和服务。

祝您顺利通过考试！

扫码参与有奖调查

环球网校经济师考试研究院